W0352950

Peter Collett

Ich sehe was, was du nicht sagst

So deuten Sie die Gesten der anderen – und wissen, was diese wirklich denken

Aus dem Englischen von
Wiebke Schmaltz

BASTEI LÜBBE

BASTEI LÜBBE TASCHENBUCH
Band 60568

1. Auflage: Juli 2006
2. Auflage: Juli 2007
3. Auflage: Dezember 2008

Vollständige Taschenbuchausgabe
der im Ehrenwirth Verlag erschienenen Hardcoverausgabe

Bastei Lübbe Taschenbücher und Ehrenwirth Verlag
in der Verlagsgruppe Lübbe

Copyright © 2004 by Verlagsgruppe Lübbe GmbH & Co. KG,
Bergisch Gladbach
Textredaktion: Hermann Gieselbusch, Wentorf b. Hamburg
Register: Barbara Lauer, Bonn
Umschlaggestaltung: Marianne Geuer
unter Verwendung eines Entwurfs von Christina Krutz Design
Titelillustrationen: DeskGallery MegaBundle Clipart Collection,
© Zedcor, Inc.
Satz: Bosbach Kommunikation & Design GmbH, Köln
Druck und Verarbeitung: GGP Media GmbH, Pößneck
Printed in Germany
ISBN 978-3-404-60568-2

Sie finden uns im Internet unter
www.luebbe.de
Bitte bachten Sie auch: www.lesejury.de

Der Preis dieses Bandes versteht sich einschließlich
der gesetzlichen Mehrwertsteuer.

Für Jill, Katie und Clementine

Inhalt

1 Tells

Stellen wir uns einmal vor, Sie reden mit einem alten Freund über gemeinsame Schultage. Beiläufig fragen Sie ihn, ob er seiner Schulzeit eigentlich nachtrauere. »Aber nein«, antwortet er, »ich trauere nichts nach. Ich bin froh, dass alles vorbei ist.« Und während er das sagt, wischt er mit dem Zeigefinger kurz über die Haut unter seinem rechten Auge. Es besteht für Sie kein Grund, auf diese winzige Geste zu achten – und wenn Sie es täten, würden Sie vermutlich denken, er wische sich nur ein Stäubchen vom Gesicht. Doch dem ist nicht so. Diese Geste ist in Wirklichkeit ein Tell, und sie wirft ein völlig anderes Licht auf die wahren Gefühle Ihres Freundes. Obwohl er behauptet, er weine seiner Schulzeit nicht nach, weiß ein Teil seines Gehirns es besser und befiehlt seinem Finger, eine imaginäre Träne wegzuwischen. Während also der bewusste Teil seines Gehirns sagt: »Ich trauere nichts nach«, produziert ein anderer Teil ein Tell – eine Geste, die besagt: »Also – eigentlich bedauere ich es schon!« Für einen Augenblick mag sich Ihr Freund seiner komplizierten Gefühle sogar bewusst werden, doch es ist höchst unwahrscheinlich, dass er erkennt, was sein gar zu selbstständiger Finger da tut oder was das über seine wahren Gefühle enthüllt.

Der Freund, der eine imaginäre Träne wegwischt, produziert ein autonomes Tell – mit anderen Worten, ein Tell, das keinen anderen Zweck hat, als seine wahren Gefühle sichtbar werden zu lassen. Da autonome Tells nicht beabsichtigt sind, werden sie von den Menschen, die sie produzieren, oder den Menschen, die Zeugen davon werden, kaum je bemerkt. Das ist bei Begleit-Tells, die an eine bestimmte Aktivität gebunden sind, nicht unbedingt der Fall. Wenn zum Beispiel zwei Personen einander vorgestellt werden, kann die Tatsache, dass sie sich die Hand geben, weniger informativ sein als die Art und Weise, *wie* sie das tun. Wie fest sie die Hand des Gegenübers ergreifen, wie sie ihre Hand dabei halten, wie viel Enthusiasmus sie dabei zeigen, wie viel Kontrolle sie auszuüben versuchen, mit welchen Worten sie sich begrüßen – all das sind Begleit-Tells. Im Rahmen des Begrüßungsrituals enthüllen sie, wie jemand wirklich ist und was er bei dem anderen erreichen will.

Ob ein Tell etwas ist, *was* jemand tut, oder die Art und Weise, *wie* er etwas tut, hängt gewöhnlich davon ab, wie verbreitet oder üblich diese Handlung oder Verhaltensweise ist. Stellen Sie sich einmal zwei Gesellschaften vor – in der einen begrüßen sich Männer üblicherweise mit einem Kuss auf die Wange, in der anderen tun sie das praktisch nie. Küssen sich also zwei Männer in der ersten Gesellschaft, tun sie nur, was alle anderen auch tun. Die Tatsache, dass sie sich küssen, ist also nicht besonders informativ – sie sagt nichts über ihre Beziehung aus. Doch *wie* sie sich küssen, teilt uns sehr wohl etwas über ihre Beziehung mit. Die Situation in der zweiten Gesellschaft ist eher umgekehrt. Wenn sich hier zwei Männer mit einem Kuss auf die Wange begrüßen, dann tun sie etwas Ungewöhnliches. Hier ist es eher der Kuss an sich als die Art, wie er gegeben wird, der uns Auskunft darüber gibt, wie die beiden Männer zueinander stehen.

Poker-Tells

Der englische Begriff *tell* kommt aus der Sprache der Pokerspieler, bei dem er sich auf die Signale bezieht, die Spieler unbeabsichtigt aussenden, wenn sie zu verbergen versuchen, was für ein Blatt sie haben oder welche Strategie sie verfolgen. Beim Pokern gibt es zwei unentbehrliche Fertigkeiten. Die eine ist die Fähigkeit, seine Gefühle so zu verbergen, dass die anderen Spieler nicht ahnen können, ob Sie ein schlechtes Blatt oder einen Royal Flush in der Hand halten; es ist die Fähigkeit, ein Pokerface zu wahren, also absolut undurchschaubar zu bleiben. Die andere unverzichtbare Begabung ist die Fähigkeit, das Verhalten anderer Menschen richtig zu deuten – herauszufinden, was für ein Blatt sie haben, indem man einfach ihr Verhalten beobachtet und genau hinhört, was sie sagen. Während Sie als Pokerspieler nach verräterischen Zeichen im Verhalten eines anderen Spielers Ausschau halten, tut dieser seinerseits alles Erdenkliche, um Sie in die Irre zu führen. Und das gilt umgekehrt genauso: Während die anderen Spieler herauszufinden versuchen, was Sie im Schilde führen, tun Sie alles in Ihrer Macht Stehende, um ihnen keinerlei Hinweise zu geben – oder höchstens solche, die sie auf eine falsche Fährte bringen.

Pokerspieler können ihre Chancen unter anderem dadurch verbessern, dass sie lernen, den Zusammenhang zwischen dem Verhalten ihrer Gegner, den Karten, die diese in der Hand halten, und ihren Spielzügen zu erkennen. Sie können damit anfangen, auf Kleinigkeiten zu achten, etwa die Art und Weise, wie jemand seine Karten hält oder wie er sie ansieht, wie er reizt, was er mit seinen Händen tut, wie er mit seiner Brille spielt – die Liste potenzieller Tells ist endlos. Mike Caro hat sich ein Leben lang mit Poker-Tells beschäftigt: damit, wie sich Spieler durch Seufzen, Summen, Trommeln mit den Fingern, Verzögerungstaktiken, wiederholtes Prüfen ihrer Karten und Versuche, die anderen irrezuführen, verraten.[1]

In mehreren Filmen gibt es Szenen, in denen es darum

geht, dass jemand ein Poker-Tell entdeckt. In *Nebraska* zum Beispiel kommt es beim Poker zum Show-down zwischen dem Helden Mike (gespielt von Matt Damon) und Teddy KGB, einem russischen Gangster (gespielt von John Malkovich), der beim Pokern gern Kekse durchbricht und isst. Mike gewinnt am Ende das Spiel, indem er das Tell des Russen knackt: Zerbricht dieser den Keks neben seinem Ohr, hat er ein gutes Blatt, zerbricht er ihn aber vor dem Gesicht, bedeutet das, er blufft!

Pokerspieler müssen an vieles gleichzeitig denken. Sie müssen nicht nur entscheiden, was sie als Nächstes tun, sondern sind auch permanent damit beschäftigt, die Versuche anderer Spieler, sie zu durchschauen, zu unterlaufen, während sie zugleich alles Erdenkliche tun, um die vom Gegner ergriffenen Abwehrmaßnahmen zu umgehen. Das alles scheint sehr verwirrend; in Wirklichkeit aber ist es nicht komplizierter als das, was wir alle machen, wann immer wir mit anderen Menschen zu tun haben. In unseren täglichen Begegnungen versuchen wir ständig, ein bestimmtes Bild von uns zu verbreiten, und dasselbe tun andere auch; und während sie herauszufinden versuchen, was wir denken, tun wir umgekehrt dasselbe. Unsere Erfolgschancen werden wie die eines Pokerspielers immer davon abhängen, wie sensibel wir anderen Menschen gegenüber sind und ob wir ihre Tells erkennen und richtig deuten können.

Was sind eigentlich Tells?

Alltags-Tells sind hochgradig informativ. Die Art, wie Sie stehen, wenn Sie mit jemandem reden – wie Sie Ihre Füße, Hände, Augen und Augenbrauen bewegen –, sagt eine Menge aus über Ihr Beteiligtsein an diesem Gespräch und Ihre Einstellung zu Ihrem Gegenüber. Sie wirkt sich auch auf die

Ihnen zugestandene Redezeit aus und darauf, wie oft Sie unterbrochen werden. Wenn Sie sitzen, vermittelt Ihre Arm- und Beinhaltung eine Fülle von Informationen über Ihre Stimmung und Ihre Absichten: Sie zeigt, ob Sie sich dominierend oder unterwürfig fühlen, nachdenklich oder gelangweilt sind, ganz bei der Sache oder distanziert. Die Art, wie Sie lächeln – welche Gesichtsmuskeln Sie dazu benutzen und wie schnell –, zeigt, ob Sie sich wirklich freuen oder nur so tun als ob, lügen oder die Wahrheit sagen, besorgt sind oder unglücklich, sich überlegen oder unsicher fühlen. Auch Störungen des Redeflusses sind äußerst informativ. Die Art, wie Sie beim Sprechen zögern, Ihre »Hms« und »Ähs« bieten wichtige Hinweise auf Ihre Stimmung. Während die von Ihnen gewählten Wörter und Wendungen und Ihre gesamte Ausdrucksweise anderen eine offizielle Botschaft übermitteln, enthalten Wortwahl und Sprachgebrauch zugleich auch verschleierte Botschaften, die Ihre wahren Absichten erkennen lassen.

Ein Tell muss vier Bedingungen erfüllen:

- Es muss eine Art von Aktivität sein – ein charakteristisches Detail in jemandes Auftreten, eine Körperbewegung oder etwas, das er sagt. Ganz allgemein kann man Tells in zwei Kategorien einteilen: in Attribute wie Höhe oder Gewicht und in Handlungen wie das Verschränken der Arme, Lächeln oder das Benutzen gewisser verräterischer Ausdrücke oder Wendungen.
- Die Handlung muss etwas über die Person enthüllen, das nicht direkt zu beobachten ist – sie muss uns etwas über ihren Hintergrund, ihre Gedanken, Stimmung oder Absichten sagen. Daraus folgt, dass nicht jede Handlung ein Tell ist – nur solche Handlungen, die Informationen über jemanden geben, sind Tells. Natürlich gibt es Handlungen, die wir nicht als Tells erkennen, weil wir noch

nicht entdeckt haben, was sie über jemanden verraten. Dies sind unentdeckte Tells. Wenn wir dann begreifen, welche Verbindung zwischen ihnen und dem Innenleben eines Menschen besteht, werden wir auch sie in unsere Liste von Tells aufnehmen.

- Die Handlung muss bemerkt werden. Ein entscheidender Faktor dafür, dass eine Handlung überhaupt bemerkt wird, ist ihr Ausmaß. Ausholende, raumgreifende Körperbewegungen zum Beispiel werden eher die Aufmerksamkeit auf sich ziehen, zumal wenn sie längere Zeit zu beobachten sind. Kleine, flüchtige Bewegungen hingegen werden oft übersehen, entweder weil sie nicht lange genug sichtbar sind, oder weil sie von anderen Handlungen überdeckt werden. Obwohl große Bewegungen stärker ins Auge fallen, heißt das nicht, dass wir sie auch automatisch registrieren oder ihre Bedeutung verstehen. Wie Sherlock Holmes Dr. Watson gegenüber bemerkte, sehen wir so manches, ohne es wahrzunehmen.
- Die Bedeutung der Handlung muss erkannt werden. Es genügt nicht zu bemerken, dass jemand eine bestimmte Haltung einnimmt oder einen bestimmten Ausdruck benutzt. Wir müssen auch erkennen, was diese Haltung oder dieser Ausdruck uns über diese Person sagt.

Wenn wir uns die Entwicklungsgeschichte der Tells ansehen, stellen wir bei manchen Tells die Tendenz fest, größer zu werden, während andere kleiner werden. In Bereichen wie Dominanz- oder Werbeverhalten, wo eine starke Konkurrenz zwischen einzelnen Individuen herrscht, gibt es eine natürliche Tendenz, dass anatomische Merkmale, die Stärke und Fortpflanzungsfähigkeit signalisieren, größer werden und die Zurschaustellung dieser Merkmale kühner und demonstrativer. Das kann manchmal extreme Formen annehmen. In der Tierwelt gibt es zum Beispiel Makro-Tells wie die gewaltige rote Schere bei den Männchen der Winkerkrabbe, die sogar größer als ihr Körper ist; sie fuchteln damit herum, wenn sie andere Männchen einschüchtern oder die Weibchen beeindrucken wollen. In unserer Gesellschaft gibt es Männer, die sich durch Gewichtheben und die Einnahme bestimmter Medikamente ein muskulöseres Aussehen verschaffen, und Frauen, die sich unter das Messer des Chirurgen begeben, um sich Gesäß oder Busen vergrößern zu lassen. Überdimensionierte Scheren, ein großer Bizeps und gewaltige Brüste – sie alle sind Waffen im eskalierenden Krieg um Dominanz und Attraktivität; sie sollen Aufmerksamkeit erregen, deutliche Signale aussenden, die Konkurrenz ausbooten und das Individuum letzten Endes in die Lage versetzen, sich Zugang zu begrenzten Ressourcen wie Nahrung, Schutzräumen oder Sexualpartnern zu verschaffen.

Mikro-Tells

Es gibt zwei Situationen, in denen die Signale kleiner werden: einerseits, wenn bewusst etwas geheim gehalten werden soll, andererseits, wenn unbeabsichtigt sichtbar wird, was in jemandes Kopf vorgeht. Ihrer Natur entsprechend richten sich geheime Signale an ausgewählte Empfänger – damit sie geheim bleiben, ist es entscheidend, dass nur ganz bestimmte Personen die Botschaft erhalten und alle anderen nicht. Sehr oft wird dies dadurch erreicht, dass ein Miniatursignal an eine alltägliche Handlung gekoppelt wird, die keinerlei Aufmerksamkeit auf sich zieht. Verliebte kommunizieren manchmal durch einen Code, indem sie sich in Gegenwart anderer Menschen bestimmter Ausdrücke oder winziger Zeichen bedienen – so können sie sich gegenseitig ihrer Liebe versichern, ohne dass jemand anders davon erfährt. In ähnlicher Weise geben sich oft Mitglieder von Geheimbünden durch die Art, wie sie sich die Hand geben, gegenseitig zu erkennen – etwa, indem sie leicht die Handfläche des anderen kratzen oder ihre Finger so halten, dass der andere das Zeichen erkennt, sonst aber niemand etwas merkt. Um Entdeckung zu verhindern, wird das Zeichen bewusst klein gehalten. Als zusätzliche Vorsichtsmaßnahme wird es innerhalb einer Handlung verborgen, die höchstwahrscheinlich keinen Verdacht erregen wird.

Miniatursignale sind auch dort verbreitet, wo Menschen ihre Gedanken zu verbergen suchen. Wenn zum Beispiel jemand lügt oder besorgt ist, sind die verräterischen Zeichen, die seine wahren Gefühle preisgeben, oft extrem klein und kurzlebig. Anders als die von Liebenden oder Angehörigen von Geheimbünden ausgetauschten Zeichen sind diese Mikro-Tells gänzlich unbeabsichtigt. Psychologen haben eine besondere Gruppe von Mikro-Tells zusammengetragen – man nennt sie *micromomentary expressions*, extrem kurze mimische Signale, die auf das Gesicht beschränkt sind.[2] Sie sind sehr flüchtig und erscheinen gewöhnlich nicht länger als eine Achtelsekunde. Wenn jemand eine schmerzliche Erfahrung schildert und dabei ein tapferes Gesicht zeigt, ist es nicht ungewöhnlich, dass das Unbehagen durch eine ganz kurze Veränderung des Gesichtsausdrucks sichtbar wird. Gerade lächeln Sie noch und erwecken den Eindruck, der Vorfall habe Ihnen überhaupt nichts ausgemacht; im nächsten Augenblick verändert sich Ihr Gesichtsausdruck zu einer ultrakurzen Grimasse. Und dann, bevor noch jemand etwas bemerkt hat, ist das Lächeln schon wieder da und jede Spur eines Unbehagens wie weggewischt.

Charakteristisch für Mikro-Tells im Gesichtsausdruck ist ihre Kürze – gerade so, als würde jemand die Vorhänge aufziehen, sodass Passanten von draußen einen Blick ins Haus werfen können, und sie dann sofort wieder zuziehen. Das passiert so rasch, dass die Leute gar nicht merken, dass die Vorhänge sich öffnen, geschweige denn sehen, was es da im Haus gibt. Genauso ist es mit den Mikro-Tells. Wenn wir unsere Gedanken zu verbergen suchen oder uns ein besonders starkes Bild in den Sinn kommt, zeigt sich das manchmal auf unserem Gesicht oder in unseren Bewegungen. Sobald es der unbotmäßige Gedanke aber geschafft hat, sich auf unser Gesicht zu schleichen, werden augenblicklich die unser Verhalten regulierenden Kontrollmechanismen aktiv, verscheuchen ihn und stellen den gewünschten Gesichtsausdruck wieder her. Zwischendurch jedoch kann jedermann sehen, was los ist – er muss nur das Mikro-Tell entdecken und in der Lage sein, es richtig zu interpretieren.

Prinzipiell können Mikro-Tells überall am Körper auftreten, doch wegen der besonders feinfaserigen Struktur der Gesichtsmuskeln tauchen sie mit größter Wahrscheinlichkeit im Gesicht auf. Wenn nun ein solches Mikro-Tell auf unserem Gesicht erscheint, zeigt es an, dass wir uns in einem Konfliktzustand befinden – gewöhnlich zwischen einem positiven emotionalen Zustand, den die anderen unserer Meinung nach sehen sollen, und einem negativen Gefühlszustand, den wir zu verbergen suchen. Gewinnt der negative Gefühlszustand vorübergehend die Oberhand, versagt unsere Gesichtskontrolle, und das Mikro-Tell wird sichtbar. Meist wissen wir gar nichts von dem Konflikt, der sich in uns abspielt, und der Tatsache, dass wir der Außenwelt unsere innersten Gedanken offenbaren. Doch selbst dann, wenn wir uns unserer widerstreitenden Gefühle bewusst sind, ist uns nicht klar, dass die Mikro-Tells in unserem Gesicht uns verraten.

Mikro-Tells auf dem Gesicht offenbaren gewöhnlich gerade die Gefühle, die man lieber verbergen würde, wie Angst, Überraschung, Traurigkeit oder Ekel. Es gibt aber auch Fälle, wo jemand versucht, einen ernsthaften Gesichtsausdruck zu zeigen, und ein Mikro-Tell in Gestalt eines Lächelns bricht sich Bahn. Manchmal erscheinen Mikro-Tells nur auf einer Gesichtshälfte, manchmal kann man sie auf beiden Hälften sehen. Da sie so rasch auftauchen, werden die meisten Mikro-Tells gar nicht wahrgenommen. Wer allerdings weiß, wonach er Ausschau halten muss, wird sie eher erkennen, auch wenn sich manche Leute sehr viel besser darauf verstehen als andere. Wer besonders gut ist im Entdecken von Mikro-Tells, interessiert sich generell mehr für andere Menschen und erkennt auch Lügner schneller. Doch jeder kann lernen, sensibler für Mikro-Tells zu werden.

Getarnte Tells

Manche Tells sind scheu, sie erwecken den Eindruck, sie wollten lieber nicht bemerkt werden – sie gehen ganz heimlich und verstohlen vor, indem sie sich für etwas anderes ausgeben, als sie wirklich sind. Die kleine Wischbewegung unter dem Auge zum Beispiel möchte als unschuldiger Versuch genommen werden, eine Schuppe oder ein Stäubchen unter dem Auge zu entfernen, und ist in Wirklichkeit doch ein uneingestandenes Zeichen dafür, dass der Betreffende traurig ist.

Es gibt jede Menge anderer getarnter Tells. Wenn jemand zum Beispiel lügt, verspürt er häufig den unbewussten Drang, sich zu bremsen, um nichts zu sagen, was ihn verraten könnte. Oft reagiert der Betreffende auf diesen Impuls, indem er seine Lippen berührt oder einen Finger so auf seinen Mund legt, dass er ihn gleichsam bewacht. Dies sind unbewusste Gesten der Selbstbeschränkung, und sie wären ganz leicht zu entdecken, wenn sie es nicht fertig brächten, sich für etwas ganz anderes auszugeben. Wenn wir also sehen, dass jemand seine Lippen berührt, denken wir automatisch, er wische sie nur ab, und wenn wir sehen, dass jemand einen Finger neben den Mund legt, halten wir das für ein Zeichen von Nachdenklichkeit oder Aufmerksamkeit. Wir erkennen diese Handlungen deshalb nicht als Selbstbeherrschungs-Tells, weil sie sich erfolgreich für etwas anderes ausgeben.

Genauso ist es, wenn sich zwei Menschen gegenseitig auf den Rücken klopfen. Wenn Sie sehen, wie sich Leute umarmen, werden Sie manchmal bemerken, dass der eine dem anderen oder auch beide einander auf den Rücken klopfen. Uns als Beobachtern sowie den beiden Beteiligten scheint dies eine Geste der Zuneigung zu sein. Doch das ist sie nicht – in Wirklichkeit wird hier »Loslassen!« signalisiert. Auch wenn es den Menschen nicht bewusst wird, reagieren sie auf solches Rückenklopfen immer, indem sie die Umarmung beenden. Obwohl demjenigen, dem auf den Rücken geklopft wird, wortlos mitgeteilt wurde, er möge loslassen, fühlt er sich dadurch nicht abgelehnt; denn das Loslass-Signal funktioniert verkappt, indem es sich als Geste der Zuneigung ausgibt, während es doch in Wirklichkeit einen Befehl erteilt.

Echte Tells

Echte Tells zeigen, was wirklich im Kopf eines Menschen vor sich geht. Häufig geben sie Dinge über Menschen preis, die andere nicht wissen sollen und die der Betreffende manchmal sogar gezielt vor anderen zu verbergen sucht. Doch es gibt auch Handlungen, die so tun, als seien sie Tells, aber gar keine sind. Das sind keine echten, sondern unechte Tells. Es gibt mehrere Unterschiede zwischen echten und unechten Tells. Vor allem unbeabsichtigte Tells sind meist echt. Erröten, Schweißausbrüche und erweiterte Pupillen zum Beispiel sind nicht unserer direkten Kontrolle unterworfen.

Das heißt, es gibt keine Möglichkeit zu bluffen – niemand kann künstlich erröten oder sich zum Schwitzen bringen oder seinen Pupillen befehlen, sich zu weiten. Wenn also jemand errötet, können wir sicher sein, dass er sich befangen fühlt, und wenn wir jemanden schwitzen sehen, können wir davon ausgehen, dass ihm entweder zu heiß ist oder ihm etwas zu schaffen macht oder beides. Genauso, wenn wir sehen, wie jemandes Pupillen weit werden – dann haben wir Grund zu der Annahme, dass es entweder dunkler wird oder dass dieser Mensch erregt ist.

Auch wenn Erröten, Schweißausbrüche und vergrößerte Pupillen sich unserer bewussten Kontrolle entziehen, gibt es doch Unterschiede. Wenn wir zum Beispiel erröten, wissen wir sehr wohl, dass andere unsere Verlegenheit sehen und wir nichts daran ändern können. Und auch den Zeugen unserer Verlegenheit ist klar, dass sie Schlussfolgerungen aus unserem Erröten ziehen. Ganz anders ist es mit den erweiterten Pupillen. Wenn sich unsere Pupillen weiten, ist uns überhaupt nicht bewusst, dass wir Informationen über unseren emotionalen Zustand preisgeben. Interessant ist auch, dass diejenigen, die uns sehen und unseren Zustand erhöhter Erregung erkennen, nicht wissen, wie sie zu diesem Schluss gekommen sind – sie spüren genau, dass da etwas Besonderes an unserem Gesicht ist, können aber nicht feststellen, was es eigentlich ist.[3] Mit anderen Worten, wenn sich unsere Pupillen weiten, produzieren wir ein echtes Tell, wissen aber nichts davon. Gleichzeitig reagieren andere Menschen auf dieses Tell, wissen aber nicht, warum.

Echte Tells treten häufig auf, wenn jemand zu täuschen versucht – wenn er sich überlegener oder selbstsicherer darstellen möchte, als er wirklich ist, wenn er lügt, wenn er versucht, Angst und innere Unruhe oder seine wirklichen Absichten zu verbergen. Betrüger, professionelle Hochstapler, erfahrene Lügner und Psychopathen verstehen es oft, mit einem Minimum an verräterischen Tells sehr überzeugend etwas vorzuspielen. Doch den meisten Menschen ist nicht wohl in ihrer Haut, wenn sie andere betrügen, und deshalb verraten sie sich durch ihre Tells. Der Druck, eine überzeugende Vorstellung durchziehen zu müssen, ist zu viel für sie – die Fassade beginnt brüchig zu werden, und bald beginnen die Tells durch die undichten Stellen zu sickern. Paul Ekman und seine Kollegen von der University of California in San Francisco haben gezeigt, dass die Fähigkeit, überzeugend zu lügen, bei den Menschen extrem unterschiedlich ausgeprägt ist und dass diejenigen, denen Lügen leicht fällt, weniger Hinweise auf Täuschung oder undichte Stellen geben.[4] Manche Fachkollegen sind der Meinung, so etwas wie einen perfekten Lügner gebe es gar nicht und jeder, egal, wie begabt, hinterlasse immer verräterische Spuren seiner Täuschungsmanöver. Freud zum Beispiel war überzeugt, dass Menschen letztlich gar nicht in der Lage sind, ihren inneren Zustand vor anderen zu verbergen – letzten Endes gebe es immer irgendein Anzeichen dafür, was sie wirklich denken. Wie er es ausdrückte: »Wer Augen hat zu sehen und Ohren zu hören, überzeugt sich, dass die Sterblichen kein Geheimnis verbergen können. Wessen Lippen schweigen, der schwätzt mit den Fingerspitzen; aus allen Poren dringt ihm der Verrat.«[5]

Unechte Tells

Ein unechtes Tell scheint etwas über jemanden zu verraten, tut es aber nicht. Dafür gibt es mindestens zwei Gründe: erstens, weil das Tell unzuverlässig ist, und zweitens, weil der Betreffende das Tell nur vortäuscht – das heißt, er versucht bewusst, andere Menschen dazu zu bringen, falsche Schlüsse über seine Gedanken oder Gefühle zu ziehen. Hier handelt es sich um Pseudo-Tells. Unzuverlässig sind Tells dann, wenn sie uns den inneren Zustand eines Menschen nicht genau erkennen lassen. Schweißnasse Hände zum Beispiel sind ein guter Indikator für Angst und Unruhe. Doch ganz zuverlässig ist dieser nicht, denn fünf Prozent der Bevölkerung leiden unter Hyperhidrose, einer genetisch bedingten Veranlagung zu chronischer Schweißabsonderung, die mit Angst gar nichts zu tun hat.[6]

Vorgetäuschte Tells gibt es überall. Wann immer ein Mann ein Jackett mit Schulterpolstern anzieht oder eine Frau Schuhe mit hohen Absätzen trägt, verbreiten sie damit bewusst irreführende Informationen über ihre Breite oder Größe, und zwar in der Absicht, damit Eindruck zu machen. In anderen Situationen sind sie sich dessen, was sie eigentlich zu erreichen suchen, womöglich weniger bewusst. Wenn ein Mann zum Beispiel die Brust wölbt oder eine Frau auf Zehenspitzen geht, erscheint er breiter und sie größer, obwohl sich keiner von ihnen im Klaren darüber ist, warum er das tut – falls sie überhaupt etwas Ungewöhnliches an ihrem eigenen Verhalten bemerken.

In der Tierwelt dient die Stimmhöhe als ein echtes Größensignal. Wie tief eine Kröte quakt, erlaubt zum Beispiel eine ziemlich genaue Vorhersage über ihre Größe. So können einzelne Kröten mit ihrer Größe werben und gleichzeitig abschätzen, wie groß die Konkurrenten sind, und es ist sehr schwierig für Kröten, anderen da etwas vorzumachen. Bei erwachsenen Menschen gibt es keinen unmittelbaren Zusammenhang zwischen Stimmhöhe und Körpergröße, obwohl jeder annimmt, große Menschen hätten tiefe Stimmen. Mehr noch, es ist für Menschen relativ leicht, mit tieferer Stimme zu sprechen und damit den Eindruck zu erwecken, größer zu sein, als sie tatsächlich sind. Bei den Menschen ist die Stimmlage also kein echtes Größen-Tell.

Ein vorgetäuschtes Tell haben wir auch dann, wenn jemand ein Tell simuliert, ohne über das entsprechende Attribut zu verfügen oder in dem Zustand zu sein, auf den sich dieses Tell normalerweise bezieht. Nehmen Sie zum Beispiel Weinen – ganz klar ein Tell für Traurigkeit und Kummer. Wenn wir uns so fühlen, können wir entweder dem Impuls zu weinen nachgeben oder versuchen, unsere Tränen zurückzuhalten. Letzteres können wir zum Beispiel tun, indem wir uns auf die Unterlippe beißen. Dies vermittelt zwei Botschaften: Erstens zeigt es, dass unsere Gefühle so stark sind, dass sie unter Kontrolle gebracht werden müssen, und zweitens zeigt es, dass wir in der Lage sind, unsere Emotionen zu zügeln. Das Beißen auf die Unterlippe dient weniger als Tell denn als Tell-unterdrückendes Tell – das heißt als gezielt eingesetztes Tell, dessen Zweck es ist, andere Tells zu verbergen.

Wie jeder Schauspieler Ihnen bestätigen wird, ist es viel leichter, sich auf die Unterlippe zu beißen, als demonstratives Weinen vorzutäuschen. Wenn jemand starke Emotionen vortäuschen möchte, ist es sehr viel einfacher, ein diese Gefühlsaufwallung scheinbar unterdrückendes Körpersignal zu produzieren als eine gefälschte Version des Tell selbst. Während seines Wahlkampfes um die Präsidentschaft hatte Bill Clinton die Angewohnheit angenommen, sich in bestimmten Momenten auf die Unterlippe zu beißen. Er erzählte seinem Publikum zum Beispiel: »Im ganzen Land leiden die Menschen« und »Man kann den Schmerz auf ihren Gesichtern sehen«, und dann biss er sich auf die Unterlippe, um zu zeigen, wie nahe ihm das ging. Natürlich hätte dies auch ein echter Ausdruck von Clintons Gefühlen sein können, doch es ist sehr viel wahrscheinlicher, dass sein Beißen auf die Unterlippe ein vorgetäuschtes oder Pseudo-Tell war, und zwar deshalb, weil es mehr als einmal vorkam, weil es ihm stets gelang, seine Gefühle unter Kontrolle zu halten, und weil es ihm einen erheblichen Popularitätsgewinn brachte, wenn er den Eindruck erweckte, das Mitleid könne ihn überwältigen.

Individuelle Tells oder Markenzeichen

Es gibt die unterschiedlichsten Tells. Manche sind weit verbreitet, ja universell. Andere sind auf bestimmte Personengruppen beschränkt, und einige scheinen ausschließlich bei bestimmten Individuen aufzutreten. Zuerst gibt es da die allgemein verbreiteten Tells. Dazu gehören etwa Erröten, Schulterzucken und das echte Lächeln – egal wo, Erröten bleibt immer ein Zeichen der Verlegenheit, Schulterzucken ein Zeichen der Hilflosigkeit und das echte Lächeln ein Zeichen von Freude oder Zufriedenheit. Dann gibt es die ortsgebundenen Tells. Sie wurden durch Geschichte und Kultur geformt und sind daher auf bestimmte Gemeinschaften oder Gruppen beschränkt. Zu den ortsgebundenen oder ortstypischen Tells zählen verschiedene Arten des Stehens, Sitzens, Schlafens und Essens. Und dann gibt es noch die individuellen Tells – man könnte sie auch als Markenzeichen bezeichnen. Sie müssen nicht unbedingt einzigartig oder einmalig sein, scheinen aber dadurch, dass alle Welt sie automatisch mit ganz bestimmten Personen assoziiert, ausschließlich ihnen zu gehören – eben wie eine Unterschrift oder ein Warenzeichen.

Mehrere bedeutende historische Personen werden mit solchen Markenzeichen (engl. *trademark tells*) identifiziert. So berichtet uns zum Beispiel der römische Schriftsteller Plutarch von Caesars Angewohnheit, sich den Kopf nicht mit allen Fingern einer Hand, sondern nur mit dem Zeigefinger zu kratzen.[7] Das bedeutete, dass er seine sorgfältig arrangierte Haartracht nicht mehr als nötig derangieren wollte, und entlarvte ihn als einen eitlen Menschen. Adolf Hitler hatte die Angewohnheit, beim Stehen die Hände vor seinen Genitalien zu verschränken – eine defensive Haltung, wie sie gewöhnlich Menschen einnehmen, die sich sozial oder sexuell unsicher fühlen. In Hitlers Fall witzelte man damals, er verstecke »das letzte arbeitslose Glied des Dritten Reiches«.

Wann immer wir an Napoleon Bonaparte denken, stellen wir ihn uns mit der rechten Hand in der Weste vor. Ja, wenn Sie so tun wollen, als seien Sie Napoleon, brauchen Sie nur Ihre Hand in eine imaginäre Weste zu schieben, und jeder wird Sie sofort erkennen. Trotz dieses allgemein verbreiteten Bildes gibt es wenig Anhaltspunkte dafür, dass dies tatsächlich Napoleons bevorzugte Haltung war. Ganz im Gegenteil: Man sagt, sein Markenzeichen sei seine Angewohnheit gewesen, mit hinter dem Rücken verschränkten Händen zu gehen – eine Gewohnheit, an der ihn seine Soldaten auch auf große Entfernung sofort erkennen konnten. Die Vorstellung, Napoleon habe seine Hand immer in die Weste geschoben, entstammt dem berühmten Gemälde von Jacques-Louis David, das Napoleon in dieser Haltung in seinem Arbeitszimmer im Tuilerien-Palast zeigt. Interessant ist, dass Napoleon für dieses Porträt gar nicht Modell gesessen hat – der Künstler malte es aus dem Gedächtnis. Daher ist es durchaus wahrscheinlich, dass Napoleons Haltung auf dem Gemälde künstlerischer Einbildungskraft entsprang und keineswegs ein realistisches Abbild seines üblichen Habitus war. Zu jener Zeit war es eine verbreitete Sitte, bedeutende Männer auf Gemälden mit in die Weste geschobener Hand darzustellen, auch wenn das nicht ihre gewöhnliche Haltung war. Diese Konvention bestand in Europa und Amerika schon lange bevor Napoleon an die Macht kam, und es gibt sogar ein Porträt von George Washington, das ihn in dieser Haltung zeigt. Washington ist bekannt für viele Eigenheiten, aber bestimmt nicht dafür, dass er immer mit der Hand in der Weste dastand.

Wir alle kennen Menschen mit solchen persönlichen Markenzeichen – zum Beispiel den jungen Mann, der immer mit dem Fuß wackelt, oder die Frau, die sich immer wieder auf so eigenartige Weise eine Haarsträhne um den Finger wickelt. Die meisten Leute kennen zwar die Markenzeichen berühmter Persönlichkeiten – etwa Prinzessin Dianas typische Kopfneigung, Margaret Thatchers Augenblitzen oder Präsident Reagans Kopfverdrehen –, verstehen aber nicht, was diese Tells über die betreffende Person zu erkennen geben. In den folgenden Kapiteln werden wir uns solche Tells näher ansehen und ihre wahre Bedeutung aufdecken.

Zeitversetzte Tells

Wenn Sie sehen, wie jemand dauernd mit dem Fuß auf den Boden klopft, haben Sie Grund zu der Annahme, dass er in diesem Augenblick ungeduldig ist – und nicht etwa, dass er vor einiger Zeit ungeduldig war oder schon merkt, dass er demnächst ungeduldig sein wird. Die meisten Tells beziehen sich auf etwas, das gerade in diesem Augenblick geschieht – mit anderen Worten, sie sind zeitgebunden. Es gibt zwei Arten von zeitgebundenen Tells – die eine Art gibt Hinweise auf die bleibenden Eigenschaften eines Menschen, die andere auf ihren augenblicklichen Zustand. Wenn jemand, der unter chronischen Angstzuständen leidet, an den Nägeln kaut, dann tut er das wegen dieses dauerhaften Wesenszugs und nicht wegen einer vorübergehenden Stimmung. Wenn andererseits jemand in akuter innerer Unruhe an den Nägeln kaut, tut er das wegen dieser augenblicklichen Stimmung, nicht wegen eines Dauerzustands. In beiden Fällen enthüllt das Nägelkauen, was dieser Mensch in diesem Augenblick empfindet, auch wenn es beim ersten ein ständiges Gefühl ist und beim zweiten nur ein vorübergehendes.

Es gibt eine ganze Reihe zeitgebundener Tells, die dauerhafte Eigenschaften einer Person offenbaren. Dabei sind einige – wie Nägelkauen oder Ziehen an den Haaren – freiwillig oder willkürlich, andere hingegen – wie zum Beispiel Ticks, Schweißausbrüche, tiefes oder flaches Atmen – unfreiwillig. Je nachdem, wie schwerwiegend sie sind, können einige dieser Zustände sogar medizinische oder psychiatrische Behandlung erfordern. Ein klassisches Beispiel für ein chronisches zeitgebundenes Tell ist die hysterische Paralyse, wo die Betroffenen etwa nicht mehr in der Lage sind, einen Arm zu bewegen – und zwar nicht wegen eines körperlichen Schadens, sondern weil sie ein traumatisches Erlebnis hatten, das den Arm ihrer willentlichen Kontrolle entzogen hat. In solchen Fällen kann die Lähmung nicht durch irgendwelche medizinischen Maßnahmen, sondern nur durch psychotherapeutische Behandlung geheilt werden.

Es gibt auch gewissermaßen ruhende Zustände, die darauf warten, sich in Handlungen zu offenbaren. Phobien sind ein gutes Beispiel dafür. Jemand, der beim Anblick einer Spinne aufspringt, befindet sich nicht in einem permanenten Angstzustand – erst das Auftauchen der Spinne hat ihm Angst eingejagt. So ist es auch mit dem Gedächtnis der Muskeln. Menschen, die traumatische Erfahrungen gemacht haben, sperren ihre Erinnerungen an diese Erlebnisse manchmal in ihre Muskeln ein. Die Auswirkungen dieser eingekapselten Erinnerungen kann man dann an der Körperhaltung dieser Menschen ablesen. Nicht selten gibt es auch gar kein äußeres Anzeichen – erst wenn sich die Muskeln, die diese Erinnerungen fest einsperren, entspannen, werden sie freigesetzt. Wenn das geschieht, wird der Betroffene meist von heftigen Gefühlen überwältigt.

Während manche Tells zeitgebunden sind, sind andere zeitlich verschoben. Sie sind zeitversetzt – das heißt, sie enthüllen, was dieser Mensch zu einem früheren Zeitpunkt gefühlt hat oder später fühlen wird, nicht aber, was er im

Augenblick empfindet. Im täglichen Leben gibt es viele Beispiele für zeitversetzte Tells. Wenn Sie jemandes Hände beobachten, während er spricht, werden Sie feststellen, dass er/sie oft mit Gesten die Form des Gegenstandes, von dem er/sie gerade spricht, illustrierend andeutet. Das Interessante an diesen Gesten ist nun, dass sie oft schon auftauchen, *bevor* der Sprechende das den Gegenstand bezeichnende Wort ausspricht. Zum Beispiel wird jemand, der von einer Wendeltreppe spricht, mit der Hand eine spiralförmige Bewegung machen, bevor er wirklich Wendeltreppe sagt. John Bulwer, der sich bereits im 17. Jahrhundert mit Gesten befasst hat, erkannte das, als er beschrieb, wie »die *Hand*, diese bereitwillige Hebamme, oft der Zunge zuvorkommt und, die Gedanken vorwegnehmend, mit flinkerer Geste befördert ... Denn die *Hand*bewegung gibt häufig einen Hinweis auf unsere Absicht und spricht ein gut Teil dessen aus, was wir denken, bevor unsere begleitenden oder ihm folgenden Worte sich in verständliche Laute verwandeln können.«[8] Diese vorauseilende Art der Gesten zeigt, dass unsere Gedanken unsere Handlungen beeinflussen können, noch bevor sie uns die Worte eingeben – oder, etwas pointiert formuliert, dass unsere Gesten tatsächlich prägen können, was wir denken und sagen. Gelegentlich, wenn wir nach einem Wort suchen, gelingt es uns nur durch das Vollführen der entsprechenden Geste, es aus unserem Gedächtnis hervorzuholen.

Es gibt noch weitere, ebenfalls aufschlussreiche Beispiele für zeitversetzte Tells. George Mahl, ein klinischer Psychologe, erzählte, wie eine Patientin während eines Gesprächs ständig mit ihrem Ehering spielte, während sie ihre Symptome beschrieb. Dabei erwähnte sie ihren Ehemann jedoch kein einziges Mal. Erst als sie aufgehört hatte, an dem Ring herumzufingern, begann sie sich über ihren Mann zu beklagen – er helfe ihr nicht im Haushalt und gebe ihr das Gefühl, unfähig zu sein.[9] Es gibt zwei Erklärungen dafür, was vor sich ging, während die Frau mit ihrem Ring spielte: Entweder hatte sie zu diesem Zeitpunkt unbewusst ihren Mann im Sinn, oder das Spielen mit dem Ring ließ sie an ihren Ehemann denken und veranlasste sie, sich über ihn zu beklagen. In beiden Fällen ist klar, dass sie nicht bewusst an ihren Mann dachte – das kam erst später. Ihr Manipulieren des Ringes ist daher zeitverschoben – ein zeitversetztes Tell. Würden wir allerdings ihre Klage über ihren Mann als Tell betrachten, dann würden wir diese als zeitgebundenes Tell einordnen, da sie offenbart, woran sie in ebendiesem Augenblick dachte.

Prophetische Tells

Manche Tells sind prophetisch – sie sagen voraus, was jemand gleich tun wird oder wie eine Konfrontation vermutlich enden wird. Stellen Sie sich eine Situation vor, in der ein junger Mann und eine junge Frau sich auf einer Parkbank unterhalten und die junge Frau beschließt, dass es für sie an der Zeit ist aufzubrechen. Sie steht nicht einfach auf, verkündet, sie müsse nun gehen, und verschwindet, sondern sie geht in Etappen vor. Um den jungen Mann nicht zu verstimmen, beginnt sie mit einer Reihe von nonverbalen Absichtsbekundungen – Gesten, die ihm zeigen, dass sie an Aufbruch denkt. Das können winzige Veränderungen ihres Blicks oder ihrer Arm- und Beinhaltung sein. Das Wichtige an diesen Absichtsbekundungen ist, dass sie durchaus nicht intendiert sein müssen und die Frau sich vielleicht gar nicht bewusst ist, dass sie sie produziert. Obwohl die Signale der Frau sehr subtil sind, wird der Mann sie wahrscheinlich aufnehmen und seine eigene Körperhaltung entsprechend verändern. Indem er auf ihre Signale reagiert und eigene produziert, kann er zeigen, dass er ihre Absicht verstanden hat. Möglicherweise ist er sich der Wirkung ihrer Signale und seiner eigenen Reaktion gar nicht bewusst – ja, der gesamte Dialog der Abschieds-Tells kann ausgespielt werden, ohne dass einem der beiden bewusst wird, was da abläuft.

Es gibt weitere Beispiele dafür, dass Menschen auf Tells reagieren, ohne zu merken, was eigentlich vor sich geht. Wenn zwei Menschen miteinander sprechen, ist es nicht ungewöhnlich, dass einer von ihnen oder auch beide die Haltung des anderen spiegeln. Eine Frau schlägt zum Beispiel die Beine übereinander und wendet den Kopf, und wenige Minuten später führt ihre Freundin vielleicht genau dieselben Bewegungen aus.[10] Wenn wir Bewegungen anderer Menschen auf diese Art nachahmen, nehmen wir unsere eigenen Gesten gewöhnlich gar nicht wahr – erst wenn man uns darauf aufmerksam macht, merken wir, was wir gerade getan haben. Gähnen funktioniert nach ähnlichen Prinzipien. Wir alle wissen, dass Gähnen hochgradig ansteckend wirkt und dass, wenn jemand gähnt, andere in der Nähe sehr wahrscheinlich dem Beispiel folgen werden. Die Forschung hat gezeigt, dass gar nicht unbedingt jemand richtig gähnen muss, um ansteckend zu wirken – der bloße Anblick eines offenen Mundes oder das Geräusch des Gähnens reicht oft schon aus, um andere Menschen zum Gähnen zu bringen.[11]

Unsere Fähigkeit, die gestischen Absichtsbekundungen anderer Menschen zu deuten, ist hoch entwickelt. Wir brauchen gar nicht darüber nachzudenken – es passiert automatisch, sehr schnell und gewöhnlich mit bemerkenswerter Genauigkeit. Wie andere Lebewesen müssen wir wissen, ob andere Individuen uns gegenüber positiv eingestellt sind. Statt darauf zu warten, was sie tun, suchen wir rasch ihr Verhalten nach Anzeichen für nonverbale Absichtsbekundungen ab, die uns verstehen helfen, was sie wohl gleich tun werden.

Bewegungen, die eine Absicht bekunden, spielen eine Schlüsselrolle bei der Lösung von Konfrontationen. In der Tierwelt dient Drohverhalten dazu, Konkurrenten abzuschrecken – so kann ein Tier bekommen, was es will, ohne in einen Kampf verwickelt zu werden und Verletzungen zu riskieren. Bleiben die Drohgebärden erfolglos, ist möglicherweise ein körperlicher Angriff unumgänglich. Allgemein wird angenommen, dass jemand, der Drohverhalten zeigt, aller Wahrscheinlichkeit nach auch angreift. Untersuchungen an Vögeln und Fischen zeigen jedoch, dass Drohgebärden nicht zwingend zum Angriff führen – in manchen Fällen bluffen die Betreffenden nur, in anderen genügt die Drohung, um das Gewünschte zu erreichen.[12] Drohverhalten, so zeigt sich, ist kein sehr zuverlässiger Indikator dafür, wer in einer Konfrontation die Oberhand behalten wird. Zeichen der Unsicherheit hingegen taugen viel eher dazu, weil sie zeigen, welche der beiden Seiten die Konfrontation nicht auf die nächste Ebene führen möchte. Will man also wissen, welche Partei mit großer Wahrscheinlichkeit als Sieger aus einem Kampf oder Wettkampf hervorgehen wird, sollte man lieber nach Rückzugssignalen *(retreat tells)* Ausschau halten als nach Drohsignalen *(threat tells)*. Ein Mittelstreckenläufer zum Beispiel, der in einem Rennen vorn liegt, kann die anderen Sportler entmutigen oder auch nicht, indem er ständig nach vorn blickt. Blickt er jedoch hinter sich, um zu sehen, wo die anderen sind, lässt er damit möglicherweise seine Unsicherheit erkennen und verringert seine Gewinnchancen. Während der Wahlkampfdebatte zwischen George Bush sen. und Bill Clinton in Richmond sah Bush einen kurzen Augenblick lang auf seine Uhr. Diese flüchtige Handlung war ein Rückzugs-Tell – es zeigte, dass Bush genug hatte und das Ende der Debatte mit Ungeduld erwartete. Clinton blickte nicht heimlich auf die Uhr – das hatte er nicht nötig: Er befand sich im Aufwind und wollte die Debatte gern noch fortsetzen.

Tells sind also, wie wir sehen können, allgegenwärtig. Wenn Sie Leute bei einer Unterhaltung beobachten, werden Sie feststellen, dass sie beim Reden ständig Augen, Gesicht, Hände und Körper bewegen und auch beim Zuhören genauso aktiv sind. Jede Veränderung in ihrer Haltung, selbst allerflüchtigste, fast unmerkliche Veränderungen des Gesichtsausdrucks teilen uns etwas über ihre Gedanken und Gefühle mit. Doch Tells sind nicht auf Gesprächssituationen beschränkt – selbst wenn Menschen allein sind, verändern sie dauernd ihre Körperhaltung, berühren ihr Gesicht und geben so Hinweise auf ihre innere Verfassung.

Manchmal sagen uns Tells etwas über Menschen, was sie nicht einmal selbst wissen. Da bestimmte Tells von unwillkürlichen Prozessen im Gehirn gesteuert werden, liegen sie außerhalb der bewussten Kontrolle und sind daher viel genauere Indikatoren für die Gefühle eines Menschen als die Angaben, die sie selbst über ihre Gefühle machen könnten. Wenn Sie je die Wahl haben, ob Sie das glauben sollen, was jemand über seine Gefühle sagt, oder das, was Sie aus unwillkürlichen Tells schließen können, sollten Sie sich immer für Letztere entscheiden. In diesen Fällen gilt als goldene Regel: Vertraue den Tells – und nicht den Aussagen der Betroffenen oder dem, was andere Menschen über sie sagen.

Manche Tells sind leicht zu erkennen und werden praktisch von jedermann verstanden – wenn zum Beispiel jemand errötet, wissen alle, dass er oder sie verlegen und befangen ist. Andere Tells hingegen werden nicht verstanden, und zwar deshalb, weil sie entweder nicht als Tells erkannt werden oder weil ihre Bedeutung nicht klar ist oder weil sie überhaupt sehr selten bemerkt werden. Selbst wenn Leute jemandes Tells bemerken, heißt das nicht, dass sie diese auch verstehen. Das kann man besonders im Verhältnis zwischen den Geschlechtern beobachten. Es ist zum Beispiel nichts Ungewöhnliches, dass eine Frau einem Mann freundliche Avancen macht und der Mann dies als Anmache fehlinterpretiert. Doch auch wenn wir anderer Leute Tells nicht bemerken, bedeutet das noch lange nicht, dass wir von ihnen nicht beeinflusst würden. Die Tells können sozusagen unser Radar unterlaufen und uns in einer Weise beeinflussen, die wir gar nicht richtig begreifen. Psychologen haben festgestellt, dass Ehen eher auseinander gehen, wenn einer der Partner in seiner Mimik Geringschätzung signalisiert, selbst wenn sich der andere dessen gar nicht bewusst ist.[13]

Tells sind den Elementen einer Sprache vergleichbar. Doch dies ist eine sehr ungewöhnliche Sprache, denn wir sprechen sie zwar alle fließend, hören aber oft nicht, was andere sagen, oder verstehen nicht, was ihre Tells uns über sie mitteilen. Um die Sprache der Tells besser zu beherrschen, müssen wir aufmerksamer werden – erst wenn wir wahrnehmen, was Menschen sagen und tun, beginnen wir ihre Gedanken und Gefühle zu verstehen. Indem wir uns auf Tells konzentrieren, werden wir sensibler gegenüber anderen Menschen, und letzten Endes wird unser Umgang mit ihnen dadurch befriedigender. Auch unser eigenes Verhalten lernen wir dadurch besser verstehen – und wie wir auf andere wirken.

2 Dominanz-Tells

Wenn wir Menschen kennen lernen, beurteilen wir sie rasch im Hinblick darauf, ob und wie weit sie dominierend, freundlich und sexuell attraktiv sind.[1] Auch wenn wir manchmal meinen, andere Aspekte interessierten uns mehr, spielen diese drei Faktoren doch eine Hauptrolle bei dem Eindruck, den andere Menschen auf uns machen. Dieses Interesse verbindet uns mit unseren nächsten Verwandten, den Schimpansen, die viel Zeit damit verbringen, ihre relativen Positionen innerhalb der Hierarchie zu klären.

In einer Schimpansenpopulation schafft die Verteilung von Dominanzverhalten, Unterwerfungsverhalten und gegenseitiger Körperpflege eine unsichtbare Hackordnung, welche die einzelnen Tiere entsprechend ihren Ansprüchen auf Territorium, Nahrung und Sex einstuft. Ihren Anspruch auf Dominanz bekräftigen einzelne Tiere durch eine Haltung, die den Eindruck körperlicher Größe erzeugt und Bereitschaft zum Angriff signalisiert – zum Beispiel, indem sie sich ihrem Gegenüber frontal zuwenden, es mit dem Blick fixieren und sich aufrichten. Im Falle einer Konfrontation kann dazu auch das Versteifen der Glieder, das Aufstellen der Ohren und der Nackenhaare gehören. Ein unterwürfiger Schimpanse hingegen wird sich wegdrehen, den Blick abwenden, Ohren und Haare anlegen und sich möglichst klein machen. In den meisten Schimpansengesellschaften drehen sich unterwürfige Tiere sogar ganz um und wenden dem dominierenden Tier ihr Hinterteil zu, und dieses besteigt dann das unterwürfige Tier und vollführt ein paar nicht kopulierende Stoßbewegungen. Durch dieses Ritual bestätigen die einzelnen Tiere ihre Beziehung zueinander und erkennen die Hackordnung innerhalb der Gesellschaft an.

Wir Menschen haben viele der von unseren nichtmenschlichen Verwandten benutzten Haltungssignale geerbt. Auch wenn wir nicht über bewegliche Ohren verfügen und unser Haar nicht aufrichten können, so nutzen wir im Umgang miteinander doch die Ausrichtung des Körpers sowie Blick, scheinbare Größe und Haltung als Dominanz- oder Unterwerfungssignale.

Grössen-Tells

In den meisten Tiergesellschaften besteht eine enge Verbindung zwischen Körpergröße und sozialem Status. Bei den Menschen ist diese Beziehung geradezu überwältigend. Die Statistik zeigt, dass größere Menschen erfolgreicher sind als kleine. Sie sind auch gesünder, intelligenter und leben gewöhnlich länger.[2] Das ist kein Phänomen der Moderne: Ausgrabungen auf einem alten englischen Friedhof in Norfolk haben kürzlich gezeigt, dass sich bereits im 9. Jahrhundert größere Menschen einer längeren Lebensdauer erfreuten.[3] Tatsächlich ist die symbolische Verbindung zwischen Körpergröße und Macht uralt. Sie geht zurück auf die Zeit, als Armeen auf erhöhtem Terrain einen strategischen Vorteil gegenüber denen weiter unten hatten und Siedlungen auf einem Hügel sich besser verteidigen konnten als die im Tal. Heute ist diese Assoziation zu einem festen Bestandteil unserer Sprache geworden – wir sagen, jemand stehe an der Spitze einer Organisation, gehöre zur oberen Etage, er habe eine hohe, ja überragende Stellung inne und sei denen unten überlegen; wir reden von Obrigkeit und Gipfel; man spricht auch von der Notwendigkeit, sich über Probleme zu erheben oder über etwas hinauszuwachsen.

Frauen wollen lieber einen Mann, der größer ist als sie. Auch hat man festgestellt, dass sich große Männer erfolgreicher fortpflanzen, was zeigt, dass sich Frauen bewusst große Männer als Partner aussuchen.[4] Im Laufe der Zeit ist Körpergröße zum fest etablierten Ideal in Bezug auf Männer geworden und entwickelt sich zurzeit auch rasch zum herrschenden Ideal bei Frauen. Körpergröße bei Männern verbindet man mit einem höheren Spiegel des männlichen Geschlechtshormons Testosteron und mit einer stärker dominierenden Persönlichkeit.[5] In der Geschichte der Vereinigten Staaten waren nur drei Präsidenten kleiner als der nationale Durchschnitt, und einige, wie Abraham Lincoln, überragten ihre Zeitgenossen beträchtlich. Dasselbe Phänomen kann man auch an der Wall Street feststellen, wo jeder Zoll (2,54 Zentimeter) an Körpergröße über der Norm sich beim monatlichen Gehalt in zusätzlichen 600 Dollar niederschlägt.[6] Selbst an Universitäten, wo Lehrer doch, wie man annehmen sollte, einzig aufgrund ihrer wissenschaftlichen Qualitäten eingestellt werden, beobachten wir, dass Lehrbeauftragte 3,1 Zentimeter größer als der nationale Durchschnitt, außerplanmäßige Professoren 3,75 Zentimeter und ordentliche Professoren 4,85 Zentimeter größer als der Durchschnitt ihrer Alters- und Geschlechtsgenossen sind.[7]

Dominierender wirkt man zum Beispiel, indem man sich höher setzt oder stellt als andere und sich dadurch größer macht; eine andere Möglichkeit ist, sich beim Sitzen und Stehen bewusst gerade zu halten. Psychologen haben herausgefunden, dass jemand, der sich beim Stehen gerade hält, eher als dominant empfunden wird als jemand, der in sich zusammengesunken dasteht, und dass jemand, der gelernt hat, gerade zu stehen, sich sicherer und optimistischer fühlt als jemand, der in gewohnter Weise sich hängen lässt.[8] Auch hat man bemerkt, dass ein Mensch, der eine Aufgabe erfolgreich gelöst hat, danach gerade aufgerichtet sitzt, wohingegen die Erfolglosen eher in sich zusammengesunken dasitzen.

Doch gerade Haltung ist kein Allheilmittel. Es ist eine weit verbreitete Annahme, jemand, der sich deprimiert und unterlegen fühlt, könne seine Stimmung verbessern, indem er beim Sitzen eine aufrechte Haltung einnimmt. Die Forschung hat jedoch gezeigt, dass sich Menschen, denen man Aufgaben gegeben hatte, die sie nicht lösen konnten, schneller erholen, wenn sie eine Weile in sich zusammengesunken dasitzen dürfen, als wenn sie aufgefordert werden, gerade zu sitzen. Anders als man annehmen sollte, ist die krumme Körperhaltung in Wirklichkeit die angemessene Anpassungsreaktion auf eine Niederlage – sie ermöglicht dem, der sich niedergeschlagen fühlt, alles zu durchdenken und nach einer entsprechenden Frist sein Selbstvertrauen wiederzugewinnen.[9]

Territoriale Tells

In der Tierwelt ist Macht häufig an ein bestimmtes Territorium gebunden. Bei Pavianen besetzt das dominante oder Alphatier gewöhnlich die höchsten Äste eines Baumes, verteidigt seine Position gegenüber den Untergebenen weiter unten und übernimmt die Rolle des Anführers und Beschützers. Seinen Anspruch auf weiteres Territorium setzt das Alphamännchen durch, indem es dieses buchstäblich besetzt und andere Tiere auf Abstand hält. Genauso ist es bei den Menschen. Personen mit hohem Status verbrauchen mehr Raum – sie haben größere Häuser, Autos und Büros. Sie beanspruchen auch mehr Platz um sich herum, und andere Menschen erkennen ihre Ansprüche gewöhnlich an, indem sie ihnen zusätzlichen Platz einräumen. Menschen mit hohem Status scheinen eine unsichtbare Grenze um sich herum zu ziehen, nicht unähnlich einem militärischen Sperrgebiet, dem sich andere Menschen nur mit Vorsicht nähern. Tatsächlich liefert oft gerade die zögernde Art und Weise, in der andere sich der unsichtbaren Grenze rings um ein dominierendes Individuum nähern, die verräterischsten Hinweise auf dessen soziales Gewicht, und das wiederum stärkt das Überlegenheitsgefühl dieser Person.

Dominanz wird auch demonstriert und gestärkt durch die Sitzordnung an einem Tisch.[10] Bei einer Vorstandssitzung sitzt der Generaldirektor oder die Generaldirektorin meist am Kopf des Tisches, die nächstwichtigen Personen sitzen ihm oder ihr am nächsten. Wer am Kopf des Tisches sitzt, zieht mehr Aufmerksamkeit auf sich als jeder andere. Er spricht auch am meisten, und man fügt sich eher seinen Wünschen. Das liegt nicht nur daran, dass Menschen in einer solchen Position nun einmal dominant sind – auch wenn Personen nach dem Zufallsprinzip auf die Plätze an einem rechteckigen Tisch verteilt werden, zieht derjenige, dem der Platz am Kopf des Tisches zugewiesen wurde, dennoch die größte Aufmerksamkeit auf sich und spricht am meisten. Wenn Sie einen besonders schüchternen und zurückhaltenden Freund (oder eine Freundin) haben, lohnt sich ein kleines Experiment: Setzen Sie ihn oder sie bei der nächsten Abendeinladung an den Kopf des Tisches. Aller Wahrscheinlichkeit nach wird Ihr Gast sich binnen weniger Minuten am Gespräch beteiligen, nach einer halben Stunde wird er schon andere unterbrechen, und binnen einer Stunde wird er die Unterhaltung dominieren!

Die verschiedenen Plätzen zugewiesene Bedeutung macht sich bei runden oder quadratischen Tischen weniger bemerkbar als bei rechteckigen und ovalen. Rechteckige und ovale Tische eignen sich gut für bilaterale Verhandlungen, bei denen die beiden Parteien gegenüberliegende und gleichwertige Seiten des Tisches einnehmen können. Diese Sitzordnung gibt zwar keinen Anlass zu Auseinandersetzungen über Bevorzugung oder Benachteiligung einer Seite, kann aber wegen der Platzierung der Parteien als Gegner leicht Konflikte heraufbeschwören. Rechteckige und ovale Tische sind berüchtigt als völlig ungeeignet für Verhandlungen zwischen mehreren Parteien – eine oder mehrere Parteien könnten sogar mit Boykott drohen, weil sie meinen, die ihnen angebotenen Plätze entsprächen nicht ihrer Bedeutung für die anstehenden Verhandlungen.

Die Sitzordnung beeinflusst Beziehungen auch in anderer Weise. Menschen an einem Tisch tendieren zum Beispiel eher dazu, ihre Bemerkungen an jemanden zu richten, der ihnen gegenübersitzt, als an jemanden, der neben ihnen oder im rechten Winkel zu ihnen sitzt. Das erklärt vielleicht auch, dass Menschen in Gesellschaft von Fremden am liebsten möglichst weit entfernt von Personen von besonders hohem oder niedrigem Status zu sitzen suchen und möglichst nahe bei denen, die denselben Status haben wie sie.

Auch welchen Platz Leute in Restaurants, Kneipen und Bars für sich wählen, hat mit Status und Kontrollverhalten zu tun. In Pubs und Bars sitzen verliebte Paare meist nebeneinander, sodass sie sehen können, was ringsum vor sich geht. In einem Restaurant, wo es vor allem ums Essen geht, sitzen sie eher einander gegenüber, um sich gegenseitig ständig im Auge zu haben. Wird einem Paar in einem Restaurant ein Tisch an der Wand angeboten, versucht der Mann gewöhnlich, mit dem Rücken zur Wand zu sitzen. So kann er ein wachsames Auge auf das Geschehen ringsum werfen – ähnlich wie ein dominierendes Schimpansenmännchen vom Wipfel eines Baumes aus den Überblick behält.

Auch die Art, wie jemand steht, sagt viel aus über seinen Status oder den Status, den er für sich beanspruchen möchte. Dominante Individuen stehen häufig breitbeinig da – Knie durchgedrückt und Füße weit auseinander. Rangniedrigere Personen hingegen stehen eher mit geschlossenen Beinen, das heißt, Beine gerade und Füße eng nebeneinander. Das breitbeinige Stehen bietet mehr Stabilität als das Stehen mit geschlossenen Füßen, was offenbar erklärt, weshalb Männer, bei denen der Schwerpunkt höher liegt als bei Frauen, öfter breitbeinig dastehen als Frauen. Doch das ist nicht die einzige Erklärung für diese Wahl, denn Männer nehmen diese Haltung vor allem in Gesellschaft ein, in Situationen, wo man durch seine Haltung etwas Bestimmtes ausdrücken will.

Breitbeiniges Stehen übermittelt grundsätzlich zwei Botschaften. Die eine ist eine Macho-Botschaft, die andere ein Drohsignal. Die Macho-Botschaft hat mit der resoluten Standhaftigkeit dieser Haltung zu tun – wenn jemand seine Füße weit auseinander stellt, teilt er im direkten wie im übertragenen Sinne jedermann mit, dass er seinen Mann stehen und nicht von der Stelle weichen wird. Das Bedrohliche am breitbeinigen Stehen kommt daher, dass es sich hier um eine schwach verhüllte phallische Zurschaustellung handelt – ein breitbeinig dastehender Mann präsentiert eigentlich seinen Penis. Phallisches Imponiergehabe hat viel mit Dominanz zu tun. Ein dominanter männlicher Pavian zum Beispiel zeigt häufig seinen erigierten Penis, um andere Paviane an seine gehobene soziale Position zu erinnern. Dominante Männer zeigen sich natürlich selten in dieser Weise, versuchen jedoch, die Aufmerksamkeit auf ihren Penis zu ziehen und durch Kleidung oder Körperhaltung auf seine Größe hinzuweisen. Im 15. und 16. Jahrhundert war es für Männer der Oberschicht Sitte, einen Hosenbeutel zu tragen – einen gepolsterten Beutel vorn an ihren Kniehosen. Solche Hosenbeutel waren häufig verziert und aus auffallendem Material hergestellt; und je höher der Status eines Mannes, desto größer war sein Hosenbeutel.[11] Dasselbe Prinzip gilt in manchen traditionellen Gesellschaften bis heute. In Neuguinea zum Beispiel demonstrieren Männer ihren sozialen Rang durch Größe und Schmuckelemente ihrer Penishülle.

Auch wenn die Hosenbeutel längst verschwunden sind, finden wir immer noch Anklänge an sie in Gestalt von *stonewashed* Jeans. Bis vor kurzem sah man sehr oft junge Männer mit Jeans, die am Schritt fast völlig entfärbt waren – ein durchaus beabsichtigter Anblick mit dem Hintersinn, das Auge auf den Schritt zu lenken und so insgeheim jedermann an das zu erinnern, was unter dem Stoff liegt. In Italien gingen die jungen Männer sogar noch weiter. Wenn sie sich ein neues Paar Jeans gekauft hatten, gingen sie damit unter die Dusche und schrubbten so lange mit einer harten Bürste auf dem Stoff im Schrittbereich herum, bis er fast farblos war. Und dann paradierten sie mit ihren neuen Jeans mit dem ausgeblichenen Schritt in der Öffentlichkeit, wie junge Italiener das seit Jahrhunderten getan haben, und zogen die Aufmerksamkeit auf ihre Männlichkeit.

Doch nicht genug mit den verblassten Jeans – die jungen Italiener haben noch ein anderes phallisches Signal entwickelt – den *scrotch* (aus engl. *scratch* »kratzen« und *crotch* »Schritt«). Wenn man sie in der Öffentlichkeit beobachtet, fällt auf, dass sie ständig ihre Hosen zurechtrücken und an ihren Hoden kratzen, nicht nur, wenn sie allein sind, sondern vor allem in Gesellschaft anderer Männer. Obwohl weitgehend unbeabsichtigt, ist dies eindeutig ein phallisches Imponiergehabe und spielt in der Konkurrenz zu anderen Männern eine wichtige Rolle. Von der Funktion her ähnelt es sehr dem Verhalten eines männlichen Alphatiers bei den Pavianen, wenn es den anderen Pavianmännchen seinen erigierten Penis zeigt. Mit dem *scrotch* versucht ein junger Mann unbewusst, andere männliche Wesen von seiner dominanten Stellung aufgrund seiner prächtigen Ausstattung zu überzeugen. Impliziert wird dabei, dass ein großer Penis und große Hoden besondere Aufmerksamkeit erfordern und er sich schnell unwohl fühlen würde, wenn er nicht ständig an seiner Kleidung herumrücken würde.

Die *scrotch*-Geste ist nicht auf Italien beschränkt – man findet sie in den meisten Gesellschaften, in denen ein machohaftes Auftreten gepflegt wird, und sie ist ganz sicher nicht die einzige Form phallischen Imponiergehabes. Da gibt es noch den *crotch-yank*, eine Geste, bei der die Hand über Penis und Hoden gelegt und dann mit einer ruckartigen Bewegung nach oben gezogen wird. Zweck dieser Geste ist, öffentlich auf die eigene Maskulinität aufmerksam zu machen. Das erklärt vermutlich, warum sie bei vielen Boy-Bands und Sängern wie Michael Jackson so beliebt ist, die das Publikum unbedingt auf ihre hervorragende Ausstattung hinweisen müssen. Bemerkenswert ist dabei, dass der *crotch-yank* in Michael Jacksons Bewegungsrepertoire eine umso auffallendere Rolle spielte, je femininer sein Gesicht wurde.

Sitz-Tells

Auch die Sitzhaltung kann auf Dominanzansprüche hinweisen. Beim Sitzen geht es in erster Linie um Bequemlichkeit, Konvention und Kommunikation. Wenn man sich hinsetzt, nimmt man meist eine bequeme Beinhaltung ein und achtet darauf, dass man keine sozialen Normen verletzt, sodass die Haltung eine bestimmte Botschaft übermittelt. Diese

Botschaft braucht dabei nicht unbedingt beabsichtigt zu sein. Viel eher ist sie motiviert durch unbewusste Wünsche. Dass man sich selbst nicht immer der Botschaften bewusst ist, die man im Sitzen durch seine Körperhaltung aussendet, bedeutet allerdings nicht, dass andere dafür unempfänglich wären. Auch wenn sie vielleicht nicht bewusst reagieren, lassen ihre Reaktionen doch oft erkennen, dass die Art und Weise, wie Sie sitzen, sich auf sie auswirkt.

Anhand der Fußhaltung kann man drei Grundmuster beim Sitzen unterscheiden – die Haltung mit geraden Beinen, wenn jemand mit ausgestreckten Beinen sitzt, die Schritthaltung, wenn jemand mit senkrecht unter den Knien stehenden Füßen sitzt, und die zurückgenommene Haltung mit unter den Stuhl gezogenen Füßen. Dominante Menschen bevorzugen nach Möglichkeit eine Sitzhaltung mit geraden Beinen. Indem sie ihre Beine ausstrecken, unterstellen sie ihrer persönlichen Jurisdiktion symbolisch einen größeren Anteil am öffentlichen Raum; damit reduzieren sie den allgemein zur Verfügung stehenden Raum und erzeugen den Eindruck, ihre eigenen Bedürfnisse seien wichtiger als die anderer Leute.

Eine Sitzhaltung mit unter den Knien stehenden Füßen bietet als solche nicht unbedingt Hinweise auf Dominanzansprüche. Die Haltung der Knie aber liefert uns zuverlässige Informationen darüber, ob sich jemand dominierend oder unterlegen fühlt. Jemand, der mit geöffneten Knien sitzt, sendet deutliche, wenn auch meist unbeabsichtigte Signale aus, dass er sich dominant fühlt. Am deutlichsten wird das beim Sitzen mit ausgestreckten Beinen, wenn die Beine schräg nach außen in die Gegend ragen. Dominanzgefühle lässt auch eine Haltung wie der Amboss erkennen – Beine gebeugt, Oberschenkel ausgestellt und beide Füße fest auf den Boden gepflanzt; ebenso die Vier, bei der das eine Fußgelenk auf dem Oberschenkel des anderen Beines liegt, sodass die Beine die Zahl Vier bilden. Diese Haltungen sind beide auch phallische Zurschaustellungen. Deshalb sind sie stärker verbreitet in Weltgegenden, wo Macho-Werte eine große Rolle spielen, wie etwa in lateinamerikanischen Ländern oder in den Südstaaten der USA. Frauen mögen diese Haltungen nicht, vor allem deshalb, weil sie als sexuelles Angebot missdeutet werden könnten. Für die Vierer-Haltung braucht man einiges an Elastizität und Belastungsfähigkeit, deshalb assoziiert man allgemein diese Haltung mit Jugendlichkeit: Jemand, der die Vier macht, gilt eher als jugendlich, entspannt und dominant.

Einige Sitzhaltungen übermitteln zweideutige Botschaften – insbesondere bei unterschiedlicher Haltung beider Beine. Da sie sehr entspannt wirken, scheinen asymmetrische Sitzhaltungen dominanter zu sein als symmetrische. Doch es gibt auch Ausnahmen. Wenn jemand zum Beispiel die Beine ausstreckt und dabei seine Fußgelenke kreuzt, dann zeigen die ausgestreckten Beine, dass er als dominant gesehen werden möchte; doch die gekreuzten Füße verraten ihn – sie zeigen, dass er in Wirklichkeit recht zurückhaltend ist.

Lässigkeit spielt eine Schlüsselrolle bei jeder Art von Dominanzgehabe, denn sie erweckt den Eindruck, der Betreffende befürchte nicht, angegriffen zu werden, und könne notfalls leicht reagieren. Lässigkeit wird durch bestimmte Hinweise in Haltung und Bewegung signalisiert – bei der Haltung erkennt man sie am niedrigen Muskeltonus, dem Fehlen jeglicher Anspannung und der asymmetrischen Anordnung von Armen und Beinen, bei der Bewegung daran, dass der Körper sich weniger und langsamer bewegt. Wie Balzac bemerkte: »Langsame Bewegung ist in hohem Maße majestätisch.« Sich unterlegen fühlende Menschen verhalten sich genau entgegengesetzt – sie nehmen eher eine symmetrische Haltung ein, ändern häufiger Arm- und Beinhaltung, lassen mehr Spannung in ihrer Körperhaltung erkennen und bewegen ihren Körper schneller und öfter. Durch ihre Haltung drücken dominante Menschen aus, dass sie sich wegen eines Angriffs keine Sorgen machen und auch nicht erwarten, angegriffen zu werden. Wenig selbstsichere Menschen machen den Eindruck, immer auf einen Angriff gefasst zu sein – sie wirken angespannt und defensiv.

Ellbogen-Tells

Um dominant zu wirken, muss man den Eindruck physischer Stärke vermitteln, ruhig scheinen und gleichgültig gegenüber Drohungen. Das kann man zum Beispiel erreichen, indem man die Arme in die Hüften stemmt. Es gibt zwei Varianten dieser Haltung: die einhändige und die zweihändige. Die beidhändige ist spektakulärer, doch die einhändige Variante kann sich in einer Weise gegen andere Personen richten, wie es der beidhändigen nicht möglich ist. Drei Komponenten machen die Hand-auf-Hüfte-Haltungen so dominant:

- DIE EXPANSIONSKOMPONENTE. Wenn jemand den Arm in die Hüfte stemmt, erscheint er größer und potenziell bedrohlicher. Werden beide Hände benutzt, verdoppelt sich der Effekt. Hand-auf-Hüfte-Haltungen vergrößern auch – darin ähnlich dem Sitzen mit ausgestreckten Beinen – das von jemandem besetzte Territorium.
- DIE DROHKOMPONENTE. Wer je versucht hat, sich seinen Weg durch eine Menschenmenge zu bahnen, weiß, wie effektvoll man dabei seine Ellbogen einsetzen kann. Ellbogen sind knochig und scharf. Man kann sie dazu benutzen, jemanden aus dem Weg zu schubsen, zu stem-

men oder zu stoßen, was bei Einsatz der Hände viel mehr Anstoß erregen würde. In dieser Hinsicht sind die Ellbogen durchaus eine Waffe, wenn auch eine Waffe zweiter Kategorie. So kann man sich der Ellbogen auf weniger spektakuläre, fast unbewusste Art bedienen. Die in die Hüfte gestemmten Arme vermitteln eine subtilere Botschaft – die Ellbogen bedrohen jemanden, ohne dass er sich voll bewusst wird, was eigentlich los ist.

- DIE VORBEREITUNGSKOMPONENTE. Die in die Hüften gestemmten Arme befinden sich sozusagen auf halbem Weg zwischen hängenden Armen und zum Angriff erhobenen Armen. Daher ist diese Haltung eine Teilvorbereitung zum Angriff, bei der die Absicht des Betreffenden dadurch verschleiert wird, dass die Hände hier so bequem auf den Hüften ruhen. Bei einem mit Schwert oder Pistole bewaffneten Menschen bringt das Abstützen der Hand auf der Hüfte die Hand oft näher an die Waffe heran. Die Hand ist zwar in Ruhestellung, bereitet sich aber zugleich auf einen Angriff vor.

Im 16. und 17. Jahrhundert gehörten die in die Seite gestemmten Arme zum offiziellen Auftreten männlicher Personen der Oberschicht. Ranghohe Persönlichkeiten wurden auf Porträts häufig mit einem abgewinkelten Ellbogen dargestellt – ein schönes Beispiel dafür ist Hans Holbeins berühmtes Gemälde Heinrichs VIII. –, manchmal sogar mit einem drohend gegen den Betrachter gerichteten Ellbogen. Zur damaligen Zeit waren in die Hüften gestemmte Arme so eng mit dem Waffen tragenden Berufsstand verbunden, dass, wer sich als Angehörigen des Militärs ausgeben wollte, das durch Einnehmen dieser Haltung tat.[12] 1532 klagte der große niederländische Philosoph Desiderius Erasmus von Rotterdam über jene, die »stehen oder sitzen und eine Hand in die Seite stemmen, welche Angewohnheit manchen schicklich für einen Kriegsmann scheint, wenngleich sie nicht geradeheraus ehrlich ist.«[13]

Die in die Seite gestemmten Arme haben auch zu anderer Gelegenheit Anstoß erregt. General Douglas MacArthur zum Beispiel wurde nach der Entgegennahme der Kapitulationserklärung der Japaner am Ende des Zweiten Weltkrieges neben dem japanischen Kaiser stehend fotografiert. Während der Kaiser mit diskret seitlich herabhängenden Armen Haltung annahm, hatte MacArthur die Arme in die Hüften gestemmt. Die Japaner werteten diese lässige Haltung als ein Zeichen großer Respektlosigkeit. In Japan gilt es als unhöflich, mit den Händen auf die Hüften gestützt zu stehen; das in Gegenwart des Kaisers zu tun, der von vielen Japanern als Gottheit verehrt wird, war unverzeihlich.

Oberflächlich betrachtet sehen alle Hand-auf-Hüfte-Haltungen gleich aus. Bei näherem Hinsehen kann man jedoch feststellen, dass es vier Hauptvarianten gibt, die sich jeweils durch die Haltung der Hand oder der Hände unterscheiden.

- DIE FINGER-VARIANTE. Dabei zeigen die Finger nach vorn, der Daumen nach hinten und die Handfläche nach unten. Männer bevorzugen die Finger-Variante, weil sie sich mit nach vorn gerichteten Fingern besser auf einen Angriff vorbereitet fühlen. Männer nehmen diese Haltung ein, um Selbstbewusstsein zu demonstrieren – entweder wenn sie sich als dominierend empfinden oder wenn sie das Gefühl haben, ihre dominierende Rolle sei gefährdet. Wenn zum Beispiel bei einem Fußballspiel ein Tor fällt, stemmen die Spieler der Verliererseite oft die Hände in die Hüften – teils als Drohgebärde, aber auch, um sich selbst Mut zu machen. Die Geste kann auch ein Herausforderungssignal sein. Als Mick Jagger in den Sechzigerjahren auf den Bühnen herumstolzierte,

Stehen mit gespreizten Beinen. Dies ist das berühmte Porträt Heinrichs VIII. von Hans Holbein d. J. – breitbeinig, mit entschlossen abgewinkelten Ellbogen, ein starker, kraftvoll-dynamisch wirkender Monarch, der volle Verantwortung trägt für sein eigenes Schicksal und das seines Volkes.

gehörten die in die Hüften gestemmten Arme meist zu seinem festen Repertoire. Auf Videoaufzeichnungen des *Gimme-Shelter*-Konzerts, aufgenommen auf dem Höhepunkt des herausfordernden »Jagger Swagger«, ist das sehr deutlich zu sehen.

- DIE DAUMEN-VARIANTE. Bei dieser Variante zeigt der Daumen nach vorn, die Finger zeigen nach hinten und die Handfläche nach oben. Frauen haben eine ausgeprägtere Neigung zur Daumen-Variante als Männer. Der Hauptgrund dafür ist, dass Frauen ihre Arme weiter nach außen drehen können, sodass die Ellbogen nach hinten zeigen; daher fällt es ihnen leichter, die Hände mit nach vorn weisenden Daumen auf den Hüften abzustützen.
- DIE HANDFLÄCHEN-VARIANTE. Die Handflächen-Variante ist die affektierteste aller Hand-auf-Hüfte-Haltungen. Die Hand wird dabei auf ziemlich unnatürliche Weise so abgewinkelt, dass der Handrücken in Kontakt mit der Hüfte ist und die Handfläche vom Körper weg weist. Diese Handhaltung ist sehr verbreitet auf Porträts von Königen, Rittern und Generälen des 16. und 17. Jahrhunderts – also auf Porträts von Personen, die das Bedürfnis hatten, sich durch künstliche Posen vom Rest der Gesellschaft abzuheben.
- DIE FAUST-VARIANTE. Hier ist die Faust in Kontakt mit der Hüfte. Dies ist potenziell die bedrohlichste Version der Hand-auf-Hüfte-Haltungen. Da Männer das Störpotenzial dieser Variante erkennen, bedienen sie sich ihrer eher selten. Frauen hingegen benutzen sie sehr wohl – gelegentlich als Zeichen der Herausforderung, manchmal selbstironisch. Es gibt eine berühmte Fotografie von Bonnie Parker (jedermann bekannt aus dem Film *Bonnie und Clyde*) mit einem Fuß auf der vorderen Stoßstange ihres Autos, einer Zigarre im Mund und einem Revolver in der rechten Hand. Ihr linker Ellbogen

stützt sich auf den Scheinwerfer des Autos, während die Rechte mit dem Revolver auf ihrer Hüfte ruht. Wenn man die Fotografie betrachtet, springt einem sofort ins Auge, dass hier in jeder Hinsicht Herausforderung demonstriert wird – nicht nur weil Bonnie eine Waffe in der Hand hält, sondern weil sie ihre Ellbogen zeigt!

Orientierungs-Tells

Auch die Ausrichtung des Körpers in Bezug auf das Gegenüber kann etwas über Dominanz oder Anpassung aussagen. Wenn ein Mann mit seinem Chef spricht, zeigt er seinen Respekt meist dadurch, dass er sich diesem auch physisch zuwendet. Der Chef seinerseits wird sich viel eher von seinem Untergebenen abwenden. So zeigen sie beide, dass der Untergebene ganz auf seinen Chef ausgerichtet ist, während der Chef zu erkennen gibt, dass er dominiert und sich alle Möglichkeiten offen hält.

Es werden jedoch noch ganz andere Botschaften durch die Ausrichtung des Körpers übermittelt. Sie werden zum Beispiel schon bemerkt haben, dass sich zwei Hunde, die sich zum ersten Mal begegnen, normalerweise erst einmal umkreisen. Sie vermeiden es, gerade aufeinander zuzugehen, und bieten einander die Flanke. Der Grund ist, dass Hunde nur frontal angreifen können. Indem sie ihre Flanke präsentieren, bieten sie einen verletzlichen Körperteil dar und zeigen damit, dass sie nicht vorhaben, den anderen anzugreifen. Diese Verhaltensweise nennt man Ritualisierung; man findet sie in der gesamten Tierwelt, aber auch bei den Menschen. Auf diese Weise löst die Natur Auseinandersetzungen durch das Demonstrieren von Dominanz und Unterwerfung statt durch Kämpfe, die leicht zu Verletzungen und Tod führen könnten. Wie Hunde bieten auch wir Men-

etzbare Teile unseres Körpers – einschließlich un-
e – dar, wenn wir zeigen wollen, dass wir einem
gegenüber keine Angriffsabsichten hegen. Wenn
ein aggressiv wirkender Fremder in einer Bar auf Sie zukommt, sollten Sie ihm eher die Seite zuwenden, als ihn direkt zu konfrontieren. Das direkte Zuwenden könnte als Kampfbereitschaft ausgelegt werden, während das Zuwenden der Flanke zeigt, dass man verletzbar und angreifbar ist und keine Bedrohung darstellt.

Diese beiden Szenarien zeigen, dass dieselbe Körperhaltung in verschiedenen Situationen ganz unterschiedliche Bedeutung haben kann. Das hängt davon ab, ob sich die Menschen kennen oder nicht. Sind zwei Menschen einander nicht bekannt und besteht ein hohes Maß an Unsicherheit, wird frontale Zuwendung sehr viel eher als Auftakt zum Angriff interpretiert. Kennen sie einander, wird sie eher als Zeichen des Respekts gewertet.

Gesichts-Tells

Alle fünf Sinne – Gesicht, Geruch, Gehör, Geschmack und Gefühl – sind im Gesicht oder in dessen Nähe angesiedelt, wobei sich das Gefühl als einziger Sinn auch auf andere Regionen des Körpers erstreckt. Doch das Gesicht ist nicht nur der Ort aller Sinneswahrnehmungen; es ist auch die wichtigste Quelle ausgesendeter Signale in Gestalt von Sprache oder Stimmeigenschaften – wie zum Beispiel Betonung und Intonation – sowie Tausender von Ausdrucksweisen unter Beteiligung von Augen, Kopf- und Gesichtsmuskeln. Manche Gesichtsausdrücke wie der Schreckreflex sind gänzlich unfreiwillig; andere, wie das Lächeln, können ein echter Ausdruck der Freude oder ein gezielter Versuch sein, den Eindruck echter Freude zu erzeugen. Da das Gesicht teilweise unter bewusster Kontrolle steht, ist es eine der wichtigsten Waffen bei unseren täglichen Versuchen, einander in die Irre zu führen und zu hintergehen. Und trotzdem bleibt das Gesicht die Hauptinformationsquelle, was unseren emotionalen Zustand betrifft – indem sie unser Gesicht beobachten, können andere Menschen sagen, ob wir glücklich, traurig, böse, überrascht oder erschrocken sind. An unserem Gesichtsausdruck können sie auch erkennen, ob wir uns dominant oder unterwürfig fühlen.

Dominanzsignale sendet das Gesicht auf zweierlei Art aus. Erstens durch Gesichtsattribute – ob beispielsweise die Augenbrauen groß oder klein sind, das Kinn eckig oder rund, ob die Augen eng stehen oder weit auseinander. Die zweite Art sind Gesichtshandlungen – wie man zum Beispiel die Augen aufreißt oder verengt, die Brauen hebt oder senkt oder das Kinn vorschiebt beziehungsweise zurücknimmt. Die Gesichtsattribute eines Menschen bleiben meist jahrzehntelang dieselben, manchmal die längste Zeit seines Lebens. Gesichtshandlungen hingegen können von einer Sekunde zur nächsten wechseln.

Mehrere Gesichtsattribute werden mit Dominanz assoziiert. Menschen mit eckigem Kinn gelten als dominanter als solche mit schwach ausgeprägtem, fliehendem Kinn. Auch Menschen mit vorstehendem Wulst über den Augen gelten als dominant, desgleichen schmallippige Menschen. Physiognomische Attribute spielen eine große Rolle dabei, wie jemand behandelt wird. Männer mit dominantem Gesicht haben meist früher im Leben Sex und haben mehr Sex. Die Forschung hat auch gezeigt, dass Männer mit dominanterem Gesicht eher einen höheren Rang in der Armee erreichen.[14]

Nichtmenschliche Primaten und Menschen haben viele Dominanzsignale gemeinsam. Mehrere Spezies von Menschenaffen und Affen zum Beispiel senken als drohendes

Dominanzsignal ihre Augenbrauen. Dasselbe gibt es auch bei den Menschen. Menschen mit tief liegenden Brauen oder solche, die die Brauen senken, gelten als dominant, Menschen mit hohen oder hochgezogenen Brauen hingegen als unterwürfig.[15] Das ist einer der Gründe dafür, dass sich Frauen die Augenbrauen zupfen – indem sie sie dünner machen und höher ziehen, geben Frauen ein semi-permanentes Unterwürfigkeitszeichen, das Männer angeblich attraktiv finden. Die Sprache der hochgezogenen oder gesenkten Augenbrauen wird allgemein verstanden. Es gibt allerdings auch Weltgegenden, darunter Afrika und Asien, wo hochgezogene Augenbrauen nicht als Zeichen der Unterwürfigkeit gewertet werden.[16]

Auch die Größe des Unterkiefers signalisiert Dominanz. Dafür gibt es zwei Gründe. Erstens sind die Zähne eine sehr archaische und wirkungsvolle Waffe, und zweitens wird die Entwicklung eines starken Unterkiefers durch Testosteron befördert, das wiederum mit Dominanz und Aggression gekoppelt ist. Menschen mit stark ausgeprägtem Unterkiefer werden gewöhnlich für dominant gehalten, solche mit kleinem Kiefer für unterwürfig. Eine ausgeprägte Kinnlade ist daher von Vorteil für den beruflichen Aufstieg oder für eine erfolgreiche Karriere in der Armee. Wem sein Unterkiefer nicht stark genug ausgeprägt ist, der kann ihn mithilfe plastischer Chirurgie vergrößern lassen. Alternativ kann man sich angewöhnen, ihn vorzuschieben. Der vorgeschobene Unterkiefer – wobei man den Kopf leicht hebt oder die unteren Zähne vor die oberen schiebt – ist eine häufig anzutreffende, bei Streitigkeiten unter Kindern weit verbreitete Geste der Herausforderung.

Auch Menschen mit gesenkten Lidern oder nicht ganz geöffneten Augen gelten als dominant. Werden die Augen als Dominanzsignal halb geschlossen, wirken sie wie ein Visier – man hat den Eindruck, der Betreffende blicke durch einen Schlitz in seinem Helm. Gute Beispiele dafür gibt es in Filmen wie *The Good, the Bad and the Ugly*, wo Clint Eastwood und Lee Van Cleef die Augen zusammenkneifen und so tun, als blickten sie durch ein Visier, um Härte zu markieren. Sie produzieren auch noch weitere aufschlussreiche Dominanzzeichen – zum Beispiel senken sie die Brauen oder kneifen entschlossen die Lippen zusammen und vermeiden jegliches Lächeln. Gesenkte Augenbrauen vermitteln den Eindruck von Dominanz, weil dadurch das Anstarren herausfordernder wirkt. Da zu einem Ärger signalisierenden Gesichtsausdruck auch gesenkte Augenbrauen gehören, wirkt jemand, der demonstrativ die Brauen zusammenzieht, meist noch ungehaltener. Eine neuere Forschungsarbeit von Larissa Tiedens von der Stanford University in Kalifornien zeigt, dass demonstrativer Unmut häufig als Zeichen der Stärke interpretiert wird.[17] Das erklärt, weshalb so viele Menschen in Machtpositionen den Ausdruck ständiger Missgelauntheit zur Schau tragen – er lässt sie dominierend wirken!

Ein gutes Beispiel für affektierte Missgelauntheit kann man in der Fernsehserie *The Weakest Link* beobachten, wo die Moderatorin Anne Robinson jegliches Lächeln peinlich vermeidet. Sie bedient sich auch noch eines weiteren Dominanz-Tells: Wenn sie die Kandidaten dumm aussehen lassen will, blickt sie über den oberen Rand ihrer Brille hinweg. Das ist geradezu eines ihrer Markenzeichen oder Marken-Tells und passt sehr gut zu der von ihr gewählten Rolle, nämlich der einer ziemlich dominierenden und kaltherzigen Moderatorin. Der Blick über den Brillenrand hinweg funktioniert so, weil er die Aufmerksamkeit auf die Augen zieht und sinngemäß besagt: »Sieh mich an, ich schiebe meine Brille tiefer, um dich klar und ungehindert zu sehen; vor mir kannst du nichts verbergen!« Der *Blick über den Brillenrand* ist also eine Geste der Konfrontation; er ist ein Vorspiel zu dem, was

Zoologen »agonales Anstarren« nennen. Die Wirkung der Geste wird durch eine leichte Neigung des Kopfes noch verstärkt, denn diese macht das Starren noch bedrohlicher.

Schmale Lippen sind ein weiteres Dominanzzeichen, da sie Entschlossenheit demonstrieren. Lächeln ist, wie wir später sehen werden, ein hochgradig verbindliches Verhalten – es signalisiert Offenheit und Akzeptanz und kommt daher in den von Clint Eastwood und Lee Van Cleef verkörperten Rollen nicht vor. Forscher haben festgestellt, dass Männer, die als dominant gelten und einen hohen Testosteronspiegel haben, tatsächlich sehr viel sparsamer lächeln, dass diese Koppelung jedoch nicht für Frauen gilt.[18] Einige dominante Persönlichkeiten scheinen überhaupt nie zu lächeln. Der russische Präsident Wladimir Putin etwa ist ein gutes Beispiel für ein Staatsoberhaupt, das sehr sparsam mit seinem Lächeln umgeht. Putin ist zwar sportlich, aber nicht sehr groß, und er hat ein kleines Kinn. Lächeln zu vermeiden ist für ihn eine Art, diese Defizite auszugleichen.

Natürlich gibt es auch Momente, wo dominierende Persönlichkeiten um ein Lächeln nicht umhinkommen. In solchen Situationen lassen sie sich häufig zu einem Lächeln mit geschlossenem Mund herbei, bei dem die Lippen weiterhin aufeinander liegen, statt sich wie beim Lächeln »mit offenem Mund« zu öffnen und die Zähne zu entblößen. Es gibt zwei von dominanten Persönlichkeiten bevorzugte Arten des Lächelns mit geschlossenem Mund:

- VERSIEGELTES LÄCHELN. Dabei bleiben die Lippen geschlossen, während die Mundwinkel auseinander gezogen werden. Dadurch zieht sich eine verlängerte Linie quer über das Gesicht, was den nachhaltigen Eindruck erzeugt, jedermann sei von dem, was in diesem Menschen mit den versiegelten Lippen vor sich geht, ausgeschlossen. Das versiegelte Lächeln ist sehr beliebt bei hochrangigen Wirtschaftsleuten und Politikern – man findet es häufig auf den Fotos von Direktoren in Firmenbroschüren.

- VERHALTENES LÄCHELN. Hierbei sind die Muskeln rings um den Mund angespannt, um zu zeigen, dass das Lächeln zurückgehalten wird. Der Schauspieler Charlton Heston ist der Hauptvertreter des verhaltenen Lächelns – es ist eines seiner Markenzeichen-Tells. Das angespannt-verhaltene Lächeln bietet die Möglichkeit zu lächeln, ohne es wirklich zu tun. In dieser Hinsicht ist es ein verdecktes Lächeln mit der Absicht, nicht das Lächeln zu verbergen, sondern die Aufmerksamkeit auf den fehlgeschlagenen Versuch des Verbergens zu lenken. Das verhaltene Lächeln soll andeuten, der Betreffende empfinde zwar das starke Bedürfnis zu lächeln, es sei ihm aber gelungen, dieses zu unterdrücken. Sehr oft ist gerade der Aspekt der Kontrolle die wichtigste Botschaft dieses Lächelns.

Gähn-Tells

Jeder weiß zwei Dinge über das Gähnen – dass es die Sauerstoffaufnahme erhöhen soll und dass es sehr ansteckend wirkt. Ersteres ist falsch. Es gibt keinen Beweis dafür, dass Gähnen tatsächlich unsere Sauerstoffaufnahme erhöht, doch die zweite Annahme stimmt. Warum Gähnen so ansteckend ist, bleibt weitgehend ein Rätsel, auch wenn allgemein bekannt ist, dass Menschen gähnen, wenn sie jemand anders gähnen sehen, wenn sie jemanden gähnen hören, wenn sie lesen, dass jemand gähnt, ja, selbst wenn sie bloß ans Gähnen denken. Warum wir eigentlich gähnen, ist ebenfalls ein Rätsel. Man hat dafür die verschiedensten Erklärungen gefunden; eine der jüngsten war die Behauptung, Gähnen reinige das Gehirn, indem es die Rückenmarksflüssigkeit durchspüle. Man hat auch entdeckt, dass das Gähnen durch sehr tiefe Gehirnpartien kontrolliert wird, denn es gibt hirnverletzte Menschen, die ihren Mund nicht willentlich bewegen können, ihn beim Gähnen jedoch automatisch öffnen.[19]

Für die meisten Leute gilt Gähnen als ein Anzeichen für Langeweile. In Wirklichkeit gibt es vier Arten von Gähnen, und die Stichworte sind: Langeweile, Überleitung, Spannung und Bedrohung.

- GÄHNEN AUS LANGEWEILE. Es wird ausgelöst durch monotone Arbeiten, Inaktivität, Müdigkeit und Langeweile. Wenn Sie jemanden bei einer langweiligen Arbeit beobachten oder jemanden, der in einer langen Schlange darauf wartet, an die Reihe zu kommen, werden Sie feststellen, dass der/die Betreffende häufig gähnt. Das Gähnen aus Langeweile ist die verbreitetste Art überhaupt.
- ÜBERLEITUNGSGÄHNEN. Es tritt auf, wenn jemand von einer Tätigkeit zu einer anderen übergeht – zum Beispiel, wenn man morgens aus dem Bett steigt und sich fertig macht oder wenn man sich abends aufs Zubettgehen vorbereitet. Gähnen tritt auch in sozialen Übergangssituationen auf – zum Beispiel unmittelbar nachdem sich jemand von einem guten Freund verabschiedet hat. Gähnen kann auch als Ankündigung einer Handlung *(activity tell)* fungieren – mit anderen Worten, wenn Sie jemanden allein ein Buch lesen sehen und dieser Mensch anfängt zu gähnen, dann wissen Sie, dass er mit großer Wahrscheinlichkeit gleich zu etwas anderem übergehen wird.
- SPANNUNGSGÄHNEN. Es tritt dann auf, wenn Menschen unter Spannung stehen – gewöhnlich dann, wenn eine dominierende Person in der Nähe ist und man sich

unbehaglich oder verlegen fühlt. Wann immer Menschen unter Spannung stehen, sind sie anfällig fürs Gähnen – man berichtet das sogar von am Startblock wartenden Olympiasportlern und von Fallschirmspringern kurz vor dem Sprung aus dem Flugzeug. Diese Gähnanfälle sind eine Stressreaktion. Sie sind Beispiele für Übersprunghandlungen, denn sie dienen dazu, die überschüssige Antriebsenergie auf eine andere Aktivität abzuführen.

- DROHGÄHNEN. In menschlichen wie in Tiergesellschaften produzieren dominierende Individuen ein Drohgähnen. Gähnen gibt es bei zahlreichen Spezies, unter anderem bei Fischen, Vögeln, Reptilien, Menschenaffen und Affen. Gäbe es eine Gähn-Olympiade, wären die Sieger ganz klar die Paviane. Während andere Primaten etwa zehnmal am Tag gähnen, tun männliche Paviane das zehn- bis zwölfmal pro Stunde, manchmal sogar bis zu 24-mal in der Stunde! Und zwar nicht etwa, weil Paviane müde wären oder sich langweilten, sondern weil das Leben in der Paviangesellschaft so bedrohlich ist.

Zu einem großen Teil dient das Gähnen bei den Pavianen dazu, die eigene dominierende Rolle zu behaupten und potenzielle Rivalen zu bedrohen. Wie auch bei nichtmenschlichen Primaten gähnen erwachsene Affenmännchen häufiger als erwachsene Weibchen oder Jungtiere beiderlei Geschlechts. Auch Tiere mit höherem Testosteronspiegel gähnen öfter. Die Hauptwaffe der Paviane sind ihre Zähne. Männliche Paviane haben größere Eckzähne als weibliche, und dominierende Männchen haben meist größere Eckzähne als andere Männchen. Daher gähnt normalerweise das Alphatier am häufigsten, wobei es seine großen Eckzähne vorweist. Mit wachsendem Status vermehrt sich auch sein Gähnen; verliert es seinen Status, wird auch das Gähnen nach und nach weniger.

Auch Menschen benutzen Gähnen als Dominanzsignal, wenn auch der Hintergrund nicht ganz derselbe ist wie bei den Pavianen. Schon deshalb nicht, weil sich die Eckzähne von Männern und Frauen kaum in der Größe unterscheiden, was vermutlich erklärt, warum es keinen großen Unterschied in der Häufigkeit des Gähnens bei Männern und Frauen gibt. Allerdings zeigen gähnende Männer viel öfter ihre Zähne, während Frauen sich die Hand vor den Mund halten.[20] Das könnte daran liegen, dass Frauen bessere Manieren haben als Männer, es könnte aber auch an eine frühere Zeit erinnern, als die Geschlechter mit unterschiedlichen Gebissen ausgestattet waren. Auch wenn unsere Zähne heute nicht mehr unsere primären Waffen sind, werden sie immer noch zum Drohen benutzt. Wenn Sie dominierende Menschen beobachten, werden Sie feststellen, dass diese oft gerade in einem Moment gähnen, wo sie sich behaupten müssen – zum Beispiel wenn sie sich bedroht fühlen und es so aussieht, als könne jemand anders versuchen, sie aus ihrer Position zu verdrängen. Dies legt nahe, das Drohgähnen beim Menschen als ein Relikt-Tell zu deuten – das heißt als ein Tell, das uns aus unserer evolutionären Vergangenheit erhalten geblieben ist, als unsere Vorfahren noch größere Eckzähne hatten und sie dazu benutzten, sich gegenseitig einzuschüchtern.

Tells im Redeverhalten

Treffen Menschen von unterschiedlichem sozialem Status aufeinander, redet die wichtigste Person in der Regel am meisten. Das versetzt sie in die Lage, jeden anderen auf seinen Platz zu verweisen. Zudem ermöglicht es ihr, den Klang ihrer eigenen Stimme zu hören und eher ihren eigenen Ansichten zu lauschen als denen anderer Leute. Dominierende Menschen legen schneller los, wenn es ums Reden geht. Man hat herausgefunden, dass die Reihenfolge, in der Menschen sprechen, wenn sie zum ersten Mal in einer Gruppe zusammentreffen, eine recht gute Orientierung bietet, wer das weitere Geschehen dominieren wird. Wer als Erster seine Meinung kundtut, wird unweigerlich die Führungsrolle übernehmen; wer als Letzter seinen Beitrag leistet, endet meist als Befehlsempfänger.[21]

Dominierende Menschen unterbrechen andere öfter und schmettern erfolgreich Leute ab, die ihnen das Wort streitig machen wollen. Und zwar tun sie das, indem sie ohne Rücksicht unbeirrt weiterreden, dabei die Stimme heben und den anderen durch nonverbale Signale entmutigen. Das führt dazu, dass von der dominierenden Person initiierte Unterbrechungen anderer Redner kürzere Überlappungsphasen aufweisen, in denen beide gleichzeitig reden, als wenn die untergeordnete Person die Unterbrechung herbeiführt. Dominierende Menschen sind beim Reden selbstsicherer, man hört bei ihnen weniger Verlegenheitsfloskeln und Sprechhemmungen wie »äh«, »hm« oder »also«. Oft sind sie daran gewöhnt, sehr laut zu sprechen. Besonders auffallend ist das in Großbritannien, wo alte Klassenunterschiede ins Spiel kommen und Angehörige der Oberschicht manchmal die Unterhaltungen anderer Menschen einfach lautstark übertönen.

Auch an anderen Aspekten des Redeverhaltens wird ein Dominanzanspruch erkennbar. Hierzu gehört zum Beispiel das, was Psychologen »Anpassung« nennen – nämlich die Tendenz einzelner Menschen, ihre Sprechweise mit der einer anderen Person auf eine Linie zu bringen. Das geschieht durch Veränderungen im Tonfall, im Sprechtempo, im Grad der Förmlichkeit und in der Stimmlage. Anpassung findet meist zwischen Menschen statt, die einander mögen, doch es gibt sie auch bei Statusunterschieden. In solchen Fällen neigt die untergeordnete Person dazu, ihr Sprechverhalten dem der dominierenden Person anzupassen. Vor einigen Jahren haben zwei Soziologen, Stanford Gregory und Stephen Webster, eine Anzahl von Interviews aus der Talkshow *Larry King Live* untersucht.[22] Mithilfe eines Geräts zur Analyse niedriger Tonfrequenzen verglichen sie die Stimmen des Gastgebers und seiner Gäste, um zu sehen, wer sich wem anpasste. Larry King selbst, so stellten sie fest, passte sich hochrangigen Gästen wie Elizabeth Taylor an, Leute wie Dan Quayle hingegen passten sich ihm an. Diese subtilen Veränderungen der Stimmfrequenz dringen nicht bis in unser Bewusstsein vor – die Leute wissen gar nicht, dass sie ihre Stimme ändern, um sie der eines anderen Menschen anzugleichen. Dies zeigt jedoch, wie sensibel Menschen auf den Status anderer reagieren und wie groß ihre Anpassungsbereitschaft ist.

Stimmlagen-Tells

Stimmliche Charakteristika wie etwa die Stimmlage gelten oft als guter Anhaltspunkt bezüglich Dominanz und Anpassung. Man hat festgestellt, dass tiefe Töne mit Dominanz und Drohung assoziiert werden, hohe hingegen mit Unterwerfung und Nachgiebigkeit. Diese Verbindung findet man in der gesamten Tierwelt, von den Walen bis zu den Spitzmäusen; ein gutes Beispiel ist das tiefe, aggressive Knurren eines Wachhunds im Gegensatz zum hohen Jaulen eines unterwürfigen Hundejungen.[23]

In der Tierwelt erzeugen Tiere mit langem Stimmapparat sehr viel tiefere Töne. Da große Tiere meist längere Stimmapparate haben, ist die Tiefe der von ihnen erzeugten Töne ein sehr guter Indikator für ihre Größe und dafür, wie gefährlich sie vermutlich sein werden. Bei Menschen jedoch gibt es keine so eindeutige Beziehung zwischen Körpergröße und Stimme, daher bietet uns die Stimmhöhe keinen echten Anhaltspunkt für jemandes Körpergröße – sie ist also kein echtes Tell. Und doch – wenn man jemandem Aufzeichnungen tiefer und hoher Stimmen vorspielt, sind die Hörer durchweg der Meinung, die tiefen Stimmen gehörten zu dominierenden Personen und die hohen zu unterwürfigen. Wieso die Stimmlage ein echtes Größen-Tell bei Tieren sein soll, aber nicht bei Menschen, bleibt ein Rätsel. Möglicherweise hängt es mit einer Evolutionsverzögerung zusammen, das heißt, die in unseren Vorfahren angelegte Assoziation Körpergröße – Stimmhöhe hat eventuell in unseren Köpfen eine Reihe von Vorstellungen hinterlassen, die bis heute funktionieren, auch wenn die Koppelung selbst längst nicht mehr besteht.[24]

Auch wenn die Stimmhöhe bei Menschen nichts mehr über die Körpergröße aussagt, so bietet sie doch wichtige Hinweise in Bezug auf Dominanzansprüche, und zwar in verschiedener Hinsicht. Erstens hat man entdeckt, dass Männer mit tiefer Stimme einen hohen Testosteronspiegel haben – zum Beispiel haben Sänger mit Bass- oder Baritonstimme meist einen höheren Testosteronspiegel als Tenöre mit ihrer höheren Stimmlage. Zweitens ist bekannt, dass bei Männern eine Verbindung zwischen Testosteron und Dominanz besteht. Drittens zeigt die Stimmlage oft an, ob sich jemand dominant oder unterwürfig fühlt. Menschen, die nach Macht streben, senken meist die Stimme – daher lautete John Waynes Rat auch, ein Mann solle »mit tiefer Stimme, langsam und nicht zu viel reden«. Andererseits heben gewöhnlich Menschen, die unterwürfig erscheinen wollen, ihre Stimme. Wenn Mütter mit ihren Babys reden, tun sie das instinktiv mit höherer Stimme als normalerweise.[25] Das hat eine beruhigende Wirkung auf das Baby. Die Mütter wissen es vielleicht gar nicht, doch sie heben ihre Stimme, weil Babys äußerst sensibel auf höhere Stimmfrequenzen reagieren.

Die Stimmhöhe, mit der ein Mensch spricht, reflektiert häufig seine soziale Stellung. Angehörige sozial niedriger stehender Gruppen sprechen oft mit höherer Stimme als Personen, die mächtigeren Gruppen in derselben Gesellschaft angehören. Das können wir sehr deutlich in den USA während der Blütezeit von *Motown* erkennen, eines Plattenlabels der Sechzigerjahre aus Detroit, als afroamerikanische Sänger wie The Stylistics mit Falsettstimme in einer hohen, normalerweise Frauen vorbehaltenen Stimmlage sangen. Dieselbe Art von Selbstentmannung konnte man bei den so genannten *Coloureds* in Südafrika während der Apartheid beobachten. Als *Coloureds* galten gemischtrassige Menschen – Abkömmlinge malaiischer Sklaven oder die Nachkommen aus Beziehungen zwischen Schwarzen und Weißen. Während der Apartheid lebten sie in einem politischen Niemandsland zwischen den Schwarzen und den Weißen, und von allen rassischen Gruppierungen in Südafrika hatten sie die geringste Sicherheit. Ihre Position am Rande der Gesellschaft zeigte sich sehr deutlich in ihrer hohen Stimmlage beim Sprechen. Sie wurde zum Kennzeichen ihrer Unterdrückung, denn sie gaben damit zu erkennen, dass sie keine Bedrohung für das weiße Establishment darstellten.

Auch steigende und fallende Intonation ist von erheblicher Aussagekraft. Das Senken der Stimme verbindet man gemeinhin mit Statements, Sicherheit und Dominanz, das Heben der Stimme hingegen ist charakteristisch für Fragen, Unsicherheit und Unterwürfigkeit. Doch nicht immer trifft dies zu. Wenn Sie sich zum Beispiel mit Australiern unterhalten, werden Sie feststellen, dass sie auch allgemeine Aussagen oft wie Fragen klingen lassen, indem sie am Ende die Stimme heben. Dadurch wirken ihre Äußerungen weniger apodiktisch und nicht so streitbar, was wiederum weniger konfliktträchtig ist. Andererseits werden die Australier selbstsicherer – genauer gesagt, die australischen Frauen: Vergleiche zeigen, dass die Stimmhöhe der Frauen in Australien im Laufe der letzten 50 Jahre gesunken ist. Die Stimmlagen australischer Männer und Frauen bewegen sich aufeinander zu, und zwar deshalb, weil die Frauen allmählich ihren unterwürfigen Ton ablegen und mehr wie die Männer zu sprechen beginnen.[26]

Berührungs-Tells

Wenn Sie Leute auf einem offiziellen Firmenempfang beobachten, werden Sie bemerken, dass ihre Stellung innerhalb des Unternehmens sich oft daran zeigt, wer wen berührt. Die meisten Berührungen, die Sie sehen werden, finden zwischen Personen statt, die in der Firma ungefähr derselben Ebene angehören. Der eine klopft seinem Freund auf den Rücken, die andere streicht ihrer Kollegin über den Arm, ein Dritter schlägt jemandem spielerisch auf die Schulter. Das alles sind »horizontale« Berührungen, denn sie finden zwischen nominell Gleichrangigen statt. Bei ihnen geht es um Freundschaft, Kameraderie oder lockere Provokation, und sie können auf Gegenseitigkeit beruhen – anders gesagt, es ist durchaus akzeptabel für Menschen gleichen Status, dem anderen den Arm um die Schultern zu legen oder ihm auf den Rücken zu klopfen, wobei dieser dann mit einer ähnlichen Geste reagieren kann.

Wenn Sie sich weiter auf der Party umsehen, werden Sie auch »vertikale« Berührungen feststellen, das heißt Berührungen unter Menschen von unterschiedlichem Status. Sie werden sehen, wie der Chef zwischen seinen Mitarbeitern umhergeht und dabei einem jungen Mann, der gerade erst bei der Firma angefangen hat, die Hand auf die Schulter legt oder seiner Sekretärin den Arm drückt, als sie auf der Suche nach einem Drink an ihm vorbeikommt. Diese Berührungen sind einseitig – weder der junge Mann noch die Sekretärin reagieren, indem sie ihrerseits den Chef berühren. Ja, gerade ihr nichtreziproker Charakter kennzeichnet jede dieser Berührungen – im Gegensatz zum Händedruck – als vertikal: Mit ihnen nimmt der Chef sein symbolisches Recht wahr, sich seinen Mitarbeitern – wie liebevoll auch immer – aufzudrängen.[27]

Die meisten vertikalen Berührungen gehen von einer dominanten Person aus und betreffen eine untergeordnete, doch es kann auch umgekehrt sein. Würde der junge Mann, dem man soeben auf die Schulter geklopft hat, nun seinerseits dem Chef die Hand auf die Schulter legen, würde das eine nicht bestehende Gleichheit vortäuschen, und das könnte die Autorität des Chefs infrage stellen. Es gibt einige Situationen vom Typ »Bad in der Menge«, wo Personen von hohem Status es zulassen, dass andere sie berühren. Doch in der Regel mögen sie das nicht, da sie wissen, dass es ihrer Autorität schaden kann. Es kann sogar beleidigend wirken. Als zum Beispiel die Queen 1992 Australien besuchte, legte Paul Keating, der australische Premierminister, gedankenlos den Arm um sie. Auf viele Briten wirkte das zutiefst beleidigend. Die meisten Australier verstanden die Aufregung überhaupt nicht. Sie begriffen nicht, dass es hier für die Briten um ein sehr sensibles Thema ging.

Blick-Tells

Die hierarchischen Machtverhältnisse in einer Schimpansengesellschaft spiegeln sich in ihrer Aufmerksamkeitsstruktur; das heißt, untergeordnete Tiere verbringen mehr Zeit damit, ihnen übergeordnete Tiere zu beobachten, als umgekehrt, und die gesamte Aufmerksamkeit richtet sich auf das Alphatier der Gesellschaft.[28] Unternehmen funktionieren nach demselben Prinzip. Auch hier verbringen untergeordnete Mitarbeiter mehr Zeit damit, ihre Vorgesetzten zu beobachten, als umgekehrt, und jedermanns Aufmerksamkeit richtet sich auf den Chef.

Die Ähnlichkeit zwischen Schimpansengesellschaften und Unternehmen geht sogar noch weiter. Wenn ein dominanter Schimpanse einen untergeordneten Schimpansen trifft, vollzieht das untergeordnete Tier eine ganze Reihe von Beschwichtigungsgesten, indem es sich kleiner macht, den Blick abwendet und manchmal seine Kehrseite präsentiert. Untergeordnete Schimpansen wenden den Blick ab, weil Anstarren mit großer Wahrscheinlichkeit einen Angriff seitens des dominierenden Tieres zur Folge hätte. Die Begrüßungsrituale in einem Unternehmen ähneln denen in einer Schimpansengesellschaft. Auch wenn Angestellte ihrem Boss nicht die Kehrseite zuwenden – jedenfalls nicht im buchstäblichen Sinne –, versuchen sie sich oft kleiner und weniger bedrohlich zu machen, indem sie den Kopf einziehen und Hände und Füße in Körpernähe halten.

Auch Blickkontakte werden auf diese Weise geregelt. Wenn sich zwei Menschen anblicken, sind sie visuell aneinander gekoppelt. Bei ungleichem Status ist derjenige, der als Erster den Blick abwendet oder sich abkoppelt, meist der Untergeordnete. Die Frage, wer wen niederstarrt, das heißt mit starrem Blick zum Aufgeben zwingt, kann weit reichende Folgen haben. Man hat zum Beispiel festgestellt, dass bei der ersten Begegnung zweier Menschen derjenige, der den anderen mit starrem Blick besiegt, meist auch später, wenn sie in derselben Gruppe arbeiten, beredter und einflussreicher ist.[29] Treffen sich in einer Firma zufällig die Blicke von Chef und Mitarbeiter, wendet sich gewöhnlich der Mitarbeiter als Erster ab. Doch auch verkappte Herausforderungen an den Chef können durch Blicke ergehen. Statt zum Beispiel dem Chef offen zu widersprechen, kann ein Mitarbeiter einfach eine Art subtiles optisches Armdrücken mit ihm anfangen, indem er ihn etwas länger anstarrt als normal. Versteht er die Dauer geschickt zu dosieren, kann das den gewünschten Effekt haben, ohne respektlos zu wirken.

Bei Unterhaltungen zwischen Personen von ungleichem Status zeigen dominierende Personen meist visuelle Dominanz – das heißt, sie sehen den anderen länger und öfter an, während sie sprechen, als wenn sie selbst zuhören.[30] Dafür gibt es mehrere Gründe. Da erstens Reden eine beherrschendere Tätigkeit ist als Zuhören, halten sich dominierende Personen gern an der Rolle des Redenden fest. Zu diesem Zweck beobachten sie ihr Gegenüber genau, um sich zu vergewissern, dass dieser auch zuhört und nicht etwa versucht, selbst das Wort zu ergreifen. Das Gegenteil haben wir, wenn dominierende Menschen sich in der Rolle des Zuhörers befinden. Indem sie den anderen möglichst wenig ansehen, können sie zeigen, dass sie nicht bereit sind, ihm zu schmeicheln, und nicht etwa vorhaben, sich längere Zeit mit der Rolle des Zuhörers zu begnügen.

Rangniedrigere Personen hingegen verbringen anteilmäßig mehr Zeit mit Hinsehen beim Zuhören als mit Hinsehen, wenn sie selbst reden. Durch ihre besondere Aufmerksamkeit in der Zuhörerrolle schmeicheln sie der Selbstgefälligkeit der dominierenden Person, was diese natürlich dazu verführen kann, noch mehr zu reden. Dass aber rangniedrigere Personen den Blickkontakt weitgehend meiden, wenn sie selbst an der Reihe sind, liegt vermutlich an ihrer Unsicherheit. Der Zuhörer urteilt immer über den Redner. Dominierenden Menschen macht dieser Aspekt der Sprecherrolle nichts aus – es beunruhigt sie nicht, was ein weniger wichtiger Mensch über sie denkt. Rangniedrigere Personen hingegen machen sich verständlicherweise Gedanken darüber, welchen Eindruck sie machen, wenn sie mit höherrangigen Personen sprechen. Um diese Unsicherheit zu verringern, sehen sie den anderen einfach weniger häufig an.

Entspannte Ungezwungenheit ist ein wesentlicher Zug von Dominanz.[31] Man zeigt sie durch geschmeidige und langsame Körperbewegungen. Der Grund dafür ist, dass die Handlungen dominierender Personen vom Prinzip der Ökonomie geregelt werden, die untergeordneter Individuen hingegen vom Anstrengungsprinzip. Rangniedrigere Menschen sind in Gesellschaft dominierender Personen oft unsicher. Wie Schimpansen, die einen niedrigen Rang in der Hierarchie einnehmen, sind sie ständig auf der Hut vor Ärger. Das zeigt sich an ihrem allgemeinen Verhalten und an den schnellen, ruckartigen Augenbewegungen. Dominante Personen sind sehr viel selbstsicherer, und daher sind ihre Augenbewegungen in der Regel ruhig und langsam.

Vor vielen Jahren war ich einmal in dem westafrikanischen Staat Burkina Faso und hatte das Glück, vom Kaiser der Mossi empfangen zu werden. Man führte mich in einen Empfangsraum, wo der Kaiser im Kreise seiner Höflinge saß. Der Kaiser war ein großer Mann von beeindruckender Ausstrahlung. Besonders fiel mir auf, wie wenig er eigentlich selbst tat – Dinge, die man normalerweise selbst tun würde, etwa sich ein Glas Wasser einschenken, taten für ihn die Höflinge und Bediensteten, die sich um ihn herum zu schaffen machten. Wenn er seine Haltung änderte oder sprach, so tat er das mit äußerst sparsamen Bewegungen. Zeitweilig waren seine Augen das Einzige, was sich an ihm zu bewegen schien. Sprach jemand ihn an, wandte er ihm nicht sofort seine Aufmerksamkeit zu, wie die meisten Menschen es tun würden. Stattdessen erlaubte er nach einer angemessenen Verzögerung seinem Kopf und seinen Augen, sich der betreffenden Person zuzuwenden – fast wie in

Zeitlupe. Alle Bewegungen des Kaisers wurden ohne jede Eile ausgeführt. Jeder Blick, jede Geste hatten kaiserliches Tempo – ihr eigenes Zeitmaß. Es erinnerte mich an die Worte des deutschen Philosophen Nietzsche, als jemand ihn fragte: »Was ist aristokratisch?« Seine Antwort lautete: »Die langsame Geste und der langsame Blick.«

3 Unterwürfigkeits-Tells

In vieler Hinsicht ist Unterwerfung die Kehrseite von Dominanz. In seinem berühmten Buch *Der Ausdruck der Gemütsbewegungen bei dem Menschen und den Tieren* beschreibt Charles Darwin, wie die Wechselbeziehung zwischen Dominanz und Unterwerfung von dem bestimmt wird, was er das »Prinzip des Gegensatzes« nennt.[1] Darwin wies darauf hin, dass ein Hund, wenn er sich überlegen und angriffslustig fühlt, mit erhobenem Kopf aufrecht und recht steif geht. Der Schwanz ist aufgerichtet, das Kopf- und Nackenhaar beginnt sich zu sträuben, die Ohren sind aufgestellt und zeigen nach vorn, und die Augen haben einen starren Blick. Kurz vor dem Angriff entblößt er die Zähne, und die Ohren werden nach hinten dicht an den Kopf gedrückt. Fühlt sich derselbe Hund unterwürfig, ist sein ganzes Erscheinungsbild fast das Gegenteil. Statt aufrecht zu gehen, duckt er sich jetzt und führt gewundene Bewegungen aus. Die Starrheit von Rücken und Beinen lässt nach, die ganze Haltung ist nachgiebiger. Der Schwanz wird nicht mehr steif und aufrecht gehalten, sondern wird gesenkt und wedelt von einer Seite zur anderen. Das Haar liegt wieder glatt, die Ohren sind heruntergeschlagen und nach hinten gezogen, die Zähne sind nicht mehr entblößt, und die Lippen sind schlaff. Durch das Zurückziehen der Ohren werden die Augenlider breit gezogen, und die Augen wirken nicht mehr rund und starr.

Als Darwin dann dieses Prinzip des Gegensatzes auf den Menschen anwandte, wählte er als Beispiel das Schulterzucken. »Beim Menschen ist das beste Beispiel für eine Gebärde, welche in einem direkten Gegensatze zu anderen, naturgemäß unter einem entgegengesetzten Seelenzustande ausgeführten Bewegungen steht, das Zucken der Schultern.« Laut Darwin ist der natürliche Gegensatz zum Gefühl der Hilflosigkeit, das man mit dem Achselzucken assoziiert, eine Verfassung, die mit Ausdrucksformen der Entrüstung und Verärgerung einhergeht. Beim Achselzucken, so sagt er uns, werden die Schultern hochgezogen, die Ellbogen an den Körper gedrückt, die Hände gehoben und die Finger ausgestreckt. Will man hingegen Entrüstung demonstrieren, werden die Schultern zurückgeworfen; die Brust wird gedehnt, die Gliedmaßen sind steif und die Fäuste geballt.

Das klingt sehr überzeugend und ist doch falsch, denn demonstrative Entrüstung (Indignation) ist nicht das Gegenteil von Achselzucken. Zur Indignation, von der Darwin spricht, gehören ein erhobener Kopf und zurückgezogene Schultern, während die Schultern beim Achselzucken hochgezogen werden und der Kopf auf typische Weise zur Seite geneigt wird. Das Gegenteil vom erhobenen Kopf ist aber der gesenkte Kopf, und das Gegenteil zurückgezogener Schultern ist das Zusammenziehen der Schultern nach vorn. Was Darwin als Ausdruck der Entrüstung ansah, war in Wirklichkeit ein demonstratives Dominanzverhalten. Beim Menschen signalisieren das Heben des Kopfes und das Zurückziehen der Schultern Dominanz, während ein gesenkter Kopf und nach vorn zusammengezogene Schultern Unterwerfung signalisieren. Beim Achselzucken jedoch wird der Kopf zur Seite geneigt, und die Schultern sind hochgezogen. Keine dieser Bewegungen hat ein Gegenteil – es ist nicht möglich, die Schultern zu senken und das Gegenteil zum seitlichen Kopfneigen zu tun. In dieser Hinsicht ist das Achselzucken als Geste ein Mauerblümchen – es hat keinen Partner und ist zum Alleinbleiben verurteilt. Im Gegensatz dazu sind die Demonstrationen von Dominanz und Unterwerfung wie unzertrennliche Tanzpartner – der eine kann ohne den anderen nicht existieren. Per definitionem sind die beiden in Form und Bewegung spiegelbildlich.

Auch wenn das Achselzucken sozusagen zu einer Randexistenz und zum Zuschauen verurteilt ist, steht es der Unterwerfung doch sehr viel näher als der Dominanz. Dafür gibt es mehrere Gründe:

- SCHULTERN. Das Hochziehen der Schultern gehört unabdingbar zum Achselzucken, das seinen Ursprung in der angeborenen Schreckreaktion hat. Werden wir unerwartet einem lauten Geräusch ausgesetzt, heben wir instinktiv die Schultern und ziehen den Kopf ein. So können wir Kopf und Hals vor Verletzung schützen. Das Hochziehen der Schultern als Teil des Achselzuckens dient ebenfalls dem Selbstschutz, hat aber in diesem Zusammenhang eher symbolischen Charakter. Da Selbstschutz wesentlich zur Unterwerfung gehört, hat Achselzucken folglich mehr mit Unterwerfung als mit Dominanz gemein.
- KOPF. Wenn Leute mit den Schultern zucken, legen sie dabei häufig den Kopf auf eine Seite. Wie wir später sehen werden, ist das seitliche Neigen des Kopfes eine Unterwerfungsgeste. Kommen beide Bewegungen zusammen, wirkt das Schulterzucken noch unterwürfiger.
- AUGENBRAUEN. Zum Schulterzucken kommt oft noch ein weiteres Charakteristikum hinzu, nämlich die hochgezogenen Augenbrauen. Werden die Brauen gehoben, ohne dass gleichzeitig die Augen geöffnet werden, soll damit Beschwichtigung signalisiert werden. Folglich ist

ein mit hochgezogenen Augenbrauen einhergehendes Achselzucken sehr viel unterwürfiger als eines ohne diese Zutat.

- BOTSCHAFTEN. Die durch das Achselzucken übermittelte Botschaft lautet Hilflosigkeit. Jemand, der mit den Schultern zuckt, sagt: »Ich kann nichts daran ändern«, »Ich weiß nicht« oder »Ich bin nicht dafür verantwortlich«. Diese Signale der Machtlosigkeit stehen der Unterwerfung offensichtlich sehr viel näher als der Dominanz.

Das Achselzucken ist die »Ohne-mich-« oder Ausstiegsgeste par excellence. So ist es kaum verwunderlich, dass es in eng verwobenen sozialen Gruppen so beliebt ist, wo einer den anderen ständig um Gefälligkeiten oder Informationen angeht und man Mittel und Wege finden muss, diese Ansinnen abzuweisen, ohne jemanden zu beleidigen. Das Achselzucken kann man auf ganz verschiedene Weise ausführen, je nachdem, wie man die verschiedenen Komponenten wie hochgezogene Schultern, erhobene Arme, nach vorn weisende Handflächen, hochgezogene Augenbrauen und Kopfneigen kombiniert. Wie jemand das tut, hängt sehr eng mit seinem kulturellen Hintergrund zusammen. In seiner berühmten Studie über die Italiener und die Juden in New York hat David Efron bemerkt, dass die Italiener dazu tendieren, mit weit ausholenden Bewegungen zu gestikulieren, während osteuropäische Juden die Gewohnheit haben, ihre Ellbogen eng an den Körper zu drücken.[2] Das italienische Achselzucken ist sehr viel raumgreifender und verlässt sich auf den Selbstschutz, den die hochgezogenen Schultern bieten. Das osteuropäisch-jüdische Achselzucken ist doppelt defensiv, da es sowohl auf den Schutz durch die hochgezogenen Schultern als auch auf die eng am Körper liegenden Ellbogen baut. Dadurch, dass die Ellbogen nicht abgewinkelt werden, besteht auch kaum Gefahr, dass das Schulterzucken dominierend wirken könnte.

Das französische Achselzucken hingegen ist eher ökonomisch. Es besteht oft aus nicht mehr als einer kurzen Mundbewegung (einem Mundzucken), durch die der Mund zu einem umgekehrten »U« verzogen wird, indem man den Unterkiefer senkt, die Lippen geschlossen hält und gleichzeitig die Mundwinkel nach unten zieht. Das klassische französische Mundzucken wird von dem Laut *boff!* begleitet, der sehr genau den gelangweilten, verächtlichen Ton trifft, den die Franzosen der eigentlichen Bedeutung des Schulterzuckens hinzugefügt haben.[3] Französisches Achselzucken hat in der Tat oft einen abweisenden Beiklang, fast als sage der Betreffende: »Dazu kann ich gar nichts sagen, es ist für mich langweilig und uninteressant – und ohnehin ist es unwichtig!« Dies steht in deutlichem Kontrast zu den Botschaften der anderen ethnischen Varianten des Achselzuckens; während die Italiener zum Beispiel zu sagen scheinen: »Was hat das mit mir zu tun, ich bin unschuldig!«, lautet die durch das osteuropäisch-jüdische Achselzucken übermittelte Botschaft in etwa: »Was kann ich machen, ich bin machtlos.«

VERTEIDIGUNGS-TELLS

Wenn Stärke und Drohung die Grundlage demonstrativen Dominanzgebarens bilden, dann sind Schwäche und Verteidigungsbereitschaft die Grundlage jedes Unterwerfungsverhaltens. Menschen, die Unterwürfigkeit signalisieren wollen, müssen zeigen, dass sie keine Bedrohung darstellen und ihre Hauptsorge nicht Angriff, sondern Selbstschutz ist. Das kann man auf dreierlei Weise tun – indem man inaktiv ist, indem man sich kleiner macht und verletzbar wirkt. Inaktivität verringert für andere die Bedrohung, denn sie hat etwas mit der Angstreaktion zu tun. Menschen in Gefahr »erstarren« oft.[4] Dadurch verringert sich die Wahrscheinlichkeit aufzufallen, und zugleich wird sehr deutlich signalisiert, dass der Betreffende keinen Angriff plant – insbesondere, wenn damit entsprechende Veränderungen in der Haltung einhergehen, die ihn kleiner erscheinen lassen sollen. Es gibt verschiedene Möglichkeiten, sich kleiner zu machen, als man tatsächlich ist, zum Beispiel, indem man in sich zusammensinkt oder sich hinhockt oder -setzt. Auch die Wahl gedeckter Farben und der Verzicht auf Schulterpolster und Kopfbedeckungen tragen dazu bei.

Die wirkungsvollsten Unterwerfungssignale sind die, welche Verletzbarkeit anzeigen, und das besonders durch Arm- und Beinhaltung. Steh- und Sitzhaltungen sind voller Tells, denn dominante Menschen bevorzugen meist offene Haltungen, während unterwürfige Menschen eher zu geschlossenen Haltungen neigen. Beim Stehen gibt es mehrere unterwürfige Haltungen. Eine davon ist das parallele Stehen mit geraden und geschlossenen Beinen. Schulkinder stehen so, wenn sie mit ihrem Lehrer sprechen; Soldaten stehen so, wenn sie einen Offizier ansprechen, und Angestellte nehmen diese Haltung im Gespräch mit dem Chef ein. In weniger förmlichen Situationen stehen rangniedrigere Personen manchmal mit gekreuzten Beinen in Scherenhaltung – die Beine gerade, das eine Bein schräg vor das andere gestellt – oder in der Haltung der gekrümmten Klinge; dabei liegt das gesamte Gewicht auf einem Bein, während das andere gebeugt und vor- oder zurückgesetzt ist und nur mit den Zehen den Boden berührt. Auch schüchterne oder wenig selbstbewusste Menschen nehmen diese Haltung ein.

Unterwürfigkeit verraten auch zwei Besonderheiten an der Sitzhaltung. Im einen Fall werden die Füße eingezogen und sogar versteckt, damit sie nicht in den öffentlichen

Raum hineinragen und sich anderen Menschen aufdrängen. Im anderen Fall werden die Knie fest geschlossen und/oder die Beine gekreuzt, entweder über dem Oberschenkel oder an den Fesseln. Diese Haltungen sind das Gegenteil des Sitzens mit offenen Beinen, bei dem die Genitalien gezeigt werden. Bei geschlossenen Knien und gekreuzten Beinen werden die Genitalien symbolisch dem öffentlichen Blick entzogen und befinden sich sozusagen in einer Sperrzone, und andere Menschen werden – ebenfalls symbolisch – daran gehindert, dem Betreffenden zwischen die Beine zu geraten. Das Überkreuzen und Schließen der Beine hat aber noch eine andere wichtige Funktion: Es erhöht den Selbstkontakt – das heißt das Maß, in dem der Körper Kontakt mit sich selbst hat. Wenn sich jemand bedroht fühlt, wie es bei unterwürfigen Menschen häufig der Fall ist, besteht oft das Bedürfnis, sich durch vermehrte Selbstberührungen ein Gefühl der Sicherheit zu geben. Auch dies entspringt keiner bewussten Entscheidung. Meistens geschieht es, ohne dass der Betreffende überhaupt merkt, was er tut und warum er es tut.

Selbstberuhigungs-Tells

Wenn wir mit jemandem in übergeordneter Position sprechen, nehmen wir meist an, unser eigenes Verhalten – nicht aber das unseres Gegenübers – werde kritisch beurteilt, und das macht uns befangen und unsicher. Es gibt verschiedene Arten, wie wir mit solchen Gefühlen umgehen. Wir können zum Beispiel den Selbstkontakt erhöhen, indem wir uns selbst berühren, umarmen oder streicheln. Diese tröstlichen Gesten dienen zu unserer Selbstberuhigung – genauso, als würde jemand anders uns berühren, umarmen oder streicheln. In diesem Sinne sind Selbstkontaktgesten wirklich

Ersatz-Tells, nämlich etwas Tröstendes, Beruhigendes, das wir uns selbst antun, wenn niemand anders in der Nähe ist, der dies für uns tun könnte.

Die Stärke der Selbstberuhigungsgesten liegt darin, dass körperliche Berührung das beste Beruhigungsmittel ist – das ursprünglichste und auch das wirksamste. Die Bedeutung der Berührung wird deutlich an der Struktur unserer Haut, deren Millionen von Rezeptoren auf geringste Druckveränderungen reagieren, und an der Struktur unseres Gehirns, in dem, wie man entdeckt hat, der für Berührungen zuständige Bereich im Frontalhirn viel größer ist als die den anderen Sinnen jeweils zugeordneten Bereiche. Auf Berührung beruht der erste Kontakt zwischen Mutter und Kind; Berührung tröstet das Baby und gibt ihm das Gefühl der Sicherheit. Deshalb wirken Berührungen unser ganzes Leben lang so beruhigend – sie lassen jene Gefühle der Wärme und Geborgenheit wieder aufleben, die wir einst als Baby erfahren haben. Es kann einen ganz traurig machen, wenn man Menschen beobachtet, die niedergeschlagen, einsam oder verwundbar sind – zum Beispiel Menschen, die bei irgendeiner Hilfsorganisation Schlange stehen, bei einem Unfall oder in einer Notsituation warten müssen, oder Menschen vor Gericht; sie berühren sich häufig selbst in einer Weise, die daran erinnert, wie ihre Mutter sie einmal getröstet hat. Dasselbe gilt auch für unterwürfige Menschen.

Wenn sich Menschen unterlegen fühlen, streichen sie sich oft über das Haar, besonders über das Haar am Hinterkopf. Diese Geste lässt sich auf die Zeit zurückverfolgen, als ihre Mutter ihnen über das Haar strich, um sie zu trösten, und ihnen Rückhalt gab, indem sie ihnen den Hinterkopf streichelte. Wenn sich Menschen unterlegen fühlen, berühren sie auch ihr Gesicht, wobei sie häufig die Finger an die Lippen legen. Diese Selbstberuhigungsgesten haben ihren

Ursprung ebenfalls in der Art, wie Mütter das Gesicht ihres Babys liebkosen, mit seinem Mund spielen und seine Lippen küssen. Mütter nehmen ihre Kinder auch tröstend in den Arm, wenn sie Kummer haben. Deshalb versuchen Erwachsene oft, wenn sie sich unsicher oder unterlegen fühlen, diese beruhigenden Gefühle dadurch wiederherzustellen, dass sie sich praktisch selbst umarmen. Ein Beispiel dafür ist der Armgriff, bei dem die Hand quer über die Brust gestreckt wird, um den Bizeps des gegenüberliegenden Arms zu fassen; ein anderes ist der Patronengurt- oder Bandelier-Griff; hier wird der Arm schräg über die Brust gestreckt, um die gegenüberliegende Schulter zu fassen. Beim Doppel-Patronengurt (Doppel-Bandelier) werden beide Arme über der Brust gekreuzt, und jede Hand fasst die gegenüberliegende Schulter. In diesen Haltungen lebt die Erinnerung an frühere Umarmungen wieder auf. Andere selbst tröstende Gesten lassen das Gefühl wieder aufleben, man werde an der Hand gehalten. Das eine ist der »Handflächendruck«: Die Handfläche der einen Hand weist nach oben und umfasst dabei die andere Handfläche. Eine andere ist der »Schwalbenschwanz«, bei dem die Finger beider Hände miteinander verflochten werden. In beiden Fällen werden die Handflächen entweder zusammengepresst oder locker auf Abstand gehalten; so entsteht ein Gefühl, das dem Händehalten sehr ähnlich ist oder die Illusion vermittelt, jemand anders halte einem beruhigend die Hand.

Diese unterwürfige Haltung der Hände steht in deutlichem Kontrast zu dominanten Handhaltungen wie dem Aufstellen oder »Satteldach«: Dabei sind die Arme gewöhnlich auf die Ellbogen gestützt, die Handflächen sind einander zugewandt, und die Fingerspitzen berühren leicht ihr jeweiliges Pendant, sodass das Ganze wie der Dachstuhl einer Kirche aussieht. Die Satteldach-Haltung wird von Menschen bevorzugt, die ihre Hände zeigen wollen, sie aber nicht dazu benötigen, sich selbst zu beruhigen. Während unterwürfige Handhaltungen den Selbstkontakt zu maximieren suchen, will die Satteldach-Haltung ihn auf das Minimum beschränken.

KOPF-TELLS

Charles Darwin hat festgestellt, dass Menschen, wenn sie sich unterlegen fühlen, einen natürlichen Hang haben, den Kopf zu senken, um kleiner und weniger bedrohlich zu wirken. Darwin meinte auch, die Gewohnheit zu nicken, um Ja zu signalisieren, habe etwas mit dem unterwürfigen Senken des Kopfes zu tun. Dieser Theorie widerspricht leider die Tatsache, dass nicht jede Gesellschaft Bestätigung durch Nicken oder Kopfneigen signalisiert. In Indien zum Beispiel rollt man den Kopf von einer Seite zur anderen, um Ja zu signalisieren oder Zustimmung zu zeigen. Diese Bewegung unterscheidet sich deutlich vom Kopfschütteln, denn beim Kopfrollen wird der Kopf in der Ebene der Körperfront von einer Seite zur anderen bewegt. Dabei kann der Kopf entweder wiederholt hin und her bewegt werden, oder das Kopfrollen kann aus einer kurzen, scharfen Bewegung des Kopfes zu einer der Schultern hin bestehen. Auch wenn es also kulturelle Unterschiede bei den Kopfbewegungen gibt, mit denen Menschen Ja oder Nein signalisieren, scheint die Gewohnheit, den Kopf als Zeichen der Unterwürfigkeit zu senken, universell verbreitet zu sein.[5] Dabei wird auf verschiedene Weise mit dem Kopf Unterwerfung signalisiert:

- KOPFNEIGEN. Wenn jemand zwischen zwei Personen geht, die sich miteinander unterhalten, werden Sie bemerken, dass er häufig seinen Kopf einzieht, um nicht zu stören und um sich für eventuelle Unannehmlichkei-

Hier sendet Jerry Hall durch ihr seitliches *Neigen des Kopfes* ein deutliches Beschwichtigungssignal an Prinz Charles aus.

ten zu entschuldigen. Manche Menschen ziehen unwillkürlich den Kopf ein, wenn sie sich einer wichtigen Person nähern, besonders wenn sie diesen Menschen nicht kennen oder wenn er sich gerade mit jemand anders unterhält. Wie sich jemand fühlt, wenn er sich einer Person von höherem Status nähert, kann man aus seiner Kopfhaltung schließen; wer Statusunterschiede locker nimmt, zeigt normalerweise überhaupt keine Unterwerfungs-Tells, während jemand, der das Gefühl hat, einer wichtigen Person zu nahe zu treten, sein Unbehagen meist durch ein ganz leichtes Senken des Kopfes verrät.

- KOPFNICKEN. Auch wiederholtes Nicken ist ein unverzichtbarer Bestandteil von Unterhaltungen. Oft sieht man Personen in der Zuhörerrolle langsam nicken, während der andere redet. Damit zeigen sie einerseits, dass sie zuhören, und geben andererseits zu verstehen, dass sie nicht vorhaben, die Sprecherrolle zu übernehmen. Schnelles Nicken zeigt ebenfalls, dass der Zuhörer den Redner versteht, doch da es eine gewisse Dringlichkeit enthält, zeigt es entweder, dass der Zuhörer dem Redner rückhaltlos zustimmt, oder aber, dass er die Rolle des Redners gern übernehmen möchte. Während also langsames Nicken bekundet: »Ich verstehe, was du sagst, und möchte weiter zuhören«, übermittelt schnelles Nicken eine von zwei möglichen Botschaften – entweder »Ich bin völlig einer Meinung mit dir« oder »Ich verstehe dich, aber beeil dich, ich möchte jetzt dringend auch etwas sagen!«. Der Unterschied zwischen diesen beiden Botschaften ist meist daran zu erkennen, wohin der Zuhörer dabei blickt: Sieht er den Sprechenden an, bedeutet das Bestätigung, blickt er weg von ihm, bedeutet das, er möchte selbst zu Wort kommen.
- KOPFNEIGEN. Wie wir sahen, senken unterwürfige Menschen häufig den Kopf oder neigen ihn zu einer Seite.

Seitliches Kopfneigen ist eine Beschwichtigungsgeste, weil es den Hals, einen besonders verwundbaren Körperteil, ungeschützt darbietet und weil es den Menschen kleiner und daher weniger bedrohlich wirken lässt. Es lässt ihn auch hilflos aussehen – wie ein Baby mit zur Seite geneigtem Kopf. In der Tat ist es sehr wahrscheinlich, dass das Kopfneigen von dem unschuldigen Gefühl der Hilflosigkeit herrührt, das wir als Baby empfanden, wenn wir unseren Kopf zur Seite neigten und unserer Mutter oder unserem Vater auf die Schulter legten. Relikte dieser frühen Erfahrung finden wir auch noch im Achselzucken, das oft mit zur Seite gekipptem Kopf gekoppelt ist. Das seitliche Kopfneigen sieht man oft bei Menschen, die unterwürfig oder sexuell attraktiv erscheinen wollen oder beides. Es gibt verschiedene Berichte, die behaupten, Frauen setzten das seitliche Kopfneigen öfter ein als Männer, doch bietet die Forschung dafür keine zuverlässigen Belege.[6] In einem von Marco Costa, Marzia Menzani und Pio Ricci Bitti geleiteten italienischen Forschungsprojekt wurden Beispiele für seitliches Kopfneigen auf Gemälden des 13. bis 19. Jahrhunderts untersucht.[7] Man stellte fest, dass Auftragsporträts bedeutender Männer selten einen geneigten Kopf zeigen – im Gegensatz zu Darstellungen von Heiligen oder frommen Personen. In dieser Studie kamen die Forscher auch zu dem Schluss, das Kopfneigen sei bei weiblichen Figuren ausgeprägter als bei männlichen. Ob hier die Kunst tatsächlich das Leben nachahmt, bleibt vorerst eine offene Frage.

Augen-Tells

Für Lebewesen mit Territorialverhalten wie für Einzelgänger ist Flucht das Mittel der Wahl, wenn es so aussieht, als würde man in einem Konflikt den Kürzeren ziehen. Für diese Spezies ist es besser, wegzulaufen und einem eventuellen Kampf auszuweichen, als Verletzungen zu riskieren. Bei einer sozialen Spezies wie unserer ist Flucht keine echte Lösung, denn unser Leben basiert auf Kooperation. Das bedeutet, dass wir nicht einfach vor einer Konfrontation davonlaufen können – wir müssen Mittel und Wege zum Zusammenleben finden. Hilfreich ist hier das rituelle Mittel der Unterwerfungssignale. Sie ermöglichen uns Konfliktlösungen ohne Schaden für Leib und Leben und erlauben eine Fortsetzung der Kooperation.

Sehen wir uns die Unterwerfungsbezeigungen einmal näher an, entdecken wir in ihnen bestimmte symbolische Elemente von Fluchtverhalten. Man erkennt es zum Beispiel daran, was Mitglieder sozialer Spezies mit ihren Augen machen. Wenn sie einem dominanten Individuum begegnen, bedienen sie sich des von dem Zoologen Michael Chance so genannten *cut-off* (»Abschalten«) – das heißt, sie wenden den Blick ab, um das dominante Individuum optisch aus dem Weg zu räumen.[8] Das hat für unterwürfige Menschen mehrere wichtige Auswirkungen. Erstens kann die untergeordnete Person ihr Angstgefühl besser abbauen, indem sie die dominante Person optisch beseitigt. Das Abschalten ist eine Art psychologische Form von Flucht – man kann damit potenzielle Angreifer einfach aus seinem Kopf verbannen. Zweitens zeigt das Wegschauen, dass die untergeordnete Person nicht beabsichtigt, die dominante Person anzugreifen. Der direkte Blick auf den anderen könnte nämlich als Vorspiel zum Angriff gedeutet werden, wohingegen das Wegblicken bereits Teil der Verteidigung ist. Drittens dient der Akt des Wegsehens und der Selbsterniedrigung de facto dazu, jede Aggression der dominanten Person einfach abzustellen. Denn Unterwürfigkeitsbezeigungen funktionieren zuverlässig: Stehen wir jemandem gegenüber, der sich bemüht, klein, schutzlos und schwach zu wirken, schalten sich unsere Aggressionsimpulse automatisch ab.

Es gibt verschiedene Unterwerfung anzeigende Augen-Tells:

- DAS AUGENSENKEN. Menschen senken oft den Blick, um unterwürfig zu erscheinen. Das geschieht in der Regel bewusst und soll jemanden friedlich stimmen, der dominanter ist als man selbst. Das Senken der Augen fungiert auch als Flirtsignal.
- DAS AUGENPENDELN. Unterwürfige Menschen lassen ihren Blick oft sehr schnell hin und her wandern, oft ohne dabei den Kopf zu bewegen. Das dient nicht nur dazu, möglichst alles mitzukriegen, was ringsum vor sich geht, sondern man hält dabei auch instinktiv nach Fluchtwegen Ausschau.
- DAS AUGENAUFREISSEN. Dabei werden die Augenlider weit zurückgezogen, damit die Augen größer wirken. Dies vermittelt ein Bild unschuldiger Aufmerksamkeit und kann, wenn der andere nicht durchschaut, was eigentlich vorgeht, sehr entwaffnend wirken. Das Augenaufreißen hat damit zu tun, dass Babys im Vergleich zur Größe ihres Gesichts überproportional große Augen haben.[9] Große Augen sind ein innerer Auslöser für die Helfer- oder Beschützerreaktion: Sieht uns jemand mit großen oder künstlich vergrößerten Augen mitleidheischend an, erwacht unser Schutz- und Hegeinstinkt.

Interessant ist dabei, dass all diese Unterwerfung signalisierenden Augenbewegungen symmetrisch sind – das heißt, beide Augen tun dasselbe. Asymmetrische Augenbewegungen finden wir eher beim informellen Austausch, zum Beispiel unter Freunden. In gewisser Hinsicht allerdings unterscheiden sich die unterwürfigen Augenzeichen voneinander. Hinter dem Augensenken und dem schnellen Hin-und-Herwandern der Augen beim Augenpendeln stehen negative Gefühle wie Furcht oder Scham, während das Augenaufreißen entwaffnend und Rat suchend wirken soll.

Entwaffnend wirken will auch jemand, der seine Brille oder Sonnenbrille auf dem Kopf trägt. Dieses Hochschieben der Brille ist mit dem Öffnen des Visiers an einem Helm vergleichbar – es zeigt, dass keine Bedrohung beabsichtigt ist. Wenn die Brille oberhalb der Stirn sitzt, ergibt das einen »vieräugigen« Anblick: ganz oben die Augen der Brille, darunter die wirklichen Augen. Da die Augen der Brille größer sind, übernehmen sie die normalerweise den Augen zufallende Signalfunktion. Sie werden zu »hypernormalen Stimuli«, indem sie den Eindruck erwecken, dieser Mensch habe besonders große Augen, ja, er sei so etwas wie ein Baby. An der gesamten französischen Riviera – eigentlich überall, wo Menschen sorgenfrei flanieren und sich zeigen – sieht man selbstsicher wirkende, gut gekleidete Frauen mit auf den Kopf hochgeschobener Sonnenbrille herumspazieren. Würden Sie fragen, warum sie denn ihre Sonnenbrille auf dem Kopf tragen, bekämen Sie vermutlich zur Antwort, das sei bequem so. Doch der wahre Grund ist, dass sie jugendlich, nicht bedrohlich und attraktiv wirken wollen.

Augenbrauen-Tells

Bei Erwachsenen kann die Stellung der Augenbrauen verschiedene Botschaften übermitteln, und zwar je nachdem, was dabei die Augen tun. Es gibt vier Grundstellungen, an denen Augenbrauen wie Augen beteiligt sind: 1. Augenbrauen und Augen sind in Ruhestellung – das ist der Ausdruck des ruhigen Gesichts; 2. Augenbrauen in Ruhestellung, Augen geweitet – das ist der drohende Gesichtsausdruck für Zorn und Ärger, manchmal einhergehend mit dem Zusammenziehen oder Runzeln der Augenbrauen; 3. Augenbrauen gehoben und Augen geweitet – das ist der zur prototypischen Angstreaktion gehörende Gesichtsausdruck; 4. Augenbrauen gehoben und Augen in Ruhestellung – hier wird Unterwerfung signalisiert.

Die alten Römer benutzten den Ausdruck *super-cilium*, wörtlich: »was auf dem Augenknochen aufsitzt«, für einen Gesichtsausdruck, bei dem die Augenbrauen gehoben und die Augen leicht geschlossen sind. Das ist natürlich keine Unterwerfungsgeste – es ist das genaue Gegenteil, ein Ausdruck von Hochmut oder Überheblichkeit; das Englische kennt dafür den aus dem Lateinischen entlehnten Ausdruck *superciliousness*. Die Tatsache, dass dieser Gesichtsausdruck und der Unterwerfung signalisierende danach unterschieden werden, ob die Augen in Ruhestellung oder leicht geschlossen sind, zeigt, wie äußerst komplex Mimik sein kann. Obwohl der eine Gesichtsausdruck sich vom anderen nur um Millimeter unterscheidet, verwechselt niemand zur Schau getragene Hochnäsigkeit mit Zeichen der Unterwerfung.

Wenn Menschen zeigen wollen, dass sie keine Bedrohung darstellen, heben sie häufig ihre Augenbrauen. Das lässt sie aufmerksam und beeindruckt wirken. Werden die Augenbrauen zur Mitte hin zusammengezogen, drücken sie Besorgtheit aus. Natürlich können die Brauen in zusammengezogenem oder nicht zusammengezogenem Zustand gehoben werden. Sind sie gehoben und zusammengezogen, ergibt das eine Art Mischform, die zugleich Unterwerfung und Besorgtheit vermittelt.

Mehrere Filmschauspieler haben wunderbar zweideutig ihre Augenbrauen eingesetzt. Gäbe es einen Oscar für Augenbrauen, würden ganz bestimmt Woody Allens Brauen nominiert. In Filmen wie *Der Stadtneurotiker* scheinen sie überhaupt ein Eigenleben zu entfalten – mal betonen sie seine Verwirrung, mal heben sie sich, um gegen ihn gerichtete Feindseligkeiten zu entschärfen. Doch die Krone gebührt den Augenbrauen von Groucho Marx. Wir alle erinnern uns an Groucho wegen seines riesigen pomadisierten Schnurrbarts, seiner Zigarre und seiner rollenden Augen. Die größte Wirkung aber erzeugte er mit seinem Markenzeichen – mit Groucho Marx' berühmtem »Augenbrauenflattern«. Nach jeder Pointe ließ Groucho seine Brauen rasch auf und ab wandern, um zu zeigen: Das war's. Hier hatten die Augenbrauen die Funktion von zwei Punkten oder eher Ausrufungszeichen: Sie gestatteten Groucho einen Moment des Triumphs und gaben dem Publikum Gelegenheit, seine dankbare Anerkennung zu äußern.

Auch einige britische Schauspieler haben ihre Brauen sehr effektvoll eingesetzt. Der Vorkriegsschauspieler Basil Rathbone war mit seinen Brauen praktisch die Verkörperung der Arroganz schlechthin. Roger Moores Markenzeichen ist eine einzelne gehobene Augenbraue, genauer gesagt, seine linke, und er setzte sie regelmäßig ein, um in seinen Rollen als James Bond rätselhaft, verführerisch oder allwissend zu erscheinen. Wann immer ein Bösewicht umzulegen oder eine hübsche Dame zu beeindrucken war, wurde seine Augenbraue aktiv und stahl manchmal sogar Roger Moore selbst die Schau.

Lächel-Tells

Die Art und Weise, wie Menschen einander anlächeln, kann wertvolle Hinweise auf ihr Machtverhältnis liefern.[10] Darwin stellte fest, dass Lächeln und Lachen häufig gemeinsam auftreten, und schloss daraus, sie hätten denselben Ursprung und das Lächeln sei einfach eine abgeschwächte

Form des Lachens. Dieser Gedanke klingt durchaus überzeugend, zumal wenn man bedenkt, wie leicht man zwischen Lächeln und Lachen hin- und herwechseln kann und wie nahe beieinander Glücklichsein und Vergnügen liegen. In vielen Sprachen haben die Wörter für Lächeln und Lachen sogar dieselbe Wurzel.

Diese Theorie wurde jedoch infrage gestellt, als man entdeckte, dass die Schimpansen zwei deutlich verschiedene Gesichtsausdrücke haben, die dem menschlichen Lächeln und Lachen entsprechen – ein »Unterwürfigkeitsgesicht«, bei dem die Lippen zurückgezogen und die Zähne sichtbar sind, und ein »Spielgesicht«, bei dem der Unterkiefer lose herabhängt und die Mundwinkel zurückgezogen werden.[11] Das Spielgesicht des Schimpansen ist dem menschlichen Lachen sehr ähnlich, da der Mund dabei weit geöffnet ist und rhythmische Laute ausgestoßen werden. Und das Unterwürfigkeitsgesicht des Schimpansen ähnelt stark dem menschlichen Lächeln, denn beide sind lautlos, und die Zähne werden dabei vollständig entblößt. Diese beiden Gesichtsausdrücke haben beim Schimpansen völlig unterschiedliche Funktionen, während doch das menschliche Lachen und Lächeln oft gemeinsam auftreten und demselben Zweck zu dienen scheinen. Man kann daher vermuten, dass das menschliche Lachen und Lächeln sich im Laufe der Evolution angenähert haben. Für unsere Urahnen waren sie etwas ganz Verschiedenes, für uns aber sind sie sehr ähnlich.

Wenn das Unterwürfigkeitsgesicht der Schimpansen dominante Individuen friedlich stimmen soll, dient dann das Lächeln beim Menschen demselben Zweck? Die Antwort lautet Ja, doch es hängt davon ab, wie freundlich die Situation ist und was für eine Art von Lächeln der Mensch produziert. Nehmen wir den Fall an, zwei Personen sind zusammen und die eine hat einen höheren Status als die andere. Ist die Situation nicht sehr freundlich, wird die untergeordnete Person vermutlich sehr viel mehr lächeln als die dominierende Person. Hier erfüllt das Lächeln die Rolle des Beschwichtigens. Ist hingegen die Situation freundlich, kann möglicherweise die dominierende Person mehr lächeln als die untergeordnete. Der Unterschied zwischen diesen beiden Situationen, so zeigt sich, besteht nicht etwa darin, dass die untergeordnete Person weniger lächelt, sondern dass die dominierende Person in der freundlichen Situation mehr lächelt. Mit anderen Worten, untergeordnete Individuen lächeln immer etwa gleich viel, unabhängig davon, ob die Situation freundlich ist oder unfreundlich, dominante Personen hingegen lächeln weit weniger in unfreundlichen und sehr viel mehr in freundlichen Situationen. Marvin Hecht und Marianne LaFrance haben dieses Phänomen untersucht; sie weisen darauf hin, dass die untergeordnete Person lächeln muss, um eine dominante Person zu beschwichtigen, während die dominante Person die Lizenz, das heißt die Freiheit hat zu lächeln, wann es ihr passt.[12] Warum die dominante Person in einer freundlichen Situation mehr lächelt, wird klar, wenn wir uns ansehen, auf wie viele verschiedene Arten man sein Gesicht zu einem Lächeln verziehen kann.

Wir alle wissen, dass Lächeln echt oder falsch sein kann – je nachdem. Sehen wir doch, dass manchmal jemand nur so tut, als sei er glücklich, und wissen, wie man sich beim Lächeln fühlt, wenn man unglücklich ist. Obwohl wir ständig falschem Lächeln ausgesetzt sind und auch selbst sehr oft zugunsten anderer Lächeln vortäuschen, verstehen wir erst, was ein echtes Lächeln von einem falschen unterscheidet, seit man sich wissenschaftlich näher mit der menschlichen Mimik befasst hat.

Als einer der ersten Wissenschaftler hat sich der französische Anatom Guillaume Duchenne de Boulogne mit diesem Thema beschäftigt; er veröffentlichte 1862 sein Werk

Mécanisme de la physionomie humaine – zehn Jahre vor Erscheinen von Darwins Buch über das Gesicht. Duchenne war fasziniert von der Gesichtsmuskulatur – ein Interesse, das er angeblich entwickelte, als er von der Guillotine abgehackte Köpfe untersuchte. Er erforschte auch als Erster, wie die Gesichtsmuskeln auf elektrischen Strom reagieren.[13]

Duchenne entdeckte, dass am echten Lächeln zwei Muskelpaare beteiligt sind. Das erste sind die Zygomaticus-maior-Muskeln, die an den Seiten des Gesichts verlaufen und an den Mundwinkeln befestigt sind. Werden sie kontrahiert, werden die Mundwinkel nach oben gezogen, die Wangen werden runder und die Zähne manchmal freigelegt. Das zweite Muskelpaar, die Orbicularis-oculi- oder Augenringmuskeln, umgibt die Augen. Werden sie kontrahiert, werden dadurch die Augen verengt, und seitlich von ihnen erscheinen Krähenfüße. Duchenne erkannte, dass der entscheidende Hinweis auf die Echtheit eines Lächelns in der Augenregion zu finden ist, denn während die Zygomaticus-maior-Muskeln unter bewusster Kontrolle stehen, ist das beim Musculus orbicularis oculi nicht der Fall. Wie er es formuliert:

»Der Ausdruck aufrichtiger Freude wird auf dem Gesicht durch die gleichzeitige Kontraktion der Zygomaticus-maior- und der Orbicularis-oculi-Muskeln ausgedrückt. Erstere gehorchen dem Willen, Letztere aber werden nur durch die süßen Emotionen der Seele in Bewegung gesetzt... Der Muskel rings um das Auge gehorcht dem Willen nicht; er wird nur durch ein echtes Gefühl, durch eine angenehme Emotion belebt. Seine Passivität beim Lächeln verrät den falschen Freund.«

Wenn Sie beobachten, wie untergeordnete Personen sich dominierenden Menschen gegenüber verhalten, werden Sie feststellen, dass an ihrem Lächeln meist nur die Muskeln oberhalb des Mundes beteiligt sind, nicht aber die um die Augen – das heißt, es ist ein Mundlächeln, auch Duchenne-

Lächeln genannt, und kein Mund-und-Augen-Lächeln. Im strengen Sinne ist Mundlächeln ein falsches Lächeln, gibt es doch vor, Freude zu zeigen, während es in Wirklichkeit allein durch den Wunsch motiviert ist, freundlich-umgänglich und unbedrohlich zu erscheinen.

Wenn Sie hingegen beobachten, wie sich Vorgesetzte gegenüber ihren Untergebenen verhalten, werden Sie feststellen, dass sie zwar sehr viel weniger lächeln, dass ihr Lächeln aber eher ein Mund-und-Augen-Lächeln ist. Dieser Unterschied erklärt sich daraus, dass untergeordnete Personen das Lächeln zum Zweck der Beschwichtigung einsetzen, während dominante Personen sich erlauben können zu lächeln, wann und wie sie wollen. Ein Lächeln, das beschwichtigen soll, kann sich auch noch auf andere Weise von echtem Lächeln unterscheiden. Zum Beispiel können dabei die Mundwinkel zur Seite statt nach oben gezogen sein, sodass der dadurch erzeugte Gesichtsausdruck eher einer Grimasse als einem Lächeln ähnelt. In extremeren Situationen können die Mundwinkel auch vorübergehend nach unten gezogen werden, womit sich ein flüchtiges Anzeichen von Furchtsamkeit in das Lächeln einschleicht. Auf diese und andere Weise kann ein Lächeln verraten, was hinter seiner Fassade steckt, und damit auch, was der Betreffende wirklich empfindet.

Man hat festgestellt, dass Frauen viel öfter lächeln als Männer.[14] Das mag etwas mit der untergeordneten Stellung der Frau in der Gesellschaft zu tun haben, erklärt aber nicht, warum weibliche Babys bereits im Alter von zwei Monaten mehr lächeln als männliche. Untersuchungen von Porträtfotos in Schuljahrbüchern ergaben, dass auch die älter werdenden Mädchen weiterhin mehr lächeln als die Jungen und dass dieser Unterschied nach der Pubertät am ausgeprägtesten ist. Nehmen Frauen höhere Positionen ein, geben sie ihre Gewohnheit des Lächelns nicht automatisch zugunsten einer männlichen Verhaltensweise auf. Man hat entdeckt, dass Frauen auch in sehr einflussreichen Machtpositionen nicht weniger lächeln als Frauen in niedrigen Positionen, dass aber Männer in hohen Positionen in der Tat sehr viel weniger lächeln als solche in niedrigen. Hier spielt das Testosteron eine Rolle, denn Männer mit hohem Testosteronspiegel tendieren zu sparsamerem Lächeln ohne Einbeziehung der Muskulatur um Mund und Augen, während Männer mit niedrigem Testosteronspiegel häufiger und breiter lächeln.[15]

Entsprechend unterschiedliche Schlussfolgerungen werden auch aus einem Lächeln gezogen. Wenn Männer und Frauen lächeln, betrachtet man die einen wie die anderen als glücklich, zufrieden und entspannt. Männer aber, die nicht lächeln, gelten als dominant, während man nicht lächelnde Frauen einfach für unglücklich hält. Diese Schlussfolgerungen haben möglicherweise etwas damit zu tun, dass Frauen viel mehr lächeln als Männer, sodass ein nicht lächelnder Mann durchaus normal erscheint, eine nicht lächelnde Frau aber eine eher unübliche Erscheinung ist. Um also normal zu wirken, muss eine Frau viel mehr lächeln als ein Mann. Ein Mann wiederum braucht deshalb nicht so viel zu lächeln, weil andere Männer auch nicht viel lächeln.

Wenn man Menschen auffordert, sich ein lächelndes Gesicht anzusehen und zu sagen, ob das Lächeln echt ist oder nicht, werden sie automatisch nach den Krähenfüßen am Außenwinkel der Augen Ausschau halten. Sie scheinen instinktiv zu wissen, dass ein echtes Lächeln diesen Teil des Gesichts zusammenzieht und man deshalb dort nachsehen muss. Doch obwohl alle offensichtlich wissen, worauf man zu achten hat, wenn man die Authentizität eines Lächelns beurteilen will, ist man durchaus bereit, auch ein falsches Lächeln zu akzeptieren. Hat sich zum Beispiel jemand irgendeinen Verstoß zuschulden kommen lassen, werden andere eher Nachsicht üben, wenn er oder sie eine Entschuldigung in Gestalt eines Lächelns anbietet. Interessant ist dabei, dass es keine große Rolle spielt, ob das angebotene Lächeln echt oder falsch ist – vorausgesetzt, es ist überhaupt ein Lächeln, ist man bereit, Milde walten zu lassen. Das lässt darauf schließen, dass wir zwar imstande sind, ein echtes Lächeln von einem falschen zu unterscheiden, diese Fähigkeit jedoch nicht immer nutzen – gelegentlich scheinen wir sie sogar bewusst zu unterdrücken. Wichtig ist uns nur, dass der andere zum richtigen Zeitpunkt lächelt. Die Tatsache, dass das Lächeln nur vorgetäuscht ist, scheint uns nicht weiter zu stören.

Erröten

Für Charles Darwin war es nicht das Lachen, sondern das Erröten, das den Menschen von anderen Lebewesen unterscheidet: »Das Erröten ist die eigentümlichste und menschlichste aller Ausdrucksformen.«[16] Darwins Ansichten über das Erröten passten sehr gut zu der Einstellung, die sich im Jahrhundert zuvor entwickelt hatte und zu viktorianischer Zeit immer noch verbreitet war. Im 18. Jahrhundert hatten die Engländer die Vorstellung entwickelt, Verlegenheit und Erröten seien die äußeren Anzeichen von Sensibilität gegenüber anderen Menschen. Sie argumentierten, dass jemand nur in Verlegenheit geraten könne, wenn er imstande sei, Schamgefühl zu empfinden, aber zugleich unfähig sei, es zu verbergen. Für Ausländer, das war den Engländern klar, konnte das natürlich nicht gelten. Wie Christopher Ricks gezeigt hat, war »einer der Gründe für die ablehnende Haltung der Engländer gegenüber Ausländern«, diese seien »›unverfroren‹, nicht in Verlegenheit zu bringen und daher nicht vertrauenswürdig... Insbesondere die Franzosen... Wie kann man einem Volke trauen, dessen Sprache allein schon ihr Möglichstes tut, die Existenz des Errötens zu verhehlen?«[17]

Die Menschen der viktorianischen Epoche hatten ein ambivalentes Verhältnis zum Erröten – einerseits betrachteten sie es als ein Zeichen von Sensibilität, zugleich aber meinten sie, es sei nicht schicklich für einen Mann, seine Gefühle öffentlich durch Erröten zu zeigen. Von Frauen hingegen erwartete man geradezu, dass sie erröteten, wenn etwas Peinliches passierte. Erwähnte zum Beispiel ein Herr in Gegenwart einer jungen Dame das Thema Sex, erwartete man von ihr, dass sie durch Erröten zeigte, wie schockiert und unschuldig sie war. Hier enthielt das Erröten eine doppelte Botschaft, tat es doch nicht nur die Unschuld der jungen Dame kund, sondern ließ zugleich erkennen, dass sie hinreichend aufgeklärt war, um schockiert zu sein. Diese doppelte Botschaft des Errötens – welches gleichzeitig zugab, was es doch zu verbergen suchte – faszinierte die Viktorianer. Das galt ebenso für die Tatsache, dass Erröten sich nicht bewusst kontrollieren ließ. Die Prinzipien Ordnung und Selbstkontrolle spielten in der viktorianischen Gesellschaft eine zentrale Rolle. Das Erröten aber negierte diese Prinzipien einfach und stellte somit infrage, was für diese Gesellschaft von größter Bedeutung war. Gerade deshalb war man vom Erröten so fasziniert – zeigte es doch, dass wahre Emotionen sich nicht verbergen lassen und die Gefühle über den Verstand triumphieren können.

Für die viktorianischen Wissenschaftler war das Erröten eine fesselnde und verblüffende Erscheinung. Darwin selbst erkannte, dass bestimmte Tiere erröten, wenn sie in Leidenschaft geraten, doch er fand keine Tierart, die Scham empfindet. Er schloss daraus, dass sich nur Menschen schämen, denn nur sie besitzen die Art von Selbstaufmerksamkeit, die jemanden erröten lässt. Dies aber, so betonte Darwin, bedeute sehr viel mehr als nur die Fähigkeit, über sich selbst nachzudenken: »Es ist nicht der einfache Akt, über unsere eigene Erscheinung nachzudenken, sondern der Gedanke, was andere von uns denken, welcher ein Erröten hervorruft.«

Die Selbstwahrnehmung und die Sorge darüber, was andere Leute denken könnten, scheinen für das Erröten entscheidend zu sein. Wir erröten oft, wenn wir wissen, dass wir etwas Unrechtes getan haben oder die Erwartungen anderer an uns nicht erfüllt haben, doch wir erröten auch, wenn wir die Aufmerksamkeit anderer auf uns gezogen haben, indem wir etwas Positives taten. Wir erröten also mit derselben Wahrscheinlichkeit, wenn wir bei irgendetwas erwischt wurden, wie wenn jemand uns ein Kompliment macht. Doch es ist nicht nur die Offenlegung unserer eigenen Fehler und Verdienste, die uns erröten lässt; wir erröten auch, wenn wir sehen, dass anderen etwas peinlich ist, insbesondere wenn wir uns eng mit ihnen identifizieren.[18]

Das Erröten geht vom vegetativen Nervensystem aus und löst einen verstärkten Blutfluss zu den Wangen hin aus, manchmal auch zum Hals und zur Brust. Wie das Erröten wirklich funktioniert, ist immer noch ein Rätsel, obwohl vieles dafür spricht, dass es mit unerwarteter und unwillkommener Aufmerksamkeit seitens Dritter verbunden ist. Besonders stark neigen Menschen zum Erröten, die sich große Sorgen darüber machen, wie andere sie sehen, und besonders darauf bedacht sind, sich richtig zu verhalten und ja nichts Falsches zu tun. Unterläuft ihnen dennoch ein gesellschaftlicher Fauxpas oder ein peinlicher Ausspruch, werden sie häufig durch ein verräterisches Erröten bloßgestellt. Paradoxerweise kann man aber meist auch damit rechnen, dass das Erröten einen wieder rettet, denn das Rotwerden funktioniert wie eine Entschuldigung: Es zeigt, dass man sich an die Normen der Gruppe hält. Das kann man daran sehen, wie andere auf das Erröten reagieren. Man hat zum Beispiel festgestellt, dass Menschen, die sich etwas zuschulden kommen lassen und dann erröten, sehr viel nachsichtiger behandelt werden als jemand, der denselben Fehler macht, ohne rot zu werden.[19]

Erröten ist ein Zeichen von Verlegenheit und wird oft von weiteren Befangenheitszeichen begleitet – zum Beispiel von Sprechstörungen, halbherzigem Lächeln sowie einem zu Boden gerichteten Blick, dem Berühren des Gesichts oder einem kurzen Vorschnellen der Zunge. In dieser Hinsicht funktioniert das Erröten wie ein Beschwichtigungszeichen, denn es zeigt anderen unser Unbehagen und Bedauern. Doch im Gegensatz zu anderen Formen des Beschwichtigens liegt das Erröten gänzlich außerhalb unserer Kontrolle – wir können unser Gesicht nicht bewusst rot werden lassen und können ein aufsteigendes Erröten auch nicht einfach abstellen. Das macht das Rotwerden für den Betroffenen zu einer so unangenehmen Erfahrung – und zu einem bedeutsamen Tell für alle anderen.

Zungen-Tells

Wenn Kinder oder Erwachsene in eine Tätigkeit vertieft sind, strecken sie häufig ihre Zunge zwischen den Lippen hervor. Das Zungezeigen, wie man das nennt, assoziiert man mit Anstrengung und Konzentration. Es gibt auch die Theorie, es fungiere als ein unbewusstes Signal der Zurückweisung – das heißt, jemand streckt seine Zungenspitze heraus, um anderen zu zeigen, dass er im Moment nicht angesprochen werden will.[20] Für diese Theorie gibt es in der Tat eine gewisse Bestätigung durch Experimente. Denn man hat festgestellt, dass Leute mehr Hemmungen verspüren, sich jemandem anzunähern, der beschäftigt ist und seine

Zungenspitze zeigt, als jemandem, der ebenfalls beschäftigt ist, dessen Zungenspitze aber nicht zu sehen ist.[21] Möglicherweise ist daran aber gar nichts Geheimnisvolles; vielleicht sprechen wir einfach nur deshalb nicht gern jemanden an, der die Zunge herausstreckt, weil wir ungern jemanden stören, der ganz offensichtlich gerade beschäftigt ist.

Allerdings gibt es Beweise dafür, dass das Zungezeigen in bestimmten Situationen dazu eingesetzt wird, andere auf Abstand zu halten. Bei der genauen Analyse eines Films von einem jungen Paar, das sich auf einer Parkbank küsst, stellte Adam Kendon fest, dass das Mädchen das Maß der Intimität steuerte, indem es sich von Zeit zu Zeit zurückzog und dabei in gewissen Abständen seine Zungenspitze zeigte.[22] Das Zungezeigen war ihre Art, ihrem Freund zu bedeuten, dass sie vorübergehend unzugänglich für ihn war. In den meisten Fällen ist man sich beim Zungezeigen nicht bewusst, dass die Zunge ein Signal aussendet. Das junge Mädchen auf der Parkbank wusste vermutlich gar nicht, dass es seine Zunge vorstreckte, geschweige denn, dass sie diese benutzte, um die Begeisterung ihres Freundes in Schranken zu halten. Und obwohl er auf ihr Zungezeigen reagierte, ist es sehr unwahrscheinlich, dass ihm ganz klar war, was da vor sich ging.

Wenn einem etwas peinlich ist, streckt man oft ganz kurz die Zunge heraus. Dieses kurze Züngeln ist etwas völlig anderes als das eben erwähnte Zungezeigen, denn während das Zungezeigen mehrere Minuten lang andauern kann, dauert das Züngeln meist nicht länger als eine Sekunde – die Zunge schießt blitzschnell aus dem Mund heraus und zieht sich sofort wieder zurück. Das Zungezeigen wird mit Konzentration und Unzugänglichkeit assoziiert, das Hervorschießen der Zunge dagegen ist ein Verlegenheits-Tell. Wenn jemand gehänselt wird oder sich bei etwas ertappt fühlt, sieht man nicht selten, dass er ganz kurz die Zunge herausstreckt, manchmal auch lächelnd. Es ist durchaus denkbar, dass auch dieses kurze Zungezeigen dazu dienen soll, andere Menschen auf Abstand zu halten.

Pflege-Tells

In der Welt der Affen und Menschenaffen pflegen sich Tiere ähnlicher Position innerhalb der sozialen Hierarchie normalerweise gegenseitig das Fell, indem sie einander nach Insekten, Läusen und Schuppen absuchen. Diese Art der Fellpflege beruht auf Gegenseitigkeit: Sie ist ein Ausdruck der Freundschaft und Solidarität unter Gleichgestellten. Insofern ist dies etwas ganz anderes, als wenn ein untergeordnetes Tier ein dominantes Tier putzt. In dieser Situation geht es bei der Fellpflege um die Bestätigung von Macht. Deshalb läuft alles nur in eine Richtung, nämlich immer vom Rangniedrigeren zum Ranghöheren, nie umgekehrt.

Vergleichen wir dies mit Berührungen unter Menschen, stellen wir fest, dass es zwischen Freunden genauso läuft, ganz anders aber zwischen Menschen von ungleichem Status. Freunde zum Beispiel versichern sich häufig ihrer Zuneigung und zeigen diese durch gegenseitiges Berühren. Wo es jedoch um Machtunterschiede geht, verlaufen die menschlichen Berührungsregeln im Vergleich mit denen der Affen und Menschenaffen genau entgegengesetzt: Während dominanten Menschen allein das Recht zusteht, ihre Untergebenen zu berühren, müssen Untergebene Acht geben, ihren Vorgesetzten nicht zu nahe zu kommen. Bei den Menschen hat sich daher das *status grooming* – die Pflege des ranghöheren Individuums – weitgehend auf die Sprache verlagert; wollen wir uns bei unserem Chef beliebt machen, greifen wir zur »verbalen Pflege«, zum *grooming talk*. Anders ausgedrückt, statt seinen Körper mit unseren Händen zu streicheln, streicheln wir sein Ego mit Worten.

Verbale Pflege zielt darauf ab, den, der spricht, sympathisch und für andere unbedrohlich erscheinen zu lassen. Der Wunsch, von anderen gemocht zu werden, ist sehr tief verwurzelt – ja von entscheidender Bedeutung für eine soziale Spezies wie unsere; und geliebt zu werden ist dann besonders wichtig, wenn diejenigen, die wir zu beeindrucken hoffen, mächtiger sind als wir. Es gibt zwei Grundstrategien, die man in einer solchen Situation verfolgen kann. Die erste ist die Selbstentwertung, indem man Negatives über sich selbst sagt; die zweite ist das Aufwerten des anderen, indem man Positives über ihn sagt. Sich selbst klein machen kann man, indem man eigene Leistungen herunterspielt, seine Fähigkeiten unter den Scheffel stellt oder jegliches Verdienst an eigenen Leistungen oder denen anderer zurückweist. Unterwürfige Menschen verhalten sich oft so, wenn sie mit dominanten Personen sprechen. Das lässt sie unbedrohlich erscheinen und stärkt das Selbstwertgefühl des anderen.

Auch mächtige Menschen bedienen sich manchmal solcher Selbstentwertungsstrategien gegenüber ihren Untergebenen, meist allerdings mit der Absicht, Widerspruch herauszufordern. Wenn sich der Chef nach einem Kundengespräch einem Mitarbeiter zuwendet und sagt: »Na, das hab ich wohl nicht so gut hingekriegt«, dann will er nicht, dass der ihm zustimmt, sondern er legt eine Schmeichelfalle – hier wird der Mitarbeiter diskret aufgefordert, mit etwas wie: »Das stimmt nicht, Chef, Sie waren großartig!« oder Ähnlichem zu widersprechen. Schmeichelfallen werden aber auch von Untergebenen und von Gleichrangigen gestellt. Wenn zum Beispiel ein Paar von einer Abendeinladung zurückkehrt und die Frau sagt: »Die anderen Frauen heute Abend sahen ja toll aus«, will sie damit keineswegs erreichen, dass ihr Mann das bestätigt – nein, sie hofft, dass er etwas sagen wird wie: »Unsinn, Liebling, die konnten dir doch nicht das Wasser reichen!«

Das Schöne an der Schmeichelfalle ist, dass man Positives über sich selbst hören kann, ohne es selbst sagen zu müssen. Indem man jemanden dazu verführt, Komplimente zu machen, kann man ihn dazu bringen, Dinge zu sagen, von denen er sich später nicht wieder distanzieren kann und die sehr wahrscheinlich beeinflussen, was er in Zukunft über einen denken wird. Schon vor Jahren haben Psychologen entdeckt, dass Menschen, die man dazu bringen kann, öffentlich Ansichten zu vertreten, die nicht ihre eigenen sind, meist auch später dazu stehen.[23] Dasselbe gilt für die Schmeichelfalle. Wenn Sie jemanden dazu verleiten können, etwas Positives über Sie zu sagen, wird er sich in Zukunft eher von Ihnen beeindrucken lassen.

Es gibt verschiedene Wege, sich bei anderen einzuschmeicheln. Man kann zum Beispiel allem zustimmen, was der andere sagt; oder man kann jemandem einen Gefallen tun. Die dritte und mit Abstand beliebteste Strategie sind Komplimente und Schmeicheleien.[24] Wenn wir jemandem Komplimente machen, wissen wir sehr wohl, was wir tun, doch wir sind uns selten klar über unsere Motive oder wie diese sich unbewusst auf das, was wir zu erreichen suchen, auswirken. Die meisten von uns wären entsetzt, wenn ihnen aufginge, wie sehr wir unser Verhalten in Gegenwart mächtiger und attraktiver Menschen verändern – in der Hoffnung, sie möchten uns sympathisch und interessant finden. Und doch tun wir das ständig – wir stimmen ihren Worten zu, verhehlen unsere wahre Meinung, erzählen ihnen, wie intelligent sie sind, und suchen uns generell durch bestimmtes Verhalten akzeptabler zu machen.

Schmeicheleien ziehen sich durch unser gesamtes soziales Leben; sie sind auch das wesentliche Schmiermittel auf beruflicher Ebene. Sie ölen das Räderwerk des Unternehmens, verringern die Reibung zwischen Personen verschiedener Rangebenen und erleichtern den Aufstieg auf der Karriereleiter der Firma. Die Forschung hat die traurige Wahrheit zutage gefördert, dass Menschen, die sich gezielt bei ihren Vorgesetzten einschmeicheln, erfolgreicher Karriere machen als diejenigen, die sich darauf konzentrieren, gute Arbeit zu leisten.[25]

Für Angestellte hat das Einschmeicheln ganz offensichtliche Vorteile, denn damit kann man sich beim Boss beliebt machen, ohne dass es einen viel kostet. Doch besteht natürlich immer das Risiko, dass es als das erkannt wird, was es ist, und die Motive des Schmeichlers in Zweifel gezogen werden. Ist der Schmeichler oder die Schmeichlerin von niedrigerem Status als seine oder ihre Zielperson, ist die Gefahr bedeutend größer, dass der Betroffene befindet, hier gehe es um unaufrichtige Schmeichelei, einfach weil dabei so viel zu gewinnen ist. Um eine Schmeichelei weniger auffällig zu machen, kann man sich verschiedener Tricks bedienen:

- HERABSTUFEN. Um die eigenen Motive zu verschleiern, wählt man oft eine weniger starke Variante des Einschmeichelns – zum Beispiel macht man lieber Komplimente, anstatt jemandem einen Gefallen zu tun. Da Gefallen mehr Zeit und Mühe kosten als Komplimente, sind sie viel auffälliger und erregen leichter Verdacht.
- STRECKEN. Ein anderer Trick ist, lieber zur gestreckten als zu einer konzentrierten Form des Einschmeichelns zu greifen – zum Beispiel macht man dem Chef lieber Komplimente wegen einer bestimmten Wendung in seiner Rede als wegen der ganzen Rede.
- VEREINFACHEN. Strategien, die verschiedene Arten von Schmeicheleien kombinieren, sind sehr viel leichter zu durchschauen als solche, die nur aus einer Art be-

stehen. Die effektivsten Formen der Schmeichelei sind deshalb solche, die nur aus einer einzelnen bestehen.

- TARNEN. Damit die Schmeichelei ihre Wirkung entfalten kann, muss sie im richtigen Zusammenhang eingesetzt werden und sollte mit den jeweiligen Positionen und dem Verhältnis von Schmeichler und Zielperson vereinbar sein. Zum Beispiel wird es keinen Verdacht erregen, wenn ein jüngerer leitender Angestellter dem Generaldirektor Komplimente wegen seiner Rede vor den Investoren macht. Wagt aber derselbe junge Mann eine schmeichelhafte Bemerkung über den neuen Haarschnitt des Generaldirektors, werden bei diesem vermutlich die Alarmglocken läuten. Seine Sekretärin dagegen kann sich durchaus Bemerkungen über seine neue Frisur leisten, gehört es doch zu ihren Aufgaben, für sein gutes Aussehen zu sorgen.
- GUT AUSWÄHLEN. Die Forschung zeigt, dass Menschen, die eine hohe Meinung von sich haben, sich gern schmeicheln lassen, solche mit geringem Selbstbewusstsein hingegen nicht. Sie zeigt auch, dass man meint, Komplimente, die dem Bild entsprechen, das man von sich selbst hat, seien echt, davon abweichende Komplimente aber geheuchelt.[26] Ein Meister im Schachspielen zum Beispiel, der sich selbst für brillant, aber unattraktiv hält, würde ein Kompliment über seine Intelligenz für echt halten, ein Kompliment über sein Aussehen hingegen für unaufrichtig. Um erfolgreich zu sein, muss ein Schmeichler also nicht nur wissen, wen er hofieren muss, sondern auch in Bezug auf was.
- VERDECKT VORGEHEN. Wir sind sehr viel eher bereit, ein an uns selbst gerichtetes Kompliment für echt zu halten als ein auf jemand anders gemünztes. Vielleicht ist das so, weil unsere Kritikfähigkeit nachlässt, wenn man uns schmeichelt, oder weil wir objektiver sind,

wenn jemand anders beweihräuchert wird. Wie dem auch sei, am wenigsten wird jemand von Schmeicheleien beeindruckt, der die Sache durchschaut. Und mit größter Wahrscheinlichkeit wird er die Bemühungen des Schmeichlers unterlaufen, indem er dessen Motive in Zweifel zieht. Erfahrene Schmeichler wissen das und achten deshalb darauf, dass niemand zugegen ist, um Zeuge ihrer Einschmeichelungsversuche zu werden – oder aber dass sich eventuelle Zeugen gedrängt fühlen, den von ihnen geäußerten Ansichten beizupflichten.

All diese Strategien dienen dazu, Lobhudeleien zu mehr Wirkung zu verhelfen und eine Bloßstellung möglichst zu verhindern. Doch vielleicht ist so viel Aufwand gar nicht nötig – haben die meisten Menschen doch eine ausgeprägte Schwäche für Schmeicheleien. Wie der Earl of Chesterfield 1752 in einem Brief an seinen Sohn bemerkte: »Jede Frau wird unfehlbar jeder Art von Schmeichelei erliegen und jeder Mann der einen oder anderen Art derselben.«

4 Gesprächs-Tells

Unterhaltungen zeichnen sich vor allem dadurch aus, dass sich die Beteiligten beim Reden abwechseln. Es ist nicht üblich, dass jeweils mehr als eine Person spricht, und ist dies dennoch eine Zeit lang der Fall, dann deshalb, weil das Gespräch vorübergehend zusammengebrochen ist. Wir wechseln uns ab, weil unsere Gehirnfunktionen beschränkt sind: Wir können nicht gleichzeitig mit jemandem sprechen und ihm zuhören. Psychologen haben bei der genaueren Untersuchung von Gesprächen beobachtet, dass dieses Abwechseln mit bemerkenswerter Geschicklichkeit gehandhabt wird. Die Zeit nämlich, die vergeht, während eine Person zu sprechen aufhört und die nächste beginnt, kann so kurz sein, dass sie gegen null tendiert – manchmal sind es weniger als 50 Tausendstelsekunden! Man spricht dann von »glatten Übergängen«, da der Wechsel von einem Sprecher zum anderen so nahtlos ist.[1]

Allgemein gilt für Gespräche der Grundsatz: einer nach dem anderen. Doch auch wenn die meisten Unterhaltungen dieser Regel folgen, gibt es Fälle, in denen Menschen gleichzeitig reden und einander nicht zuhören. Manche Fälle von Überschneidung oder Überlappung entstehen, weil der Zuhörer zu unterbrechen versucht, um selbst die Rednerrolle zu übernehmen. Doch wie wir weiter unten sehen werden, gibt es auch Fälle, in denen Überlappungen nicht aus Konkurrenzgründen entstehen, sondern weil der Zuhörer den Sprechenden bestätigen und bestärken will.

Für einen geordneten Wechsel beim Gespräch müssen Sprecher und Zuhörer einander zu erkennen geben, ob sie das Wort beanspruchen oder nicht. Im Prinzip könnte natürlich jeder seine Wünsche verbal zum Ausdruck bringen, doch diese Methode wäre sehr schwerfällig und ineffizient. Stattdessen organisiert man den Wechsel durch eine Reihe konventionalisierter Signale, die von den Beteiligten beim Sprechen oder beim Zuhören ausgesandt werden.[2] Jede Unterhaltung läuft daher auf zwei Ebenen ab – als offizieller Dialog, in dem Gedanken und Meinungen ausgetauscht werden, und als inoffizieller, in dem man Signale bezüglich der Reihenfolge austauscht und demonstriert, wie stark man an dem Gespräch beteiligt ist. Durch den Gebrauch dieser Verzicht- oder Ablösungssignale kann der Zuhörende anzeigen, ob er das Wort beansprucht oder nicht, und der Sprechende kann signalisieren, ob er das Terrain halten oder dem Zuhörer überlassen will.

Verzicht-Tells

Es gibt verschiedene Arten, wie ein/e Zuhörer/in demonstrieren kann, dass er oder sie die Rednerrolle nicht übernehmen möchte und sehr gern in der Zuhörerrolle verbleibt. Eine davon ist das Produzieren akustischer Untermalungen und anderer Rückmeldungssignale.[3] Diese bestehen aus verbalen Reaktionen wie »hm, hm«, »ja« oder »genau«, dem Wiederholen der Worte des Redners, Nicken und mehrfachem kurzem Lächeln, die zeigen sollen, dass der Zuhörer dem Redner zustimmt oder versteht, was er sagt.

Wie wir im letzten Kapitel gesehen haben, hängt die Bedeutung eines Nickens von seinem Tempo ab, wobei langsames Nicken Zustimmung übermittelt und schnelles Nicken entweder enthusiastische Zustimmung signalisiert oder aber Ungeduld und den Wunsch, selbst die Rednerrolle zu übernehmen. Auch Kopfschütteln übermittelt unterschiedliche Botschaften, je nachdem wie schnell der Kopf von einer Seite zur anderen bewegt wird. Wird er schnell geschüttelt, zeigt das, der Zuhörer ist anderer Meinung als der Redner und würde gern das Wort übernehmen. Wird der Kopf langsam geschüttelt, kann das eine ganz andere Bedeutung haben: Wenn der Redner zum Beispiel gerade eine unglaubliche Geschichte erzählt hat und der Zuhörer mit langsamem Kopfschütteln reagiert, so zeigt dies, dass der Zuhörer das ungläubige Staunen des Redners teilt, und impliziert zugleich, dass er keinen Anspruch auf das Rederecht erhebt.

Es gibt noch drei weitere Arten, wie der Zuhörende zeigen kann, dass er das Wort nicht beansprucht. Die erste ist demonstrative Aufmerksamkeit: Indem er schweigend dem Redenden zugewandt bleibt und ihn unverwandt ansieht, kann der Zuhörer zeigen, dass ihn das, was der Redner zu sagen hat, interessiert und er daher nicht den Wunsch hat, die Rednerrolle zu übernehmen. Die zweite Art ist das Demonstrieren von Absichtslosigkeit – also das Gegenteil einer Absichtsbekundung. Hört man zum Beispiel jemandem zu und möchte etwas dazu sagen, kann man normalerweise durch eine Absichtsdemonstration das Wort einfordern – etwa indem man sich vorbeugt, einen Finger hebt oder den Mund leicht öffnet. Diese Bewegungen sind deshalb unmissverständlich, weil sie als vorbereitende Gesten dem Sprechen vorausgehen. Absichtslosigkeit anzeigende Gesten und Gebärden hingegen sind solche, die einen am Sprechen hindern, indem man zum Beispiel die Arme übereinander schlägt, die Lippen zusammenpresst, eine Hand oder einen Finger über den Mund legt – mit anderen Worten, indem man etwas tut, das als Gegenteil der Vorbereitungsbewegungen zum Sprechen gelten kann.

Drittens können Zuhörer demonstrieren, dass sie selbst

das Wort nicht beanspruchen, indem sie Fragen stellen. Diese können die Form eigenständiger Fragen annehmen, indem man sich zum Beispiel erkundigt: »Kommen Sie eigentlich oft hierher?«, oder es können Bestätigungs- oder Refrainfragen wie »Ja, nicht wahr?« oder »Ja, finden Sie das auch?« sein, die einfach an das Ende einer Aussage angehängt werden. Das Stellen von Fragen fordert den anderen auf, die Rednerrolle zu übernehmen oder weiter zu behalten. Frauen benutzen diesen Trick häufig, wenn sie einen Mann gerade erst kennen gelernt haben; sie produzieren jede Menge akustischer Untermalungssignale und stellen zahlreiche Fragen, um Aufmerksamkeit zu demonstrieren. Ein Mann, der so von einer Frau behandelt wird, nimmt gern an, dass sie sich für das, was er zu sagen hat, wirklich interessiert; das spornt ihn an weiterzureden – manchmal so lange, dass er überhaupt nicht mehr aufhört und sich dauerhaft in der Rednerrolle einrichtet. Und da der Mann so sehr mit seinen eigenen Themen beschäftigt ist, vergisst er oft ganz, sich auch ein wenig für die Frau zu interessieren. Frauen bemühen sich anfangs oft, den Männern die Unterhaltung zu erleichtern, und bereuen es dann später.

Ablösungs-Tells

Wenn man sich in der Rolle des Zuhörers befindet, kann man dem Redner auf verschiedene Art zeigen, dass man das Wort beansprucht. Eine Möglichkeit ist, Aufmerksamkeit erregende Signale auszusenden, indem man zum Beispiel die Hand hebt oder die Augen leicht weitet, um dem Gegenüber zu zeigen, dass man etwas sagen möchte. Eine andere Art ist, den Mund zu öffnen und hörbar einzuatmen – das heißt, leicht übertriebene Varianten der Vorbereitungsbewegungen zu produzieren, die dem Redebeginn normalerweise unmittelbar vorausgehen würden. Die dritte Art wäre, negative Untermalungsgeräusche zu liefern. Statt den Redner mit akustischer Rückmeldung zu bestätigen, kann man versuchen, ihn durch Seufzen, Wegblicken oder ungeduldiges Kopfnicken dazu zu bringen, einem das Wort zu überlassen – anders ausgedrückt, indem man etwas tut, was den Sprecher gezielt vom Weiterreden abbringen soll. Und schließlich kann man immer auch versuchen, das Wort zu übernehmen, indem man den Sprecher einfach unterbricht. Unterbrechungen finden statt, wenn zwei Menschen gleichzeitig sprechen – doch nicht alle Fälle gleichzeitigen Sprechens gelten als Unterbrechungen. Bei einer Unterhaltung gibt es drei Arten von Überschneidung:

- BESTÄTIGUNGEN. Hierbei macht der Zuhörer eine positive Bemerkung, während der andere spricht. Während der andere redet, kann der Zuhörer zum Beispiel sagen: »Ich bin völlig derselben Meinung.« Obwohl dieser Einwurf sich mit den Worten des Sprechers überschneidet, zählt er nicht als Unterbrechung, da er nicht auf den Transfer der Sprecherrolle auf den Zuhörenden abzielt – er soll Sprecher und Zuhörer in ihren derzeitigen Rollen bestätigen.
- KRITISCHE EINWÜRFE. Um solche geht es, wenn jemand redet und der Zuhörer etwas wie »Blödsinn!« oder »Damit bin ich nicht einverstanden!« sagt. Auch diese Einwürfe müssen, obwohl es auch hier um Überschneidungen geht, nicht unbedingt Unterbrechungen sein, denn möglicherweise hat der Zuhörer gar nicht die Absicht, die Rolle des Sprechers zu usurpieren – vielleicht will er nur seinen Standpunkt klar machen und den Redner ein wenig verunsichern.
- UNTERBRECHUNGEN. Unterbrechungen finden dann statt, wenn es bei den Überschneidungen tatsächlich um

den Kampf ums Wort geht – wenn zum Beispiel einer spricht und der andere einfach über ihn hinwegredet mit der Absicht, das Terrain für sich zu ergattern. Erfolgreich sind Unterbrechungen dann, wenn der Redner dem Unterbrechenden das Wort überlässt; erfolglos bleiben sie, wenn es dem Redner gelingt, der Herausforderung standzuhalten und keinen Millimeter zu weichen.

Beim Unterbrechen gibt es verschiedene Tricks, wie man sich durchsetzen kann. Einer davon ist, die Stimme zu heben – man hat entdeckt, dass jemand, der beim Unterbrechen lauter als der andere spricht, sich mit größerer Wahrscheinlichkeit durchsetzt.[4] Ein anderer Trick ist, Entschlossenheit zu demonstrieren. Wer beim Unterbrechen ohne Zögern redet, unbeirrt von der Tatsache, dass der andere gleichzeitig weiterspricht, hat mehr Aussicht auf Erfolg. Das gilt auch für diejenigen, die beharrlich über den Punkt hinaus reden, an dem die meisten den Versuch zu unterbrechen schon aufgegeben hätten.

Reden zwei Personen gleichzeitig, gibt es zwei kritische Punkte. Der eine ist der Moment des Zusammenstoßes, der andere der Punkt der Herausforderung. Meint der Zuhörer zum Beispiel, der andere werde gleich aufhören zu reden, und setzt zum Sprechen an, werden wahrscheinlich beide gleichzeitig verstummen. Denn da der Unterbrechende gar nicht die Absicht hatte, dem Redner das Wort einfach zu entwinden, wird er vermutlich am Punkt des Zusammenstoßes aufhören zu reden, das heißt etwa eine Sekunde nach Beginn der Überschneidung. Dadurch, dass er an diesem Punkt aufhört und nicht erst später, kann der Unterbrecher dem Redner zeigen, dass die Überschneidung unbeabsichtigt war. Dieselbe Botschaft kann er vermitteln, indem er mitten im Satz abbricht und nicht erst am Ende seiner Aussage. Der andere kritische Punkt bei Überschneidungen im

Gespräch ist der Punkt der Herausforderung. Das ist der Punkt, an dem Herausforderer normalerweise zurückstecken, und zwar etwa zwei oder drei Sekunden nach Beginn der Überschneidung. Wer entschlossen ist, sich durchzusetzen, muss manchmal sogar noch über diesen Punkt hinausgehen und setzt sich genau damit dem Vorwurf aus, er hätte den anderen einfach unterbrochen. Halbherzige Unterbrechungen verebben meist, bevor sie dieses Stadium erreichen.

Unterbrechungen werden von einer Vielzahl von Faktoren wie Status, Geschlecht, Vertrautheitsgrad und kulturellem Hintergrund beeinflusst. Bei Rangunterschieden wird die Person mit dem höheren Status eher die mit niedrigerem Status unterbrechen.[5] Bei gleichem Status unterbrechen Männer Frauen öfter als umgekehrt. In diesem Kontext haben Unterbrechungen oft das Ziel, Kontrolle über die Unterhaltung und damit auch über die andere Person auszuüben. Deshalb unterbrechen Männer Frauen auch eher im Anfangsstadium ihrer Bekanntschaft – zu einem Zeitpunkt, wo sie sie noch eher als Frau denn als Persönlichkeit behandeln und sich erst einmal selbst darstellen wollen. Menschen reagieren sehr unterschiedlich auf Unterbrechungen, und das trifft auch für verschiedene Kulturen zu. In mediterranen Gesellschaften ist das Unterbrechen unter engen Freunden oft die Norm, und Situationen, in denen mehrere Personen gleichzeitig reden, sind nichts Ungewöhnliches. Genauso ist es in manchen jüdischen Familien, wo man den anderen unterbricht, um damit Solidarität und lebhafte Anteilnahme zu demonstrieren.[6] Wollte man diese Unterbrechungen als Kampf um das Rederecht interpretieren, würde man sie gänzlich missverstehen – sie sind einfach eine Art und Weise, sich am Gespräch zu beteiligen und seiner Meinung Ausdruck zu verleihen.

Übergabe-Tells

Bisher haben wir uns angesehen, was passiert, wenn der Zuhörende in seiner Rolle bleiben will, und mittels welcher Strategien er sich der Sprecherrolle bemächtigen kann. Aber was ist mit dem Redner? Wie verteidigt er sein Terrain, und welche Signale sendet er aus, wenn er zurücktreten will?

Will ein Redner das Wort abgeben, sendet er Übergabesignale an sein Gegenüber aus. Wie wir bereits sahen, werden manche dieser Signale vor Ende der Sprechzeit ausgesandt und ermöglichen damit dem Zuhörer einen nahtlosen Übergang, bei dem der Beginn seines Beitrags mit dem Ende des Redebeitrags seines Vorgängers zusammenfällt. Das Ende seiner Redezeit kann der Sprecher zum Beispiel ankündigen, indem er seine Blickrichtung ändert – hatte er bisher woandershin geblickt, kann er nun signalisieren, dass er aufzuhören beabsichtigt, indem er seinen Blick auf den Zuhörer richtet.[7] Das spielt dann eine entscheidende Rolle, wenn es um eine ganze Gruppe von Leuten geht; in dieser Situation wird derjenige, den der Redende zuletzt ansieht, vermutlich als Nächster das Wort ergreifen.[8]

Gewöhnlich wird der Abschluss der Redezeit durch ein Satzende markiert, doch da jeder Redebeitrag viele vollständige Sätze enthält, reicht das allein noch nicht aus, um zu zeigen, wann der Redner zu enden gedenkt. Dazu braucht es zusätzliche Signale. Eines ist das Absinken der Lautstärke. Auch bestimmte Handbewegungen können signalisieren, dass der Redner gleich aufhören wird. Gelegentlich wird ein Redebeitrag auch durch eine bestimmte Phrase beendet – ein Beispiel dafür wäre die Angewohnheit mancher Leute, abschließend ein »Ich weiß auch nicht« oder »Also, ich weiß wirklich nicht« anzuhängen. Manche Menschen beenden die Rede mit einem Schulterzucken, was in etwa dasselbe bedeutet. Starkey Duncan hat solche Übergabesignale in einer Studie detailliert untersucht und darauf hingewiesen, dass manche Leute Beharrungs- und Übergabesignale gleichzeitig aussenden; in solchen Fällen, so Duncan, reicht ein einziges Beharrungs- oder Festhaltesignal aus, um die Wirkung beliebig vieler Übergabesignale aufzuheben.[9]

Beharrungs-Tells

Will er das Wort nicht abgeben, muss der Redende den Eindruck vermitteln, er habe noch viel mehr zu sagen. Das kann auf verschiedene Art geschehen. Häufig sind die Augen daran beteiligt. In einem Zweiergespräch blickt der Zuhörer den Redner meist intensiver an als umgekehrt. Ein Grund für diese Asymmetrie ist, dass der Redner seine Gedanken beim Sprechen ordnen muss und ihm das schwerer fällt, wenn er vom Anblick seiner Zuhörer abgelenkt wird. Der andere Grund ist, dass der direkte Blick die Bereitschaft zum Rollenwechsel signalisiert. Für den Sprecher, der weiterreden will, ist es also besser, den Zuhörer nicht zu viel anzusehen – es könnte sonst der falsche Eindruck entstehen, er sei bereit, ihm das Wort zu überlassen.

Aus der Perspektive des Redners stellt jedes Satzende einen potenziellen Schlusspunkt dar, den der Zuhörer als Ende des Redebeitrags auffassen könnte. Um weiterzureden, muss der Redner zusätzliche Signale aussenden und damit zeigen, dass das Ende des Satzes nicht gleichbedeutend mit dem Ende seines Beitrags ist. Die niederländische Psychologin Johanneke Caspers hat herausgefunden, dass sich Redner der Sprechmelodie bedienen, um darauf hinzuweisen, dass sie noch weiterreden wollen. Dafür hebt der Redner die Stimme auf der letzten betonten Silbe und bleibt bis zur nächsten Pause auf dieser Höhe.[10]

Der Redner kann den Eindruck, dass er noch nicht aufzuhören gedenkt, verstärken, indem er längere Geschichten oder Witze erzählt. Ein anderes Mittel wäre, eine Reihe von Punkten aufzuzählen. In einer Diskussion über Religion ist es zum Beispiel recht unwahrscheinlich, dass der Redner unterbrochen wird, wenn er seiner Gesprächspartnerin erklärt, es gebe fünf Gottesbeweise, und dann einen nach dem anderen erläutert. Sie wird ihn wohl kaum unterbrechen, während er gerade über den dritten Gottesbeweis spricht, denn sie weiß ja, dass noch zwei weitere kommen. Eine ähnliche Technik, Unterbrechungen vorzubeugen, stellt der Gebrauch von Ausdrücken wie »und«, »also«, »darüber hinaus« und »und dazu kommt noch, dass ...« dar – all diese sprachlichen Konnektoren informieren den Zuhörer darüber, dass der Redner noch mehr zu sagen hat.

Manchmal werden zu diesem Zweck auch die Hände benutzt. Wie wir im Kapitel über Tells anderer Völker sehen werden, ist es für Italiener nichts Ungewöhnliches, das Wort festzuhalten, indem man etwas an den Fingern aufzählt. Nachdem er zu verstehen gegeben hat, dass er nun gleich eine Reihe von Punkten durchgehen wird, hebt der Sprecher entweder einen Finger nach dem anderen hoch oder hält sie der Reihe nach fest, um zu zeigen, an welcher Stelle seiner Liste er sich gerade befindet und wie viele Punkte er noch abzuhaken gedenkt. Der Vorteil dieser manuellen Aufzählungsmethode ist, dass die Anzahl der zu behandelnden Themen nicht in irgendeiner früheren Bemerkung untergeht – sie manifestiert sich hier und jetzt darin, was der Redner mit seinen Händen tut, und ist daher kaum zu ignorieren. Dieser Einsatz der Hände bietet dem Redner auch einen Vorwand, sie in Bewegung zu halten – ein sicheres Zeichen, dass er weiterzureden gedenkt.

Redner setzen sich auch durch, indem sie Unterbrechungen von vornherein abwehren und auch nicht nachgeben, falls es dennoch jemand versucht. Unterbrechungen kann man vorbeugen, indem man mit großem Nachdruck redet, den Zuhörer dabei nicht ansieht, seine Hände in Bewegung hält, systematisch eine Reihe von Punkten aufzählt und so redet, dass die Chance, jemand von den Zuhörern könnte auch einmal zu Wort kommen, auf ein Minimum schrumpft. Durchsetzungsfähige Redner bedienen sich einer Reihe von Strategien, um ihre Zuhörer daran zu hindern, ihnen das Wort abspenstig zu machen. Eine bei Margaret Thatcher besonders beliebte emphatische Geste ist ihr Augenblitzen; sie setzt es ein, um ihren Worten Nachdruck zu verleihen und zu demonstrieren, dass sie es ernst meint.[11] Auch Mick Jagger unterstreicht seine Aussagen mit Augenblitzen.

Wird ein Redner unterbrochen, hat er verschiedene Möglichkeiten, das Wort festzuhalten oder es zurückzugewinnen. Eine Strategie ist, die Stimme zu heben; eine andere bedient sich des von Albert Scheflen »transfix« genannten Erstarrens.[12] Wenn Sie in eine Unterhaltung vertiefte Menschen beobachten, werden Sie bemerken, dass manchmal der Redner bei einer Unterbrechung in derselben Haltung verharrt, in der er sich in dem Moment befand, als er unterbrochen wurde. Ein Redner, der mit erhobener Hand sprach, lässt sie mitten in der Luft stehen, als spiele man gerade Standbilder, und wird wie erstarrt in dieser Haltung verharren, bis er wieder zu Wort kommt. Indem er seine Handhaltung nicht um einen Deut ändert, zeigt er, dass er noch nicht fertig war und so abwarten wird, bis er wieder an die Reihe kommt. Erkennt er dann, dass dies so bald nicht der Fall sein wird, dann wird er wohl die Hand sinken lassen. Auf diese Weise kann er signalisieren, dass er seinen Anspruch auf die Rednerrolle aufgibt.

Alternativ können Redner das Wort festhalten, indem sie ihr Gegenüber auf die Zuhörerrolle verweisen und dafür sorgen, dass er/sie auch in dieser verbleibt. Wir haben bereits gesehen, dass Zuhörer unter anderem spontane Untermalungsgeräusche liefern. Bestätigendes Nicken, begleitet von »hm-hm« und diversen anderen Bemerkungen, soll den Sprecher bestärken und macht zugleich deutlich, dass der Zuhörer nicht den Wunsch hat, das Wort zu übernehmen. Leute, die gern lange reden, wissen instinktiv, dass man den anderen am besten in der Zuhörerrolle festhält, indem man ihn zu Bestätigungssignalen veranlasst. Das geschieht auf zweierlei Weise. Einerseits benutzt man Ausdrücke wie »Verstehen Sie?«, »Finden Sie nicht auch?«, »Stimmt's?«, »Okay?« und Frank Brunos Kennsatz: »Sie wissen doch, was ich meine?«.[13] Mit solchen Fragen fordert man Rückmeldung ein, denn sie fordern den anderen auf, akustische Bestätigungsgeräusche zu liefern, und drängen ihn damit noch tiefer in die Rolle des Zuhörers hinein. Das andere Verfahren, Untermalungsgeräusche herauszulocken, ist, die Zuhörerin zu belohnen, sobald sie solche produziert. Wenn der Redner jedes Mal, wenn seine Zuhörerin »hm-hm« sagt, lächelt oder sie liebevoll ansieht, dauert es bestimmt nicht lange, bis sie weitere zustimmende Geräusche produziert und damit zugleich auf die Übernahme der Sprecherrolle verzichtet.

Eine Floskel wie »Sie wissen, was ich meine?« kann als Beispiel dafür dienen, wie bestätigende Rückmeldung eingefordert wird, vor allem wenn sich die Stimme dabei fragend hebt. Doch kann derselbe Ausdruck auch Verstehen oder Zustimmung anzeigen, das heißt, als eine grundsätzliche Feststellung das vorausgesetzte Einverständnis oder Einvernehmen zwischen Redner und Zuhörer resümieren. Sagt der Redner: »Sie wissen, was ich meine«, fordert er den Zuhörer nicht unbedingt auf, zustimmende Geräusche oder Gesten zu produzieren, sondern will ihn vielleicht nur dazu bewegen, seinen Standpunkt zu akzeptieren.

Manche Redner versuchen, die ganze Zeit selbst zu reden und sich dabei die ungeteilte Aufmerksamkeit ihrer Zuhörer zu sichern. Verteidigen Redner ihre Rolle gar zu aggressiv, können die Zuhörer darauf reagieren, indem sie den Körper wie den Blick abwenden und generell nach einer Fluchtmöglichkeit Ausschau halten. Das ist eine Umkehrung des Normalzustands, bei dem der Zuhörer dem Redner mehr Aufmerksamkeit schenkt als umgekehrt. Eine Zuhörerin, die in dieser Weise den Rückzug antritt, stellt für den gesprächigen Redner keine Gefahr dar, denn sie erhebt keinen Anspruch auf die Rednerrolle. Doch um sich das Rederecht, von dem er Besitz ergriffen hat, auf Dauer zu sichern, muss sich der Sprechende manchmal vergewissern, dass die Zuhörerin in ihrer Rolle verbleibt. Zuweilen geschieht das auf durchaus handfeste Art. Im 19. Jahrhundert zum Beispiel war die Praxis des Knopfhaltens bei Gesprächen weit verbreitet – der Redner hielt seinen Zuhörer unerbittlich an einem Knopf seines Überrocks fest, um sich seine Aufmerksamkeit zu sichern und ihn am Weglaufen zu hindern. Der englische Essayist Charles Lamb hat uns eine leicht übertriebene Beschreibung dieser Praxis hinterlassen:

»Eines Morgens befand ich mich auf dem Weg von meinem Haus in Enfield zum India-House und war, da ich mich verspätet hatte, in Eile, als ich Coleridge in die Arme lief, der mich soeben besuchen wollte. Er war ganz und gar erfüllt von einer neuen Idee, und obwohl ich ihm versicherte, meine Zeit sei kostbar, zog er mich durch das Tor in einen an dieser Straße liegenden unbewohnten Garten; und dort, vor fremden Blicken durch eine immergrüne Hecke geschützt, fasste er mich beim Knopf meines Rockes, schloss die Augen und begann mit seinen wortreichen Ausführungen, wobei er mit der rechten Hand sanft wiegende Bewegungen ausführte, während die wohltönenden Worte in ununterbrochenem Strom von seinen Lippen flossen. Ich lauschte hingerissen; doch das Schlagen der Kirchturmuhr ließ mein Pflichtbewusstsein wieder erwachen. Da jeder Versuch, sich zu entfernen, aussichtslos war, wie ich sah, machte ich mir zunutze, dass er von seinem Gegenstand so ganz gefesselt war – trennte mit meinem Federmesser in aller Stille den Knopf von meinem Rock ab und entfloh. Als ich fünf Stunden später auf dem Heimweg an ebendiesem Garten vorbeikam, hörte ich Coleridges Stimme, und als ich hineinblickte, stand er dort mit geschlossenen Augen, den Knopf in den Fingern, die andere Hand in anmutiger Bewegung, genau wie ich ihn verlassen hatte. Er hatte mich überhaupt nicht vermisst.«[14]

Rhetorische Tells

Wenn wir mit jemandem reden, konzentrieren wir uns meist auf das, was er sagt, und weniger darauf, wie er es sagt oder welche Ausdrücke er konkret benutzt. Achtet man aber genau auf die Wortwahl, erhält man oft tiefe Einblicke in das Denken anderer Menschen.[15]

- PRONOMEN. Wer häufig das Wort »ich« benutzt, ist oft stark mit sich selbst beschäftigt, auch wenn natürlich der jeweilige Kontext eine Rolle spielt, in dem das Wort benutzt wird. Wer lieber von »wir« spricht, möchte oft jede Bezugnahme auf sich selbst als Individuum vermeiden. Doch der Gebrauch von »wir« kann auch ausdrücken, dass man den anderen in Gedanken mit einbezieht. Der eine Mann fährt zum Beispiel mit seiner Frau in den Urlaub und spricht danach in seinen Erzählungen immer von »ich«, während ein anderer vielleicht von »wir« spricht, um den Eindruck zu erwecken, er sei mit seiner Frau im Urlaub gewesen, selbst wenn das gar nicht der Fall war. Und dann gibt es noch das königliche »Wir« – den Pluralis Majestatis. Ein berühmtes und aufschlussreiches Beispiel dafür konnte man nach der Geburt von Margaret Thatchers Enkel hören, als sie vor der Presse verkündete: »Wir sind jetzt Großmutter.«

- AUFWERTUNGSVERSUCHE. Im Zentrum der Aufmerksamkeit zu stehen wird von Menschen als unterschiedlich angenehm empfunden. Wer gern im Rampenlicht steht, spricht auch gern über sich selbst. Er hat meist auch eine Vorliebe für das beiläufige Erwähnen beeindruckender Namen *(name dropping)*, Orte *(place dropping)* oder Erlebnisse *(experience dropping)*. Von diesen dreien ist das *name dropping* das wirkungsvollste Mittel, den eigenen sozialen Status zu heben, denn es bedient das uns allen gemeinsame Bedürfnis, übereinstimmender Meinung zu sein. Wenn Sie zum Beispiel Person A mögen und wissen, dass Person A Sympathie für Person B hat, werden auch Sie Person B eher mögen, weil zwischen Ihnen dann Übereinstimmung herrscht. Sollten Sie für sich beschließen, dass Sie B nicht mögen, würden Ihre Ansichten voneinander abweichen. Nach demselben Prinzip funktioniert auch das *name dropping*. Wenn ein Arbeitskollege zu Ihnen kommt und Ihnen erzählt, er habe gerade irgendeinen berühmten Menschen kennen gelernt, will er Ihnen nicht nur eine Neuigkeit mitteilen – er will Sie damit bewegen, ihn lieber zu mögen, weil jemand, den Sie bewundern, ihn auch zu mögen scheint.
- ABLENKUNGSMITTEL. Menschen, die sehr schüchtern sind oder die Aufmerksamkeit anderer meiden möchten, greifen oft zu sprachlichen Ablenkungsmitteln. In der Unterhaltung versuchen sie, die andere Person auszufragen, oder steuern das Gespräch mehr in Richtung solcher Themen, die deren Interessen näher stehen. Das lenkt das Scheinwerferlicht automatisch von ihnen ab und verringert die Wahrscheinlichkeit, dass sie etwas über sich selbst preisgeben müssen. Eine andere von schüchternen oder unsicheren Menschen benutzte Ablen-

kungstaktik ist, über unpersönliche Themen zu reden. Damit wird die Aufmerksamkeit von ihnen und dem anderen weg in Richtung weniger bedrohlicher Themen wie Architektur oder Wetter verschoben.

- GEGENSÄTZE. Wörter wie »aber«, »hingegen« oder »dennoch« dienen dazu, einen Gegensatz aufzubauen. Sie sind besonders beliebt bei Menschen, die gern darauf hinweisen, dass die Dinge nicht immer sind, was sie scheinen, oder noch einen anderen Gesichtspunkt ins Spiel bringen wollen. Oft baut jemand einen Widerspruch auf, indem er einen Sachverhalt beschreibt, den er anschließend teilweise wieder infrage stellt. Zum Beispiel könnte Ihre Freundin Ihnen erzählen, ihr Mann sei zwar sehr liebevoll, habe aber doch gern seine Ruhe. Indem sie diesen Gegensatz aufbaut, tut Ihre Freundin zweierlei: Sie zeigt Ihnen, dass sie kein einseitiges Bild von ihrem Mann hat, seinen Wunsch nach einem Eigenleben aber nicht in Ordnung findet.
- ABSCHWÄCHUNGSMITTEL. Menschen sagen oft etwas, das die Wirkung dessen, was sie als Nächstes sagen wollen, abschwächen soll. Wenn Sie jemanden kritisieren wollen, könnten Sie etwa sagen: »Bitte, verstehen Sie das nicht falsch, aber...«, bevor Sie ihm erklären, was Sie von seinen Tischmanieren halten, von den Leuten, mit denen er Umgang pflegt, oder von seiner Unfähigkeit, pünktlich zu sein. Abschwächer in der Art von »Ich hoffe, Sie halten mich nicht für unhöflich« und »Ich will gar nichts kritisieren, aber...« sind gewöhnlich heuchlerisch, denn sie bieten das Deckmäntelchen, unter dem man unhöflich und kritisch sein kann, während man zugleich behauptet, das sei keineswegs die Absicht. Der Soziologe Eugene Weinstein hat diese sprachlichen Mittel *printerps* genannt, das heißt vorgreifende oder »Vorab-Interpretationen« (von engl. *pre-interpretations*).[16]

Die Wirksamkeit eines *printerp* liegt darin, dass es die negativen Reaktionen des anderen schon im Voraus entkräftet – indem man nämlich erklärt, man wolle nicht, dass er die nächste Bemerkung falsch auffasst, schließt man in Wirklichkeit seine normale Reaktion einfach aus. Zugleich baut man sich einen sprachlichen Bunker als Rückzugsmöglichkeit, falls sich der andere doch beleidigt fühlen und seinerseits schwere Geschütze auffahren sollte. Natürlich ist es nicht zwingend so, dass derjenige, dem man ein *printerp* anbietet, dieses auch akzeptiert. Sie könnten zum Beispiel zu Ihrem Freund sagen: »Ich möchte nicht, dass du da was in die falsche Kehle kriegst«, und bevor Sie noch weitersprechen konnten, springt dieser mit einem »Aber ...!« dazwischen. Auf diese Art weist Ihr Freund die Abschwächung zurück und gibt zu erkennen, dass Ihre Bemühungen, das Folgende im rechten Licht erscheinen zu lassen, von vornherein vergeblich sind. Weinstein hat darauf hingewiesen, dass Interpretationen auch nachgeliefert werden können. Eine Bemerkung wie »Das hab ich nicht so gemeint« ist eine *post-interpretation* oder ein *posterp* – es soll nämlich bestimmte Interpretationen rückwirkend ausschließen. Auch die vorausgeschickte Entschuldigung – *pre-apology* oder *prepalog* genannt – versucht, die Wirkung des Folgenden abzumildern. Sagt zum Beispiel jemand: »Ich sage so etwas wirklich nicht gern, aber ...« oder »So etwas habe ich noch nie gemacht«, dann will er damit erreichen, dass der andere den Maßstab tiefer setzt, an dem seine nächste Bemerkung oder Handlung aller Voraussicht nach gemessen wird. *Prepalogs* – vorausgeschickte Entschuldigungen – spielen eine wichtige Rolle beim Äußern von Bitten, weil damit alle Beteiligten ihr Gesicht wahren können. Eine Bemerkung wie »Ich will nicht aufdringlich erscheinen, aber ...« warnt, gleich werde ein Anliegen vorgetragen, das aber durchaus nicht auf Vermessenheit beruhe. Da die Formulierung höflich und bescheiden ist, versetzt sie den Adressaten oder die Adressatin in die unangenehme Lage, dass ein Abschlagen der Bitte sie schlecht dastehen ließe.

- SCHUTZWÄLLE. Unsere tägliche Sprache ist voller Ausdrücke wie »also«, »irgendwie«, »eigentlich«, »so ähnlich wie«, »wissen Sie«. Diese informellen Füllwörter nennt man manchmal auch »Schutzwälle«.[17] Man hat sehr viel darüber diskutiert, warum sich Menschen solcher Schutzwälle bedienen und wer am häufigsten dazu greift. Viele Leute benutzen zum Beispiel Ausdrücke wie »irgendwie« in einem Satz vom Typ: »Es ist irgendwie kalt heute.« Diese verbalen Schutzzäune sind ein Zeichen für Ungenauigkeit, sie zeigen, dass sich der Sprecher nicht genauer auf die Aussage festlegen lassen möchte, und geben zu verstehen, dass an dem, wovon er gerade spricht, etwas merkwürdig ist. In den Vereinigten Staaten benutzen die meisten gebildeten Menschen lieber *kind of* oder *sort of* (»irgendwie«) als *rather* (»ziemlich, recht«), obwohl im Nordosten eher *rather* von der Oberschicht bevorzugt wird – vermutlich weil das ein wenig vornehm-britisch klingt. *Kind of* wird allgemein lieber benutzt als *sort of*, doch *sort of* erfreut sich wiederum großer Beliebtheit in den Südstaaten.[18]
- Lange Zeit nahm man an, die Floskel »wissen Sie« sei ein Ausdruck der Hilflosigkeit und werde deshalb öfter von Frauen als von Männern benutzt. Heute bezweifelt man, dass Frauen diesen Ausdruck tatsächlich öfter gebrauchen. Auch verstärkt sich die Erkenntnis, dass »wissen Sie« verschiedene Funktionen erfüllt – je nachdem, an welcher Stelle einer Aussage es gebraucht wird, ob ihm eine Pause vorangeht und ob es mit steigender, fallender oder gleich bleibender Intonation ausgesprochen

wird. Janet Holmes hat den Gebrauch von »wissen Sie« in der Umgangssprache gezielt untersucht und entdeckt, dass Frauen diese Formel nicht häufiger benutzen, dass jedoch Männer und Frauen sie oft zu ganz unterschiedlichen Zwecken einsetzen: Während Frauen mit »wissen Sie« unterstreichen, dass sie von dem, was sie gerade sagen, fest überzeugt sind, greifen Männer zu der Formel, um Unsicherheit anzudeuten und zu zeigen, dass sie sich gerade ungenau ausdrücken.[19] »Wissen Sie« kann auch der Vergewisserung dienen – in diesem Fall soll es dem Zuhörer ein bestätigendes Echo entlocken und so den Redner in die Lage versetzen fortzufahren. Wird es als reines Füllwort verwendet, kann es dieselbe Aufgabe übernehmen wie die Floskeln »irgendwie«, »sehen Sie«, »ich meine« und andere, zu denen man greift, um weiterreden zu können und andere davon abzuhalten, einem das Wort streitig zu machen. Steht »wissen Sie« aber am Ende einer Aussage, kann es anzeigen, dass der Redner bereit ist, das Wort zu übergeben. Andererseits kann der Ausdruck auch eine Suchfunktion übernehmen, wenn dem Redner momentan entfallen ist, was er gerade noch sagen wollte; diese Situation haben wir oft, wenn dem »... wissen Sie« eine Pause vorangeht.

Körperhaltungs-Tells

Wie weit jemand an einer Unterhaltung beteiligt ist – oder auch nicht –, kann man oft daran ablesen, wie er seinen Körper dabei einsetzt. Wenn zwei Personen miteinander sprechen, sehen sie einander dabei eine gewisse Zeit an und blicken den Rest der Zeit anderswohin. Wer lange wegblickt, erweckt den Eindruck, an der anderen Person nicht interessiert zu sein. Da wir das wissen, versuchen wir selbst dann, wenn wir jemanden furchtbar langweilig finden, unseren Blick nicht zu sehr schweifen zu lassen – aus Angst, unsere Gefühle zu verraten. Stattdessen betra chten wir unser Gegenüber höflich und heucheln damit nicht vorhandenes Interesse.

Die drei Hauptinformationsquellen des Körpers sind die Augen, der Rumpf und die Beine. Da sich die Menschen normalerweise dessen bewusst sind, was sie mit den Augen tun, ist der Blick nicht immer eine sehr zuverlässige Informationsquelle dafür, was jemand einer anderen Person gegenüber empfindet. Seiner Körperhaltung aber ist man sich weit weniger bewusst, sodass diese oft ein viel besserer Indikator für unausgesprochene Gefühle ist. Will man jedoch beurteilen, wie weit jemandes Interesse an einem Gespräch geht, wirft man am besten einen Blick auf seine Beine und Füße.

Dafür gibt es zwei Gründe. Der eine ist, dass wir uns dieser Körperteile oft überhaupt nicht bewusst sind. Ja, wollten wir eine Skala des Körperbewusstseins aufstellen, würden wir feststellen, dass sich der Mensch seiner Vorderseite stärker bewusst ist als seines Rückens, am stärksten aber seines Kopfes und Gesichts, gefolgt von Armen, Händen und Rumpf; am wenigsten bewusst ist man sich seiner Beine und Füße. Und noch aus einem anderen Grund sind die Beine besonders informativ: Sie gehorchen noch immer primitiven Fluchtimpulsen. Fühlt sich ein Mensch bedroht, geht er entweder in Verteidigungsstellung oder versucht zu fliehen. Als Vorbereitung der Flucht durchläuft er oft Absichtsbewegungen, die sich in verschiedenen Haltungen widerspiegeln.[20] Da diese keiner bewussten Kontrolle unterliegen, enthüllen sie die wahren Empfindungen eines Menschen gegenüber seinem Gesprächspartner.

- DIE PARALLELE BEINHALTUNG. Hier stehen die Beine gerade und parallel, sodass die Füße fest und dicht

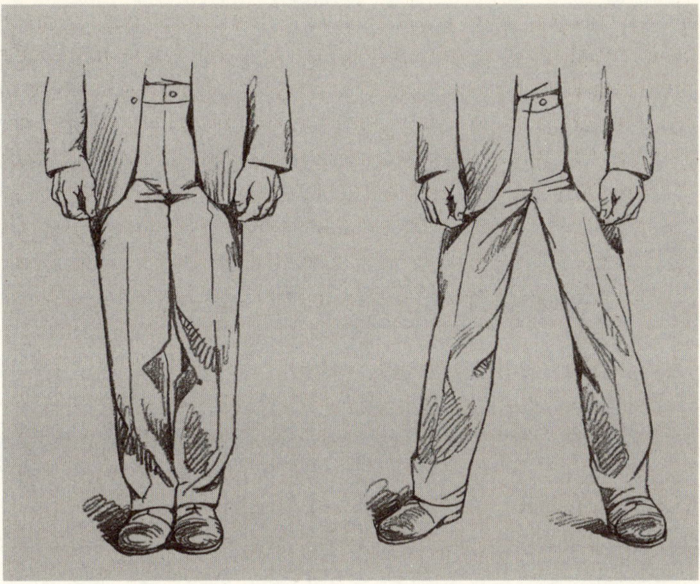

nebeneinander stehen und das Körpergewicht gleichmäßig auf sie verteilt ist. Wer mit geschlossenen Beinen steht, lässt sich normalerweise nichts anmerken – weder zeigt er, dass er wegzugehen beabsichtigt, noch, dass er bleiben will.

- DIE GRÄTSCHE. Auch hier sind die Beine gerade, doch diesmal stehen die Füße auf Abstand voneinander. Wie wir weiter oben sahen, ist das breitbeinige Stehen ein typischer Ausdruck für Dominanz, denn es macht den Körper breiter, beansprucht mehr Platz und lenkt auf verstohlene Art die Aufmerksamkeit auf die Genitalien. Doch wegen des Abstands zwischen den Füßen sind die gegrätschten Beine auch ein Zeichen für Unbeweglichkeit – es zeigt an, dass der Betreffende nicht wegzugehen beabsichtigt. Wenn Sie eine Gruppe junger Männer beobachten, wie sie einen Kreis bilden – zum Beispiel im Sportverein nach

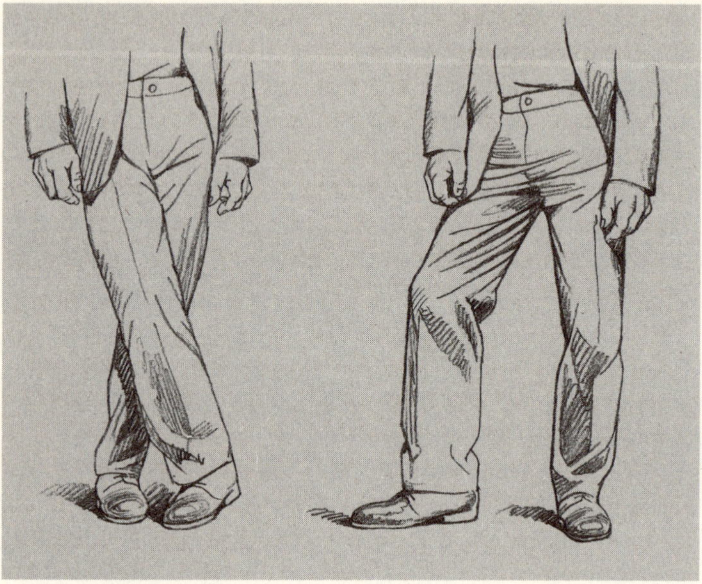

einem Spiel –, werden Sie feststellen, dass sie häufig mit gegrätschten Beinen stehen. Diese Haltung ist Ausdruck ihrer Solidarität. Durch die weit gespreizten Beine demonstrieren sie Männlichkeit und Stärke und machen zugleich deutlich, dass sie keineswegs vorhaben, den Platz zu räumen.

- DIE SCHERENHALTUNG. Bei der Scherenhaltung sind die Beine gekreuzt, als wären sie die Klingen einer Schere. Bei dieser Haltung können entweder beide Beine gerade sein (»Scherenhaltung«), oder ein Bein wird leicht angewinkelt schräg vor oder hinter das andere gesetzt (»gebogene Klinge«). Die Scherenhaltung mit ihren verschränkten Beinen ist der klassische Ausdruck für Immobilität. Sie ist ein perfektes Beispiel dafür, wie man »keine Absicht« demonstriert, denn sie zeigt, dass der Betreffende ganz ins Gespräch vertieft ist und nicht beabsichtigt, sich zu entfernen. Da ihr jeder Anflug von Ungeduld fehlt, kann die Scherenhaltung unter Umständen auch eine Unterwerfungsgeste sein.

- DAS STREBEWERK. Bei dieser Beinhaltung liegt der Hauptteil des Körpergewichts auf dem Standbein (dem »Strebepfeiler«), während das andere Bein als »Strebebogen« fungiert – ganz ähnlich dem Strebesystem einer gotischen Kathedrale. Bei dieser Haltung ist das Standbein gerade und das unbelastete Spielbein entweder gerade oder gebeugt – im typischen Fall ist das Knie gebeugt, und der Fuß zeigt nach außen. Diese Beinhaltung erfreute sich als Demonstration von Männlichkeit vom Mittelalter bis zur Mitte des 19. Jahrhunderts enormer Popularität – genau genommen vom ersten Auftauchen des männlichen Beinkleids bis zum Verschwinden der engen Kniehosen. Sie erlaubte den Männern, Bein zu zeigen und sich durch diese Beinstellung vom einfachen Volk zu unterscheiden.[21] Heutzutage gibt sich die Strebewerk-Haltung den Anschein einer bequemen Stehweise, bei der ein Bein ausruht, während das andere die Körperlast trägt. In Wirklichkeit zeigt sie jedoch – wegen ihrer großen Ähnlichkeit mit dem Akt des Gehens –, dass sich der Betreffende eigentlich gern entfernen würde. Wenn jemand losgehen will, verlagert er automatisch das Körpergewicht auf ein Bein, sodass das andere, unbelastete Bein einen Schritt machen kann. Ähnliches passiert bei der Strebewerk-Haltung, bei der der Hauptteil der Körperlast auf einem Bein ruht. Auch wenn das andere Bein nicht wirklich einen Schritt tut, zeigt die Tatsache, dass es immerhin jederzeit möglich wäre, dass diese Haltung in Wirklichkeit eine verkappte Vorbereitung des Abgangs ist. Dies ist vor allem dann der Fall, wenn jemand wiederholt sein Gewicht von einem Fuß auf den anderen verlagert. Achten Sie einmal darauf, wenn Sie jemanden in der Strebewerk-Haltung sehen, wohin die Fußspitze seines Spielbeins (des Strebebogens) weist – denn sie zeigt oft, was der Betreffende im Sinn hat. Manchmal zeigt der Fuß zu jemandem hin, an den er heimlich denkt; meist werden Sie jedoch feststellen, dass die Fußspitze in die Richtung weist, in die er gleich zu entfliehen hofft.

Aus dem Beobachten von Gesprächssituationen können wir vor allem lernen, wie geschickt Menschen ihre Redebeiträge synchronisieren und wie sie ihre Einwürfe und Unterbrechungen auf Millisekunden genau abzupassen verstehen. Doch trotz unserer bemerkenswerten Begabung, Gespräche zu koordinieren und zu wissen, was wir einander sagen wollen oder sollen, verfügen wir kaum über bewusste Vorstellungen von den Vorgängen, auf denen unsere Kompetenzen eigentlich basieren. Fragen Sie bei nächster Gelegenheit einmal jemanden, nachdem Sie ihn gerade bei einer Unterhaltung beobachtet haben, was genau er da eben getan hat, und achten Sie auf die Antwort. Sie werden vermutlich feststellen, dass man Ihnen ziemlich detailliert Auskunft darüber geben kann, wer was zu wem gesagt hat. Doch man wird Ihnen nicht sagen können, welche Körperhaltung die Gesprächspartner zueinander eingenommen hatten, wie Hände und Augen eingesetzt wurden, um das Wort behalten zu können, oder wie man es geschafft hat, mehrere Unterbrechungsversuche erfolgreich abzuwehren. So sind wir fast alle. Trotz unserer enormen Begabung als Gesprächspartner haben wir bemerkenswert wenig Ahnung von den Tells, die wir entweder selbst produzieren oder auf die wir reagieren. Dadurch, dass wir den Unterhaltungen anderer Menschen einmal genauer zuhören und sie dabei beobachten, werden wir nicht zwangsläufig zu unterhaltsameren Gesprächspartnern. Wir werden aber sehr viel besser verstehen, wie Menschen versuchen, Gespräche zu steuern und einander zu beeinflussen.

5 Politische Tells

In der Politik geht es immer darum, sich richtig zu »verkaufen«: Für Politiker ist es genauso wichtig, andere davon zu überzeugen, dass sie bestimmte Prinzipien haben, wie die Tatsache zu verschleiern, dass sie jederzeit bereit sind, diese Prinzipien zugunsten von Macht, Geld oder Ruhm preiszugeben. In Meinungsumfragen zur Integrität verschiedener Berufe rangieren Politiker regelmäßig am unteren Ende der Skala, meist kurz vor Gebrauchtwagenhändlern. Dies spiegelt das weit verbreitete Misstrauen der Öffentlichkeit gegenüber den Politikern wider – man hat längst begriffen, dass ein großer Unterschied besteht zwischen dem, was diese zu tun vorgeben, und dem, was sie tatsächlich tun. Die Politiker selbst haben diesen doppelgesichtigen Charakter des politischen Geschäfts längst erkannt. In vielen Fällen hat man den Eindruck, gerade das habe sie an diesem Beruf so angezogen.

Gesundheits-Tells

Auch wenn es Politiker jeder Figur und jeden Typs gibt, sind einige Aspekte ihres Erscheinungsbildes doch erfolgsträchtiger als andere. Ein entscheidender Faktor scheint dabei die Körpergröße zu sein – zumal wenn man bedenkt, dass nur drei der bisherigen Präsidenten der USA kleiner als der nationale Durchschnitt ihrer Zeit waren. Abraham

Lincoln war zum Beispiel in mehr als einer Hinsicht ein großer Mann, er maß 1,90 Meter. Natürlich gab es auch kleinwüchsigere und dabei nicht weniger erfolgreiche Staatsoberhäupter – wie etwa Mussolini und Haile Selassie I. –, doch sie kompensierten den Mangel an Körpergröße auf andere Weise und versuchten ihn wo immer möglich zu verbergen. Mussolini machte sich größer, indem er auf einen Kasten stieg, wenn er sich von seinem Balkon aus an die Menge wandte. Und wenn Haile Selassie I. auf dem kaiserlichen Thron saß, ruhten seine Füße auf einem Stapel Kissen, damit die Beine nicht in der Luft hingen, was seiner Würde Abbruch getan hätte. Allgemein nimmt man an, Napoleon sei ebenfalls klein gewesen – wenn jemand klein und arrogant ist, sagt man manchmal, er habe einen »Napoleon-Komplex« –, doch einen Beweis gibt es dafür nicht. Napoleon war etwa 1,65 Meter groß, das war zu seiner Zeit die Durchschnittsgröße eines Franzosen. Möglicherweise wirkte er nur so klein neben den Grenadieren seiner kaiserlichen Garde, für die man besonders große Männer auswählte, und wir halten ihn deshalb bis heute für einen Mann von geringer Körpergröße.

Für führende Politiker ist es von größter Wichtigkeit, körperlich fit zu wirken, denn die Leute assoziieren unbewusst die Gesundheit ihres staatlichen Gemeinwesens mit der Gesundheit ihres Staatsoberhaupts. Deshalb bemühte sich Präsident Franklin D. Roosevelt, der Kinderlähmung gehabt hatte, seine körperlichen Behinderungen und die Tatsache, dass er oft im Rollstuhl saß, vor der Öffentlichkeit zu verbergen. Und das ist auch der Grund, warum George W. Bush öffentlich joggen geht, warum Bill Clinton während seiner Amtszeit dasselbe tat, warum George Bush sen. Tennis spielte, warum Ronald Reagan verbreiten ließ, er trainiere mit Gewichten, und warum Richard Nixon ein Maximum an Publizität aus seinen frühen Tagen als Football-Spieler herauspresste. Es gibt sogar Fotos vom jungen Nixon beim Football-Spielen ohne Helm – eine Praxis, die, wie seine Kritiker meinen, einige seiner merkwürdigen politischen Entscheidungen in seinem späteren Leben erklärt. John F. Kennedy und Bobby Kennedy wuchsen in einer Familie auf, die an den Nutzen von Mannschaftsspielen glaubte, auch wenn es für JFK schwierig wurde, an solchen Spielen teilzunehmen, nachdem er sich im Zweiten Weltkrieg eine Rückenverletzung zugezogen hatte. Robert (Bobby) Kennedy verkündete einmal in einer Ansprache an eine Gruppe von Trainern: »Abgesehen vom Krieg gibt es im amerikanischen Leben nichts – nichts –, was einen Jungen besser aufs Leben vorbereitet als Football.«

Die körperliche Fitness des amerikanischen Präsidenten ist von großer symbolischer Bedeutung. Man braucht nur daran zu denken, wie Präsident Jimmy Carter mit seinen Begleitern joggen ging und vor Erschöpfung zusammenbrach. Das berühmte Foto von Carter auf den Knien und mit leerem Blick ließ das ganze Land erschaudern. Diese Offenbarung seiner Verletzlichkeit war es, die zusammen mit dem fehlgeschlagenen Versuch, die Geiseln im Iran zu retten, zum Absturz von Carters Popularität und schließlich zu Reagans Sieg über ihn führte. Fotografien und ihre Fähigkeit, dem Gedächtnis der Menschen ein bestimmtes, unauslöschliches Bild von jemandem einzuprägen, spielen eine kritische Rolle für das Image eines Politikers in der Öffentlichkeit. Als George W. Bush zum Beispiel fast an einer Brezel erstickte, konnte man die Sache leicht als lustigen Vorfall abtun. Wäre aber ein Fotograf zur Stelle gewesen, um das Ereignis festzuhalten, wären wir vielleicht Zeugen eines sehr unwürdigen Spektakels geworden (ganz bestimmt nicht das, was man vom führenden Politiker der westlichen Welt erwartet!), und Bushs Image hätte irreparablen Schaden leiden können.

Auch volles Haar gehört zu den Eigenschaften, mit denen Politiker den Eindruck jugendlicher Kraft erzeugen. Vor ein paar Jahren schrieb der selbst fast kahlköpfige Neil Kinnock, der frühere Vorsitzende der Labour Party, einen scherzhaften Brief an William Hague, den damaligen Vorsitzenden der Konservativen Partei, in dem er stichelte, seine schüttere Haarpracht disqualifiziere ihn aller Voraussicht nach für das Amt des Premierministers. Einige Monate später unterlagen die Konservativen bei der Wahl, und Hague musste zurücktreten; an seine Stelle trat Iain Duncan Smith, ein Mann mit noch weniger Haar als Hague. Sollte »Kinnocks Fluch« wirken, werden die Konservativen in der Opposition bleiben, bis sie einen Parteivorsitzenden mit üppigem Haarwuchs wählen.

Da Babys oft gar kein Haar auf dem Kopf haben und Menschen ihr Haar verlieren, wenn sie älter werden, kann Kahlköpfigkeit entweder ein Zeichen extremer Jugend oder ein Alterszeichen sein. In Hagues Fall ließ ihn der Mangel an Haaren zusammen mit seinen babyhaften Gesichtszügen zu jung aussehen. Das erweckte den Eindruck, er sei noch nicht reif genug für die Politik. Unter ansonsten gleichen Bedingungen – was sie in der Politik natürlich nie sind – ist es für Politiker von Vorteil, volles Haar zu haben und jung und energisch zu wirken. Bärte bieten, da man sie mit Alter und Reife assoziiert, Politikern keinen besonderen Vorteil, außer wenn der Bart – wie im Falle Fidel Castros – dazu dient, das Bild des Politikers als Revolutionär zu stärken. Als die CIA in den Sechzigerjahren über Mittel und Wege nachsann, wie man Fidel Castro beseitigen könne, kam man auch auf den Gedanken, ein Enthaarungsmittel zu entwickeln, das bei Anwendung auf Castros Kinn seinen Bart völlig entfernen und das unbekannte Gesicht darunter bloßlegen würde. Auch wenn man diesen Gedanken nicht weiterverfolgte, hatte man sehr richtig erkannt, dass Castro ohne seinen Bart nicht mehr zu erkennen gewesen wäre.

Gang-Tells

Auch durch ihre Haltung und die Art, wie sie sich bewegen, versuchen Politiker den Eindruck jugendlicher Energie zu erwecken. Interessanterweise bietet die Körperhaltung als solche weniger Möglichkeiten, ein Bild der Stärke und Belastbarkeit zu vermitteln, vor allem wohl deshalb, weil es leichter vorzutäuschen wäre. Deshalb widmen Politiker ihrem Gang und der Art und Weise, wie sie Kopf, Arme und Hände bewegen, so viel Aufmerksamkeit.

Die Art, wie sich ein Tier bewegt, bietet ein sehr klares Bild von seiner Stärke, Beweglichkeit und Entschlossenheit, und so ist es auch bei Politikern. John F. Kennedy war der erste Präsident des Fernsehzeitalters, und er nutzte es voll zu seinem Vorteil. Während der berühmten Kennedy-Nixon-Debatten von 1960 setzten diejenigen, welche die erste Debatte im Radio verfolgt hatten, Nixon an erste Stelle. Wer aber die Debatte im Fernsehen gesehen hatte, räumte Kennedy größere Chancen als Nixon ein und gab damit, wie sich zeigen sollte, eine genauere Vorhersage des Endergebnisses. Das Fernsehen hat die besondere Fähigkeit, jene eher primitiven Verhaltensaspekte einzufangen – Erscheinungsbild und Substanz scheinbar gleichzusetzten –, was Kennedy zum Wahlsieg verhalf, und seither immer wieder über das Schicksal von Politikern entschieden hat.

Wie ein Politiker geht, sagt sehr viel darüber aus, wie er wirklich ist – oder, besser gesagt, wie er von anderen gesehen werden möchte. Bei manchen werden diese Botschaften über das Tempo vermittelt; wenn zum Beispiel der britische Premierminister Harold Wilson ein Flugzeug bestieg, hatte er die Angewohnheit, die Stufen der Gangway hinaufzulaufen, damit man ihn für sportlich hielt. Ronald Reagan aber gelang es, das Gehen zur Kunstform zu entwickeln. Wenn Sie ihn jemals genau beobachtet haben, werden Sie bemerkt haben, dass er durch seinen besonderen Gehstil den Eindruck kraftvollen Schwungs vermittelte, was zugleich auch politisches Gewicht suggerierte. Teils erreichte er das durch seinen resoluten Schritt – es sah immer so aus, als könnten seine Begleiter nur mit Mühe mithalten –, teils durch seine energische Art, die Arme zu bewegen.

Beim Gehen schwingen die Arme eines Menschen meist in der Sagittalebene (das heißt parallel zu der Ebene, in der sich der Körper durch den Raum bewegt). Wie weit dieser Bogen jeweils nach vorn und nach hinten ausgeführt wird, gibt Aufschluss über das Maß an Energie, denn junge Leute lassen ihre Arme meist höher nach vorn und auch nach hinten schwingen – zum Teil deshalb, weil sie sich schneller bewegen als ältere Menschen. Auch das Schwingen der Arme *vor* dem Körper trägt dazu bei, einen Eindruck männlicher Kraft zu erzeugen.

Hier kommen zwei Faktoren ins Spiel – der eine hat mit dem Unterschied zwischen Männern und Frauen zu tun, der andere betrifft die übertriebene Auswirkung von Bodybuilding auf den Gang eines Menschen. Beim aufrechten Stehen haben Männer die Tendenz, die Arme leicht rumpfwärts zu drehen (Physiologen nennen das Pronation), Frauen dagegen drehen ihre Arme leicht auswärts (diese Auswärtsdrehung wird als Supination bezeichnet). Dieser geschlechtsbedingte Unterschied ist zum Teil darauf zurückzuführen, dass Frauen ihre Arme am Ellbogen weiter zurückbiegen können als Männer. Dies nennt man den »Tragewinkel«, und man hat ihn damit erklärt, dass Frauen breitere Hüften haben und längere Zeit ihres Lebens kleine Kinder tragen.

Da Frauen einen größeren Tragewinkel haben als Männer, schwingen bei ihnen die Arme beim Gehen auch weiter zurück als bei den Männern. Um sich von den Frauen zu unterscheiden und ihre Männlichkeit zu betonen, lassen Männer ihre Arme stärker nach vorn schwingen als nach hinten. Und es gibt noch einen Grund, weshalb Männer ihre Arme stärker rumpfwärts drehen: Die Latissimus-dorsi-Muskeln unter den Armen sind bei ihnen stärker entwickelt. Das führt dazu, dass sie die Schultern nach vorn ziehen und die Arme nach innen drehen. Dieser Effekt ist sehr gut an jedem Bodybuilder zu beobachten. Bei den Bodybuildern mit ihren übermäßig entwickelten Latissimus-dorsi- und Deltamuskeln sind die Arme stärker einwärts gedreht als bei den meisten anderen Menschen, und der Abstand zwischen Brust und Armen wird betont, was ihnen ein an Menschenaffen erinnerndes Aussehen verleiht. Und da auch ihre Oberschenkel überentwickelt sind, haben Bodybuilder oft einen besonders wiegenden Gang und setzen beim Gehen ihre Füße auswärts.

Es heißt, ein Bild sage mehr als tausend Worte. Und für die Politik gilt, dass ein bewegtes Bild tausend Standfotos wert ist, ganz besonders, wenn es um die Gehtechnik eines Politikers geht. Die Nachrichtenstreifen von Ronald Reagan, wie er durch das Weiße Haus oder über den Rasen marschiert, vermitteln das Bild eines glücklichen, energiegeladenen jungen Mannes, der alles unter Kontrolle hat. Reagan erzeugte diesen Eindruck, indem er in seinen Gehstil geschickt Elemente der Gehweise eines Bodybuilders einfügte, seine Arme vor dem Körper hin und her schwang und seine Hände so weit nach innen drehte, dass die Handflächen fast nach hinten zeigten. Indem er gleichzeitig die Hände offen und entspannt hielt, ließ er sie größer erscheinen, schloss damit jede Andeutung latenter Sorgen aus und erzeugte unterschwellig das Bild eines Menschen, der jederzeit bereit ist, zur Waffe zu greifen.

War Reagan ein ausgebuffter Polit-Schauspieler – möglicherweise der beste, den die amerikanische Politik je gesehen hat –, so gibt es doch keinerlei Hinweise darauf, dass er sich dafür interessiert hätte, was das Verhalten anderer Menschen über ihre Persönlichkeit oder ihre Motive erkennen ließ. Allerdings glaubte er fest an die Kunst des Wahrsagens anhand von Jelly Beans. Einmal machte er die berühmt gewordene Bemerkung, man könne »an der Art und Weise, wie jemand Jelly Beans isst, viel über den Charakter eines Menschen erkennen«: ob sich zum Beispiel jemand als Gewohnheitsmensch zu erkennen gibt, indem er immer nur eine bestimmte Farbe herauspickt, oder ob er seine Impulsivität und einen Mangel an Selbstkontrolle zeigt, indem er sich gleich eine ganze Hand voll nimmt. In mehr als einer Hinsicht war Reagans Amtszeit eine »Jelly-Bean-Präsidentschaft«. Über allen wichtigen Gesprächsrunden im Weißen Haus thronte immer ein großes Glas mit Jelly Beans, und bei der Gala zu seiner Amtseinführung sollen rund 40 Millionen Jelly Beans verzehrt worden sein!

In einer jüngeren Meinungsumfrage in den USA wurde Ronald Reagan zum drittgrößten amerikanischen Präsidenten aller Zeiten erklärt, gleich nach George Washington und Abraham Lincoln.[1] Das Ergebnis dieser Erhebung überraschte viele Politikexperten, da Reagan weder eindrucksvolle Gesetze hinterlassen noch besonders mitreißende Reden gehalten hat und dazu noch in die Iran-Contra-Affäre verwickelt war. Doch die Experten übersehen oft, dass Politiker genauso sehr an ihrem Auftreten wie an ihrer Politik gemessen werden.[2] Kleinigkeiten wie die Art und Weise, wie ein Politiker geht oder lächelt, können sich viel stärker darauf auswirken, wie man ihn in Erinnerung behält, als all seine politischen Erfolge und Fehlschläge zusammen. Am Ende wurde Reagan alles – seine groben Fehler, seine politischen Fauxpas, seine Unbildung und seine saumselige Einstellung zum Präsidentenamt – vergeben, weil es ihm gelang, die richtigen Tells auszusenden.

Auch Clinton wechselte während seiner Präsidentschaft zu einer machohaften Gehtechnik, und George W. Bush folgte in seinen Fußstapfen. In der Tat ist George W. Bush vermutlich der fitteste amerikanische Präsident aller Zeiten. Er läuft eine Meile in sieben Minuten und gehört damit zu den besten zwei Prozent auf der Fitness-Skala für Männer seines Alters. Dass Bush gut in Form ist, kann man an seiner Figur sehen und an der Art, wie er sich bewegt, auch wenn seine Gangart ziemlich gekünstelt wirkt, da er nicht die Muskeln hat, um den von ihm kultivierten federnden Gang eines Bodybuilders zu rechtfertigen. Dennoch sendet Bushs Gehtechnik ein sehr deutliches Maskulinitätssignal an sein Wahlvolk aus, was sogar andere Politiker bei Begegnungen nervös machen kann. So etwas passierte, als Premierminister Tony Blair 2002 mit Präsident Bush in Camp David zusammentraf. Die Fernsehnachrichten zeigten die beiden Politiker, wie sie nebeneinander gehen, Bush leger gekleidet im Lederblouson, Blair im offenen Hemd. Bush schreitet präsidentenmäßig mit nach einwärts gedrehten, vom Körper weggestreckten Armen, die Hände locker nach hinten zeigend – genau wie ein Bodybuilder. Blair, der nicht ins Hintertreffen geraten, aber seinen Gastgeber auch nicht nachahmen will, läuft neben ihm her, die Hände salopp in die Hosentaschen geschoben – was er sonst nie in der Öffentlichkeit tut! Hier hat Bush ganz klar im Männlichkeitsspiel den Einsatz erhöht, und Blair versucht mitzuhalten. Damit, dass er seine Hände in die Hosentaschen steckt, versucht Blair zu zeigen, dass er ebenfalls *tough* und entspannt ist, aber nicht bereit, zu Bushs Cowboy-Pose den Kasper zu spielen.

In seiner berühmten politischen Abhandlung *Der Fürst* von 1513 bemerkt Machiavelli: »Die Menschen streben ein Ziel nach dem anderen an; zunächst sichern sie sich selbst gegen Angriffe, und dann greifen sie andere an.«

Gefahr kann einem Politiker von anderen politischen Parteien drohen, vom Wahlvolk und von den Medien. Sie kann auch aus den Reihen der eigenen Partei kommen; daher kann ein Politiker es für notwendig halten, seine Verbündeten heftiger anzugreifen als seine Feinde. Um zu überleben, muss ein Politiker ständig vor Angriffen auf der Hut sein. Wenn Sie Politiker bei öffentlichen Ansprachen beobachten, werden Sie feststellen, dass sie beim Reden oft mit den Händen gestikulieren. Eine nähere Betrachtung dieser Handbewegungen zeigt, dass Politiker häufig, wenn sie sich unsicher fühlen, symbolisch defensive Handhaltungen produzieren – ihre Hände sind zum Beispiel vor dem Körper verschränkt, oder die Handflächen werden abwehrend nach vorn gestreckt, wie um einen imaginären Schlag zu parieren.

Auch der Gesichtsausdruck eines Politikers kann viel verraten. Eines von Bill Clintons Markenzeichen-Tells ist der *Oxbow*-Mund; dabei wird die Unterlippe hochgeschoben und verzieht den Mund zu einem umgekehrten U. Bill Clinton benutzt diesen Gesichtsausdruck, wenn er zeigen will, dass er zu etwas fest entschlossen ist. George W. Bush und Tony Blair bedienen sich des gleichen Gesichtsausdrucks zum selben Zweck. Während der *Oxbow*-Mund Entschlossenheit demonstriert, zeigt allerdings die Tatsache, dass dabei auch die Muskeln über dem Kinn angespannt werden, dass es sich hier eigentlich um eine Verteidigungsgeste handelt – so reagiert ein Mensch, der meint, jemand wolle ihm einen Schlag aufs Kinn versetzen, und so verraten sich Politiker, wenn sie sich verwundbar fühlen. Darum sieht man bei Richard Nixon auf Fotos aus der Zeit des Watergate-Skandals so oft einen *Oxbow*-Mund, und den gleichen Gesichtsausdruck sieht man bei Bill Clinton während der Monica-Lewinsky-Affäre.

Es gibt fünf weitere Arten, wie sich Politiker gegen Angriffe verteidigen können: 1. indem sie sich betont freundlich geben; 2. indem sie ihre Stimme durch bewusste Stimmführung anziehender und weniger bedrohlich klingen lassen; 3. indem sie Beschwichtigungssignale aussenden; 4. indem sie Babys küssen; 5. indem sie den Eindruck erwecken, beliebt und überaus sympathisch zu sein.

Freundlichkeits-Tells

Politiker versuchen oft, Aggressionen abzuwehren, indem sie sich als liebenswerte Individuen präsentieren – sozusagen als eine Art von Mensch, den anzugreifen niemand je Grund hätte. Ronald Reagan verstand sich hervorragend darauf. Das zeigt besonders seine berühmt gewordene Bemerkung während der Wahlkampfdebatte im Fernsehen, als er sich zu Jimmy Carter wandte und sagte: »Jetzt fangen Sie schon wieder an« – womit er den Eindruck erwecken wollte, Carter versuche, ihn auf unfaire Art vorzuführen. Reagans Lächeln war für gewöhnlich breit und großzügig. Im Gegensatz zu vielen anderen Politikern, deren Lächeln auf die Mundregion beschränkt ist, erstreckte sich Reagans Lächeln häufig auch auf die Augen und zeigte damit, dass er wirklich echte Freude und Freundschaftsgefühle empfand. Das Entscheidende bei einem echten Lächeln ist, dass es viel eher andere Menschen ebenfalls zum Lächeln verleiten wird, und das wiederum löst in diesen positivere Gefühle gegenüber demjenigen aus, der zuerst gelächelt hat. Ein echtes Lächeln ist wie ein Magnet – es wirkt auf Entfernung, indem es die Gefühle des anderen so ausrichtet, dass sie alle in eine bestimmte Richtung weisen. Und ebendas macht seine Wirksamkeit als politische Verteidigungswaffe aus.

Reagan bediente sich häufig einer noch verstärkten Variante des Lächelns, nämlich des Lächelns mit hängendem Unterkiefer. Nicht zufällig entwickelte auch der auf sein äußeres Erscheinungsbild so bedachte Bill Clinton diese Gewohnheit, beim Lächeln den Unterkiefer herunterfallen zu lassen – er tat es womöglich noch öfter als Reagan. Doch was unterscheidet dieses Lächeln von anderen, was ist daran so besonders?

Beim Lächeln kann der Mund verschieden weit geöffnet sein. Das eine Extrem bilden die Fälle, in denen der Mund fast gar nicht geöffnet wird. So entsteht ein versiegeltes Lächeln, bei dem die Lippen geschlossen bleiben, oder ein Lächeln, bei dem nur die obere Zahnreihe zu sehen ist, oder ein vollständiges Lächeln, bei dem obere wie untere Zahnreihe sichtbar sind. Beim Lächeln mit hängendem Unterkiefer dagegen ist der Mund weit geöffnet, und man sieht entweder die obere Zahnreihe oder beide Zahnreihen. Die entscheidende Besonderheit bei diesem Lächeln ist, dass es fast genau wie das Spielgesicht der Schimpansen – der evolutionäre Vorläufer des menschlichen Lachens – aussieht. Diese Art des Lächelns ist besonders spektakulär und daher auch auf größere Entfernung zu erkennen. Was aber das Lächeln mit hängendem Unterkiefer wirklich von jedem anderen Lächeln unterscheidet und deshalb für Politiker so empfiehlt, ist die Tatsache, dass es wie Lachen *aussieht*. Somit hat es eine dreifache Wirkung auf andere Menschen: Erstens wirkt das Lächeln mit hängendem Unterkiefer humorvoll-verspielt. Zweitens enthält es keine Beschwichtigungskomponente, wie es bei Lächeln sonst häufig der Fall ist. Und da drittens Lachen sehr viel ansteckender ist als Lächeln, löst ein solches Lächeln bei anderen

Menschen dieselben Gefühle aus. Ein Lächeln mit hängendem Unterkiefer lässt einen Politiker daher humorvoll und ungefährlich erscheinen, sodass sich auch andere Menschen heiter und unbedroht fühlen.

Es gibt noch andere Möglichkeiten, wie ein Politiker den Eindruck erzeugen kann, ein freundlicher Mensch zu sein. Eines von Reagans Marken-Tells war seine Kopfdrehung – ein trockenes halbes Lächeln bei gleichzeitig leicht verdrehtem Kopf, was er immer dann einsetzte, wenn er volkstümlich und leutselig wirken wollte. Tatsächlich war Reagans Kopfdrehung, sowohl was die Bewegung als auch die ausgesandte Botschaft betraf, einem Zwinkern sehr ähnlich. Wie ein Zwinkern betraf sie nur eine Seite des Gesichts. Die Geste, ebenfalls wie beim Zwinkern, signalisierte Komplizenschaft – so erreicht man, dass sich andere Leute einbezogen fühlen. Doch Reagans Kopfdrehung hatte auch etwas Jugendliches, fast Schlingelhaftes an sich. Er sah dabei aus wie Huckleberry Finn oder wie einer der ungezogenen, sommersprossigen kleinen Jungen aus dem Fernsehkinderprogramm. Die Geste war so wirksam, weil sie Reagan verwundbar und liebenswert aussehen ließ.

Stimm-Tells

Reagan hatte auch noch andere Tricks im Repertoire, um sich beliebt zu machen. Einer davon war seine tiefe Stimme; ein anderer seine rauchig-hauchige Art zu sprechen. Tiefe Stimmen verbindet man mit Dominanz, Männlichkeit und Besorgtheit – Reagan gelang es, all diesen Eigenschaften mit seiner Stimme Ausdruck zu verleihen. Hauchige Stimmen gelten oft als Gegenteil von angespannten Stimmen. Bei einer gehauchten Stimme fließt sehr viel Luft über die Stimmbänder, bei einer gepressten Stimme nur sehr wenig. Daher haben angespannte Stimmen oft einen metallischen Klang, während gehauchte Stimmen entspannt und leicht ätherisch klingen – man sagt oft sogar, eine hauchige Stimme klinge wie »mit Luft vermischt«. Eine solche Stimme klingt warm, eine gepresste Stimme hingegen kalt.[3] Doch gehauchte Stimmen sind akustisch ineffizient, da sie genaues Hinhören verlangen und schwerer zu verstehen sind. Insgesamt haben Frauen öfter hauchige Stimmen als Männer – einer der Gründe dafür, dass sie wärmer und besonders sexy klingen. Frauen mit besonders hauchigen Stimmen sind zum Beispiel die Hollywood-Schauspielerin Audrey Hepburn und die englische Schauspielerin Joanna Lumley.

Die Stimmen männlicher Politiker, die im gehauchten Register sprechen, klingen deshalb nicht unbedingt femininer – sie klingen nur wärmer. In Reagans Fall war das aber noch nicht alles, denn oft flüsterte er sogar, vor allem bei Fernsehauftritten. In den letzten Jahren ist das Flüstern sehr beliebt geworden, besonders bei männlichen Fernsehstars. Flüstern ist per definitionem gehauchtes Sprechen in geringerer Lautstärke. Das Attraktive am leisen, stimmlosen Sprechen ist, dass es die Illusion physischer wie psychischer Nähe erzeugt. Wenn das Fernsehen Reagans gemütliche Kamingespräche ausstrahlte, kamen all diese Stimmqualitäten zusammen – seine tiefe Stimme ließ ihn männlich wirken, der Hauchton ließ ihn warm und sein Flüstern vertraut und freundlich erscheinen.

Kein Wunder also, dass auch andere Politiker bei Reagan etwas gelernt und ihre Stimme verändert haben, um attraktiver zu wirken. Reagans alter Freundin Margaret Thatcher zum Beispiel wurde von ihren Beratern nahe gelegt, ihre Stimme zu senken, um weicher und besorgter zu klingen. Ähnliche Verschiebungen im Stimmregister kann man auch bei anderen britischen Politikern hören; einige setzen nach entsprechender Beratung ihre Stimmen jetzt tiefer an, um weniger aufgeregt und menschlicher zu erscheinen.

Wie vorteilhaft sich eine tiefe Stimme auswirken kann, belegt eine von Stanford Gregory und Timothy Gallagher durchgeführte Studie, in der sie die Stimmen amerikanischer Präsidentschaftskandidaten aus acht Wahlkampagnen seit 1960 verglichen (die letzte Wahl wurde dabei nicht berücksichtigt).[4] Die Autoren untersuchten 19 Debatten. Mittels Spektralanalyse maßen sie die so genannte Grundfrequenz der Stimme jedes Kandidaten und achteten besonders auf das Spektrum unterhalb von 0,5 kHz. Beim Vergleich der einzelnen Kandidatenpaare stellten sie fest, dass in jeder der acht Wahlen der Kandidat mit der tieferen Stimme auch den höchsten Prozentsatz der abgegebenen Wählerstimmen erhalten hatte! Das beweist – wenn es denn eines Beweises bedarf –, dass es in der Politik nicht nur um Prinzipien geht. In erster Linie braucht man dazu eine Stimme, die überzeugend und präsidentenmäßig klingt.

Beschwichtigungs-Tells

Eine Art, wie man als Politiker Angriffen ausweichen kann, ist, selbst zu signalisieren, dass man keine Angriffsabsichten hegt.[5] Eine andere Art ist, Beschwichtigungszeichen auszusenden, welche die Aggressionen anderer Leute abblocken. Die erste Strategie kann man manchmal in den Fragestunden des britischen Unterhauses beobachten, wenn die jeweilige Regierung und die Opposition sich auf zwei Seiten eines großen Tisches mit zwei Rednerpulten gegenübersitzen. In der ersten Reihe inmitten ihrer Parteimitglieder, doch auf gegenüberliegenden Seiten des Parlaments, sitzen der Premierminister und der Oppositionsführer – und sehen ganz wie kampfbereite orientalische Potentaten an der

Spitze ihrer Armeen aus. In der Fragestunde ist es üblich, dass der Oppositionsführer oder die Oppositionsführerin sich von seinem/ihrem Platz erhebt, zum Rednerpult geht, eine Frage stellt und sich wieder setzt. Sodann erhebt sich der Premierminister und geht zum Rednerpult. Er beantwortet die Frage (oder beantwortet sie nicht) und setzt sich wieder hin. Die Regeln des Unterhauses geben dem Oppositionsführer das Recht, insgesamt drei Fragen zu stellen.

Die Art und Weise, wie Premierminister und Oppositionsführer sich an die Rednerpulte stellen, spiegeln das herrschende Klima des politischen Austausches. Ist der Austausch von beruhigender Höflichkeit, wendet sich jeder der beiden vom Rednerpult aus direkt dem anderen zu. Wird die Debatte jedoch hitziger, besteht eine deutliche Tendenz sowohl beim Premierminister als auch beim Oppositionsführer, sich auch körperlich vom anderen abzuwenden. Das nennt man »Flanke zeigen«, und man findet es in der gesamten Tierwelt. Wie wir bereits sahen, nähern sich Hunde, die sich im Park zum ersten Mal begegnen, normalerweise seitlich an, wobei sie ihre verwundbare Flanke präsentieren, um zu signalisieren, dass sie nicht anzugreifen beabsichtigen. Genauso ist es im britischen Unterhaus. Wenn sich der Premierminister und der Oppositionsführer voneinander abwenden, mag das so scheinen, als richteten sie ihre Bemerkungen an ihre hinter ihnen sitzenden Anhänger. In Wirklichkeit aber präsentieren sie instinktiv ihre schutzlose Flanke, um zu zeigen, dass sie nicht vorhaben, sich auf einen körperlichen Kampf einzulassen – genau wie die Hunde im Park.

Babys küssen

Wahlen sind die Zeit, wo Politiker herumlaufen und Babys küssen. Manchmal hat man den Eindruck, die Jagd sei eröffnet – wohin man blickt, heben Politiker Babys hoch, knuddeln sie und drücken ihre Lippen auf die armen, arglosen Bäckchen. Allgemein nimmt man an, Politiker küssten Babys deshalb, damit die Leute denken, was für gesunde, fürsorgliche, liebevolle Menschen sie doch seien. In Wirklichkeit hat das Küssen von Babys damit überhaupt nichts zu tun – es ist einfach nur eine Art, wie Politiker sich vor Angriffen schützen. Wenn zum Beispiel ein dominanter Pavian einen rangniedrigeren Pavian verfolgt, ist es nicht ungewöhnlich, dass dieser auf seinem Rückzug ein kleines Paviankind ergreift und wie einen Schild vor sich hält. Das stoppt mit sofortiger Wirkung die Aggression des dominanten Pavians. Es funktioniert, weil Paviane wie Menschen darauf programmiert sind, Babys nicht wehzutun. Wenn also ein männlicher Politiker ein Baby auf den Arm nimmt und hochhebt, dann zeigt er damit nicht, wie sehr er Babys liebt – nein, er benutzt das Baby dazu, Aggressionen abzublocken, die manche Wähler, wie er unbewusst fühlt, gegen ihn hegen.[6] Er sagt also nicht: »Seht einmal, wie lieb ich zu Babys bin – bin ich nicht ein netter Kerl?« Sondern er sagt: »Seht her, ich halte ein Baby im Arm. Versucht nicht, mich zu schlagen – ihr könntet sonst das Baby treffen.«

Es gibt auch Politiker, die keine Babys küssen, vermutlich, weil sie sich nicht bedroht fühlen oder weil sie nicht das Bedürfnis verspüren, sich der Art von Protektion zu versichern, die ein Baby bietet. Zu ihnen gehörte Margaret Thatcher – es ist praktisch unmöglich, ein Foto von ihr zu finden, auf dem sie ein Baby küsst. Es gibt aber die berühmte Szene, wie sie einmal während der Besichtigung eines Bauernhofs ein neugeborenes Kälbchen auf den Arm nahm. Allerdings ist nicht überliefert, ob sie das Kalb auch küsste und wenn, wohin. Präsident Lyndon B. Johnson nahm, wie es scheint, ebenfalls lieber Tiere hoch als Babys. Bei einer Gelegenheit packte er seinen eigenen Beagle bei den Ohren und hob das arme Tier daran hoch. Dem Hund schien das nicht viel auszumachen, aber die Tierfreunde im ganzen Land waren zutiefst entrüstet. Statt LBJ liebenswert wirken zu lassen, hatte die Szene den gegenteiligen Effekt, und nicht lange nach diesem Ereignis begann seine Popularitätskurve zu sinken.

Schmeichel-Tells

Aggressionen von sich ablenken können Politiker auch, indem sie sich populär und beliebt machen. Das funktioniert nach dem simplen psychologischen Prinzip, dass wir eher zu einer positiven Einstellung gegenüber jemandem bereit sind, der beliebt ist. Seine wahren Qualitäten sind dabei gar nicht ausschlaggebend – was unsere Gefühle wirklich beeinflusst und in uns den Wunsch weckt, mit jemandem näheren Kontakt zu suchen, ist die Tatsache, dass andere Menschen diese Person mögen oder bewundern. Genauso ist es mit Politikern – je öfter wir sehen, wie man ihnen applaudiert und sie bewundert, desto höher steigen sie auch in unserer Wertschätzung. Politiker durchschauen, wie das funktioniert – was erklärt, wieso sie so darauf bedacht sind, sich mit Bewunderern zu umgeben.

Im Wesentlichen haben Politiker drei Typen von Verehrern: das breite Publikum, die Parteigetreuen und ihre sie vergötternde Ehegattin. Die eindrucksvollsten Demonstrationen öffentlicher Lobhudelei finden statt, wenn sich ein Politiker oder eine Politikerin durch die Menge der Parteigetreuen bewegt und alle sich unter lautem Geschrei danach drängen, ihn oder sie zu berühren. Je dramatischer die Leute die Hände ausstrecken, je schneller die Politiker sich durch die Menge drängen und je mehr sie das Erlebnis zu genießen scheinen, desto unwiderstehlicher, ja gottähnlicher scheinen sie zu sein. Diese Art der Vergötterung ist für Politiker von größter Bedeutung und kann auf verschiedene Weise erreicht werden. Wie der Soziologe Max Atkinson in *Our Masters' Voices* zeigt, bedienen sich Politiker eines faszinierenden Sortiments an Strategien, um Applaus aus ihrem Publikum herauszulocken.[7] Ein Trick ist, Kontrastpaare zu benutzen, bei denen zum Beispiel eine unerwünschte Variante mit einem hochgradig wünschenswerten Ergebnis verglichen wird. Ein anderer ist der Dreischritt, der dem Publikum durch stimmliche Steigerung praktischerweise schon signalisiert, an welcher Stelle mit dem Applaudieren zu beginnen ist. Für Politiker ist es auch sehr wichtig, Applaus richtig steuern zu können. Ein Politiker zum Beispiel, der nach einer Pointe noch eine Bemerkung anhängt, wenn der Applaus schon eingesetzt hat, wird ihn damit vermutlich abwürgen. Politiker hingegen, die ein gutes Zeitgefühl haben und den Applaus mit Handbewegungen dämpfen, vermitteln eher den Eindruck, bescheiden zu sein und zugleich alles im Griff zu haben. Im Idealfall sollte ein Politiker Applaus natürlich erst dann dämpfen, wenn dieser ohnehin Zeichen des Abebbens zeigt.

In den USA herrscht traditionell die Auffassung, die Aufgabe der First Lady sei, an der Seite ihres Mannes zu stehen. Bess Truman zum Beispiel, die Ehegattin von Präsident Truman, war der Ansicht, ihre Rolle im Leben sei, »neben ihrem Mann zu sitzen, zu schweigen und dafür zu sorgen, dass sein Hut gerade sitzt«. Die Hauptverantwortung der First Lady besteht in der Tat darin, das Ansehen des Präsidenten in den Augen anderer Menschen dadurch zu heben, dass sie jederzeit aufmerksam und beeindruckt wirkt. Nancy Reagan spielte die Rolle der anbetenden Gattin perfekt. Wann immer Ronald öffentlich auftrat, hing sie ihm wie ein verliebter Teenager mit Turteltauben- oder Bambi-Blick an den Lippen. Während Nancys Anbetung ihres Gatten sich fast ganz auf diesen Blick beschränkte und fast wie erstarrt wirkte, äußerte sich Hillary Clintons Unterstützung für Bill liebevoller und mehr durch Körperkontakt und Zärtlichkeit. Auch Cherie Blair spielt sehr überzeugend die bewundernde Gattin. Wie sie Tony, wenn er irgendwo öffentlich spricht oder man ihm auf Parteitagen applaudiert, aufmerksam ansieht und seine Hand ergreift, wann immer sich Gelegenheit bietet, hebt ihn auch in unseren Augen. Denn wenn sie Tony Blair so anhimmelt – sollten wir das dann nicht auch tun?

Es gibt aber auch Fälle, wo der Spieß umgedreht wird und Präsidenten oder Premierminister zeigen, wie sehr sie ihre Frauen lieben. Doch solche Fälle sind rar und entbehren oft nicht der Ironie. Als John F. Kennedy und seine First Lady 1961 Frankreich einen Staatsbesuch abstatteten, befand sich Jackie auf dem Höhepunkt ihrer Popularität.

Während eines Staatsbanketts bemerkte JFK im Scherz, man werde ihn in Erinnerung behalten als den Mann, der Jackie Kennedy nach Paris begleitete. Psychologen haben festgestellt, dass Männer mit einer attraktiven Frau an ihrer Seite von anderen Männern außerordentlich bewundert werden. Indem er die Aufmerksamkeit auf Jackie lenkte und sich ironisch gab, erwies JFK sich also nur selbst einen Dienst.

Die Politikern entgegengebrachte Verehrung kommt in der Regel von Menschen, die man sehen oder hören kann. Es gibt allerdings auch Fälle, wo die Verehrer außerhalb des Sichtfelds bleiben. Wenn man Ronald Reagan oder Bill Clinton während ihrer Amtszeit beobachtete, konnte man bemerken, dass sie öfter mit wissendem Blick jemandem in der Menge zuwinkten. Reagan zum Beispiel gab Nancy manchmal einen kleinen Stoß, zeigte auf jemanden irgendwo in der Ferne, winkte und schenkte ihm ein breites Lächeln. Manche dieser Menschen, hat man den Verdacht,

Die Rolle der liebenden Ehefrau. Indem sie ihren Ehemann öffentlich umarmt, lässt Cherie Blair unbewusst den Premierminister für andere Menschen anziehender und liebenswerter erscheinen.

existierten gar nicht wirklich, es waren Phantomfreunde, und Reagan tat so, als würde er ihnen zuwinken, um selbst liebenswert und beliebt zu wirken. Dieser Verdacht wird erhärtet durch die Tatsache, dass Reagan sehr schlecht sehen konnte, sodass es ihm schwer fiel, aus der Ferne einzelne Menschen in der Menge zu erkennen.

Angriffs-Tells

Wenn sich Politiker nicht gerade gegen Angriffe verteidigen, greifen sie meist selbst andere Leute an. Dabei können die Motive ihrer Aggressionen manchmal in sprechenden Handbewegungen oder direkt in verbalen Beleidigungen zutage treten. Es gibt fünf aggressive Handlungen, die von Politikern mimisch vorgeführt werden, wenn sie Angriffslust verspüren, und jeder sind bestimmte Handbewegungen zuzuordnen:

- HAUEN. Wenn ein Politiker etwas sehr nachdrücklich betonen möchte, ballt er oft die Hand zur Faust und benutzt sie wie eine Keule, um zu den eigenen Worten rhythmisch den Takt zu klopfen. Mal wird die geballte Faust hoch zum Salut erhoben, in anderen Fällen wird sie aufs Pult gedonnert, um den entscheidenden Punkt zu betonen, manchmal aber auch aus Ärger und Frustration. In ihrer Rolle als Keule ist die implizite Aggressivität der Faust offensichtlich – sie wird symbolisch dazu benutzt zu zermalmen, was dem Redner zufolge vernichtet werden muss. Es gibt Fälle, wo die Hände irgendeinen Gegenstand ergreifen, der als symbolische Waffe dienen kann. Als zum Beispiel 1960 Nikita Chruschtschow eine Rede vor den Vereinten Nationen hörte, wurde er so böse, dass er sich einen Schuh auszog und mit ihm aufs Rednerpult donnerte!

Sprechende Handbewegungen. Die Einstellung von Politikern zu anderen Menschen verrät sich oft in unbewussten Bewegungen und Gesten – hier perfekt demonstriert von Margaret Thatcher.

- STECHEN. Oft benutzen Politiker ihren ausgestreckten Zeigefinger, um ihren Standpunkt deutlich zu machen oder eine Warnung auszusprechen. Manchmal wird der Zeigefinger dabei belehrend gehoben; bei anderer Gelegenheit kann er auch wie ein Dolch oder ein Schwert niederfahren oder auf das Publikum oder einen imaginären Gegner einstechen.
- PACKEN. Um jemandem wehzutun, muss man ihn manchmal erst zu fassen kriegen. In ihren öffentlichen Reden verraten Politiker ihre aggressiven Gefühle gegenüber anderen oft, indem sie imaginäre Personen oder Probleme packen und sie dann schütteln oder quetschen.
- KRATZEN. Mit den Fingernägeln verfügen wir über eine primitive Waffe, die wir anderen Menschen ins Fleisch schlagen können. Frauen drohen manchmal jemandem, indem sie entweder im Ernst oder im Spaß ihre Krallen zeigen. Es verläuft eine sehr feine Trennlinie zwischen dem Packen eines imaginären Freundes und dem Bedrohen mit den Fingernägeln – der Unterschied liegt in einer ganz leichten Einwärtsdrehung der Finger, durch welche die Fingernägel in Angriffsstellung gebracht werden.
- SCHLAGEN. Wie im Kampfsport zu sehen, kann die Handkante zum Schlagen und Verletzen anderer Menschen benutzt werden. Wollen Politiker ein Thema erledigen, bedienen sie sich oft einer senkrechten Schlagbewegung mit der flachen Hand – häufig zu sehen bei dem Labour-Politiker Tony Benn. Auch John Major benutzte diese Geste, als er Premierminister war: Wenn er über ein schwieriges Thema sprach, ließ er mit einer schneidenden Bewegung seine Hand senkrecht nieder- und zur Seite fahren, um zu zeigen, dass er alle Punkte und Probleme am liebsten hinweggefegt hätte. Major war immer ein begeisterter Cricket-Spieler – es ist also möglich,

dass das, was wie eine geringschätzige Wischbewegung der Hand aussieht, in Wirklichkeit ein symbolischer Cricket-Schlag ist, mit dem er die Ideen anderer Leute ins Aus befördern wollte.

Major war zwar ein Vollblutpolitiker, doch das Gerangel der parlamentarischen Fragestunden war ihm unangenehm, besonders als er selbst Premierminister war. Im Rednerstand ließ er einen ganz deutlichen Fluchtreflex erkennen. Immer wenn er aufstand, um eine Frage zu beantworten, legte er sein Notizbuch auf das Pult und wandte sich an die Abgeordneten. Doch den Bruchteil einer Sekunde bevor er seine Aussage beendete, begann er mit winzigen Vorbereitungsbewegungen, bewegte zum Beispiel seine Füße oder verschob das Notizbuch. Manchmal gab er gegen Ende seiner Aussage dem Rednerpult einen kleinen Schubs, um sich nach hinten abzustoßen. Sein kaum verhülltes Bestreben, an seinen Platz zurückzukehren, zeigte, dass er sich im Spannungsfeld der Fragestunde nie wirklich wohl fühlte. Bestimmt hätte er sich in derselben Zeit viel lieber auf Lord's Cricket-Platz ein Spiel angesehen.

Beleidigungs-Tells

Parteipolitik hat viel gemein mit primitiver Kriegführung. Eine Standard-Schlachtszene zwischen zwei Stämmen in Neuguinea beginnt zum Beispiel oft damit, dass die beiden Krieg führenden Parteien auf gegenüberliegenden Hügeln Stellung beziehen – weit genug voneinander entfernt, um die gegenseitigen Geschosse zu meiden, doch nahe genug, um von der Gegenseite gehört zu werden. Aus sicherem Abstand beginnen die Krieger einander dann Prahlereien und Beleidigungen zuzurufen. Nach einer gewissen Zeit steigen sie ins Tal hinab, ein Scharmützel findet statt, jemand wird verwundet, und die beiden Truppen kehren in ihre Dörfer zurück, um sich die Wunden zu lecken und endlos über ihre mutigen Heldentaten während des Feldzugs zu reden.

Reden ist, so zeigt sich, der wichtigste Teil primitiver Kriegführung. Und das gilt auch für die Politik. In beiden Fällen verbringen die beiden Parteien viel Zeit, sich selbst und ihre glorreichen Taten zu rühmen und die Gegenseite herunterzumachen. Prahlereien und Beleidigungen spielen eine große Rolle in der Politik, geben sie den Parteien und Politikern doch ein Mittel an die Hand, den eigenen Ruf und das eigene Selbstwertgefühl zu stärken und das der Opposition zu ruinieren. Abgesehen davon, dass sie anderer Leute Selbstvertrauen schwächen, erfüllen Beleidigungen noch weitere nützliche psychologische Funktionen. Zum Beispiel können sie die angegriffene Person dermaßen in Wut bringen, dass diese zu überstürzten und unüberlegten Reaktionen verleitet wird, die sie dann noch dümmer aussehen lassen. Eine weitere Funktion ist, dass sie den eigenen Ruf als Quelle gezielter, amüsanter und destruktiver Bemerkungen über andere Leute stärken.

Politische Beleidigungen kann man verschiedenen Kategorien zuordnen:

- PARTEIENSCHELTE. Diese Beleidigungsart richtet sich gegen die Opposition und weniger gegen einzelne Repräsentanten derselben. Sie lenkt die Aufmerksamkeit in der Regel auf die Inkompetenz der anderen Seite, wie zum Beispiel Winston Churchills berühmte Bemerkung über die Labour Party: »Die sind nicht mal imstande, eine Fischbude zu managen.« Auch Harold Macmillans vernichtendes Urteil über die Liberal Party fällt in diese Kategorie: »Wie üblich bieten die Liberalen eine Mischung vernünftiger und origineller Ideen. Nur sind die vernünftigen Ideen leider nicht originell und die originellen Ideen nicht vernünftig.«

- VORWURF DER KÄLTE. Das Ziel dieser Beleidigungen ist, jemanden kalt und emotionslos erscheinen zu lassen. Mit Blick auf Robert Peel sagte Benjamin Disraeli einmal: »Der ehrenwerte Gentleman erinnert an einen Schürhaken. Nur dass der Schürhaken gelegentlich Zeichen von Wärme zeigt.«
- VORWURF DER UNMÄNNLICHKEIT. Diese Beleidigungen sollen natürlich jemandes Männlichkeit infrage stellen und fallen in die Kategorie der Kastrationswünsche. Premierminister Lloyd George zum Beispiel hat einmal über den liberalen Politiker Herbert Samuel gesagt: »Bei der Beschneidung von Herbert Samuel haben sie wohl das falsche Stückchen weggeworfen.«
- VORWURF DER UNFÄHIGKEIT. Diese Beleidigungen sollen den Eindruck erwecken, jemandem fehle es an der nötigen Qualifikation für seine Aufgabe. Winston Churchill bezeichnete Clement Attlee einmal als »einen bescheidenen Menschen, der auch viel Grund zur Bescheidenheit hat«.
- TIERVERGLEICHE. Hier wird die beleidigte Person mit einem Tier verglichen, um sie tierisch oder ineffektiv erscheinen zu lassen. Bei anderer Gelegenheit hackte Churchill wieder einmal auf Attlee herum, indem er ihn als »Schaf im Schafspelz« bezeichnete. Denis Healey hielt sich an dieselbe Thematik, als er bei anderer Gelegenheit über Sir Geoffrey Howe bemerkte: »Von ihm angegriffen zu werden ist, als würde man von einem toten Schaf angefallen.«
- VORWURF DER PRINZIPIENLOSIGKEIT. Hier wird das Objekt der Beleidigungen als jemand dargestellt, der fälschlich vorgibt, Prinzipien zu haben. Adlai Stevenson zum Beispiel beschrieb Richard Nixon einmal

als »die Art von Politiker, der einen Mammutbaum fällen und dann auf den Stumpf klettern würde, um eine Ansprache über Baumschutzmaßnahmen zu halten«.

- VORWURF DER UNEHRLICHKEIT. Diese Beleidigungen sollen auf jemandes unaufrichtigen und hinterlistigen Charakter aufmerksam machen. Gerald Ford zum Beispiel hat einmal gesagt: »Ronald Reagan färbt sich nicht das Haar, er ist nur frühzeitig orange geworden.«
- VORWURF DER DUMMHEIT. Hier wird der Betreffende als unintelligent dargestellt. Lyndon Baines Johnsons berühmte Bemerkung über Gerald Ford ist ein gutes Beispiel dafür: »Der ist so dumm, dass er nicht mal gleichzeitig Kaugummi kauen und einen fahren lassen kann.«

Beleidigungen sind die Exocet-Raketen unter den politischen Waffen. Wird das Ziel gut ausgewählt und scharf geschossen, können sie eine verheerende Wirkung auf die öffentliche Wahrnehmung einer Person haben. In manchen Fällen wird damit bleibender Schaden angerichtet. Die Briten haben heute echte Schwierigkeiten, bei Geoffrey Howe nicht an ein totes Schaf zu denken, und in Amerika ist es so gut wie unmöglich, über Gerald Ford zu reden, ohne dass die Worte Kaugummi oder Furzen fallen.

Interview-Tells

Angeblich unterscheiden sich politische Interviews in verschiedener Hinsicht von gewöhnlichen Unterhaltungen. Normalerweise sollte der Interviewer das erste Wort haben, den Verlauf des Interviews steuern, die Fragen stellen und das letzte Wort haben. Vom Politiker erwartet man, dass er die Führungsrolle des Interviewers akzeptiert, die Fragen ohne Umschweife beantwortet und seinerseits keine Fragen stellt, es sei denn, etwas bedarf der Klärung. So sollten politische Interviews eigentlich geführt werden. In Wirklichkeit aber verlaufen sie oft ganz anders.

Interviewer stellen Politikern zwei Arten von Fragen – »geschlossene Fragen«, die man nur mit Ja oder Nein beantworten kann, und »offene Fragen«, die dem Politiker zu antworten erlauben, ohne Ja oder Nein zu sagen. Egal, welche Art von Frage sie stellen, Interviewer versuchen immer, Politiker zu direkten Antworten zu bewegen – das heißt zu Antworten, die auf die Frage eingehen, statt zu indirekten, die sie zu umgehen suchen. Anfang der Neunzigerjahre hat Sandra Harris politische Interviews in Großbritannien untersucht und festgestellt, dass nur 40 Prozent der Antworten von Politikern zu den direkten zu zählen waren.[8] Anders gesagt, 60 Prozent der Antworten gingen nicht auf die Fragen des Interviewers ein.

Diese Tendenz, Fragen auszuweichen, zeigte sich am deutlichsten bei den so genannten geschlossenen Fragen, der mit Abstand häufigsten Frageart von Interviewern an Politiker. Hier stellte Harris fest, das nur 20 Prozent der geschlossenen Fragen ein Ja oder Nein hervorlockten. Ein Vergleich politischer Interviews mit anderen Interviewarten ergab, dass der Prozentsatz indirekter Antworten in den anderen Arten sehr viel niedriger war, er bewegte sich zwischen vier Prozent bei ärztlichen Befragungen und 15 Prozent bei Befragungen durch Richter – verglichen mit 60 Prozent bei Politikern! Die Tatsache, dass Politiker keine direkten Antworten auf direkte Fragen geben, ist einer der Hauptgründe, warum die Öffentlichkeit meint, Politiker versuchten immer auszuweichen und wollten sich auf nichts festlegen lassen. Wegen dieser Art, sich vor klaren Antworten zu drücken, hält man sie auch für hinterhältig und aalglatt. Forschungen von Peter Bull und seinen Kollegen an der Universität York haben ergeben, dass Politiker Fragen auf die verschiedenste Art unterlaufen.[9] Dazu gehören folgende Taktiken:

- EIN POLITISCHES STATEMENT ABGEBEN. In den allermeisten Fällen beantworten Politiker eine Frage deshalb nicht, weil sie die Gelegenheit nutzen, einen politischen Standpunkt vorzubringen, der mit der Frage direkt nichts zu tun hat. Das lässt darauf schließen, dass Politiker und Interviewer eine ganz unterschiedliche Auffassung von politischen Interviews haben: Während sich der Interviewer bemüht, den Politiker zu einer Antwort auf eine bestimmte Frage zu bewegen, nutzt der Politiker die Frage als Podest, von dem aus er dem Publikum seine Ansichten kundtun kann. Es zeigt auch, wie Politiker ihren eigenen Zielen folgen und bereits vor einem Interview entscheiden, was sie sagen werden – ganz unabhängig davon, was für Fragen man ihnen stellen wird.
- ZUM ANGRIFF ÜBERGEHEN. Dies ist die zweithäufigste Reaktion. Oft mögen Politiker die Fragen nicht, die man ihnen stellt. Manchmal deshalb, weil die Frage tendenziös ist oder sie dumm aussehen lassen soll; in anderen Fällen, weil sie die Frage für nicht korrekt oder schlicht für anstößig halten. Konfrontiert mit einer unangenehmen Frage, kann ein Politiker sich entweder entsprechend den Spielregeln verhalten und irgendetwas anbieten, das wie eine Antwort aussieht, oder er kann gegen die Frage angehen und sagen, was ihm daran nicht gefällt. Die Frage anzugreifen ist in der Tat eine ziemlich verbreitete Reaktion und bietet zwei eindeutige Vorteile: Sie richtet den Scheinwerfer wieder auf den Interviewer und hilft, ihn zu verunsichern und davon abzuhalten, noch weitere unangenehme Fragen zu stellen. Noch größer kann die Einschüchterung sein, wenn der Politiker

zurückschießt und unterstellt, der Interviewer sei uninformiert, tendenziös oder unvernünftig. Diese beiden Strategien sind bei Politikern unterschiedlich beliebt. Margaret Thatcher ging zum Beispiel als Premierministerin öfter zum Angriff auf den Interviewer über, während der Oppositionsführer Neil Kinnock eher die Frage angriff.

- NUR HALB ANTWORTEN. Die nächstverbreitete Art, einer Frage auszuweichen, ist, eine unvollständige Antwort zu geben. Das kommt vor, wenn ein Politiker auf eine mehrteilige Frage antworten soll oder nur zum Teil auf eine Frage eingeht oder anfängt, die Frage zu beantworten, dann jedoch abgelenkt wird und seine Antwort nicht richtig beendet.
- DIE ANTWORT VERWEIGERN. Politiker weigern sich oft, Fragen zu beantworten, wenn es offensichtlich legitim ist, keine Antwort zu geben – zum Beispiel, wenn sie aufgefordert werden, vertrauliche Informationen weiterzugeben oder Voraussagen zu machen. In diesen Fällen können sie sich aus der Affäre ziehen, indem sie auf ein höheres Prinzip verweisen, etwa die Notwendigkeit, ein Geheimnis oder Diskretion zu wahren.
- DIE FRAGE IGNORIEREN. Das passiert oft, wenn der Interviewer den Politiker unterbricht, um noch eine weitere Frage zu stellen. Statt auf die neue Frage zu antworten, fährt der Politiker einfach mit seiner Antwort auf die vorhergehende fort und tut so, als sei die neue Frage gar nicht gestellt worden.
- DIE ANTWORT WIEDERHOLEN. Politiker können sich weigern, eine Frage zu beantworten, indem sie behaupten, sie hätten bereits darauf geantwortet. Dies übermittelt auch noch andere Botschaften – es legt zum Beispiel nahe, dass sich der Politiker durchaus dessen bewusst ist, was der Interviewer von ihm will, aber nicht

bereit ist, das Spiel mitzuspielen. Es gibt aber auch Fälle, wo der Politiker scheinbar unterschiedliche Fragen mit genau denselben Worten bedient. Das soll ihn selbstsicher und den Interviewer inkompetent erscheinen lassen.

Es gibt verschiedene Gründe, warum Politiker zweideutige und vage Antworten geben. Erstens erlauben unpräzise Formulierungen einem Politiker, Antworten zu geben, mit denen er niemandem zu nahe tritt. Sind die Wähler in Bezug auf ein kontroverses Thema unterschiedlicher Meinung, kann es nicht in seinem Interesse sein, eine Antwort zu geben, die vermutlich viele Leute vor den Kopf stoßen würde – viel besser ist es, nichts zu diesem Thema zu sagen und nur so zu tun, als gehe man auf die Frage ein oder antworte auf eine ganz andere Frage.

Politiker äußern sich auch deshalb oft so zweideutig, weil sie sich nicht gern von Interviewern in die Enge treiben oder unter Druck setzen lassen. Als Premierministerin antwortete Margaret Thatcher in politischen Interviews immer sehr ausweichend – weit mehr als der Oppositionsführer Neil Kinnock. Ein wesentlicher Grund für ihre doppeldeutigen Aussagen war, vermutet man, ihr Wunsch zu zeigen, dass sie ihr eigener Herr war und sehr wohl in der Lage, den Verlauf des Interviews zu steuern. Bei geschlossenen Fragen – also Fragen, die als Antwort ein Ja oder Nein erfordern – gab sie allerdings sehr viel öfter direkte Antworten als Neil Kinnock. Diese beiden Fakten schließen sich durchaus nicht gegenseitig aus, sondern zeigen, wie gern Margaret Thatcher die Führungsrolle übernahm – bei offenen Fragen blieb sie zweideutig, um zu zeigen, wer hier der Boss war, während sie bei geschlossenen Fragen direkte Antworten gab, um zu zeigen, dass sie ihrer Sache völlig sicher war und sich keinerlei Gedanken darüber machte, dass sie damit anders Denkende verprellen könnte.[10]

Bei Fernsehinterviews richtet sich die Aufmerksamkeit weitgehend auf den Politiker. Schließlich ist er es, der die meiste Zeit redet und im Bild ist. Da der Interviewer eine eher unterstützende Rolle spielt, liegt die Annahme nahe, dass er weniger Verantwortung dafür trägt, was während des Interviews geschieht, oder dass das Zusammenspiel zwischen Interviewer und Politiker nicht wichtig ist. Doch dieses Zusammenspiel ist sogar *sehr* wichtig. Das zeigte sich sehr deutlich in den Interviews, die Margaret Thatcher während ihrer Amtszeit gab. Es war zum Beispiel nicht ungewöhnlich, dass sie von Interviewern unterbrochen wurde – tatsächlich wurde sie öfter als jeder andere der damals führenden Politiker unterbrochen. Anfangs nahm man an, dies könnte etwas mit der Tatsache zu tun haben, dass sie eine Frau war, während alle Interviewer und die anderen führenden Politiker Männer waren. Das würde mit der grundsätzlichen Erkenntnis übereinstimmen, dass Männer Frauen häufiger unterbrechen als andere Männer – und häufiger, als Frauen Männer oder andere Frauen unterbrechen. Man hat sogar vermutet, Margaret Thatcher sei deshalb so oft unterbrochen worden, weil sie unbewusst mehr Signale gab, dass sie bereit sei, das Wort abzugeben – was die Interviewer fälschlich annehmen ließ, sie sei mit ihrer Aussage am Ende.[11]

Auch dass Margaret Thatcher so gern ausführliche, weit ausholende Antworten gab, mag erklären, warum sie so oft unterbrochen wurde; wenn sie von der eigentlichen Frage abzudriften begann, stellten die Interviewer eine weitere Frage, um sie zum Thema zurückzubringen. Interessant an diesen Unterbrechungen ist, dass Margaret Thatcher kaum jemals darauf einging: Wurde sie von einem Interviewer unterbrochen, redete sie einfach weiter, als wäre nichts passiert. Das stärkte ihr Image als zähe Politikerin und brachte die Interviewer, die mit ihr zu tun hatten, zur Verzweiflung.

In der Frühzeit des Fernsehens liefen politische Interviews nach dem Modell der gemütlichen Gespräche ab, wie sie in den vornehmen Londoner Clubs geführt wurden. Als zum Beispiel 1951 Leslie Mitchell den damaligen Premierminister Anthony Eden interviewte, begann er mit den Worten: »Also, Mister Eden, angesichts Ihrer erheblichen außenpolitischen Erfahrungen sollte ich sicherlich damit beginnen, dass ich Ihnen Fragen zur augenblicklichen internationalen Situation stelle – oder würden Sie lieber über Innenpolitik reden? Was soll es sein?« Bei dieser Gelegenheit entschied Eden sich für die Innenpolitik.

So unterwürfig verliefen politische Interviews in Großbritannien, bis Reginald Bosanquet auf den Plan trat – ihm wird die erste aggressive Unterbrechung eines britischen Politikers zugeschrieben, auch wenn er nach heutigen Maßstäben von geradezu beispielhafter Zurückhaltung war. Das geschah 1957, als Bosanquet Harold Macmillan interviewte. »Sir«, warf er ein, »da die Zeit drängt – dürften wir Ihnen eine Frage über eine innenpolitische Angelegenheit stellen, die meiner Meinung nach im Augenblick im Vordergrund des allgemeinen Interesses steht?« – »Wenn es sein muss« war Macmillans Antwort.

Vergangen sind die Tage, als sich Interviewer für Unterbrechungen entschuldigten oder Politikern erlaubten, selbst über Thema und Verlauf des Interviews zu bestimmen. Heutzutage haben Interviewer sehr viel mehr Macht und sind erheblich angriffslustiger. Und die Politiker begegnen den Interviewern mit verständlicher Spannung, besonders dann, wenn sie, wie Jeremy Paxman von der BBC, den Ruf haben, Politiker zum Frühstück zu verspeisen. Jeremy Paxman ist besonders wegen eines Fernsehinterviews in Erinnerung, in dem er den damaligen Innenminister Michael Howard fragte, ob er tatsächlich gedroht habe, eine Entscheidung des Chefs des Justizvollzugswesens aufzuheben.

Da der Innenminister ausweichend antwortete, wiederholte Paxman dieselbe Frage so lange, bis er eine befriedigende Antwort erhielt – das heißt insgesamt vierzehnmal.

Die Voraussetzung für ein echtes Streitgespräch ist, dass sich beide Seiten an die Regeln halten. Es gibt Fälle, wo die Parteien in Hitze geraten – ein Beispiel dafür ist die heftige Auseinandersetzung zwischen Vizepräsident George Bush und dem CBS-Moderator Dan Rather wegen der Iran-Contra-Affäre 1988 –, und es gibt Fälle, wo der Interviewte beschließt, dass es reicht, einfach aufsteht und geht.[12] Das ist bei Interviews mit Politikern mehrmals vorgekommen. Als Robin Day 1982 den Verteidigungsminister John Nott interviewte, nannte er ihn einen »Politiker wie eine Eintagsfliege«. Nott erhob sich und verließ den Raum. Auch Henry Kissinger ließ Jeremy Paxman sitzen, als der ihn – durchaus zu Recht – fragte, ob er sich nicht wie ein Betrüger fühle, weil er den Friedensnobelpreis angenommen habe.

Da Interviewer heute potenziell mehr Macht ausüben als Politiker, muss ein Politiker zusehen, wie er es erreicht, sich vom Interviewer nicht in die Enge treiben zu lassen. Dem kann er zum Beispiel vorbeugen, indem er dem Interview den Stempel seiner Autorität aufdrückt und zeigt, dass er nicht bereit ist, sich unterbrechen zu lassen; oder indem er seine Meinungen mit großer Entschiedenheit vertritt. George W. Bush zum Beispiel benutzt sehr oft den Ausdruck: »Und dass Sie sich da nicht täuschen…«, um seinen Standpunkt klar zu machen. Eines seiner Marken-Tells ist ein Mikro-Nicken, ein ganz kurzes, kaum wahrnehmbares Kopfnicken, das er an das Ende eines Statements anhängt wie einen physischen Punkt – als wolle er sagen: »Bitte schön, ich hab's Ihnen gesagt. Das Thema ist damit beendet.« Eines von Margaret Thatchers Marken-Tells ist ihr Augenblitzen. Immer wenn sie einem Statement Nachdruck verleihen und es als unverrückbare Tatsache hinstellen möchte, reißt sie einen Moment lang die Augen auf, um mit ihrem Blick ein Paar optische Ausrufungszeichen an das Ende ihrer Aussage anzuhängen. Dies ist etwas völlig anderes, als wenn jemand große Augen macht, wobei die Augen weit geöffnet werden, um den Eindruck kindlicher Aufmerksamkeit zu erwecken.

Darüber hinaus verfügen Politiker über die Möglichkeit, den Interviewer einzuschüchtern. Das kann geschehen, indem man den Interviewer verunsichert, die Frage angreift und unterstellt, der Interviewer sei schlecht informiert oder voreingenommen – kurz, indem man den Verlauf des Interviews stört und das Selbstvertrauen des Interviewers untergräbt. Zu diesem Zweck kann man zum Beispiel jede Menge negative Rückmeldung geben. Das sind entmutigende Signale, die derjenige aussendet, der sich in der Zuhörerrolle befindet – wie ein erstaunter Gesichtsausdruck, das Abwenden des Blicks oder vorbereitende Bewegungen, die anzeigen, dass man zum Sprechen ansetzt. Der Zuhörende signalisiert damit, dass der Sprechende Unverständliches redet, dass er nicht einverstanden ist und so schnell wie möglich das Wort übernehmen möchte. Diese Signale sind das Gegenteil der positiven Rückmeldung. Bei dieser handelt es sich um ermutigende akustische und gestische Signale wie Nicken und »Hmhm«-Geräusche, die der Zuhörer produziert, wenn er dem Redner zeigen möchte, dass er ihn versteht und einverstanden ist mit dem, was er sagt, und dass er nicht beabsichtigt, das Wort an sich zu reißen. Stellt man George W. Bush unangenehme Fragen, greift er oft zu negativer Rückmeldung, um den Interviewer aus dem Konzept zu bringen. Er blickt dann betont in die Gegend, lächelt gekünstelt und tut so, als setze er zum Sprechen an. Negative Rückmeldung ist durchaus ein Mittel, mit denen sich Politiker schwierige Interviewer vom Leib halten können. Schließlich bedienen sich Interviewer derselben Tricks, wenn sie Politiker in die Zange nehmen wollen.

Da in der Politik Schein und Auftreten eine so große Rolle spielen, ist dieses Gebiet von besonderer Faszination für jeden, der sich für menschliche Verhaltensweisen interessiert. Das betrifft auch die besondere Rolle, die Täuschung und Vorspiegelung falscher Tatsachen in der Politik spielen. Da sich Politiker so oft den Anschein geben, etwas zu sein, was sie gar nicht sind, ist die Chance besonders groß, dass sie dabei doch irgendwann ihre wahren Gefühle oder ihre wirklichen Absichten offenbaren. Das große Polittheater – die Art und Weise, wie Politiker Kollegen im Stich lassen, Geheimabkommen treffen, Bündnisse schließen und die Seiten wechseln, Nebelkerzen werfen, sich Rückendeckung verschaffen, Kritik von sich abwenden und Lob einheimsen, wo es ihnen gar nicht zusteht – all das erhöht die Wahrscheinlichkeit für das Auftauchen verräterischer Tells.

6 Begrüssungs-Tells

Begrüßungen erfüllen verschiedene wichtige Aufgaben. Erstens geben sie uns die Möglichkeit, die gegenseitige Anwesenheit zu bestätigen und in ein Gespräch einzutreten. Zweitens kann man damit seine Bereitschaft demonstrieren, sich an die allgemeinen gesellschaftlichen Konventionen zu halten, und drittens erlauben sie, entweder zu bestätigen oder festzustellen, um was für eine Art von Beziehung es sich zwischen den Beteiligten handelt. Begrüßungsrituale unterscheiden sich sehr stark von einer Kultur zur anderen. Innerhalb einer Gesellschaft jedoch folgen sie meist einem weitgehend stabilen Muster. Auf diese Weise wissen alle Beteiligten, was von ihnen erwartet wird und wie sich der andere aller Voraussicht nach verhalten wird. Und dennoch gibt es immer genug Spielraum für Varianten bei der Begrüßung, um Schlüsse über beide Seiten zuzulassen. Tatsächlich kann man an der Art und Weise, wie sich Leute begrüßen, oft sehen, was für Menschen sie sind und was sie für ein Verhältnis zueinander haben.

Übergangs-Tells

Die meisten Begrüßungen bestehen aus drei Phasen – einer Phase des Erkennens, in der man einander bemerkt und gegenseitiges Erkennen signalisiert, einer Phase der Annäherung, in der man sich aufeinander zubewegt, und der Phase des Zusammentreffens, in der man sich die Hände schüttelt, sich umarmt oder Ähnliches.[1] Liegt zu Anfang eine große Entfernung zwischen den Beteiligten und sind viele andere Menschen in der Nähe, kann es einige Zeit dauern, bis sie all diese Phasen durchlaufen haben. Liegt hingegen von vornherein kein großer Abstand zwischen ihnen, kann die Annäherungsphase sehr leicht ganz verschwinden, während die beiden anderen Phasen zu einer einzigen zusammengezogen werden.

Die Art und Weise nun, wie sich Menschen während jeder dieser Phasen verhalten, kann sehr aufschlussreich sein. In der westlichen Gesellschaft kann die Phase des Erkennens verschiedene Formen annehmen, je nachdem, wie gut die Beteiligten sich kennen und welches Maß an Intimität sie anstreben. Grundsätzlich gibt es zwei Komplexe von Signalen, die aus der Distanz gesendet werden. Der eine besteht aus Höflichkeitssignalen wie Heben der Augenbrauen, Lächeln mit geschlossenen Lippen, Heben der flachen Hand und Nicken oder Senken des Kopfes. Der andere besteht aus enthusiastischen Signalen wie Schwenken eines Armes (oder beider Arme), Lächeln mit geöffnetem Mund, Lachen und lautem Anrufen der anderen Person. Um ihrem Gefühl überschwänglicher Freude Ausdruck zu verleihen, reißen viele Leute die Augen weit auf und lassen den Unterkiefer herunterfallen – damit wird der Gesichtsausdruck für Überraschung simuliert. In der Regel tauschen Bekannte höfliche Signale des Wiedererkennens aus, während gute Bekannte oder Freunde eher enthusiastische Signale des Wiedersehens aussenden, besonders wenn sie sich eine Weile nicht gesehen haben. Da jedoch Signale des Wiedererkennens Gleichberechtigung implizieren, wird man sie selten bei Personen von unterschiedlichem Status beobachten.

Ähnliche Unterschiede kann man auch während der Annäherungsphase feststellen. Höflichen Signalen aus einem gewissen Abstand folgt häufig eine distanzierte Annäherung, bei der einer der Beteiligten oder beide langsam auf den anderen zugehen. Diese Distanz ist auch oft an der Art zu erkennen, wie Menschen den Blick abwenden, die Arme vor dem Körper verschränken oder zu Übersprunghandlungen übergehen – ihr Haar berühren oder ihre Kleidung zurechtrücken –, während sie aufeinander zugehen. Freudigen Wiedersehenssignalen aus der Entfernung hingegen folgt gewöhnlich eine eilige Annäherung, die Aufmerksamkeit beider Seiten ist ganz auf die andere Person gerichtet, und es gibt vorbereitende Signale, die darauf hinweisen, ob sich die beiden Parteien gleich umarmen oder küssen oder ob sie sich die Hände schütteln werden.

Normalerweise besteht kein Zweifel daran, was geschehen wird, wenn zwei Menschen aufeinander treffen – und zwar einfach aufgrund der Situation, der Art ihrer Beziehung oder der Dauer der vorhergegangenen Trennung. Doch gibt es auch Fälle, in denen nicht ganz klar ist, wie sich zwei Menschen begrüßen werden. Meist allerdings wird die Annäherungsphase dazu benutzt zu zeigen, ob man vorhat, den anderen zu umarmen, zu küssen oder ihm die Hand zu schütteln. Man braucht nur einmal in der Ankunftshalle eines internationalen Flughafens zu stehen, um zu sehen, wie unterschiedlich sich die Menschen verhalten, je nachdem, wie sie einander zu begrüßen beabsichtigen – die Annäherungsphase, die einer Umarmung oder einem Kuss vorangeht, sieht meist ganz anders aus als die vor einem Händedruck. Wenn jemand wirklich überlegt, wie er sich verhalten soll, geht es meist darum, ob man dem anderen die Hand geben oder ihn nur verbal begrüßen soll.

Bei den Begrüßungsritualen lassen sich zwei Arten unterscheiden: respektvolles Grüßen, das Machtunterschiede betonen soll, und solidarisches Grüßen, das Freundschaft und Gleichberechtigung signalisiert. Im Mittelalter ehrten

Männer und Frauen ihren Herrn, indem sie auf ein Knie niedersanken. Später wurde für die Männer die Verbeugung eingeführt. Dabei neigte man sich vor und zog das rechte Bein so zurück, dass beide Knie gebeugt wurden. Auch das Abnehmen oder Ziehen des Hutes gehörte zum Begrüßungsritual und fand entweder vor dem Verbeugen oder parallel dazu statt. Der entsprechende Gruß für die Frauen war zu jener Zeit der Knicks, bei dem beide Knie gebeugt wurden und der Körper gesenkt war.[2] Alle diese respektvollen Begrüßungsformen erforderten, dass man sich kleiner machte, als man war. Charakteristisch für sie war auch die Asymmetrie, das heißt, der Untergebene grüßte den Ranghöheren, während dieser eigentlich gar nichts tat.

Solidarische Begrüßungen dagegen waren symmetrisch – sie bestanden aus einem gegenseitigen Kuss und manchmal einer Umarmung. Das Küssen galt als Geste der Zuneigung wie auch als Zeichen des Wohlwollens zwischen Männern und Frauen sowie zwischen Personen gleichen Geschlechts. Obwohl es den Händedruck damals schon gab, war er als Begrüßung nicht üblich, sondern diente zur Besiegelung von Vereinbarungen. John Bulwer beschrieb im 17. Jahrhundert, wie der Handschlag benutzt wurde, um Finanzgeschäfte zu besiegeln, und wie die Sprache des Handschlags sich von einem Londoner Markt zum nächsten unterschied. Der »Fischjargon von Billingsgate«, so berichtet er uns, war etwas ganz anderes als die »Pferderhetorik von Smithfield«.[3] Erst sehr viel später, gegen Ende der viktorianischen Epoche, wurde der Händedruck zur solidarischen Begrüßung.

Händedruck-Tells

Bewirkt der Händedruck etwas? Die Antwort lautet: Ja. Das illustriert ein von Allen Konopacki in den USA durchgeführtes, recht intelligentes Experiment, bei dem er ein 25-Cent-Stück in einer Telefonzelle liegen ließ.[4] Die meisten Leute, die kurz danach die Telefonzelle benutzten, nahmen die Münze und steckten sie ein. Als sie aus der Zelle traten, kam jedes Mal ein Student auf sie zu und fragte, ob sie vielleicht seinen Vierteldollar gesehen hätten. Über 50 Prozent der Leute logen und behaupteten, die Münze nicht gesehen zu haben. In der zweiten Hälfte des Experiments begrüßte der Student alle, die aus der Telefonzelle kamen, stellte sich vor, schüttelte ihnen die Hand und fragte dann, ob sie nicht seinen Vierteldollar gesehen hätten. Jetzt logen nur 24 Prozent der Personen, die die Münze eingesteckt hatten. In dieser Situation bewirkte das Händeschütteln ganz eindeutig etwas, denn es schuf eine Solidaritätsbindung, die den Leuten das Lügen sehr erschwerte.

Was eindeutig für das Händeschütteln als solidarische Grußform spricht, ist seine Symmetrie – die Tatsache, dass beide Personen dasselbe tun. Wenn wir uns aber einmal genauer ansehen, wie Leute eigentlich die Hand geben, stellen wir fest, dass sie oft etwas leicht Unterschiedliches tun und dies uns als wichtige Informationsquelle dafür dienen kann, was die Betreffenden eigentlich für Menschen sind und was sie füreinander empfinden.[5] Diese Händedruck-Tells werden für Unbeteiligte nicht immer sichtbar. Manchmal vermag nicht einmal die andere an dem Handschlag beteiligte Person sie zu erkennen.

Der Händedruck kann sehr verschieden sein – je nachdem, wer die Initiative dazu ergreift, wie die Hand gereicht wird, wie oft sie auf und ab bewegt wird, wer das Händeschütteln steuert, ob es von einem Lächeln begleitet wird, was die Beteiligten dabei sagen und so weiter. Die Berührung selbst unterscheidet sich danach, wie fest oder schlaff die Hand des anderen gehalten wird, nach der Temperatur der Hand und danach, wie trocken oder feucht sie sich anfühlt, nach ihrer Position im Verhältnis zur Hand des Gegenübers und dem Verhalten des übrigen Körpers. Im Wesentlichen gibt es acht Arten von Händedruck:

- DER KNOCHENQUETSCHER. Eine der Grundregeln beim Händeschütteln lautet, dass der Griff weder zu fest noch zu schlaff sein soll und dass jeder Beteiligte den Druck seiner Hand dem des anderen anpassen soll. Manche Leute verletzen diese Regel, indem sie die Hand ihres Gegenübers quetschen. Manchmal geschieht das ganz unbewusst. In den meisten Fällen soll damit jedoch Stärke demonstriert, möglicherweise auch der andere auf seinen Platz verwiesen werden. Menschen, die anderen zeigen wollen, dass sie nicht so schwach und unfähig sind, wie sie aussehen, wollen durch den »Knochenquetscher« oft etwas kompensieren.
- DER SCHLAFFE HÄNDEDRUCK. Ein schlaffer Händedruck findet dann statt, wenn jemand dem anderen eine völlig entspannte Hand reicht. Sie übt keinerlei Druck auf die Hand des Gegenübers aus und trägt zum eigentlichen Händedruck nichts bei. Wer eine schlaffe Hand reicht, hat in mehr als einer Hinsicht keinen wirklichen Kontakt mit dem anderen. Er bleibt so passiv und distanziert wie seine Hand – er ist einfach nicht auf die Person eingestellt, die er da gerade begrüßt. Dies geschieht häufig bei selbstgefälligen Menschen oder Personen, die oft sehr vielen Menschen die Hand geben müssen. Der »Große Vorsitzende« Mao zum Beispiel war bekannt für seinen sehr schlaffen, unverbindlichen Händedruck. Manchmal jedoch kann ein schwacher Händedruck auch einer kulturellen Konvention entsprechen – in Westafrika ist der Händedruck oft sehr sanft.[6] Frauen, die den Eindruck gelangweilter Weiblichkeit kultivieren wollen, reichen ihrem Gegenüber gern eine ziemlich schlaffe

Hand. Auch starke Menschen tun das oft, doch bei ihnen geht es darum, ihre Kraft zu betonen. Man sagt, Mike Tyson reiche einem eine ganz entspannte, fast zarte Hand, wenn er jemanden außerhalb des Boxrings begrüßt – das völlige Gegenteil von dem, was im Ring passiert.

- DER FESTE HÄNDEDRUCK. Bei einem festen Händedruck werden die Finger um die Hand des Gegenübers gelegt, der Griff ist dabei weder zu fest noch zu locker. William Chaplin und seine Studenten von der University of Alabama haben eine ausführliche Untersuchung über die Beziehung zwischen Händedruck und Persönlichkeit durchgeführt.[7] Sie entdeckten dabei, dass extravertierte und emotional expressive Menschen zu einem festen Händedruck neigen – im Gegensatz zu neurotischen und schüchternen Menschen. Sie stellten auch fest, dass Menschen, die offen sind für neue Erfahrungen, einen festen Händedruck haben, was allerdings nur für Frauen gilt. Männer mit derselben Eigenschaft haben deswegen weder einen festeren noch einen schwächeren Händedruck.
- DER KLETTEN-HÄNDEDRUCK. Es gibt auch Leute, die die Hand ihres Gegenübers gar nicht wieder loslassen wollen – sie hängen daran wie eine Klette. Der Kletten-Händedruck kann verschiedene Motive haben, doch immer geht es letzten Endes um Kontrolle. Indem man die Hand des anderen festhält, kann man bestimmen, wie es weitergeht, und den anderen viel länger festhalten, als er oder sie eigentlich wünscht. Wir alle sind schon solchen Leuten begegnet oder haben sie beobachtet. Sie versuchen so verzweifelt, jemanden am Weggehen zu hindern oder daran, das Wort zu übernehmen oder das Thema zu wechseln, dass sie sich buchstäblich an ihnen festkrallen und sie nicht loslassen wollen. Interessant ist, dass Menschen, die auf diese Weise festgehalten werden, selten

den Mut aufbringen, ihre Hand einfach wegzuziehen. Normalerweise bleiben sie an den anderen gefesselt, bis ihnen eine Ausrede einfällt, wie sie sich von ihm lösen können, oder bis ein Dritter ihnen zu Hilfe kommt.

- DER FEUCHTE HÄNDEDRUCK. Menschen mit verschwitzten Händen versuchen dies oft zu verbergen, indem sie die Hand an ihrer Kleidung abreiben, bevor sie sie jemandem zum Gruß reichen. Eine rasche Wischbewegung mag den Oberflächenschweiß beseitigen, doch sie beseitigt nicht immer die feuchtkalten Anzeichen von Angst oder Unruhe. Ein anderer Trick, den Leute mit verschwitzten Händen benutzen, ist, dass sie ihre Hand leicht wölben, um die Fläche zu reduzieren, die mit der Hand des Gegenübers beim Händeschütteln in Kontakt kommt. Doch nicht jede feuchte Hand ist ein Zeichen für Nervosität oder Aufregung. Man schätzt, dass etwa fünf Prozent der Bevölkerung unter Hyperhidrose leiden, chronischer Schweißabsonderung, die eher auf genetische Faktoren als auf Angst zurückzuführen ist.
- DER VERSTÄRKTE HÄNDEDRUCK. Will jemand seinem Händedruck mehr Begeisterung oder Intimität verleihen, ergreift er manchmal die Rechte des anderen mit beiden Händen. Dies ist nur eine von mehreren Varianten des verstärkten Händedrucks – zum Beispiel kann auch die linke Hand auf die Schulter, den Ober- oder Unterarm des Gegenübers gelegt werden. Wer einen verstärkten Händedruck ausübt, übernimmt automatisch die Kontrolle über die Begrüßungssituation, indem er den physischen Kontakt verstärkt und damit auch die Bindung an den anderen betont. Einhändiges Händeschütteln kann manchmal gleichgültig sein, ein verstärkter Händedruck jedoch nie.
- DER VERSCHOBENE HÄNDEDRUCK. Bei einem symmetrischen Händedruck sollten sich die Hände der

Beteiligten auf halber Strecke treffen – mit anderen Worten, mitten im Niemandsland. Es gibt zwei Verfahren, den Händedruck so zu verschieben, dass er im Bereich eines der beiden Beteiligten stattfindet. Das eine ist der Händedruck mit »Engführung«, bei dem einer den anderen in seinen persönlichen Freiraum zieht und damit den Händedruck nach seinen eigenen Bedingungen gestaltet. Der andere ist der »Invasions«-Händedruck, bei dem jemand seinen Arm so weit ausstreckt, dass der Händedruck zwingend im Freiraum des anderen und nicht im eigenen stattfinden muss. Für den Außenstehenden mögen diese beiden Arten von Händedruck im Ergebnis recht ähnlich aussehen, doch für die Beteiligten fühlen sie sich ganz verschieden an; denn sie sind sich dessen bewusst, wer hier wen schiebt oder zieht und wer letzten Endes entscheidet, wo der Händedruck stattfinden wird.

- DER HÄNDEDRUCK MIT OBERHAND. Eine andere Art, wie man einen Händedruck asymmetrisch machen und sich gegen den anderen durchsetzen kann, ist, den Unterarm so zu drehen, dass die eigene Hand oben liegt und die des Gegenübers unten. Auch wenn er sich dessen vielleicht gar nicht bewusst ist, gewinnt derjenige, der erreicht, dass seine Hand obenauf liegt – mit dem Handrücken nach oben –, automatisch einen Vorteil über den anderen, dessen Hand mit geöffneter Handfläche unten liegt. Eine nach unten geneigte Haltung wird nämlich immer mit Dominanz und Kontrolle assoziiert, jede Rückenlage hingegen mit Unterwerfung und Passivität. Auch wenn sie sich der Haltung ihrer Hände gar nicht bewusst sind, wird sich derjenige, dessen Hand oben liegt, dominanter fühlen und der mit der unten liegenden Hand entsprechend unterlegener.

Auch wenn wir den Händedruck gern für unwichtig halten, kann er sehr viel darüber aussagen, wie Menschen Dominanzprobleme lösen. Damit ein Händedruck überhaupt zustande kommt, müssen die Beteiligten kooperieren, denn die Hände müssen sich wirklich berühren. Daran, wie zwei Menschen ihre Hände halten, kann man erkennen, ob die Position gleich ist oder ob einer von ihnen darauf aus ist, die Oberhand zu gewinnen. Was der eine gewinnt, indem er die Hand oben hat, wird der andere vermutlich verlieren – nicht nur, weil seine Hand unten liegt, sondern auch, weil er sich auf diese Handhaltung einlassen muss, damit der Händedruck überhaupt zustande kommt.

Macht-Tells

Die Art, wie Politiker Hände schütteln, sagt viel aus über stumme Machtdemonstrationen. Wie die meisten Menschen in Machtpositionen war Präsident Harry Truman daran gewöhnt, sich durchzusetzen, und das zeigte sich auch an der Art, wie er Hände schüttelte. Als er 1950 General Douglas MacArthur auf Wake Island traf, wurden die beiden beim Händeschütteln fotografiert; dabei lag Trumans Hand oben und MacArthurs Hand unten. Dazu passt, dass Truman redet und lächelt, während MacArthur recht unglücklich wirkt. Die beiden Männer hatten schon damals Meinungsverschiedenheiten, und nicht lange danach griff Truman zu der drastischen Maßnahme, MacArthur das Kommando über die UN-Streitkräfte in Korea zu entziehen. Es gibt auch ein Foto von 1953, auf dem Harry Truman kurz vor Ende seiner Dienstzeit den designierten zukünftigen Präsidenten Dwight D. Eisenhower begrüßt. Auch hier hat Truman seine Hand obenauf und Eisenhower die seine unten – genau wie man es von diesem herrischen Präsidenten und seinem

Der Händedruck mit Oberhand. Der Wunsch nach Dominanz zeigt sich oft, wenn einer der Beteiligten beim Händedruck buchstäblich die Oberhand hat. Am Ende ihrer Fernsehdebatte hat John F. Kennedy, der nicht nur aus der Debatte als Sieger hervorging, sondern dann auch die amerikanische Präsidentenwahl von 1960 gewann, seine Hand oben, während die des Verlierers Nixon unten liegt.

sehr viel lockerer auftretenden frisch gewählten Nachfolger erwarten sollte.

Als John F. Kennedy und Richard Nixon anlässlich ihrer berühmten Fernsehdebatte von 1960 aufeinander trafen, wurden die beiden beim Händeschütteln fotografiert. In den Gesichtern der beiden gibt es keinerlei Hinweis, an dem man ablesen könnte, wer sich zu diesem Zeitpunkt zuversichtlicher fühlte – beide lächeln und wirken sehr gefasst. Und doch weist ihr Händedruck ein entscheidendes Tell auf: Kennedy hat seine Hand obenauf, während Nixons unten liegt. Dies ist ein perfektes Beispiel für ein Vorzeichen – ein *foretell* –, scheint es doch Kennedys Sieg über Nixon zu prophezeien. Natürlich können Vorzeichen nicht wirklich etwas vorhersagen. Sie sehen nur so aus, denn Tell wie Ereignis haben andere Faktoren als Ursache – in diesem Fall vermutlich Kennedys Popularität und Nixons unbewusste Erkenntnis, dass er die Wahl nicht gewinnen werde.

Wenn zwei Staatsoberhäupter sich vor Kameras begegnen, ist es von größter Wichtigkeit, dass beide in positivem Licht erscheinen und keiner im Schatten des anderen steht. Stehen zwei Staatsmänner nebeneinander, gibt es nichts, was dem einen oder anderen einen Vorteil verschaffen könnte. Beim Händeschütteln aber hat der Politiker links im Bild einen natürlichen Vorteil, weil man seinen Arm sieht, während der des anderen verborgen bleibt. Das ist der Vorteil der linken Seite. Pressefotos von George W. Bush und Tony Blair zeigen die beiden oft eng nebeneinander stehend beim Händeschütteln. Bush steht normalerweise vom Betrachter aus gesehen links und Blair rechts. Der Betrachter sieht nur zwei Staatsoberhäupter bei der Begrüßung. Nur selten wird er die Asymmetrie des Bildes bemerken und realisieren, wie diese seine Wahrnehmung der beiden Politiker beeinflusst. Da mehr von Bushs Arm zu sehen ist, scheint er – was einem gar nicht bewusst wird – mehr zu sagen zu haben und daher der Mächtigere der beiden zu sein. Dieser Effekt ist noch ausgeprägter, wenn die beiden Staatsoberhäupter, durch einen Händedruck »mit Engführung« verbunden, ganz nahe beieinander stehen, denn in diesem Fall sieht man den Arm der Person auf der rechten Seite praktisch überhaupt nicht. Manche Politiker scheinen das instinktiv zu wissen und versuchen manchmal, etwas zu unternehmen, um die Nachteile der Position auf der rechten Bildseite zu verringern. Das geschieht auf zweierlei Weise:

- DEN HÄNDEDRUCK VERLAGERN. Indem er frühzeitig den Arm ausstreckt und damit erzwingt, dass der Händedruck in der persönlichen Körpersphäre seines Gegenübers stattfindet, kann ein Politiker dafür sorgen, dass mehr von seinem rechten Arm auf dem Foto erscheint. Genau das tat Nikita Chruschtschow, als er 1961 Präsident Kennedy in Wien traf. Kennedy war damals abgelenkt, weil sein Rücken ihm große Probleme verursachte. Chruschtschow aber meinte, Kennedy, den er als politisches Leichtgewicht betrachtete, in die Tasche stecken zu können. Das erkennt man an der Art, wie er beim Händedruck die Initiative ergriff. Während sie aufeinander zugingen, streckte Chruschtschow, der sich auf der rechten Seite befand, die Hand aus, sodass der Händedruck innerhalb von Kennedys Körpersphäre stattfand und nicht in seiner. Mit seinem ausgestreckten Arm wirkte Chruschtschow zuversichtlich und freundlich, Kennedy mit seinem angewinkelten Arm dagegen vorsichtig und angespannt. Durch einen simplen Trick hatte Chruschtschow es fertig gebracht, die Begegnung zu seinem Vorteil zu wenden. Einen sehr ähnlichen Vorfall gab es 1972 in Peking bei der Begegnung von Präsident Nixon und Mao Tse-tung. Auf dem berühmten Foto von diesem Treffen steht Nixon links, doch Mao scheint die

Begegnung zu dominieren, denn sein Arm ist weit ausgestreckt, und es sieht so aus, als schüttele er Nixons Hand und nicht umgekehrt.

- DEN HÄNDEDRUCK ÖFFNEN. Wenn sich zwei Politiker die Hand schütteln und sich dabei direkt gegenüberstehen, hat der links Stehende den Vorteil der linken Seite. Stehen aber die beiden Politiker mehr zur Kamera hingewandt, beginnt der Links-Vorteil zu schwinden, denn dann kommt mehr vom Arm der rechts stehenden Person ins Bild. Es gibt ein berühmtes Foto, auf dem Richard Nixon und Elvis Presley sich die Hand schütteln und Presley rechts im Bild steht. Da beide Männer der Kamera zugewandt sind, ist Presleys ganzer rechter Arm sichtbar, und daher scheint er genauso wichtig zu sein wie der Präsident.

Bemerkt ein Politiker, dass er bei einem offiziellen Händedruck auf der rechten Seite des Bildes stehen wird, braucht er sich dadurch nicht in eine passive Rolle drängen zu lassen. Indem er dem anderen den Arm entgegenstreckt oder seinen Körper stärker der Kamera zuwendet, kann er die Nachteile der rechten Bildseite ausgleichen.

Die symbolische Bedeutung des Händedrucks ist gar nicht hoch genug einzuschätzen, vor allem in der politischen Sphäre. Die Beziehungen zwischen den USA und Kuba zum Beispiel waren seit Castros Machtantritt sehr angespannt. Auch wenn es Kontakte auf höchster Ebene gab, ließ man doch öffentlich nichts davon verlauten, um die in den USA lebenden Exil-Kubaner nicht zu beunruhigen. Als jedoch Bill Clinton im Jahr 2000 an einem Treffen von Staatsoberhäuptern der Vereinten Nationen teilnahm, kam es zu einer unvermuteten Begegnung mit Fidel Castro. Ganz spontan schüttelten sich die beiden Staatschefs die Hände, tauschten ein paar Freundlichkeiten aus und gingen dann ihrer Wege. Als ein Sprecher des Weißen Hauses gefragt wurde, ob es zu einem Händedruck zwischen Clinton und Castro gekommen sei, leugnete er, dass etwas dergleichen stattgefunden hätte. Später, als dem Weißen Haus klar wurde, dass es zu viele Zeugen des Händedrucks gab, um ihn zu vertuschen, gab man nach und räumte ein, es habe tatsächlich ein kurzer, spontaner Austausch zwischen den beiden Männern stattgefunden, wobei sie sich auch die Hand gegeben hätten. Die Tatsache, dass man es für nötig hielt, dies zu leugnen, illustriert, was für ein starkes Symbol der Anerkennung dies sein kann. In der Politik gibt es keinen neutralen Händedruck.

Nie wurde die Bedeutung des Händedrucks offensichtlicher als bei dem historischen Treffen zwischen Yitzhak Rabin und Jassir Arafat unter der Regie und Oberaufsicht von Bill Clinton 1993 auf dem Rasen des Weißen Hauses. Vor Beginn des Treffens herrschte allgemeine Nervosität, denn niemand wusste, wie sich Rabin und Arafat verhalten würden, wenn der Augenblick für den Handschlag kam. George Stephanopoulos, der Pressesprecher des Weißen Hauses, erinnert sich in allen Einzelheiten an die Vorbereitungen:

»Am Samstagmorgen übten wir den Handschlag. Das war nur ein Probelauf; vier Jungs in Jeans an meinem Schreibtisch versuchten sich ein Bild davon zu machen, wie dieser diplomatische Tango wohl ablaufen könnte. Erst kamen die Unterschriften mit zahlreichen Kopien des Abkommens, die alle einzeln unterzeichnet werden mussten. Dann würde der Präsident sich nach links wenden und Arafats Hand schütteln; dann nach rechts und Rabins Hand schütteln; dann würde er mit leicht angehobenen Armen einen halben Schritt zurück tun und darauf hoffen, dass nun Arafat und Rabin sich vor seinem Gürtel die Hände zum Bild des Jahrzehnts reichen würden... Zum Schluss sagte ich zu Clinton noch: ›Und denken Sie an Ihren Gesichtsausdruck.‹ Natürlich war ihm klar, dass ein breites Grinsen in diesem großen Augenblick unangebracht war; wenn er aber überkompensierte, konnte das mürrisch oder bedrückt wirken … Wir übten ein Lächeln mit geschlossenem Mund.

Als der große Tag kam, lief alles nach Plan:

Die Zeremonie lief ab wie ein Traum. Rabin wirkte immer noch besorgt; Arafat war in Hochstimmung; und auf dem Höhepunkt war Clinton mehr denn je der überlegene Präsident – ruhig, selbstsicher und ganz Herr des Geschehens, als er mit dem richtigen halben Lächeln den halben Schritt zurück tat und sacht den Weg frei machte. Alle Anwesenden hielten den Atem an. Dann reichten sich Arafat und Rabin die Hände, schüttelten sie, und dann dröhnte der Applaus über den ganzen Rasen.«[8]

Das berühmte Foto vom Handschlag zwischen Rabin und Arafat ist voller faszinierender *Tells*. Clinton dominiert die Szene völlig – er steht nicht nur unverstellt von den anderen im Zentrum des Bildes, sondern auch einen guten Kopf höher als Rabin und Arafat und demonstriert damit, dass die USA größer, stärker und wohlwollender sind als jedes andere Land. Das interessanteste Detail an dem Bild ist aber, wie Clinton seine ausgestreckten Arme mit geöffneten Händen hinter den beiden Protagonisten ausstreckt und sie umfasst. Mit dieser Haltung übernimmt Clinton eine quasireligiöse Rolle. Er scheint nicht nur ganz allein für die Annäherung zwischen Israel und den Palästinensern verantwortlich, sondern wie die berühmte Statue des segnenden Heilands über Rio de Janeiro der neu begründeten Beziehung seinen Segen zu geben.

Umarmungs-Tells

Vor dem Fall der Berliner Mauer waren Umarmungen ein fester Bestandteil osteuropäischer Politik. Eine männlichbärenhafte Umarmung, zuweilen sicherheitshalber noch ergänzt durch ein oder zwei Wangenküsse, war damals die Standardbegrüßung zwischen kommunistischen Staatsführern. Heutzutage ist die politische Bärenumarmung praktisch verschwunden, weitgehend wohl wegen der Assoziationen mit einer ausgedienten politischen Ideologie. Die heutigen osteuropäischen Politiker schütteln sich in der Regel die Hände.

Außerhalb der politischen Arena dient die Umarmung als ein Begrüßungsritual für Menschen, die sich sehr nahe stehen, die sich lange nicht gesehen haben oder das Bedürfnis verspüren, einander zu trösten und zu stützen.[9] In mancher Hinsicht ist die Umarmung intimer als das soziale Küssen, denn während man nicht lange überlegen würde, bevor man seiner Gastgeberin zum Abschied einen Kuss auf die Wange gibt, würde es einem im Traum nicht einfallen, sie in den Arm zu nehmen, wenn man sich nicht sehr gut kennt. Es gibt verschiedene Arten von Umarmung, und jede bietet wichtige Tells.

- SEITLICHE UMARMUNGEN. Eine Umarmung von der Seite findet dann statt, wenn zwei Menschen nebeneinander stehen und der eine oder auch beide den Arm um den anderen legen und ihn drücken. Diese Art von Umarmung sieht man oft bei Menschen, die sich Gedanken darüber machen, dass ihre liebevollen Gesten falsch interpretiert werden könnten: Ein Mann könnte zum Beispiel seinen Freund so umarmen, weil er nicht will, dass jemand ihn für schwul hält, oder der Chef könnte seine Sekretärin seitlich drücken, damit niemand das als eindeutigen Annäherungsversuch interpretieren kann.
- FRONTALE UMARMUNGEN. Hier geht es um richtiges Umarmen – eine Umarmung, bei der sich die Körper der beiden Menschen auf voller Breite berühren.

Menschen, die ihre Zuneigung füreinander ausdrücken wollen und sich nichts daraus machen, was andere über sie denken könnten, bevorzugen diese Art von Umarmung.

- HALBMOND-UMARMUNGEN. Eine Halbmondumarmung findet dann statt, wenn sich zwei Menschen beim Umarmen zwar gegenüberstehen, ihre Körper sich jedoch nur zum Teil berühren. Sie wird von Menschen bevorzugt, die befürchten, man könne einer vollen frontalen Umarmung eine sexuelle Bedeutung unterstellen.
- EHRLICHE UMARMUNGEN. Wie wohl sich jemand bei einer Umarmung fühlt, kann man oft daran erkennen, was er oder sie dabei mit dem Becken tut und wo die Füße stehen. Wer sich voll und ganz auf die Umarmung einlässt und nicht versucht, sie für andere Zwecke zu benutzen, steht dabei meist gerade, sodass sein Körper den der anderen Person fast oder ganz knapp berührt.
- KONKAVE UMARMUNGEN. Wer nur ungern andere Menschen umarmt, verrät sich oft, indem er seine Füße etwas weiter weg stellt. Damit verringert sich die Wahrscheinlichkeit eines Körperkontakts. Ein weiterer verräterischer Hinweis ist die Position des Beckens, denn wer Umarmungen nicht liebt, zieht meist seinen Unterleib vom Gegenüber weg.
- KONVEXE UMARMUNGEN. Will jemand zeigen, dass er sich von der Person, die er gerade umarmt, angezogen fühlt, stellt er gewöhnlich seine Füße nahe an diese heran und schiebt sein Becken in deren Richtung vor. Da der offizielle Teil sozialer Interaktion oberhalb der Taille stattfindet, kann das, was jemand während einer Umarmung mit Füßen und Hüfte tut, wohl von dem umarmten Gegenüber wahrgenommen werden, wird von den Umstehenden jedoch selten bemerkt. Für jemanden aber, der sich mit Tells befasst, eröffnet sich

hier eine reiche Quelle an Informationen darüber, was inoffiziell zwischen den Beteiligten abläuft.

- UMARMUNGEN MIT RÜCKENKLOPFEN. Außerordentlich informativ ist auch, wo jemand während der Umarmung seine Hände hat und was er mit ihnen tut. Die meisten Menschen umfassen oder umarmen ihr Gegenüber. Je intensiver die Gefühle für den anderen sind, desto enger ist die Umarmung, und desto länger dauert sie an. Beobachtet man Menschen bei der Umarmung, fällt einem auf, wie viele Umarmungen mit mehrfachem Klopfen auf den Rücken einhergehen – meist nur seitens einer Person, nicht beidseitig. Das Klopfen ist sehr aufschlussreich, sieht es doch wie eine Art von Beruhigung oder Bestärkung aus, und dafür halten wir es auch gern. Die wahre Bedeutung des Rückenklopfens während einer Umarmung ist jedoch die eines Loslass-Signals – es fordert die Freigabe. Beobachten Sie einmal zwei Personen beim Umarmen, und Sie werden bald erkennen, welche entscheidende Rolle das Klopfen auf den Rücken für die Beendigung der Umarmung spielt. Sie sehen zum Beispiel, wie ein Mann auf eine ihm bekannte Frau zugeht und seine Arme um sie legt. Sie reagiert, indem sie ihn ihrerseits umarmt. Einige Sekunden später klopft sie ihm auf den Rücken. Der Mann lässt sofort los, und die beiden lösen sich voneinander. Dabei merkt der Mann gar nicht, dass er unbewusst auf Anweisung der Frau handelt – indem sie ihm auf den Rücken klopft, erklärt sie die Umarmung für beendet. Auch der Frau ist nicht bewusst, was da vor sich geht – natürlich weiß sie, dass sie dem Mann auf den Rücken klopft, doch sie erkennt dabei nicht, dass sie das Klopfen als ein Beendigungssignal einsetzt. Im Kontext einer Umarmung dient das Rückenklopfen daher als ein verstohlenes Tell – es gibt vor, etwas zu sein, was es nicht ist. Es mag zwar wie eine

Geste der Zuneigung aussehen, doch sein wahrer Zweck ist, die Umarmung zu beenden – und das, ohne jemanden zu beleidigen.

Kuss-Tells

In manchen Gesellschaften herrschen – abhängig von Geschlecht, Alter und sozialem Rang – strenge Begrüßungsregeln. Auch in unserer Gesellschaft gibt es ungeschriebene Regeln, doch diese sind meist fließender und weniger strikt definiert. Es gibt zum Beispiel Situationen, in denen nicht ganz klar ist, ob wir jemanden auf die Wange küssen oder ihm lieber die Hand geben sollen, auch wenn unsere diesbezügliche Entscheidung weit reichende Konsequenzen haben könnte. Während der Präsidentenwahl traten Al Gore und George W. Bush getrennt in der *Oprah Winfrey Show* auf. Vor seinem Auftritt in der Fernsehshow eilte Gore der Ruf voraus, er küsse gern – im Monat zuvor hatte er seiner Frau Tipper auf der Parteiversammlung einen gewaltigen Kuss verpasst. Doch bei seinem Auftritt in Oprahs Show reichte Gore ihr höflich die Hand. Bush hingegen verhielt sich entgegengesetzt – er küsste Oprah auf die Wange. Die Art und Weise, wie die beiden Kandidaten Oprah begrüßten, verstärkte die öffentliche Wahrnehmung von Gore als kühl und steif und von George W. Bush als offen und freundlich. Kleine Dinge wie die Art und Weise, wie jemand andere Menschen begrüßt, können enorme Auswirkungen darauf haben, wie man ihn einschätzt.

Ganz allgemein gesehen gibt es zwei Arten von Küssen:

- KÜSSE AUF DIE WANGE. Dies sind meist soziale Küsse; man bedient sich ihrer zur Begrüßung und zum Abschied.

- KÜSSE AUF DEN MUND. Sie gehören normalerweise in den Bereich von Sex und Romantik. Doch es gibt auch Fälle, wo Küsse auf den Mund zum Begrüßungsritual gehören.

Die Engländer gelten allgemein als recht kühl und zurückhaltend. Deshalb überrascht die Entdeckung einigermaßen, dass es einmal eine Zeit gab, als die Engländer als die unbestrittenen Kuss-Champions von Europa galten. Im 15. Jahrhundert war es unter Männern wie Frauen allgemein verbreitet, Freundschaftsküsse auszutauschen, selbst unter Fremden.[10] Als der niederländische Gelehrte Erasmus von Rotterdam 1498/99 England besuchte, hatte diese Sitte geradezu epidemische Ausmaße erreicht. In einem Brief an einen Freund schrieb Erasmus: »Wohin man kommt, man wird von allen mit einem Kuss empfangen; wenn man sich verabschiedet, wird man mit Küssen entlassen; man kehrt zurück, wiederum Küsse. Jemand besucht dich, wieder Küsse; man verabschiedet sich von dir, du küsst alle der Reihe nach. Wo immer man jemandem begegnet, Küsse im Übermaß – wohin man sich begibt, nichts als Küsserei.«[11] Diese Küsse waren nicht etwa die flüchtigen Wangenküsschen, wie sie heute üblich sind – man küsste sich auf die Lippen! Die meisten Europäer hielten diese Sitte damals für in höchstem Grade ungehörig, und selbst die Franzosen (die wir doch heute für eine ausgesprochen kussfreudige Nation halten) waren schockiert von der Art der Engländer, einander bei jeder Begegnung auf den Mund zu küssen.

Diese englische Sitte des Küssens ging zwar schon im Laufe des 16. Jahrhunderts zurück, bestand aber bis zur Restauration 1660 fort und wurde erst danach ganz aufgegeben. Damals schlossen sich die Engländer der Liga der nichtküssenden Nationen an. Im Laufe der letzten Jahrzehnte jedoch hat sich das geändert, und das soziale Küssen erlebt zurzeit ein mächtiges Comeback.

Die Art und Weise, wie jemand andere im gesellschaftlichen Umgang küsst, verrät uns viel darüber, was für ein Mensch er ist, über sein Verhältnis zu seinem Gegenüber und zum Küssen überhaupt.

- HANDKÜSSE. Bis zum Zweiten Weltkrieg war es für Männer in Europa üblich, eine Dame mit Handkuss zu begrüßen. Diese Praxis ist bei jungen Leuten ganz verschwunden, doch einige ältere Herren haben die Sitte des Handkusses bis heute beibehalten.
- KÜSSE AUF DEN KOPF. Das Küssen auf die Stirn oder auf den Kopf ist eine weitere einseitige Art des Küssens – so küssen Eltern ihre kleinen Kinder, und so wird ein Kuss auch bis heute als eine Form des Segens gegeben. Wenn jemand Sie auf den Kopf küsst, ist das ein Ausdruck dafür, dass er Sie beschützen möchte.
- WANGENKÜSSE. Gesellschaftliches Küssen besteht in der Regel aus Wangenküssen. In Ländern, wo das soziale Küssen zu den ganz normalen Gepflogenheiten gehört, weiß jeder, auf welcher Seite man anfängt und wie viele Küsse man austauscht. In Ländern wie den USA, Großbritannien und Australien, wo die Kusssitten sich erst entwickeln, sind die Menschen oft unsicher, mit welcher Seite man beginnt und wie oft man den anderen küssen sollte.
- VAKUUMKÜSSE. Beim vorgeblichen Wangenkuss verfehlen manche Leute das Ziel und küssen stattdessen die Luft. Diese Vakuumküsse kann man zwei Arten zuordnen – verfehlten Küssen, wobei zwar die Wangen der beiden Parteien Kontakt haben, die Lippen aber die Wange der Gegenseite nicht berühren, und Luftküssen, wobei man nur die entsprechenden Bewegungen durchführt, ohne dass es überhaupt zu einem physischen

Kontakt kommt. Luftküsse gibt jemand, dem körperlicher Kontakt Unbehagen bereitet; und beide Arten des Vakuumkusses werden von Frauen bevorzugt, wenn sie ihr Make-up nicht ruinieren oder keine Lippenstiftspuren am anderen hinterlassen möchten.

- VORGETÄUSCHTE KÜSSE. Wenn Sie Leute beim sozialen Küssen beobachten, werden Sie bemerken, dass es Menschen gibt, die ihre Wange an die des anderen drücken, ohne auch nur die Lippen zu verziehen, geschweige denn die Luft zu küssen. Diese vorgetäuschten Küsse tun so, als seien sie richtige Küsse, bieten dabei aber nicht mehr als die Wange. Man findet sie bei Menschen, die von Natur aus passiv sind und sich lieber küssen lassen, als selbst küssen zu müssen. Das Interessante am vorgetäuschten Kuss ist, dass der andere Beteiligte dies in der Regel gar nicht bemerkt – nur die Umstehenden sehen, was wirklich vor sich geht.
- HÖRBARE KÜSSE. Manche Wangenküsse sind stumm, andere gehen einher mit einem hörbaren Schmatzgeräusch der Lippen. Andere Küsse wiederum werden von hörbaren Lauten wie »mwah!« begleitet. Diese klingen manchmal wie Zeichen freudiger Zustimmung, können aber auch scherzhaft-komisch wirken. Doch trotz der Übertreibung und des Gelächters, von denen diese Laute begleitet werden, sind sie in Wirklichkeit Zeichen des Unbehagens und werden von Menschen erzeugt, die sich von dem Kuss distanzieren wollen, indem sie sich darüber lustig machen. Wer keinerlei Probleme mit dem sozialen Küssen hat – wie die Italiener oder die Franzosen –, begleitet seine Küsse nicht mit irgendwelchen Geräuschen. Nur wer sich – wie die Briten – bei gesellschaftlichen Küssen befangen fühlt, empfindet das Bedürfnis, zu übertreiben und seine Küsse mit lauten Geräuschen zu garnieren. Das ist ihre Art, Aufmerk-

samkeit auf den Kuss zu lenken, um sich zugleich davon distanzieren zu können.

Namens-Tells

Wenn sich Menschen zum ersten Mal begegnen, stellen sie sich normalerweise selbst vor, oder jemand anders macht sie miteinander bekannt. Man selbst stellt sich meist ohne alle Umschweife vor – entweder gleich zu Anfang einer Begegnung oder einige Zeit nach Beginn der Unterhaltung. Bei der Vorstellung durch einen Dritten ist das meist ein wenig komplizierter, denn der Vorstellende muss die Begegnung herbeiführen, die Beteiligten miteinander bekannt machen und gegebenenfalls auch etwas über sie sagen.

Beim Beschreiben oder Präsentieren der beiden Parteien muss er drei Aufgaben erfüllen – erstens muss er die Vorstellung begründen, zweitens muss er etwas Positives über jede Person sagen, und drittens muss er eine Basis bieten, welche die einander Vorgestellten als Ausgangspunkt für eine Unterhaltung nehmen können. Die ideale Präsentation leistet das alles. Manche Leute aber sind, wenn sie jemanden vorstellen, bei der Begründung so übereifrig, dass sie dessen Verdienste übertreiben (»Das ist Susan – sie ist die tollste Klavierspielerin weit und breit!«), während andere so bemüht sind, eine authentische Charakteristik zu liefern, dass sie den neuen Bekannten keine brauchbare Vorgabe für eine Unterhaltung liefern (»Darf ich Sie mit Charles bekannt machen, er arbeitet an einer Neufassung des Fermatschen Satzes!«).

Die wichtigste Aufgabe dessen, der die Vorstellung übernimmt, ist, die Namen der Betreffenden zu nennen (»Susan, ich möchte Sie gern mit Charles bekannt machen. Charles, das ist Susan.«). Diese scheinbar so schlichte Aufgabe bringt alle möglichen Probleme mit sich, nicht zuletzt die Gefahr, dass dem Vorstellenden ein Name nicht einfällt. Da er unter hohem Erwartungsdruck steht, passiert es leicht, dass dieser entscheidende Teil einer Vorstellung verpatzt wird. Es kann recht schwierig sein, Leute miteinander bekannt zu machen, die man nicht besonders gut kennt. Doch selbst wenn man jemanden gut kennt, macht das die Sache nicht unbedingt einfacher, denn es passiert ziemlich oft, dass man sogar beim Vorstellen eines guten Freundes partout nicht auf dessen Namen kommt. Zum Glück gibt es da verschiedene Strategien, mit denen man sein Gesicht und das der Person wahren kann, an deren Namen man sich verzweifelt zu erinnern versucht.

Die eine Strategie besteht darin, dass der Vorstellende den Betreffenden gleich zu Beginn nach seinem Namen fragt. »Entschuldigung«, kann er sagen, »wie war noch Ihr Name?« Sagt die Dame dann: »Margaret Smith«, entgegnet er: »Ja, ich weiß, dass Sie Margaret heißen, ich war mir nur des Nachnamens nicht sicher!« Eine andere Strategie besteht darin, dass der Vorstellende an der Stelle, wo normalerweise der Name kommen sollte, eine hörbare kleine Pause macht – in der Hoffnung, dass der Betreffende ihm beispringt und rasch seinen Namen einfügt. In dieser Situation verhalten sich die Beteiligten meist sehr entgegenkommend. Sagt der Vorstellende zum Beispiel: »Und dies ist …« und lässt genug Raum, um anzudeuten, dass er im Begriff ist, den Namen zu nennen, wird der oder die Betreffende ihm normalerweise zu Hilfe eilen. »Margaret Smith«, wird sie sagen, bevor jemand merkt, dass dem Vorstellenden ihr Name entfallen war. Eine andere Strategie besteht darin, jeden Anwesenden so zu präsentieren, dass das Fehlen des Namens gar nicht auffällt. Eine weitere Strategie wäre, sich im kritischen Moment, wo normalerweise die Namen genannt werden müssten, zu entschuldigen – zum Beispiel:

»Darf ich Sie miteinander bekannt machen… O nein! Da ist gerade meine Schwiegermutter angekommen! Ich muss sie kurz begrüßen… Könnten Sie sich bitte selbst miteinander bekannt machen?«

Manche Menschen geben sich bewusst Mühe, sich bei einer Vorstellung den Namen des anderen zu merken. Der Gastgeber sagt zum Beispiel, während er Bill und Tom miteinander bekannt macht: »Bill, darf ich dich mit Tom bekannt machen.« Beim Händeschütteln sagt Bill: »Hallo, Tom«, und Tom sagt: »Hallo, Bill!« Das Wiederholen des Namens ist ein sehr bequemes Verfahren, ihn sich einzuprägen und dem anderen zugleich zu zeigen, dass man sich die Mühe gemacht hat, sich seinen Namen zu merken. In den USA und Kanada, wo diese Sitte weit verbreitet ist, wird das sehr positiv vermerkt. Leute, die Namen wiederholen, sind beliebter als andere, außer wenn sich jemand damit lieb Kind machen will, weil er etwas dadurch zu gewinnen hofft; in diesem Fall wird das Wiederholen als eine Form des Einschmeichelns betrachtet.

Es gibt verschiedene Gründe, warum man die Namen von Leuten vergisst, die man gerade erst kennen gelernt hat. Ein Grund könnte sein, dass man nicht aufgepasst hat; ein anderer, dass es zu viel Ablenkendes gibt. Ein dritter wäre, dass man zu viele Namen behalten soll, und der vierte, dass man die Informationen vor Aufregung nicht speichern kann. Wer sich besonders gut Namen merken kann, ist auch besonders hoch motiviert. Viele bedienen sich dabei einer Eselsbrücke. Der britische Premierminister Benjamin Disraeli war berühmt für sein Namensgedächtnis, doch es war nicht unfehlbar. Auf die Frage, was er tue, wenn er sich an jemandes Namen nicht erinnern könne, gestand er, dass er immer zum selben Kniff greife – er wende sich dem Betreffenden zu und frage: »Na, wie steht's mit dem alten Leiden?« Das funktioniere immer, behauptete Disraeli.

Unser Gedächtnis wird von ersten und letzten Dingen beherrscht – was wir zuerst und zuletzt gehört haben, daran erinnern wir uns am besten. Genauso ist es mit sozialen Begegnungen. Nichts prägt unser Bild von einem Menschen stärker als das, was im Augenblick der ersten Begegnung und im Moment der Trennung geschieht. Deshalb investieren wir so viel Mühe in Begrüßungs- und Abschiedsrituale – instinktiv wissen wir, dass die Art, wie andere uns wahrnehmen, davon abhängt, wie wir Guten Tag und Auf Wiedersehen sagen.

In mancher Hinsicht besteht kein großer Unterschied zwischen Abschieds- und Begrüßungsritualen. Wie bei der Begrüßung geht es auch beim Abschied um ein Übergangsritual.[12] Außerdem haben Abschiedsrituale eine recht ähnliche, wenn auch umgekehrte Zeitstruktur wie Begrüßungen: Während Begrüßungen aus einer Erkennungs-, Annäherungs- und Begegnungsphase bestehen, setzt sich der Abschied aus einer Trennungs-, Rückzugs- und Verabschiedungsphase zusammen.

Stellen Sie sich einmal vor, zwei junge Leute, ein Mann und eine Frau, sitzen nach der Arbeit noch bei einem Drink in einer Bar zusammen. Irgendwann stellt die Frau fest, dass es für sie an der Zeit ist zu gehen, und wirft schnell einen unauffälligen Blick auf ihre Uhr. Dies ist die erste Vorwarnung, dass sie zu gehen beabsichtigt, sie markiert den Beginn der Trennungsphase. Diese Phase bietet dem jungen Mann und der Frau Gelegenheit, ihre Erwartungen zu koordinieren, sodass beide denselben Abschiedszeitplan verfolgen und keiner der beiden auf der Strecke bleibt. Erreicht wird dies durch einen komplizierten Austausch von Signalen. Nachdem zum Beispiel die Frau auf die Uhr gesehen hat, berührt der Mann vielleicht gedankenverloren seine Aktentasche. Sie reden eine Weile weiter. Dann wendet sie ihren Körper in Richtung Ausgang, womit sie unbewusst signalisiert, wohin sie strebt, und er reagiert unmittelbar, indem er sein Glas leert. In jedem Stadium dieser choreografierten Sequenz signalisiert der eine wie der andere seine Absicht aufzubrechen, und der Partner gibt jeweils die Starterlaubnis – die Handlungen der einen Person sagen: »Ich habe vor aufzubrechen; was meinst du dazu?« und die Reaktionen der anderen Person: »Ich bin einverstanden. Von mir aus können wir gern gehen.«

Die von weniger gut miteinander bekannten Menschen ausgetauschten Signale sind normalerweise sehr behutsam. Auch die Signale naher Freunde sind recht subtil. Doch selbst wenn die zwischen Freunden hin und her gehenden Signale direkt und eindeutig sind, werden sie normalerweise von abmildernden Versicherungen begleitet, die dafür sorgen sollen, dass der andere sich nicht einfach im Stich gelassen fühlt. Wäre zum Beispiel die junge Frau in der Bar plötzlich aufgesprungen und hätte erklärt: »Also, ich gehe jetzt!«, dann hätte sie dem Mann vermutlich noch versichert, sie gehe nicht freiwillig und ihr plötzlicher Aufbruch habe nicht das Geringste mit ihrer Freundschaft zu tun.

Wenn man sich trennt, muss man zweierlei tun – man muss die Begegnung zu einem erfolgreichen Abschluss führen, und man muss zeigen, dass die gute Beziehung von der Trennung nicht beeinträchtigt wird. Um den ersten Teil dieser Botschaft zu übermitteln, müssen die Beteiligten Beendigungssignale aussenden; für den zweiten Teil müssen sie einander Beziehungssignale zukommen lassen.

Jedem von uns steht ein gewaltiges Sortiment an Beendigungssignalen zur Verfügung. Manche sind sprachlicher Art, andere nonverbal. Man kann zum Beispiel eine Unterhaltung dem Ende zuführen, indem man sein Gegenüber weniger oft ansieht und weniger Rückmeldung gibt, während der andere spricht. Wie wir oben gesehen haben, bestehen Rückmeldesignale aus Nicken und Lauten wie »hm hm«, die dem anderen Bestätigung geben und ihm zeigen sollen, dass man nicht beabsichtigt, selbst das Wort zu ergreifen. Das Abnehmen dieser Signale zeigt dem anderen gewöhnlich sehr deutlich, dass die Unterhaltung sich ihrem Ende nähert. Auch Kopf, Arme und Beine werden dazu eingesetzt, diese Botschaft zu übermitteln. Rasches Kopfnicken, Gewichtsverlagerung von einem Bein aufs andere, Umfassen der Armlehnen des Stuhles – all diese Absichtsbezeigungen sollen klar machen, dass man vorhat zu gehen. Einige Beendigungssignale sind klar und eindeutig, die meisten jedoch sind sehr subtil. Doch selbst wenn sie kaum sichtbar sind, erreichen die meisten Beendigungssignale doch ihr Ziel.

Beziehungssignale sollen dem anderen versichern, dass das Ende der Begegnung nicht das Ende der Beziehung bedeutet. Diese Botschaft wird durch verschiedene Formeln übermittelt:

- RECHTFERTIGUNGSFORMELN. Unmittelbar vor dem Aufbruch versichern Leute oft, sie gingen nur, weil sie müssten, nicht etwa, weil sie das wollten. Auf einer Party kann sich zum Beispiel ein Gast an die Gastgeberin wenden und sagen: »Es tut mir Leid, dass wir so früh gehen müssen, aber wir haben unserer Babysitterin versprochen, um elf Uhr wieder zu Hause zu sein.«
- KONTINUITÄTSFORMELN. Man versucht einander auch zu beruhigen, indem man die Beziehung in die Zukunft projiziert. Bei der Verabschiedung benutzt man Floskeln wie: »Also, bis bald!«, »Wir bleiben in Kontakt!« oder »Ich ruf dich nächste Woche an!«.
- BEWERTUNGSFORMELN. Zur Pflege einer Beziehung trägt auch bei, dass man dem Zurückbleibenden

seine Dankbarkeit ausdrückt. Nach einer Einladung zum Beispiel erklärt man seinen Gastgebern zum Abschied, wie schön der Abend war. Und wenn man zufällig einen alten Schulfreund getroffen hat und sich verabschiedet, verleiht man seiner Freude Ausdruck mit einer Bemerkung wie: »Es war richtig nett, dich wiederzusehen!«

Gäste fühlen sich beim Abschied oft stark unter Druck, ihre Dankbarkeit zu übertreiben – besonders wenn sie hören, wie andere Gäste den Gastgebern erklären, wie großartig der Abend war. Sie haben das deutliche Gefühl, dass sie sich nicht von ihren Vorgängern in den Schatten stellen lassen sollten und außerdem etwas Originelles sagen müssen. Das kann sehr schnell zu einer Eskalation der Dankesbezeigungen führen, bei denen jeder sich verabschiedende Gast zu noch blumigeren Dankesformulierungen veranlasst fühlt als sein Vorgänger. Mark Knapp hat diese Situation folgendermaßen beschrieben:

»Nehmen Sie zum Beispiel die letzten Augenblicke einer Cocktailparty. Vor Ihnen stehen aufgereiht mehrere Gäste, um sich von der Gastgeberin zu verabschieden. Sie hören, wie jeder Gast vor Ihnen in der Reihe etwas sagt wie: ›Cynthia, es war herrlich. Es hat riesigen Spaß gemacht. Tausend Dank…‹ Und jetzt sind Sie dran. Wegen der vorangehenden Dankesbezeigungen fühlen Sie sich vielleicht gedrängt, sich emphatischer auszudrücken, als es sonst Ihre Art ist – was jedoch erwartet wird, wenn Sie nicht als unoriginell und undankbar gelten wollen. Also erklären Sie mit dröhnender Stimme: ›Cynthia… einfach fabelhaft! Ich kann mich nicht erinnern, mich je besser amüsiert zu haben! Du und Peter, ihr müsst uns so bald wie möglich besuchen!‹ Später, als Ihre Frau Sie fragt, wie in aller Welt Sie darauf verfallen sind, diese spontane Einladung auszusprechen, merken Sie, dass Sie tatsächlich gar keinen Grund dafür nennen können.«[13]

Während eines Verabschiedungsrituals bewegen sich die Menschen oft voneinander weg und dann wieder zueinander hin. Wenn Sie einmal zwei Menschen beim Abschiednehmen beobachten, werden Sie sehen, wie einer der beiden einen oder mehrere Schritte vom anderen zurücktritt und dann wieder zu seinem Platz zurückkehrt, wobei dieser Vorgang mehrmals wiederholt werden kann. Das ist das »Jojo-Phänomen«. Es ist überall dort verbreitet, wo Platz genug ist für diese Bewegung und wo die Beteiligten bei der Trennung nicht unter Zeitdruck stehen. Wenn Sie Leute auf der Straße stehen und schwatzen sehen, werden Sie oft beobachten, wie einer – oder beide – sich als Vorspiel zum endgültigen Abschied voneinander fort- und dann wieder aufeinander zubewegen.

Vor ein paar Jahren habe ich einmal Leute im Zentrum von Oxford beobachtet und dabei ein Paar gesehen, das sich insgesamt siebzehnmal voneinander weg- und wieder aufeinander zubewegte, bevor es sich endgültig trennte! Oberflächlich sieht das Jojo-Phänomen wie ein schwererer Fall von Entschlussschwäche aus – oder wie eine *fausse sortie*, ein Scheinabgang im Theater, wenn ein Schauspieler so tut, als trete er ab, und gleich wieder zurückkommt. Doch es ist keines von beidem; hier handelt es sich um die Folgen miteinander konkurrierender Beendigungs- und Beziehungssignale. Wenn zwei Menschen beschließen, eine Unterhaltung zu beenden, beginnen sie sich unter anderem voneinander zu entfernen. Und um zu zeigen, dass die Beziehung ihnen immer noch etwas bedeutet, gehen sie wieder auf den anderen zu. Um also zu signalisieren, dass sie die Begegnung zum Abschluss bringen möchten, ihre Beziehung aber nach wie vor intakt ist, endet die Sache oft damit, dass die Beteiligten sich hin und her bewegen. Das Alternieren dieser beiden Signalarten führt dann zum Jojo-Phänomen.

Bevor Menschen tatsächlich auseinander gehen, können sie sich umarmen, küssen oder die Hand schütteln – die Entscheidung hängt oft davon ab, was sie getan haben, als sie sich begrüßten. Das bedeutet jedoch nicht unbedingt das Ende der Trennungsphase, denn oft werden sie, bevor sie tatsächlich gehen, frühere Elemente des Rituals, ja sogar die ganze Sequenz noch einmal durchspielen. Die Rückzugsphase des Abschieds wirkt dann oft recht abrupt – einer oder beide drehen sich einfach um und gehen weg. Doch selbst in diesem späten Stadium des gesamten Vorgangs gibt es Tells, die verraten, was die Menschen denken.

Wenn zwei Personen aufeinander zugehen, konzentrieren sie sich meist auf die Vorderseite ihres Körpers – sie rücken die Krawatte zurecht, knöpfen das Jackett zu oder streichen sich vorn über das Haar. Beim Weggehen jedoch richtet sich die Aufmerksamkeit normalerweise auf die Rückseite des Körpers, weil man weiß, dass diese aller Wahrscheinlichkeit nach von der anderen Person wahrgenommen wird. Die Art und Weise, wie jemand seine Kehrseite in Ordnung bringt, ist oft verräterisch. Streicht sich zum Beispiel jemand genau im Augenblick seines Abgangs das Haar auf dem Hinterkopf glatt, zeigt das, dass er – und sei es unbewusst – weiß, dass man ihn möglicherweise beim Weggehen von hinten beobachten wird.

Die Angewohnheit, sich vor dem Weggehen mit seiner Rückseite zu befassen, ist weitgehend ein weibliches Privileg – einfach deshalb, weil Frauen viel öfter von hinten beurteilt oder bewundert werden als Männer. Frauen strecken manchmal im Moment des Weggehens die Hand nach hinten, um ihren Pullover herunterzuziehen. Das ist das Kehrseiten-Versteck-Tell und lässt erkennen, dass sich die betreffende Frau wegen der Größe ihres Hinterteils Gedanken macht. Frauen, die stolz auf ihre Kehrseite sind oder die Aufmerksamkeit darauf lenken wollen, ziehen vor dem endgültigen Abgang eher ihr Kleid glatt oder legen die Hände in die Nähe ihres Gesäßes.

Während sie sich entfernen, schieben manche Menschen noch eine Lebewohl-Phase ein, in der sie über die Schulter zurückblicken oder sich noch einmal umdrehen und winken, bevor sie ihren Weg fortsetzen. Ist der Abschied nicht weiter wichtig, wendet man sich nicht um. Ist er aber von emotionaler Bedeutung, ist die Versuchung groß, sich umzudrehen und einen letzten Blick auf den anderen zu werfen, bevor man endgültig aufbricht. Häufig ist der Grund, warum sich Menschen noch einmal umdrehen, dass sie den Abschied bedauern und sich nicht trennen wollen. Ein anderes Motiv ist, dass man kontrollieren möchte, ob der andere einem noch nachblickt – wenn man sich soeben von jemandem getrennt hat, ist es immer beruhigend festzustellen, dass er sich noch nicht abgewandt hat und einem nachsieht, bis man endgültig aus seinem Blickfeld entschwindet. Beim Abschied wie bei der Begrüßung geht es immer um die Bestätigung von Beziehungen und darum, den anderen zu beruhigen. Die Tatsache, dass diese Ziele regelmäßig durch den Austausch kurzer verbaler Äußerungen und flüchtiger Gesten erreicht werden, zeigt, was für eine überaus wichtige Rolle Tells in unserem Leben spielen.

7 Königliche Tells

Auf einem Staatsbesuch in Brasilien soll der Herzog von Edinburgh einen brasilianischen General einmal gefragt haben, ob er die glänzende Ordenspracht auf seiner Brust wohl auf dem künstlichen See vor der Hauptstadt Brasilia erworben habe. »Jawohl, Sir«, antwortete der Admiral, »nicht durch Heirat.« Die Zugehörigkeit zum Königshaus beruht natürlich nicht auf Leistung, sondern auf Verwandtschaft oder Heirat. Wie berühmte Stars stehen die Mitglieder des Königshauses ständig im Rampenlicht, doch während Stars hart arbeiten müssen, um sich dort zu halten, sind und bleiben die Angehörigen der königlichen Familie berühmt, egal, was sie tun.

Menschen, die ihre dominante Position aufrechterhalten wollen, müssen andere ständig daran erinnern, wie wichtig sie sind – sie müssen sich ein dominantes Verhalten zulegen, auf ihrem Standpunkt beharren und jeden auf seinen Platz verweisen, der versuchen könnte, ihre Position infrage zu stellen. Das alles gilt nicht für die Angehörigen des Königshauses. Da ihre Stellung sich daraus herleitet, wer sie sind, nicht, was sie tun, können sie auf dominantes Verhalten verzichten. Da sie ihrer Position sicher sind und jedermann sich ihnen immer beugt, können sie es sich im Gegenteil leisten, verbindliche und freundliche Signale auszusenden. Gelegentlich können sie sogar so weit gehen, sich selbst durch unterwürfiges, besonders leutseliges Verhalten bei anderen Menschen beliebt zu machen.

Viele Menschen fühlen sich bei einer Begegnung mit Mitgliedern des Königshauses unbehaglich und unsicher – sie werden nervös, fühlen sich wie auf den Mund gefallen und wissen nicht, was sie sagen sollen. Selbst mächtige Männer, die an der Spitze großer Unternehmen stehen, können zu stammelnden, nach Worten suchenden Idioten werden, wenn sie einem Angehörigen der königlichen Familie gegenüberstehen. Um dem entgegenzuwirken und die Atmosphäre zu entspannen, haben die *Royals* die Angewohnheit entwickelt, freundliche Signale auszusenden – sie lächeln, machen Scherze und hören den Menschen aufmerksam zu. Das ist das moderne Gesicht des Königshauses. Wenn Sie sich aber einmal frühe Filmaufnahmen der britischen Königsfamilie ansehen, werden Sie nicht viel Lächeln entdecken. Auch wenn zum Beispiel Georg V. dem Vernehmen nach einen ausgeprägten Sinn für Humor hatte, so zeigte er dies nicht in der Öffentlichkeit. Die meisten Bilder, die wir von ihm besitzen, wirken recht streng. Als man ihm dies einmal sagte, entgegnete er: »Wir Seeleute lächeln nie im Dienst.« Sein erster Sohn Edward, Prince of Wales, war berühmt für seine handfesten Scherze, auch wenn diese Seite seines Wesens in den Hintergrund trat, nachdem er als Edward VIII. den Thron bestiegen hatte, und ihm anscheinend nach seiner Abdankung ganz abhanden kam. Edwards Nachfolger, sein Bruder Georg VI., machte den Eindruck eines ernsten und humorlosen Menschen. Er lächelte selten in der Öffentlichkeit und nahm stattdessen lieber die pflichtbewusste Haltung seines Vaters Georg V. an.

Die Veränderung hin zu einem gewinnenderen Stil königlichen Verhaltens verdanken wir Queen Elizabeth, der Königinmutter. Während der deutschen Luftangriffe Ende 1940 besuchte sie mehrmals das Londoner East End, unterhielt sich dort mit den Menschen und nahm Anteil an allem, was sie durchmachen mussten. Wer ihr begegnete, war beeindruckt von ihrer ungezwungenen Freundlichkeit und der Aufmerksamkeit, mit der sie auf die Leute einging. In seinen Tagebüchern beschreibt Harold Nicolson ihre Wirkung auf die damaligen Menschen:

»...wenn das Auto anhält, springt die Königin heraus in den Schnee, geht direkt mitten in die Menschenmenge hinein und beginnt mit den Leuten zu sprechen. Ein oder zwei Augenblicke lang blickt man sie nur stumm vor Staunen und mit offenem Mund an. Doch dann beginnen alle gleichzeitig zu reden. ›He! Eure Majestät! Sehen Sie mal!‹ Sie hat die Begabung, jedem das Gefühl zu vermitteln, sie spräche mit ihm ganz allein. Das liegt meiner Meinung nach an ihren sehr großen Augen, die sie weit aufreißt und direkt auf einen richtet.«[1]

Die Ansprechbarkeit der Monarchie erhielt weiteren Auftrieb, als die jetzige Königin 1970 auf einem Staatsbesuch in Australien ihr erstes königliches Bad in der Menge nahm: Sie ging an der Absperrung entlang und begrüßte die Menschen, die gekommen waren, um der vorbeifahrenden Monarchin zuzuwinken. In jenen Tagen bot ein solcher Rundgang den Menschen die Möglichkeit, der Königin die Hand zu schütteln und in seltenen Fällen sogar ein Wort mit ihr zu wechseln. Heutzutage ist das königliche Bad in der Menge noch weniger förmlich, und die Königin und der Herzog von Edinburgh legen großen Wert darauf, mit den Leuten ins Gespräch zu kommen. Wenn Charles, Anne, Andrew und Edward an einer Reihe von Sympathisanten entlanggehen, gibt es noch mehr Scherze, Lächeln und Gelächter.

Humor spielt eine große Rolle, sowohl in der Wahrnehmung der Monarchie durch die Öffentlichkeit wie auch in der Selbstwahrnehmung der königlichen Familie. Robert Lacey berichtet, wie die Königin und Prinz Philip einmal eine aufgeweichte schmale Straße in der Nähe von Sandringham entlangfuhren und dabei eine Fußgängerin mit Schlamm bespritzten.[2] Die Frau rief irgendetwas, und die Königin rief ihr nach: »Sie haben völlig Recht, Madam!« – »Hmmm«, sagte Philip, »was hat sie denn gesagt, Darling?« Die Königin antwortete: »Sie hat ›Bastarde!‹ gerufen.« In jüngeren Jahren war der Herzog von Edinburgh für seine Streiche berühmt, und die Königin war wie schon ihre Mutter bekannt für ihre Begabung, Leute nachzuahmen. Anne hat einen sehr direkten, respektlosen Sinn für Humor, während sich Charles in trocken-ironischer Zurückhaltung übt. Humor ölt auch die Beziehungen der königlichen Familie zur Öffentlichkeit. Wenn Sie Prinz Charles dabei beobachten, wie er in der Öffentlichkeit Hände schüttelt, werden Sie bemerken, dass der Wortwechsel oft von Gelächter begleitet wird – teils provoziert durch seine witzigen Bemerkungen, teils als Reaktion auf das, was andere sagen.

Diese heiteren Wortwechsel signalisieren etwas Wichtiges: Sie zeigen, dass Charles nicht immer die zeremonielle Form wahrt und eine Eigenschaft besitzt, die den Briten wichtiger ist als jede andere – nämlich Sinn für Humor. Robert Provine von der University of Maryland hat entdeckt, dass Lachen oft als ein Unterwerfungssignal fungiert – anders ausgedrückt, dass untergeordnete Individuen das Lachen benutzen, um dominante Individuen zu beschwichtigen, während sich diese bemühen, die Leute zum Lachen zu bringen, damit sie die Oberhand behalten können.[3] Das wird offensichtlich, wenn sich Charles durch die Menge bewegt, hier und da einen Witz macht, vorgeblich, um die Atmosphäre aufzulockern, in Wirklichkeit aber, um ein versöhnliches Gelächter hervorzurufen. Manchmal macht auch jemand aus der Menge eine witzige Bemerkung, die Charles zum Lachen bringt. Dass auch dies möglich ist, widerspricht nicht der Erkenntnis, dass es beim Lachen um

Beschwichtigung geht – es zeigt nur, dass Charles manchmal selbst ganz gern zu unterwürfigem Verhalten bereit ist.

Einer von Prinz Charles' charakteristischen Tells ist seine Art, die Augenbrauen hochzuziehen. Diese Geste benutzt er oft bei Unterhaltungen, gewöhnlich, wenn er mit jemandem spricht, den er nicht gut kennt, und Aufmerksamkeit demonstrieren will. Charles' Heben der Augenbrauen wird unweigerlich begleitet von einem leichten Weiten der Augen, was anzeigt, dass er sich für das, was der andere sagt, interessiert. Von entscheidender Bedeutung ist dabei, wie weit die Augen geöffnet werden, denn würde er die Augenbrauen heben, ohne dabei die Augen zu öffnen, dann würde das suggerieren, dass er hochmütig ist. Würde er sie aber weit aufreißen, könnte das den Eindruck vermitteln, dass er das, was der andere sagt, nicht glaubt. In der Regel heben dominante Personen ihre Augenbrauen nicht; höchstens senken sie sie, um bedrohlicher zu wirken. Mit dem Heben der Augenbrauen sendet Charles daher ein Unterwerfungssignal aus. Er will aufmerksam wirken, produziert dabei aber ein unbeabsichtigtes Beschwichtigungssignal. Das bedeutet nicht notwendigerweise, dass Charles dadurch unterwürfig wirkt – da seine Identität auf seinem königlichen Status basiert, kann er es sich leisten, gelegentlich Beschwichtigungssignale auszusenden, ohne unterwürfig zu erscheinen.

Distanz-Tells

All der Prunk und Aufwand, von dem die Monarchie umgeben ist, soll sie geheimnisvoll und distanziert wirken lassen und deutlich machen, dass sich die Mitglieder der königlichen Familie sehr stark von uns gewöhnlichen Menschen unterscheiden. Gesetztheit und Förmlichkeit sind wesentliche

Charakteristika des Königshauses, denn sie trennen die Monarchie von ihren Untertanen. Das Problem besteht natürlich darin, dass die Förmlichkeit mit der Zugänglichkeit in Konflikt gerät, was es für ein Staatsoberhaupt schwierig macht, sowohl Respekt als auch Zuneigung auszulösen. Diese widersprüchlichen Anforderungen an einen Monarchen hat man schon vor langer Zeit erkannt. In seinem 1528 veröffentlichten *Il libro del cortegiano* (dt.: *Das Buch vom Hofmann*) schrieb Baldassare Castiglione über die Schwierigkeiten, auf die ein Herrscher stößt, wenn er Milde mit Entschlossenheit zu verbinden versucht.[4] Und Sir Robert Naunton beschrieb 1641 Königin Elisabeths I. Begabung, »die Herzen der Menschen zu gewinnen«. Sie tat das, indem sie »Sanftmut mit Majestät« verband – Erstere hatte sie von ihrer Mutter geerbt, Letztere vom Vater.[5] Bis auf den heutigen Tag müssen die Mitglieder des Königshauses den konkurrierenden Anforderungen gerecht werden, zugleich königlich und umgänglich zu erscheinen. Das eine ohne das andere funktioniert nicht. Es ist von größter Bedeutung, dass Angehörige der königlichen Familie als etwas Höheres erscheinen, aber doch nicht außer Reichweite, und dass sie freundlich, aber nicht allzu familiär wirken.

Distanz hält die Monarchie zum Beispiel durch die Art ihres Auftretens. Die Mitglieder der königlichen Familie bleiben für gewöhnlich körperlich unnahbar, und jeder Kontakt mit ihnen findet in der Regel zu ihren Bedingungen statt. Beim Bad in der Menge entscheiden die Mitglieder der Königsfamilie selbst, wen sie begrüßen. Sie sind es auch, die die Initiative ergreifen, indem sie die Hand zum Gruß ausstrecken und eine Begegnung dann auch wieder beenden – häufig wiederum mit einem Händedruck. Der symbolische Abstand spiegelt sich auch in der physischen Distanz: Die Königin hält immer einen Abstand von Armeslänge zu anderen Menschen und kommt nie jemandem zu nahe.

Der Journalist Simon Hoggart hat darauf hingewiesen, die Königin verfüge im Wesentlichen über drei Ausdrucksformen, »einen finsteren, fast mürrisch wirkenden Blick, Freude – und lebhaftes Interesse... Letzteres zeigt sie auf Garden Partys«.[6] Bei zeremoniellen Anlässen bedient sich die Königin für gewöhnlich eines recht ernsten Gesichtsausdrucks, doch es gibt auch Gelegenheiten – zum Beispiel wenn eines ihrer Pferde beim Derby erfolgreich ist –, wo ihre spontanen Gefühle sichtbar werden. In Bestform ist die Königin bei formellen gesellschaftlichen Anlässen oder wenn sie völlig entspannt ist. Situationen, die weder das eine noch das andere sind, scheint sie am schwierigsten zu finden.

Symbolischer Abstand wird manchmal auch über die Sprache gehalten – zum Beispiel durch die Art, wie Angehörige der königlichen Familie von sich selbst als »wir« oder »man« sprechen, wenn sie doch »ich« meinen. Der monarchische Gebrauch des »Wir« hat eine lange Tradition. Er entstammt der Vorstellung, der Herrscher sei mehr als eine Einzelperson, was auf die Zeit zurückgehen soll, als das Römische Reich gespalten war – mit einem Herrscher in Rom und einem in Konstantinopel. Königin Victoria hat angeblich gesagt: »*We are not amused*«, womit sie zeigen wollte, dass sie persönlich nicht beeindruckt war. Das ist in zweierlei Hinsicht irreführend. Erstens ist nicht belegt, dass sie das je wirklich gesagt hat, und zweitens gibt es jede Menge Beweise dafür, dass Königin Victoria sehr oft amüsiert war – in ihren Tagebüchern findet man wiederholt den Satz: »Ich habe mich sehr amüsiert«, und es ist auch bekannt, dass sie unkontrollierbare Lachanfälle hatte.[7] Doch nicht immer ist der königliche Gebrauch des »Wir« wörtlich zu nehmen. Edward VIII. zum Beispiel benutzte diese Ausdrucksweise häufig in seinem Briefwechsel mit seiner geliebten Wallis Simpson. In einem Brief schrieb er: »*Not anybody or anything can separate* WE... *God bless* WE.« (»Nichts und niemand kann

UNS trennen ... Gott segne UNS.«)[8] Das bezog sich in diesem Fall nicht auf ihn selbst, sondern auf sie beide, wobei WE die Anfangsbuchstaben von Wallis und Edward verband.

Mitglieder des Königshauses benutzen, wenn sie von sich selbst sprechen, eher das Pronomen »man«. Befragt zu der Aussicht, eines Tages selbst König zu werden, hat Charles einmal erwidert: »Wissen Sie, ich bin nicht eines Tages in meinem Kinderwagen aufgewacht und habe ›Juhu ...‹ gerufen. Aber ich glaube, irgendwann dämmert es einem ganz langsam, dass sich die Leute für einen interessieren.« Der Gebrauch des Pronomens »man« oder des neutralen »eine/r« ersetzt die erste Person durch die dritte Person Singular, was dann so klingt, als spreche der Betreffende nicht von sich selbst, sondern von jemand anders. Es verschiebt die Aufmerksamkeit vom Redner hin zu dessen Rolle. Wenn jemand von sich als »man« spricht, dann lenkt das von ihm als Individuum ab. Vor allem aber schafft es eine Distanz zwischen dem Sprechenden und dem Gesprächspartner, da es den Sprechenden so behandelt, als sei er gar nicht anwesend.

Hand-Tells

Symbolische Distanz wird auch durch eine bestimmte Körperhaltung deutlich gemacht. Wenn Sie einmal die Mitglieder des englischen Königshauses beobachten, werden Sie bemerken, dass sie auf sehr charakteristische Weise ihre Hände halten:

- DIE HANDKLAMMER. Die Königin bedient sich verschiedener Handhaltungen, wobei sie den Händedruck oder die Handklammer bevorzugt, bei der die Innenfläche der einen Hand auf der der anderen liegt – in ihrem Fall für gewöhnlich die linke auf der rechten. Die Königin bedient sich auch einer damit verwandten Haltung, bei der mehrere Finger der einen Hand einen Finger der anderen umklammern. In beiden Fällen sind die Hände vor dem Körper verbunden, und in den meisten Fällen liegen sie unauffällig im Schoß. Beide Haltungen sind ihrem Wesen nach defensiv; da die Hände beschäftigt sind, wirken sie außerdem nicht bedrohlich.

- DIE HANDTASCHE. Wie viele Damen ihrer Generation trägt die Königin oft eine Handtasche am Arm. Doch im Gegensatz zu den Handtaschen anderer Frauen hat ihre weitgehend dekorative Funktion. Sie ist nicht voll gestopft mit Make-up, Parkscheinen und Geld, denn das trägt jemand anders für sie. Die Königin benutzt ihre Handtasche allerdings gelegentlich, um verschlüsselte Signale zu geben – es ist zum Beispiel bekannt, dass sie, wenn sie nach ihrer Handtasche greift, damit ihrer Begleitung signalisiert, dass sie jetzt zu etwas anderem übergehen wird.
- DER KRAN. Der Herzog von Edinburgh hat die Angewohnheit, beim Gehen die Hände hinter dem Rücken zu verschränken. Diese Kran-Haltung gilt allgemein als eines der Erkennungszeichen des Herzogs. Er bedient sich auch des »Halbkrans«, zum Beispiel wenn er beim Händeschütteln nur die linke Hand auf den Rücken legt. Das Platzieren der Hände auf dem Rücken ist eine dominante Geste, da sie den Körper exponiert, sodass er gegen frontale Angriffe ungeschützt ist. So sagt man durch seine Körperhaltung: »Seht her, ich fühle mich so sicher, dass niemand mich angreifen wird, dass ich bereit bin, meine Hände auf den Rücken zu legen, wo sie mich nicht verteidigen können.« Soweit wir das beurteilen können, bedient sich der Herzog von Edinburgh der Kran-Haltung erst seit der Krönung; vorher verschränkte er vorzugsweise die Hände vor dem Körper. Attraktiv ist für den

Herzog an dieser Haltung zum einen die Tatsache, dass sie ihn selbstbewusst wirken lässt. Zum anderen unterscheidet er sich dadurch grundsätzlich von der Königin – während ihre Hände ordentlich gefaltet im Schoß liegen, sind seine hinter dem Rücken verstaut. Das Bedürfnis des Herzogs von Edinburgh, sich zu unterscheiden, ist so groß, dass er die Kran-Haltung hätte erfinden müssen, wenn es sie nicht schon gegeben hätte.

- DER BEUTEL. Um ganz sicherzugehen, dass er nicht mit seinen Eltern verwechselt wird, meidet Charles die Handklammer und den Kran. Statt die Hände vor oder hinter dem Körper zu verklammern, hat er die Angewohnheit entwickelt, seine rechte Hand in die Jackentasche zu schieben. Dies ist die Beutel-Haltung, und in Charles' Fall besteht sie aus mehreren Einzelelementen. Zuerst wird die Klappe der Jackett-Tasche hochgeklappt, sodass man die Hand hineinstecken kann; dann muss man die Hand in die Tasche hineinbugsieren; und schließlich gibt es auch noch die verkürzte Abfolge, bei der er nur mit der Taschenklappe spielt, ohne die Hand in die Tasche zu stecken. Die Beutel-Haltung ist ganz eindeutig durch ein unbewusstes Bedürfnis motiviert, die Hand zu verbergen – wohlgemerkt nicht beide Hände, sondern nur die stärkere der beiden Hände. Wenn jemand seine Hände versteckt, zeigt das, dass er entweder seine Gefühle verbergen will oder seine Impulse bremsen muss. Wenn Charles seine Hand in die Tasche schiebt, benutzt er manchmal seinen Daumen als Stopper, sodass die Finger versteckt sind, der Daumen aber sichtbar bleibt. Das ist ein interessantes Detail, denn das auffällige Vorweisen des Daumens ist immer eine Macho-Geste – genau das tun die *tough guys*, wenn sie ihre Daumen unter den Gürtel schieben oder die Hände in die Hosentaschen stecken und dabei die Daumen draußen lassen.

Berührungen fungieren häufig als Status-Marker. Die Sozialpsychologin Nancy Henley hat darauf hingewiesen, dass sich Individuen mit hohem Status das Recht vorbehalten, ihre Untergebenen zu berühren, diese aber ihrerseits nicht berechtigt sind, ihre Vorgesetzten zu berühren. Berührung, so meint sie, fungiere als ein Statushinweis – wenn man nämlich die Berührungsmuster innerhalb einer Gruppe von Menschen beobachtet, kann man daraus schließen, wer hier die Kontrolle über wen hat.[9] Dies können wir sehr deutlich am Königshaus sehen. Wenn Angehörige der königlichen Familie ein Bad in der Menge nehmen, sind sie es, die das Händeschütteln initiieren und damit jemandem die Erlaubnis geben, sie zu berühren. Aufgrund dieser Verbindung zwischen Macht und dem Recht auf Berührung bestehen strenge Regeln, die den Menschen das einseitige Berühren des Monarchen untersagen. Mit Ausnahme des Händeschüttelns darf niemand die Person der Königin berühren. Wird diese Regel verletzt, wie 1992 geschehen, als der australische Premierminister seinen Arm um die Königin legte, kann das leicht zu einer internationalen Verstimmung führen.

Diese Freude der Australier am Anfassen der Königsfamilie hat schon Geschichte. Als Edward, Prince of Wales, 1920 Australien besuchte, schien es, als suche jedermann Körperkontakt mit ihm. In seinem Tagebuch schrieb er über dieses öffentliche Spektakel:

»Die ›Berührungsmanie‹, eines der bemerkenswertesten Phänomene auf meinen Reisen, nahm die Form eines Massenimpulses an, unbedingt den Prince of Wales irgendwie anstupsen zu müssen. Wo ich unter Menschen kam, schloss sich die Menge wie ein Krake um mich. Ich höre immer noch den schrillen, aufgeregten Ausruf: ›Ich hab ihn berührt!‹ War ich außer Reichweite, schien auch ein Schlag auf meinen Kopf mit einer zusammengefalteten Zeitung diesen Impuls zu befriedigen.«[10]

Im Mittelalter war zu bestimmten Zeiten der Glaube verbreitet, jemand, der an Skrofulose – einer »das Königsübel« genannten Drüsenkrankheit – litt, könne geheilt werden, wenn der König ihn berühre. Dieser Glaube an den *royal touch*, die königliche Berührung, wie man sagte, hielt sich von der Epoche Edward des Bekenners (um 1005–1066) bis zum Jahr 1714, als Queen Anne den letzten *royal touch* eines englischen Monarchen spendete.[11] Auch wenn die Menschen heute nicht mehr an die heilende Kraft der königlichen Berührung glauben, steckt in dem Wunsch, einen Angehörigen des Königshauses zu berühren oder von ihm berührt zu werden, etwas sehr Urtümliches. Deshalb strecken so viele Menschen ihre Hand zum Händedruck aus. In diesen Situationen wird die Berührung zu einem Medium der Aneignung – wenn sie ein Mitglied der königlichen Familie berühren, haben die Leute das Gefühl, etwas von der königlichen Magie in sich aufzunehmen und in Verbindung mit etwas Zeitlosem zu treten.

Die Art und Weise, wie Menschen einander berühren, lässt manches über ihr Verhältnis zueinander erkennen, was sie vielleicht lieber verbergen würden. In dramatischer Weise zeigte das ein Vorfall im Jahr 1953. Damals hatte Prinzessin Margaret eine geheime Liebesaffäre mit Oberst Peter Townsend, der Kammerherr ihres Vaters, des Königs, gewesen war. Größte Geheimhaltung war deshalb geboten, weil Margaret erst 22 war, Townsend aber schon 38. Alles wurde noch komplizierter dadurch, dass Townsend geschieden war. Während der Krönung kam die Romanze ans Licht. Vor Beginn der Zeremonie wartete Prinzessin Margaret in Westminster Great Hall. Townsend stand in ihrer Nähe. Sie wandte sich ihm zu und wischte gedankenverloren ein Stäubchen von seinem Revers. Diese winzige Geste – dieses Intimitäts-Tell – verriet der ganzen Welt, dass Prinzessin Margaret in Peter Townsend verliebt war.

Prinzessin Margarets Geste war unter anderem auch deshalb so auffällig, weil sie einer Familie angehörte, die nicht zu öffentlichen Zärtlichkeitsbekundungen neigte. Bis auf den heutigen Tag berühren die Mitglieder der königlichen Familie – vom Händeschütteln abgesehen – kaum jemals andere Menschen, und es gibt sehr wenig physischen Kontakt zwischen den Familienmitgliedern in der Öffentlichkeit. In einem anderen Land würden Psychologen vermutlich im Hinblick auf die königliche Familie von einer *non-contact culture* sprechen – das heißt einem Milieu, in dem jeder Körperkontakt auf das absolute Minimum reduziert ist. Als zum Beispiel die Königin und der Herzog von Edinburgh 1953 auf Weltreise durch das gesamte Commonwealth gingen, ließen sie den damals fünfjährigen Charles in der Obhut seiner Kinderfrau zurück. Als sie nach sechs Monaten zurückkehrten, wurde Charles zum Empfang seiner Eltern zum Flughafen gebracht. Als die Eltern erschienen, hoben sie Charles nicht hoch und umarmten und küssten ihn auch nicht; sie begrüßten ihn mit einem Händeschütteln – mit anderen Worten, sie griffen zu einer Grußform, die sich die meisten Menschen selbst in damaliger Zeit für Fremde und Bekannte vorbehalten hätten, doch nicht für Kinder, und schon gar nicht für das eigene Kind, das man ein halbes Jahr lang nicht gesehen hatte!

Die niedrige Berührungsfrequenz in der Königsfamilie ist zum Teil dadurch zu erklären, dass die Familienmitglieder den Eindruck der Unzugänglichkeit vermitteln müssen, sogar untereinander. Schuld ist sicher auch das Übermaß an offiziellen Verpflichtungen, die die Königin und der Herzog von Edinburgh ständig zu erfüllen hatten, sodass ihnen sehr wenig Zeit und Gelegenheit blieb, mit ihren Kindern zusammen zu sein. Als Charles klein war, sah er seine Mutter normalerweise nur zweimal am Tag – eine halbe Stunde morgens und eine halbe Stunde am frühen Abend. Den Rest des Tages kümmerten sich Kinderfrauen um ihn.[12]

Auf einer Skala für königliche Berührungen – wenn es sie denn gäbe – ständen die Königin und Prinz Philip eindeutig am einen Ende und Prinzessin Diana am anderen. Die taktile Seite von Dianas Persönlichkeit war offensichtlich, sowohl in der Art, wie sie mit ihren Kindern umging – dauernd liebkoste und berührte sie William und Harry –, als auch in der Art, wie sie sich in der Öffentlichkeit verhielt. Während die etablierten Mitglieder der *royal family* ganz bewusst ein Bild königlicher Distanziertheit kultivierten, suchte Diana instinktiv den Kontakt zu anderen Menschen. Wenn irgendwo Leute auf sie warteten, eilte sie auf sie zu, um sie zu begrüßen. Statt Distanz zu halten, kam sie ihnen körperlich sehr nahe und erweckte damit den Eindruck, sich ihnen anzupassen, statt ihrerseits Anpassung zu verlangen. Dianas Stil in der Öffentlichkeit war durch Unmittelbarkeit geprägt.[13] Indem sie nahe an die Menschen heranging, offen und empfänglich für andere war und ihnen ihre ungeteilte Aufmerksamkeit schenkte, schuf sie eine informelle, herzliche Atmosphäre, die bei allen, die ihr begegneten, einen unauslöschlichen Eindruck hinterließ – in vieler Hinsicht ähnlich den Gefühlen, die die Königinmutter während des Zweiten Weltkrieges auslöste.

Wer Diana begegnete, war von ihr berührt – im übertragenen Sinne, manchmal aber auch buchstäblich. Als Diana 1987 im Middlesex Hospital eine neue Aids-Spezialklinik eröffnete, wurde sie Hand in Hand mit einem jungen aidskranken Mann fotografiert. Das Bild hatte enorme Auswirkungen auf die öffentliche Wahrnehmung dieser Krankheit. Damals gab es noch sehr viele Vorurteile gegenüber Aidskranken. Indem sie sich neben einen Aidspatienten setzte und seine Hand ergriff, setzte sich Diana einfach darüber hinweg. Mit einer schlichten Berührung demonstrierte sie, dass sich Menschen mit Aids nicht von anderen Patienten mit lebensbedrohlichen Krankheiten unterscheiden.

Es heißt oft, Diana sei so verehrt worden wegen ihres ehrenamtlichen Engagements, weil sie verletzlich war und so schön. All diese Faktoren spielten zweifellos eine Rolle, doch was sie in der Öffentlichkeit beliebter machte als alles andere, das war ihre Art, Menschen wirklich physisch zu berühren. Berührungen sind der ursprünglichste Ausdruck für Freundschaft und Zuneigung. Indem sie Menschen ihre Hand entgegenstreckte, berührte Diana eine sehr tiefe Saite in ihnen.[14] Und sie scheute sich nicht, ihre Gefühle zu zeigen – was die Angehörigen der königlichen Familie nur selten tun. Zu Dianas Lebzeiten schien Charles die von der königlichen Konvention diktierten Einschränkungen sichtbarer Gefühlsreaktionen ohne weiteres zu akzeptieren. Diana hingegen setzte sich über diese Restriktionen einfach hinweg, um an die Menschen heranzukommen, und man liebte sie deswegen. Seit Dianas Tod ist auch Charles' Beziehung zu seinen Söhnen sehr viel berührungsfreundlicher geworden. Man hat schon gesehen, wie er sie in der Öffentlichkeit umarmt und sogar geküsst hat – was auch Diana mit den Jungen häufig tat, was Charles selbst als Kind aber nie erlebt hat.

Charles-Tells

Als sie noch zusammen waren, galt Diana immer als die Schüchterne und Charles eher als der Selbstsichere. Diana war tatsächlich ein scheuer Mensch. Doch auch Charles ist gelegentlich gehemmt oder verlegen. Das erkennt man an einer ganzen Reihe von Übersprunghandlungen, zu denen er greift, wenn das Auge der Öffentlichkeit auf ihn gerichtet ist.

- DER GRIFF ZUM MANSCHETTENKNOPF. Mehrere von Charles' Angewohnheiten sind Schwellen-Tells – das heißt, sie treten auf, wenn er die unsichtbare Grenze von einer Situation zu einer anderen überschreitet. Beobachten Sie einmal, wie er anlässlich einer Galavorstellung aus dem chauffierten Wagen steigt, und Sie werden die charakteristische Bewegung sehen, mit der er quer über den Körper nach seiner Manschette greift. Das ist Charles' Manschettenknopf-Griff, zu dem er bei öffentlichen Auftritten und in Übergangssituationen Zuflucht nimmt. Auch wenn dieses Herumspielen an den Manschettenknöpfen gerade typisch für Charles ist, ähnelt es doch sehr den Angst-Tells, die andere Menschen erkennen lassen, wenn sie auf jemanden zugehen – wie zum Beispiel Verschränken der Arme vor dem Körper, Ordnen der Kleidung oder Berühren des Haars. Die meisten Menschen verfügen über ein ganzes Sortiment von Angst-Tells, wobei sie vom einen zum anderen wechseln. Doch Charles ist dem Griff nach dem Manschettenknopf treu geblieben, seit er ihn als junger Mann entdeckt hat. Seine Manschettenknöpfe sind zu emotionalen Blitzableitern geworden, sie helfen seine innere Unruhe zu zerstreuen und vermitteln ihm ein Gefühl der Sicherheit – sehr ähnlich einem von Psychoanalytikern so genannten Übergangsobjekt. Charles hat, wie es scheint, diese Gewohnheit auch an andere Personen weitergegeben, denn auch Tony Blair ist zum Manschettenknopf-Fummler geworden.
- DER GRIFF ZUR KRAWATTE. Charles' Angewohnheit, seine Krawatte zurechtzurücken, ist ein weiteres seiner Schwellen-Tells. Dabei schiebt er gewöhnlich seine Krawatte unter das Jackett. Diese Angewohnheit sitzt mittlerweile schon so tief, dass er seine Krawatte auch dann zurechtrückt, wenn das gar nicht nötig ist – ja sogar dann, wenn er gar keine trägt. Erscheint er im Smo-

Spielen am Manschettenknopf. Ein sicheres Zeichen für Unruhe oder Befangenheit haben wir in dieser kleinen, doch äußerst vielsagenden Geste – wie hier von Prinz Charles demonstriert.

king, schiebt er oft die Hand unter das Revers, so als trage er eine Krawatte und wolle sie glatt streichen.

- STREICHEN DER NASOLABIALFALTE. Charles hat auch die Angewohnheit, mit dem Zeigefinger an der Falte zwischen Nase und Wange entlangzufahren. Er tut das oft bei öffentlichen Auftritten, wenn er sich bewusst ist, dass Mengen von Menschen ihn beobachten.
- REIBEN DES OHRLÄPPCHENS. Ein weiteres von Charles' Tells ist das Ohrläppchen-Reiben, bei dem er nach seinem Ohrläppchen greift und es rasch und ganz unauffällig kurz reibt. Das tut er, wenn er sich ein wenig befangen fühlt.
- BEISEITESPRECHEN. Charles hat eine sehr charakteristische Art, aus dem Mundwinkel zu sprechen, und zwar wenn er das, was er sagt, sozusagen in Klammern setzen will. Es ist seine Art zu zeigen, dass er zum Beispiel gerade in ein scherzhafteres Register wechselt. Schauspieler sprechen manchmal *à part*, um zu zeigen, dass es um eine beiläufige Bemerkung geht, oder um sich mit dem Publikum zu verbünden. Genau dasselbe tut eigentlich Charles, wenn er aus dem Mundwinkel spricht – er tritt aus seiner normalen Rolle heraus in eine intimere Rolle, durch die er sich mit seinem Publikum verbünden möchte.

Allein die Tatsache, dass es bei ihm überhaupt Übersprunghandlungen gibt, ist schon als solche sehr aufschlussreich. Nach Jahrzehnten königlicher Repräsentationspflichten sollte man denken, Charles sei ziemlich immun gegen die irritierende Gegenwart großer Menschenmengen. Offensichtlich ist das nicht der Fall, denn wann immer er mit vielen Menschen konfrontiert ist, greift seine Hand nach der Sicherheit seiner Krawatte oder seiner Manschettenknöpfe oder nach beidem. Sosehr Charles auch als Mann von Welt gelten kann, so enthüllen diese kleinen Übersprunghandlungen doch eine sensible und potenziell verletzliche Seite seines Charakters.

DIANA-TELLS

Diana hatte mehrere sehr charakteristische Eigenarten, die meist ihrer Schüchternheit entsprangen. Sie hatte zum Beispiel die Angewohnheit, zu Boden zu blicken, wenn sie mit jemandem sprach, und errötete leicht. Diese äußeren Zeichen verschwanden allmählich, als sie älter wurde, doch das Gefühl der Befangenheit war immer dicht unter der Oberfläche. Diana entwickelte sechs Varianten des Gesichtsausdrucks, die typisch für sie wurden:

- DAS AUGENAUFREISSEN. Diana hatte sehr große Augen, was sie noch betonte, indem sie sie bewusst weit öffnete. Bei sehr jungen Babys wirkt die Größe der Augen im Vergleich zum übrigen Gesicht unwiderstehlich – ihre riesengroßen Augen wirken wie natürliche Auslöser für Beschützer- und Hegeinstinkte. Auch erwachsene Frauen können verletzlich erscheinen und ähnliche Reaktionen herausfordern, indem sie ihre Augen vergrößern. Und ebendas tat Diana – sie weitete ihre Augen und vermittelte damit anderen das Gefühl, sie müssten sie beschützen.
- DAS SPENCER-LÄCHELN. Diana war berühmt für ihr strahlendes Lächeln. Das war kein künstliches Lächeln – es war echt, ein tief empfundenes Lächeln mit allen Kennzeichen der Authentizität wie Symmetrie und Beteiligung der Muskeln rund um die Augen.
- DAS SCHMOLLMUND-LÄCHELN. Diana hatte die ungewöhnliche Eigenart, beim Lächeln die Lippen zu

schürzen und zu einer Seite hin zu verziehen. Hier handelte es sich um ein gebremstes Lächeln, man sah es, wenn sie befangen oder verlegen war. Indem sie so ihr Lächeln unterdrückte, gab sie zu erkennen, dass sie belustigt war, zugleich aber das Gefühl hatte, es sei unangebracht, das zu zeigen.

- DAS AUFBLICKENDE LÄCHELN. Das aufblickende Lächeln kommt dann zustande, wenn man lächelt, während der Kopf gesenkt ist und die Augen hochblicken. Genauso wirkt ein kleines Kind auf den Erwachsenen, zu dem es aufblickt. Mit diesem Lächeln wirkte Diana jünger und verletzlicher. Wie wir in der Darstellung der sexuellen Tells noch sehen werden, hat das aufblickende Lächeln Aufforderungscharakter, und deshalb wirkte Diana so verführerisch, wenn sie dieses Lächeln einsetzte.
- DAS ABGEWANDTE LÄCHELN. Man konnte es dann sehen, wenn Diana jemanden mit seitlich weggedrehtem Kopf anlächelte. Auf diese Weise entsteht ein von Charles Darwin so genannter »hybrider Ausdruck« – zusammengesetzt aus zwei gegensätzliche Botschaften übermittelnden Elementen: dem Lächeln, das Annäherung signalisiert, und dem Sichabwenden, das Meiden signalisiert.[15] Die Spannung zwischen diesen beiden Botschaften verleiht dem Hybrid-Ausdruck seine unwiderstehliche Attraktivität – wie eine Metalllegierung ist er stärker als seine Bestandteile.

Wenn jemand von Dianas Lächeln spricht, denkt er dabei meistens an dieses weggedrehte Lächeln mit abgewandtem Kopf. In vieler Hinsicht war dies Dianas Erkennungszeichen, denn es barg in sich ihre Offenheit wie ihre Schüchternheit und betonte ihre Unentschlossenheit. Das abgewandte Lächeln ist weder das eine noch das andere – es ist weder der Versuch, sich abzuwenden, noch ein rückhaltloses Lächeln.

In dieser Hinsicht ist es eigentlich genau so, wie Diana selbst war – ein Mensch wie du und ich mit den entsprechenden Gefühlen, doch zugleich, wie der Zufall es wollte, ein Mitglied der königlichen Familie.

WILLIAM-TELLS

Von seiner Mutter hat Prinz William unter anderem seine Körpergröße geerbt. Mit fast 1,88 Metern ist er sehr groß für ein Mitglied der Königsfamilie – ja, wenn er einmal den Thron besteigt, wird er der größte britische Monarch aller Zeiten sein, größer noch als Heinrich VIII. Lange Zeit neigte William zu krummer Haltung – so versuchte er als Jugendlicher, weniger aufzufallen. In seinem Fall wollte er sich damit auch vor der unerwünschten Aufmerksamkeit der Presse und vor Leuten verstecken, die ihn behandelten, als ob er etwas Besonderes wäre. Der krumme Rücken ist jetzt weitgehend verschwunden, doch in Gesellschaft kann William immer noch sehr verschlossen wirken – genauso wie gelegentlich Diana. Tatsächlich lassen sich mehrere von Williams Tells auf seine Mutter zurückführen. Es gibt aber auch Tells, die er von seinem Vater übernommen hat.

- DAS KOPFSENKEN. Wie seine Mutter ist William von Natur aus zurückhaltend. Das ist einer der Gründe dafür, dass er so gern mit dem Helm auf dem Kopf auf seinem Motorrad durch die Gegend fährt – so kann er sich inkognito bewegen. William mag nicht anders als andere behandelt werden und hat eine starke Abneigung gegen die Presse – wegen der Paparazzi, die er für den Tod seiner Mutter verantwortlich macht. Wenn er im Zentrum der Aufmerksamkeit steht oder sich verfolgt fühlt, ist seine instinktive Reaktion, den Kopf zu senken und zu

Boden zu blicken. Das ist seine Tarnung, seine Art, so zu tun, als seien die Leute, die ihn bedrängen, gar nicht da. Wie Diana hat auch William die Gewohnheit, die Augen zu senken, wenn er mit jemandem spricht. Das ist kein weiterer Fluchtversuch, sondern einfach ein Ausdruck seiner Schüchternheit. Williams Großvater mütterlicherseits, Lord Spencer, war ebenfalls ein recht scheuer Mensch. Auch er sah als junger Mann sehr gut aus. Für ein Mitglied der königlichen Familie ist William ungewöhnlich hübsch, und viele junge Mädchen finden ihn unwiderstehlich. Außerdem mögen Mädchen seine zurückhaltende Art – so können sie sich einbilden, sie seien diejenigen, die ihn verfolgen. Das zeigt allein schon die Tatsache, dass er zum Valentinstag 1998 über tausend Karten erhielt. Noch krasser aber illustriert dies die Tatsache, dass er auf der Kanada-Reise mit Charles und Harry im selben Jahr von Hunderten kreischender Mädchen verfolgt wurde, als wäre er ein Popstar!

- DAS SPENCER-LÄCHELN. Wie Diana hat auch William ein ansteckendes Lächeln, das wir jetzt immer öfter zu sehen bekommen. Dieses Lächeln ist offen und großzügig und zeigt gewöhnlich Anzeichen echter Freude. Es ist besonders auffallend, wenn er seine Deckung verlässt und sich nicht bedroht fühlt. Wenn William unter dem Druck steht, jovial erscheinen zu müssen, ist sein Lächeln meist gekünstelter – es ist kürzer, sein Blick wandert dabei in eine andere Richtung, und die Muskeln rund um die Augen sind nicht daran beteiligt. William kennt auch das Lächeln mit geschürzten Lippen, das so charakteristisch für seine Mutter war. Wie sie presst er dabei die Lippen zusammen und zieht sie zu einer Seite.
- DER GRIFF ZUR KRAWATTE. Eines von Williams Schwellen-Tells ist das Zurechtrücken der Krawatte. Wenn er zum Beispiel in Jackett und Krawatte aus dem Auto

steigt und auf ein Gebäude zugeht, streicht er dabei häufig seine Krawatte glatt. Wie andere Schwellen-Tells ist dieser Griff an eine Übergangssituation gebunden – es ist seine Art, den Wechsel zu markieren, sich auf das Bevorstehende vorzubereiten und Angst zu vertreiben. Obwohl es bei Williams Zurechtrücken und Charles' Wegstecken jeweils um Krawatten geht, stehen doch ganz unterschiedliche Motive dahinter. Wenn Charles das Ende seiner Krawatte wegsteckt, vergewissert er sich – im praktischen wie im metaphorischen Sinne –, dass keine losen Enden herumhängen und alles Überflüssige dem Blick entzogen ist. Wenn William seine Krawatte glatt streicht, versucht er nicht, irgendetwas zu verbergen – er putzt nur heraus, was ohnehin sichtbar ist.

Zurzeit benimmt sich William noch ganz wie ein Jugendlicher. Wenn er und Charles nebeneinander stehen, sehen Sie einen Gentleman mittleren Alters mit einer Hand in der Jackentasche und einen jungen Mann in Athletenpose mit vorgeschobenem Becken und fest auf den Boden gepflanzten Beinen. In den nächsten Jahren wird William sich und damit auch bestimmte Angewohnheiten verändern. Einige Gewohnheiten werden sich vielleicht verfestigen, andere wird er zugunsten neuer Verhaltensweisen ablegen. Zu klären ist noch, was er mit den Händen tun wird: Wird er dem Herzog von Edinburgh folgen und die Hände hinter dem Rücken verschränken, oder wird er nach dem Vorbild seines Vaters eine Hand in die Tasche stecken? Oder wird er eher seinen eigenen typischen Verhaltensstil entwickeln?

8 Angst-Tells

Menschen bekommen Angst, wenn sie sich bedroht fühlen. Das ist eine normale Selbstschutzreaktion auf eine erkannte Gefahr und geht oft Handlungen voraus, die auf die Bedrohung reagieren sollen. Wie viel Angst jemand verspürt, hängt weitgehend von seiner Persönlichkeit ab und davon, wie bedroht und hilflos er sich fühlt. Die meisten Menschen fühlen sich nur gelegentlich bedroht und beunruhigt. Manche Menschen allerdings scheinen überhaupt keine Angst zu empfinden, während das andere Extrem solche Menschen sind, die sich ständig in einem Zustand nervlicher Anspannung befinden.

Psychologen unterscheiden zwei Arten von Angst – irrationale, unrealistische Angst (frei flottierende Angst) und reale, objektive Angst als Furcht vor etwas Bestimmtem (Realangst). Erstere ist eine Eigenschaft, das heißt Teil der Persönlichkeit eines Menschen. Ein solcher Mensch hat leicht Angst, unabhängig von der Situation. Die zweite Art hingegen ist eine Reaktion auf eine bestimmte Situation. Es ist unsere natürliche Art zu reagieren – Furcht zu empfinden, wenn Gefahr droht, und entspannt zu sein, wenn nichts Bedrohliches in Sicht ist. Natürlich ist der Begriff der Bedrohung hochgradig subjektiv – Menschen mit stark ausgeprägter irrationaler Angst zum Beispiel tendieren dazu, die meisten Situationen als bedrohlich zu betrachten.

Wird ein Mensch oder ein Tier angegriffen, stehen ihm verschiedene Strategien zur Verfügung – er kann kämpfen, fliehen oder erstarren.[1] Jede dieser Reaktionen verlangt verschiedene Handlungen – den Angreifer attackieren oder sich gegen ihn verteidigen, weglaufen oder völlig regungslos verharren. Obwohl sie sich oberflächlich gesehen voneinander unterscheiden, sind all diese Strategien mit einer erhöhten physiologischen Erregung verbunden, zum Beispiel Herzklopfen, schwerem Atmen und schweißnassen Händen. Dies sind automatische, vegetative und unwillkürliche Vorgänge, das heißt, man hat keine Kontrolle über sie, und so bieten sie einen sehr zuverlässigen Indikator für Gefühle. Typisch für die Herzfrequenz ist, dass man einen kleinen Anstieg gar nicht immer merkt, es fällt einem aber auf, wenn das Herz zu pochen beginnt. Beim Schwitzen sind sich die Betroffenen oft schmerzhaft bewusst, dass ihre Angst für andere sichtbar ist, und geben sich daher große Mühe, sie zu verbergen. Für die Herzfrequenz wie für das Schwitzen gilt, dass es fast unmöglich ist, sie vorzutäuschen; mit dem Atmen ist das anders, da man sehr wohl willkürlich schneller oder langsamer atmen kann.

In der Regel möchten wir nicht, dass andere unsere Angstsymptome bemerken, zeigen sie doch, dass wir nicht Herr der Lage sind. Sie untergraben auch unser Selbstvertrauen und setzen andere in Vorteil. Doch auch wenn wir unsere Ängste nicht immer unter Kontrolle haben können, kann man einiges unternehmen, damit andere nichts davon merken. Oft sind es allerdings gerade diese Versuche, unsere Angst zu verbergen, die unsere wahren Gefühle verraten.

Schwitz-Tells

Schwitzen ist sehr wichtig für die Wärmeregulierung – wenn uns zu heiß wird, produzieren unsere Schweißdrüsen mehr Schweiß, der verdunstet und die Hautoberfläche kühlt. Doch schwitzen kann man auch als Reaktion auf hochgradig emotional aufgeladene Ereignisse – zum Beispiel wenn man eine Ansprache vor Fremden halten soll, auf dem Zahnarztstuhl oder kurz vor einem Fallschirmsprung. Die Forschung zeigt, dass das Schwitzen als Wärmeregulierung den gesamten Körper betrifft, doch weniger auffällig die Handflächen, während das emotionale Schwitzen auf das Gesicht und die Handflächen konzentriert ist, wo die Schweißdrüsen am dichtesten angeordnet sind.

Emotionsbedingte Schweißausbrüche überfallen einen oft ganz unvermutet, besonders wenn jemand leicht zu verunsichern ist. Ich habe schon öfter beobachtet, wie Menschen, die völlig gefasst wirkten, aufstanden, um eine Ansprache zu halten, und wie ihnen nur wenige Minuten später das Wasser von der Stirn rann. Bei verschiedenen Gelegenheiten ist es mir auch selbst passiert – im einen Moment fühlt man sich noch ganz selbstsicher und souverän, und im nächsten läuft einem der Schweiß nur so herunter. Manchmal genügt ein störender Gedanke, ein Moment des Selbstzweifels, um das Schwitzen auszulösen. Hat man erst einmal zu transpirieren begonnen, ist dem sehr schwer Einhalt zu gebieten. Das liegt daran, dass Schwitzen – wie Erröten – stark emotionsbedingt ist, doch auch daran, dass Schwitzen sich selbst verstärkt: Wenn Sie merken, dass andere sehen können, wie Sie schwitzen, macht Sie das noch unsicherer, was dem Schwitzen wieder einen neuen Schub gibt, und so setzt der Teufelskreis sich fort. Doch Schwitzen braucht einen nicht vom Reden in der Öffentlichkeit abzuhalten. Der britische Premierminister Tony Blair ist ein gutes Beispiel für jemanden, der bei öffentlichen Ansprachen oft stark schwitzt, sich davon aber in keiner Weise behindern lässt.

Eine erhöhte Herzfrequenz und verstärktes Schwitzen merkt man durchaus an sich selbst. Dabei stellt man fest, dass für andere der schnellere Herzschlag nicht sichtbar ist, wohl aber stärkeres Transpirieren. Die Art und Weise, wie Menschen auf ihr eigenes Schwitzen reagieren, ist oft sehr verräterisch, genauso wie die kleinen Tricks, mit denen sie es zu vertuschen suchen. Wenn Sie einmal darauf achten, wie Leute einer wichtigen Person die Hände schütteln, werden Sie sehen, wie sie manchmal diskret ihre rechte Hand abwischen, bevor sie sie zum Händedruck ausstrecken. Das geschieht meist, indem man scheinbar etwas ganz anderes tut – zum Beispiel die Hand in die Tasche steckt oder sein Jackett glatt streicht. Wohlweislich tut man das am besten, wenn die Aufmerksamkeit der anderen Anwesenden abgelenkt ist. Auch durch Ablegen eines Kleidungsstücks kann man dem Schwitzen vorbeugen. Man sieht oft, dass ein Politiker sein Jackett auszieht, bevor er ans Rednerpult geht. Zum Teil soll das Ungezwungenheit und handfeste Entschlossenheit demonstrieren – das Publikum soll sehen, dass sich dieser Politiker nicht scheuen wird, sich die Hände schmutzig zu machen –, doch andererseits soll es ihm auch helfen, cool, ruhig und konzentriert zu bleiben.

Atem-Tells

Wenn Menschen normal atmen, dann atmen sie etwa alle fünf Sekunden ein und nehmen dabei jedes Mal 600 Kubikzentimeter Luft auf. Am Atmen sind vor allem zwei Muskelgruppen beteiligt – die Muskeln der Brust und die des Bauches. Beim normalen Atmen arbeiten die Bauchmuskeln mehr als die Brustmuskulatur. Die Brustmuskeln sind dafür stärker am tiefen Atmen beteiligt, wobei bei westlichen Frauen eine stärkere Tendenz zur Brustatmung besteht als bei den Männern.[2] Der Grund für diesen Unterschied zwischen den Geschlechtern ist nicht ganz klar, er mag aber damit zu tun haben, dass in der westlichen Kultur bei Frauen so großer Wert auf einen flachen Bauch und einen großen Busen gelegt wird.

Wenn sich jemand bedroht fühlt und Angst hat, nimmt seine Atemfrequenz zu, er atmet mehr mit der Brust, und die Atemzüge werden flacher. Wie der Psychologe William James es ausdrückte: »Wenn wir etwas Furcht Erregendes erblicken, schnappen wir nach Luft und können nicht tief einatmen.«[3] Das ist eine natürliche Abwehrreaktion, sie soll den Betreffenden auf Kampf oder Flucht vorbereiten. Es gibt jedoch Menschen, die auch ohne jede unmittelbare Bedrohung ständig hyperventilieren, indem sie zu schnell atmen und dabei zu viel Luft aufnehmen. Jemand, der hyperventiliert, steigert in der Regel seine Atemfrequenz von einmal alle fünf Sekunden auf einmal alle drei Sekunden und erhöht die Luftaufnahme um 50 Prozent. Obwohl durch das Hyperventilieren mehr Sauerstoff in die Lunge einströmt, hat es insofern eine negative Wirkung, als es die Menge des Kohlendioxids im Körper verringert, sodass der Betreffende unter Desorientierung, Schwindel- und Angstgefühlen leidet.

Wer normal atmet – das heißt langsam und mit einem großen Atemzugvolumen –, ist meist selbstsicher und emotional stabil. Menschen hingegen, die schnell und mit flachen Atemzügen atmen, sind leicht beunruhigt, sind schüchtern und unsicher. Wer ständig hyperventiliert, zahlt einen hohen Preis, denn er neigt zu chronischer Angst und Panikattacken und kann sogar Herzprobleme bekommen.[4] Wir wissen immer noch nicht, was nun was verursacht – ob ungewöhnliche Atemmuster für beeinträchtigende psychische Auswirkungen verantwortlich sind oder ob Menschen ein ungewöhnliches Atmungsverhalten entwickeln, weil sie Angst haben und sich niedergeschlagen fühlen. Auf jeden Fall ist es möglich, die Angstgefühle abzuschwächen, indem man jemanden dazu bringt, richtig zu atmen. Das spricht eher dafür, dass unsere Stimmung von unserer Art zu atmen beeinflusst wird als umgekehrt.

Atmen gehört zu den Dingen, die wir tun, ohne darüber nachzudenken – auch wenn wir unsere Atemtechnik bewusst ändern können, brauchen wir an das Atmen keinen Gedanken zu verschwenden, da unser autonomes Nervensystem uns das abnimmt. Vielleicht achten wir so wenig aufs Atmen, weil wir nicht darüber nachdenken oder weil wir es für selbstverständlich halten. Wenn wir mit anderen Menschen zusammen sind, merken wir selten, wie schnell oder langsam sie atmen und ob sie mehr mit der Brust oder mit dem Bauch atmen. Würden wir mehr darauf achten, wie jemand atmet, wüssten wir sehr viel mehr darüber, was er fühlt.

Haltungs-Tells

Die drei Möglichkeiten, die einem angegriffenen Tier offen stehen – Kampf, Flucht oder Erstarren –, spiegeln sich auch in der Art, wie ängstliche Menschen ihren Körper benutzen, um sich zu verteidigen, um symbolisch zu fliehen oder passiv und unbedrohlich zu erscheinen.

Die Kampfreaktion zeigt sich in der starren Körperhaltung ängstlicher Menschen, bei der die Muskeln hart werden und der Körper eine Abwehr gegen die äußere Welt aufbaut. Wilhelm Reich hat das »Körperpanzer« genannt, und Alexander Lowen sprach von »psychosomatischer Panzerung«.[5] Lowen stellte fest, dass bei Menschen, die Angst haben und daher das Bedürfnis empfinden, sich zu schützen, oft eine erhöhte Anspannung der Brustmuskulatur (Hypertonie der Brustwand) zu beobachten ist – des Bereiches, der einem frontalen Angriff am ehesten ausgesetzt ist. Er wies auch darauf hin, dass Arme und Hände potenzielle

Waffen sind, die man zum Angriff oder Gegenangriff benutzen kann. Wer sich auf seine Hände und Arme verlässt, braucht keine andere Form der Verteidigung. Wenn jedoch Aggression nicht infrage kommt, wird oft der Körper in einen Schutzschild verwandelt. Lowen meinte, psychologisch wolle dieser durch Versteifen gebildete Panzer eher einen Angriff abwehren als zurückschlagen. Dynamisch wird die frontale Anspannung erzeugt, indem man Schultern und Becken zurücknimmt und so alle Muskeln der Vorderseite zugleich kontrahiert und streckt. Wenn Vorder- und Rückseite des Körpers so in eine starre Hülse angespannter Muskeln eingeschlossen sind, können wir sagen, der Organismus sei gepanzert.[6]

Die Fluchtreaktion erkennt man an der Art, wie ängstliche Menschen ihren Körper bewegen. Während die Bewegungen selbstsicherer Menschen eher ruhig und fließend sind, verlaufen die ängstlicher Menschen oft ruckartig und ungleichmäßig. Das kann man auch an ihrem Atemrhythmus sehen, der manchmal aus einer Serie stotternder Atemzüge statt aus einzelnen ruhigen Atemzügen besteht. Ängstliche Menschen sind oft rastlos, sie bewegen ständig ihre Hände in Körpernähe, statt gelegentlich ruhige Handbewegungen in gewissem Abstand zum Körper zu machen. Diese ständigen Veränderungen der Körperhaltung wirken bei ängstlichen Menschen wie das Ableiten überschüssiger Energien, was sie in gewissem Sinne auch sind. Doch diese aufgeregten Bewegungen sind am besten als verkappte und regredierende Versuche zu sehen, vor etwas zu fliehen, das man als bedrohliche Situation wahrnimmt. Wenn jemand, der Angst hat, ungeduldig mit dem Fuß klopft, dann bedeutet das, dass er seine Füße auf die Flucht vorbereitet, und wenn er mit seinen Händen spielt oder mit seinen Schlüsseln herumfummelt, zeigt das, dass er sich eigentlich auf Hände und Füße niederlassen und so schnell wie möglich davonkriechen möchte. Meist merkt er gar nicht, was er tut, und erkennt schon gar nicht die wahre Bedeutung seines Verhaltens. Auch andere Leute nehmen es oft nicht wahr – und selbst wenn sie seine unruhigen Bewegungen bemerken, erkennen sie diese nicht unbedingt als Ausdruck seines Fluchttriebs.

Das Erstarren als Reaktion verrät sich in der Haltung eines Menschen. Ängstliche Menschen nehmen oft eine starre Haltung an und sitzen oder stehen so, dass sie den Selbstkontakt maximieren können. Beim Stehen bevorzugen sie Haltungen wie den Scherenstand, bei dem die Beine gerade und entweder in Höhe der Knie oder der Unterschenkel gekreuzt sind. Beim Sitzen schlagen ängstliche Menschen gern die Beine übereinander, meist in Höhe der Oberschenkel, manchmal aber auch in Höhe der Waden oder Fußgelenke. Sind die Beine nicht übereinander geschlagen, stehen sie doch meist eng beieinander, oft mit unter den Stuhl gezogenen Füßen. Wie wir bereits weiter oben sahen, sind dies im Prinzip unterwürfige Haltungen, die dem Betreffenden aber auch helfen, seine Angst zurückzudrängen. Das Überschlagen oder Kreuzen der Beine zum Beispiel gibt einem das Gefühl, der Genitalbereich sei geschützt, und erhöht dadurch das Sicherheitsgefühl.

Eine Körperhaltung mit geschlossenen Oberschenkeln verstärkt auch den Selbstkontakt und hebt damit das Wohlbefinden. Im Idealfall lassen sich die meisten Menschen lieber von jemand anders trösten. Ist aber niemand da – oder dazu bereit –, bleibt einem oft nichts anderes übrig, als sich selbst zu beruhigen. Dazu presst man zum Beispiel die Oberschenkel zusammen. Eine extreme Variante einer selbst tröstenden Haltung ist die Brezel. Dabei werden die Oberschenkel übereinander geschlagen, und der Fuß des oben liegenden Beines wird um das Fußgelenk des anderen Beines geschlungen, sodass der Betreffende aussieht wie von einem verrückten Verrenkungskünstler verknotet. Wie wir bereits sahen, dienen Haltungen mit überkreuzten Beinen dazu, Absichtslosigkeit zu signalisieren – sie zeigen den anderen, dass man nicht vorhat, sich zu bewegen. In dieser Hinsicht sind sie Beispiele für das Erstarren – so verhalten sich Tiere, wenn sie in Gefahr sind, von einem natürlichen Feind entdeckt zu werden.

Angst führt auch zu anderen Formen der Inaktivität. Wenn Menschen Angst haben, verspüren sie häufig den Drang zum Wasserlassen, obwohl dieser Impuls in Anwesenheit anderer Menschen gewöhnlich eher unterdrückt wird. Selbst wenn Männer keine Angst haben, fällt es ihnen schwer zu urinieren, wenn sie nicht allein sind. Diese anhaltende Miktionshemmung, wie Psychologen diese Störung benannt haben, ist am auffälligsten in öffentlichen Toiletten, wo oft völlig fremde Männer neben einem stehen.[7]

Hand-Tells

Angst zeigt sich häufig auch daran, was Menschen mit ihren Händen tun. Wer unruhig ist oder Angst hat, spielt gern mit irgendwelchen Gegenständen herum – man sieht ihn mit seinen Schlüsseln spielen, den Ring am Finger drehen oder an seiner Kleidung zupfen. Ängstliche Menschen berühren sich auch selbst, um sich zu beruhigen. Sie reiben sich zum Beispiel die Hände – das war eines von George Bernard Shaws Markenzeichen-Tells –, zupfen sich am Ohr, streichen sich übers Kinn oder fahren sich mit den Fingern durch das Haar. Auch wo sich jemand berührt, kann viel über ihn aussagen. Ein Mann zum Beispiel, der an der Haut unter seinem Kinn zupft, zeigt damit an, dass er sich über sein zunehmendes Gewicht Sorgen macht.

Zoologen haben entdeckt, dass Tiere bei widersprüchlichen Impulsen oft auf Übersprunghandlungen ausweichen, die mit ihren unmittelbaren Zielen gar nichts zu tun haben.[8] Dasselbe gibt es auch bei Menschen. Bestehen in einer Spannungssituation zwei einander widersprechende seelische Motive gleichzeitig, wie es bei Angst der Fall ist, führen diese oft zu selbst gesteuertem Verhalten, das einen Teil der überschüssigen Antriebsenergie abführt und ein vorübergehendes Gefühl des Wohlbefindens vermittelt. Solche Handlungen werden manchmal auch »Adapter« genannt, da sie Menschen helfen, sich an ihre inneren Konflikte anzupassen. Im Zentrum selbst gesteuerter Verhaltensweisen wie der Adapter stehen Kopf und Gesicht.[9] Wenn Sie einmal in das Wartezimmer eines Krankenhauses gehen oder irgendwo Leute sehen, die für etwas Schlange stehen, was dort verteilt wird, werden Sie bemerken, dass die Menschen häufig ihr Gesicht berühren – der eine stützt das Kinn mit den Händen, der andere kratzt sich die Wange oder fährt sich über das Haar. Solche selbst tröstenden Gesten sind oft unbewusst; sie sollen die Angst mildern, die Menschen empfinden, wenn sie sich in unangenehmen Situationen befinden.

Dabei fällt auf, dass Menschen bei solch selbst gesteuerten Handlungen nicht irgendeinen beliebigen Körperteil berühren, sondern Kontakt mit Stellen suchen, wo ein anderer Mensch – wenn es ihn denn gäbe – sie liebkosen oder streicheln würde.[10] Jemand, der Angst hat, streicht sich deshalb so oft über das Haar, weil seine Mutter ihn auf diese Weise getröstet hat, als er ein Baby war. Solche Selbstberuhigungsgesten sind daher eine Form der Regression – sie führen den Menschen zurück in eine Zeit, als seine Eltern ihn durch Berührungen und Liebkosungen beruhigten. Als Erwachsene haben wir selten unsere Eltern in der Nähe, die uns ein Gefühl der Sicherheit geben könnten. So tun wir selbst, was unsere Eltern einst für uns taten.

Jemand, der Angst hat, externalisiert oft seine Ängste, indem er mit irgendwelchen Gegenständen herumspielt, die gerade in erreichbarer Nähe sind. Zum Beispiel spielt er mit seiner Brille, und was er damit macht, kann sehr aufschlussreich sein. Wer zum Beispiel an den Enden der Brillenbügel saugt oder kaut, greift damit zu einer sehr ursprünglichen Form des Selbsttrostes: Wie ein Baby, das am Daumen nuckelt oder an seiner Decke kaut, findet er Trost darin, etwas im Mund zu haben. Dann gibt es diejenigen, die ihre Brille in der Hand halten und ständig die Bügel auseinander- und zusammenklappen, wobei sie darauf achten, dass sie immer schön symmetrisch sind. Solche Leute sind meist ordentlich und zwanghaft und haben ein starkes Bedürfnis, alles im Griff zu haben. Wer hingegen ständig seine Brille abnimmt und wieder aufsetzt, ist meist entscheidungsschwach und bezieht nicht gern klar Stellung – er kann sich nicht entschließen, ob er die Brille auf- oder absetzen soll. Manchmal geschieht das allerdings auch, um andere Leute zu verwirren und zu verunsichern. Und dann gibt es noch diejenigen, die ständig auf ihre Brillengläser hauchen und sie putzen. Auch sie haben gern alles im Griff und möchten wissen, was los ist – sie haben gern den klaren Durchblick.

Einige Adapter sollen nicht Trost bieten, sondern Schutz. Es gibt fünf grundlegende Schutzadapter. Zu ihnen zählt das Augen-Zuhalten, bei dem man sich eine Hand vor die Augen hält, das Mund-Zuhalten, bei dem man eine Hand über den Mund legt, und das Gesicht-Zuhalten, bei dem mit den Handflächen beider Hände das ganze Gesicht bedeckt wird. Diese Gesten des Bedeckens oder Zuhaltens sieht man oft bei Menschen, die gerade eine schlechte Nachricht erhalten oder etwas Schreckliches gesehen haben. Alle drei Gesten kann man regelmäßig nach der Verkündigung von Wahlergebnissen sehen – die siegreichen Kandidaten erscheinen lächelnd, lachend, mit erhobenen Händen, während sich die unterlegenen Kandidaten die Augen oder den

Mund oder sogar das ganze Gesicht zuhalten. Durch das Bedecken der Augen räumt man das, was einem Kummer bereitet, aus dem Blickfeld, und durch das Zuhalten des Mundes verbirgt man gleichzeitig seinen Kummer und hindert sich selbst daran, etwas zu sagen, was man später bereuen könnte. Diese Zuhalte-Gesten sind zutiefst symbolisch. Wenn Sie zum Beispiel die Nachricht von einem Flugzeugunfall im Radio hören, werden Sie sich vermutlich sowohl Augen wie Ohren zuhalten – indem man die Augen bedeckt, verhält man sich so, als habe man den Unfall wirklich gesehen und nicht nur davon gehört.

Die anderen beiden Schutzadapter sind der Klammergriff und die Wiege. Diese Gesten sieht man sehr häufig bei Sportveranstaltungen wie Fußballspielen, besonders wenn es für beide Seiten ums Ganze geht. Wenn ein Spieler zum Torschuss ansetzt und das Tor nur knapp verfehlt, sieht man die Fans oft verzweifelt ihren Kopf umklammern – die Hände heben sich und bedecken den Oberschädel, sodass sie eine Art manuellen Schutzhelm bilden. Dies ist eine natürliche, nicht erlernte Reaktion, sie ist auf der ganzen Welt zu finden. Sie hat metaphorische Bedeutung, denn sie soll den Kopf nicht gegen körperliche Schläge, sondern vor psychischem Schaden angesichts eines schrecklichen Geschehens bewahren.

1996 spielte die englische Fußball-Nationalmannschaft im Halbfinale der Europameisterschaft in Turin gegen Deutschland. Am Ende der Spielzeit stand es 1:1, sodass das Spiel durch Elfmeterschießen entschieden werden musste, bei dem fünf Spieler jeder Seite abwechselnd versuchen müssen, den Ball am Torhüter der Gegenmannschaft vorbei ins Tor zu schießen. Es stand wieder ausgeglichen 5:5, als Gareth Southgate, der englische Mittelfeldspieler, für seinen Schuss an die Linie vortrat. Dies war der entscheidende Moment: Verfehlte er das Tor und der nächste deutsche Spieler brächte den Ball ins Netz, würde Deutschland gewinnen und ins Finale kommen, und England wäre ausgeschieden. Als sich Southgate den Ball zurechtlegte, zurückging und anlief, war ihm klar, wie wichtig es war, den Ball ins Netz zu kriegen. Vielleicht war es das Gewicht der auf seinen Schultern lastenden Verantwortung, vielleicht war er auch nur einen kleinen Moment lang unkonzentriert – jedenfalls trat er den Ball nicht mit Kraft, sondern stieß ihn nur sanft an, und der deutsche Torhüter hatte kein Problem, ihn schon vor dem unmittelbaren Torbereich zu halten. Als sich Southgate umdrehte und seinen einsamen Gang über das Spielfeld antrat, wurde ihm die Tragweite seines verpatzten Elfmeterschusses bewusst. Während er mit zu Boden gerichtetem Blick zu seinen Mannschaftskameraden zurückging, tat er das, was so viele Fußballspieler in tiefer Verzweiflung tun – er umfasste seinen Hinterkopf und wiegte ihn mit beiden Händen.

Es gibt nicht viel, was ein Fußballer tun kann, um sich in einer solchen Situation zu trösten – er kann keine Selbstgespräche führen oder sich selbst auf den Rücken klopfen oder sich umarmen. Aber er kann sich immerhin mit der Wiege trösten. Es ist ihm zwar nicht bewusst, doch indem er sich die Hände um den Hinterkopf legt, tut er genau dasselbe, was seine Mutter immer tat, wenn sie ihm als hilflosem Baby den Kopf stützte. Das Sicherheitsgefühl, das er damals verspürte, ist in seiner Erinnerung engstens mit dem Gefühl verbunden, dass jemand seinen Hinterkopf umfasste. Wenn der Spieler nun seinen Hinterkopf mit den eigenen Händen umklammert, tut er das anstelle seiner Mutter.

Die Wiege sieht man nicht nur auf dem Fußballplatz – man findet sie überall dort, wo sich Menschen unsicher fühlen und sich vor Bedrohungen schützen wollen, seien diese nun echt oder eingebildet. Auch wenn Sie eine erregte Diskussion auf einer Vorstandssitzung beobachten, werden Sie ein paar Beispiele für die Wiege entdecken. Tatsächlich

Augenbedecken, Wiege und Handklammer. Deutlich demonstrieren diese Gesten Unglauben und Enttäuschung, als die Liverpooler Mannschaft ganz knapp Manchester United unterliegt.

werden Sie zwei Haltungen sehen; sie sind sich sehr ähnlich, haben aber ganz verschiedene Funktionen. Das eine ist die Wiege, das andere das Katapult. Bei beiden Gesten werden die Hände hinter dem Kopf verschränkt, doch während beim Katapult die Ellbogen zurückgezogen werden und die Brust breit gedehnt ist, liegt die Betonung bei der Wiege auf dem Halten des Kopfes. Das Katapult ist in Wirklichkeit eine verkappte Aggressionsgeste. Indem man seine Ellbogen zurückzieht und die Brust dehnt, erscheint man breiter, als man ist, und wirkt dadurch bedrohlich. Während die Hände scheinbar Zuflucht hinter dem Kopf suchen, warten sie in Wirklichkeit darauf, jeden aus dem Hinterhalt anzugreifen, der zufällig zu nahe kommt. Wie wir bereits sahen, ist der Zweck der Wiege ein ganz anderer. Hier haben die Hände eine rein unterstützende Funktion – in keiner Weise werden sie in Vorbereitung eines Angriffs zurückgenommen. Sowohl das Katapult als auch die Wiege kann man bei Geschäftsbesprechungen sehen, wenn jemand sich bedroht fühlt. Das Katapult kommt zum Einsatz, wenn jemand einen anderen Menschen einschüchtern will; die Wiege sieht man, wenn jemand das Bedürfnis verspürt, sich selbst zu trösten. Ersteres ist eine versteckte Form des Gegenangriffs, Letzteres der verkappte Versuch, das eigene Selbstvertrauen wiederherzustellen.

Gesichts-Tells

Angst zeigt sich im Gesicht. Ein ängstliches Lächeln sieht ganz anders aus als ein echtes, da ihm die Kennzeichen eines echten Lächelns fehlen: das Zusammenziehen der Augenringmuskeln (des Musculus orbicularis) und die Krähenfüße neben den Augen. Wie anderes falsches Lächeln auch pflegt ängstliches Lächeln sehr plötzlich aufzutreten, länger anzuhalten, als man normalerweise erwarten würde, und dann ganz plötzlich zu verschwinden. Ängstliches Lächeln verrät sich auch durch eine ungewöhnliche Muskeltätigkeit rund um den Mund. Beim echten Lächeln werden die Mundwinkel von den Zygomaticus-major-Muskeln (den großen Jochbeinmuskeln) nach oben gezogen, während bei einem ängstlichen Lächeln die Mundwinkel zur Seite oder sogar nach unten gezogen werden können. Jinni Harrigan und Dennis O'Connell von der California State University in Fullerton haben festgestellt, dass bei Menschen, die Angst haben, mehr Anzeichen für Furcht im Gesichtsausdruck zu sehen sind und dass mit wachsender Angst Frauen weniger lächeln als Männer.[11]

Lachen halten wir meist für einen Ausdruck von Fröhlichkeit und Vergnügen, doch kann es ebenfalls Zeichen für Angst sein. Ein gutes Beispiel dafür bietet Stanley Milgrams berühmtes Experiment zum Gehorsam aus den Sechzigerjahren.[12] Milgram richtete an der Yale-Universität ein Pseudo-Laboratorium ein mit einem Leiter des Experiments im weißen Kittel und einem genauso unechten Schüler, der Wörterlisten auswendig lernen sollte. Die freiwilligen Versuchspersonen sollten den Schüler mithilfe von Elektroschocks »trainieren«. Dabei wussten sie nicht, dass der Schüler mit dem Versuchsleiter unter einer Decke steckte und keine echten Stromstöße bekam.

Die überraschende Entdeckung war, dass ganz gewöhnliche Menschen bereit waren, wenn man sie dazu drängte, dem Schüler starke Stromschläge zu versetzen, insbesondere wenn er in einem Nachbarzimmer saß, wo man ihn zwar hören, aber nicht sehen konnte, wie er sich in Schmerzen wand. Doch auch wenn die freiwilligen Versuchspersonen bereit waren, dem Schüler die Elektroschocks zu geben, verspürten viele von ihnen doch deutliches Unbehagen bei der Ausführung der ihnen aufgetragenen Aufgabe. Das führte zu häufigen unpassenden Lachanfällen – genau genommen wurde bei einem Drittel der Testpersonen nervöses Lachen und Lächeln registriert. Machte der Schüler einen Fehler, wies der Leiter des Experiments den Probanden an, ihm einen Elektroschock zu verpassen, wobei jedes Mal die Stromstärke erhöht wurde. Verfuhr der Proband nach Anweisung und betätigte einen Schalter, schrie der Schüler vor Schmerzen, rief um Hilfe, jammerte, er habe ein schwaches Herz, oder verstummte gänzlich. Diese Schmerzensschreie und Bitten um Hilfe bereiteten den Versuchspersonen viel Kummer, doch das hielt sie nicht davon ab, dem Schüler einige Augenblicke später einen noch stärkeren Schock zu versetzen und dann zu lachen, wenn sie ihn schreien hörten. Als man sie anschließend befragte, konnten die Versuchspersonen nicht erklären, warum sie in Lachen ausgebrochen waren. Auf den ersten Blick schien es so, als hätten sie über die von ihnen zugefügten Schmerzen gelacht. Doch das war nicht der Fall – ihr Lachen war einfach eine nervöse Reaktion auf die Strafanordnung, die sie mithilfe des Versuchsleiters durchgesetzt hatten.

Wenn Menschen Angst haben, vermeiden sie es gern, andere längere Zeit anzusehen. Sie verwenden auch mehr Zeit darauf, nach Schlupflöchern und Notausstiegen zu suchen. In der Tat richtet sich der Blick eines Menschen, der Angst hat, viel mehr darauf, wie er sich aus einer Situation herausziehen kann, als darauf, wie er einen positiven Beitrag zum Geschehen leisten könnte. Ängstliche Menschen wenden auch eher den Blick ab, während sie sich mit jemandem unterhalten – vor allem deshalb, weil sie sich Sorgen machen wegen der negativen Folgen einer eventuellen Meinungsverschiedenheit. Solange keine Differenzen auftauchen, unterscheiden sich ängstliche nicht unbedingt von selbstsicheren Menschen im Hinblick darauf, wie lange sie ihr Gegenüber während eines Gesprächs ansehen. Bei den ersten Anzeichen einer Uneinigkeit aber sehen ängstliche Personen ihr Gegenüber immer weniger an.[13] Auf einen ängstlichen Menschen wirken die Augen nämlich wie eine doppelläufige Flinte. Solange sie gesichert ist und alles glatt läuft, braucht man sich nicht weiter zu beunruhigen. Wird die Lage jedoch angespannter, werden die Augen zur schussbereiten Waffe – deshalb versteckt man sie am besten.

Durch Blinzeln oder Zwinkern geben die Augen ein weiteres Angstsignal. Der primäre Zweck des Blinzelns ist, das Auge zu befeuchten, den Tränenfilm gleichmäßig über die Hornhaut zu verteilen und diese sauber und gesund zu erhalten. Die Frequenz des Blinzelns wird von verschiedenen Faktoren beeinflusst. Zu ihnen zählen Besonderheiten der Umgebung wie Temperatur, Luftfeuchtigkeit und Beleuchtung, aber auch das Maß an Konzentration – ob jemand zum Beispiel gerade etwas aufmerksam liest oder betrachtet. Die durchschnittliche Frequenz des Wimpernschlags ist 15-mal pro Minute (bei Frauen etwas höher als bei Männern), doch beim Lesen sinkt sie merklich ab. John Stern von der Washington University in St. Louis hat sich ausführlich mit dem Wimpernschlag befasst. Er hat eine enge Beziehung zwischen der Frequenz des Wimpernschlags und dem emotionalen Zustand einer Person festgestellt – je müder und ängstlicher jemand ist, desto rascher blinzelt er.[14] Stern weist darauf hin, dass Präsident Nixon sehr stark mit den Augen zwinkerte. Bei Fragen während der Watergate-Anhörung, die Nixon nicht beantworten wollte, schnellte die Frequenz seines Wimpernschlags gewaltig in die Höhe.

Mund-Tells

Die verräterischsten Angstsignale produzieren wir mit Lippen, Mund, Kehle, Speiseröhre und Magen – also mit allem von den Lippen bis zum After. Wenn Sie sich Ihren Körper wie einen Schlauch vorstellen, durch den die Nahrung hindurchwandert, wird es Sie nicht überraschen, dass Ihre Gefühle sich auf die wichtigsten Partien Ihres Körpers auswirken. Der tiefere Grund für den engen Zusammenhang zwischen Ihren Stimmungen und Ihrem Verdauungstrakt ist, dass dieser ein vollständig integriertes Nervensystem besitzt: das vegetative Nervensystem. Dieses, fast ein zweites selbstständiges Gehirn, reagiert auf dieselben Neurotransmitter wie das zentrale Nervensystem, und daher verursachen Veränderungen im einen so häufig auch Veränderungen im anderen. Wenn ein Mensch Angst hat, treten mehrere mit dem Verdauungssystem verbundene Reflexe auf:

- TROCKENER MUND. Eines der frühen Anzeichen dafür, dass jemand Angst hat, ist ein trockener Mund. Der Grund dafür ist eine vorübergehende Funktionssperre der Speicheldrüsen. Es gibt sichtbare wie hörbare Anzeichen dafür, dass jemand einen trockenen Mund hat – er sieht dann nicht nur so aus, als kaue er Sägemehl, sondern seine Stimme klingt auch trocken und mechanisch.
- HUSTEN. Wenn Menschen Angst bekommen, verspüren sie häufig ein Kitzeln in der Kehle, einen Reiz, der manchmal unkontrollierbares Husten auslöst. Auch das Gefühl, hinten in der Kehle habe sich eine größere Menge Speichel angesammelt, löst Husten aus.
- SCHLUCKEN. Nachdem Präsident Clinton die berühmten Worte gesprochen hatte: »Ich habe mit dieser Frau, Miss Lewinsky, keine sexuelle Beziehung gehabt«, blickte er zu Boden und schluckte dann schwer. Die meisten Menschen haben, wenn sie Angst haben, ein überwältigendes Bedürfnis, durch Schlucken ihre Kehle frei zu machen. Frauen gelingt das meist unauffällig, doch für Männer mit ihrem größeren Adamsapfel ist es nicht so einfach, diese Art nervösen Schluckens zu verbergen.

- LIPPENBEISSEN. Der viktorianische Anatom Charles Bell war der Meinung, von allen Teilen des Gesichts seien es die Lippen, die am ehesten in Aktion träten »und am unmittelbarsten Aufschluss über die Gefühle« gäben.[15] Das lässt sich an den Lippenbewegungen ablesen sowie daran, wie Lippen und Zähne miteinander in Kontakt kommen. Es gibt mehrere Formen des Lippenbeißens, die auf Angst hindeuten. Da ist einmal der Lippenbiss, bei dem entweder die Ober- oder die Unterlippe zwischen den Zähnen festgehalten wird. Wie wir bereits oben sahen, ist dies eine Geste der Selbstbeherrschung, mit der man sich auf symbolische Weise selbst daran hindert, etwas zu sagen, das man später bereuen könnte. Doch es kann auch eine Geste der Angst oder Unsicherheit sein, durch die man sich sozusagen mit den Zähnen an sich selbst festhält. Dann gibt es den Lippen-Lippen-Biss, bei dem sowohl Ober- wie Unterlippe nach innen gezogen und zwischen den Zähnen festgehalten werden. Diese Geste ist das Marken-Tell des großen amerikanischen Sportlers Carl Lewis – oder war es zumindest, als er vor der Öffentlichkeit seine Medaillen einheimste. Bei Fernsehinterviews verriet er häufig sein Unbehagen, indem er seine Lippen einzog und sie mit den Zähnen festhielt. In jeder anderen Hinsicht wirkte Lewis immer selbstsicher und redegewandt – allein sein Lippeneinziehen verriet ihn.
- NÄGELKAUEN. Wer die Angewohnheit hat, an seinen Nägeln herumzukauen, hat meist auch eine niedrige Punktzahl bei psychologischen Tests zur Bestimmung des Selbstbewusstseins und eine hohe Punktzahl bei Angsttests. Es wurde auch schon behauptet, Nägelbeißen sei ein Zeichen für unterdrückte Feindseligkeit – wer Nägel kaut, richte seine Aggressionen nach innen gegen sich selbst statt nach außen gegen andere.

- **ETWAS IN DEN MUND STECKEN.** Wenn Menschen Angst haben, empfinden sie oft das Bedürfnis, etwas in den Mund zu stecken. Dies ist ein Rückfall in die tröstlich-beruhigende Erfahrung des Saugens an der Mutterbrust und später dann des Daumenlutschens. Die beiden am meisten verbreiteten Formen des oralen Selbsttrostes in unserer Gesellschaft sind das Kaugummikauen und das Rauchen. Rauchen wird oft als entspanntes, cooles Verhalten hingestellt und Raucher als Leute, die alles im Griff haben. In Wirklichkeit benutzen Raucher die Zigaretten oft, um ihre Nerven zu beruhigen und ihre Angst unter Kontrolle zu bringen. Der durch Kaugummis gespendete orale Trost wird sichtbar an den Mengen von Kaugummi, die Trainer und Teammanager durcharbeiten, während sie ein Spiel verfolgen. Wenn Sie zum Beispiel den Trainer von Manchester United, Sir Alex Ferguson, beobachten, werden Sie bemerken, dass sein Kauverhalten beim Kaugummikauen das jeweilige Spielglück seines Teams widerspiegelt. Liegt Manchester United vorn und spielt gut, ist Fergusons Kauen nachdenklich und langsam. Liegt die Mannschaft zurück oder spielt sie schlecht, nehmen Geschwindigkeit und Intensität des Kauens ganz erheblich zu. Wenn man auf der Tribüne sitzt, braucht man gar nicht aufs Spielfeld zu blicken, um festzustellen, wie es der Mannschaft von Manchester United ergeht – man kann ihre Fortschritte an den Kieferbewegungen von Alex Ferguson ablesen!

REDE-TELLS

Angst verrät sich auch durch die Stimme. Bei jemandem, der Angst hat, nimmt die gesamte Muskelspannung zu, was zu einem Ansteigen der Stimme oder der von Sprachwissenschaftlern so genannten Grundfrequenz führt. Unregelmäßigkeiten in der Stimmhöhe – Linguisten sprechen von »Flattern« und »Flimmern« der Stimme – sind ebenfalls Zeugnisse der Angst.[16] Ein weiterer Indikator ist die Lautstärke; sie steht in direktem Gegensatz zu dem langsamen und leisen Sprechen, das gewöhnlich ein Symptom für Traurigkeit oder Depressivität ist.[17]

Jemand, der Angst hat, spricht meist schneller und weniger, denn er will niemanden länger als nötig in die Rolle des Zuhörers versetzen und keine besondere Aufmerksamkeit auf sich ziehen. Das erreicht man am besten, indem man das, was man zu sagen hat, in möglichst wenige Worte fasst und seine Redegeschwindigkeit erhöht. Obwohl unsichere Menschen schneller sprechen, sind sie oft ziemlich langsam, wenn es darum geht, auf Fragen zu antworten – einfach weil sie länger über ihre Antworten nachdenken.[18]

Die Beziehung zwischen der Angst und dem Zögern beim Antworten ist nicht ganz unkompliziert, denn sie hängt davon ab, ob jemand unter neurotischer frei flottierender Angst oder unter Realangst leidet – anders gesagt, ob er chronisch Angst hat oder nur in einer konkreten Situation. Man hat festgestellt, dass unter chronischer Angst leidende Menschen beim Reden seltener Pausen machen – sie sind aufgeregt und wollen das, was sie zu sagen haben, schnell hinter sich bringen. Wenn hingegen Personen mit akuter Angst reden, unterbrechen sie häufiger als normal – sie müssen sich mit ihren unmittelbaren Angstgefühlen auseinander setzen und zugleich entscheiden, was sie sagen wollen. Die für akute Angstreaktionen typischen Pausen werden durch Füllsel wie »hm« und »äh« gefüllt, mit denen der Sprecher zeigen kann, dass er noch mehr zu sagen hat und das Wort noch behalten möchte. Sowohl Menschen mit chronischer wie mit akuter Angst neigen zum Stottern. Stotterer stottern meist stärker, wenn sie Angst haben, und dasselbe gilt für Nicht-Stotterer; selbst Menschen, die sonst praktisch nie stottern, tendieren dazu, wenn sie sich bedroht und unsicher fühlen.[19]

Etwas, wovor sich viele Menschen ganz besonders fürchten, ist das Sprechen in der Öffentlichkeit. Die meisten Leute leiden unter einer gewissen Redephobie, manche Menschen aber werden durch ihre Angst vor öffentlichen Auftritten völlig aus der Bahn geworfen. Es heißt oft, je mehr Erfahrung man mit dem Reden in der Öffentlichkeit habe, desto leichter werde es. Das mag für viele Leute zutreffen, doch für manche bleibt eine Rede die Quelle schrecklichster Angstgefühle. Ganz egal, wie oft sie auftreten und wie versiert sie darin werden, es bereitet ihnen doch immer wieder Unbehagen, im Zentrum der allgemeinen Aufmerksamkeit zu stehen, und sie fürchten, den Faden zu verlieren und sich vor so vielen Menschen lächerlich zu machen.

Da Angst ein negativer emotionaler Zustand ist, ist er auch schwer unter Kontrolle zu bringen, und die mit Angst verbundenen Tells sind daher nur schwer zu verbergen. Das gilt in beiden Richtungen – es macht es uns leicht, Angst bei anderen Menschen auszumachen, doch auch für sie ist es nicht schwer, unsere Angstgefühle zu entdecken. Man sucht seine Angst auf verschiedene Art zu verbergen. Zum Beispiel kann man die eigene Stimmung beeinflussen, damit die Angstgefühle vergehen; oder man kann die Angst-Tells vertuschen. Das einzige Problem dabei ist, dass diese Versuche oft *tell-suppressing tells* erzeugen – verräterische Signale, die anzeigen, dass man bestimmte Tells zu unterdrücken versucht, und so das Versteckspiel Lügen strafen. Wer heimlich ein paar Schlucke Wasser nimmt, weil die Kehle so trocken ist, oder wer sich vor dem Händeschütteln die Hand an der Kleidung abwischt, gibt oft mehr über seinen inneren Zustand preis, als wenn er gar nicht erst versucht hätte, seine Angst zu vertuschen. Anders gesagt, *tell-suppressing tells* – also Signale, die Tells vertuschen sollen – sind oft verräterischer als die Tells selbst: Sie weisen nämlich nicht nur auf die Angst des Betreffenden hin, sondern auch auf seinen dringenden Wunsch, diese zu verheimlichen. Wenn Sie also nicht wollen, dass andere etwas von Ihrer Angst mitbekommen, sorgen Sie dafür, dass sie Ihre Angst-Tells nicht bemerken. Und was Sie auch tun, lassen Sie sich nicht bei dem Versuch erwischen, diese Tells zu vertuschen.

9 Sexuelle Tells

Tells sind ein wesentlicher Bestandteil des sexuellen Werbeverhaltens. Ohne sie würde es wohl weder Werben um einen Partner noch Liebe geben, und Sex, wie wir ihn kennen, gäbe es bald nicht mehr. Die Bedeutung der Tells liegt in der simplen Tatsache, dass Partnerwerbung, Liebe und Sex den Austausch von Signalen erfordern – Signalen über sexuelle Neigung, Verfügbarkeit, Bereitschaft und Kompatibilität. Selbst wenn wir es gar nicht beabsichtigen, senden und erhalten wir ständig sexuelle Botschaften. Während andere uns betrachten und überlegen, wie sexy, attraktiv und bereitwillig wir sind oder wie verzweifelt wir auf der Suche sind, bemühen wir uns, dasselbe über sie herauszufinden. In dieser Hinsicht sind sexuelle Tells wie Pollenkörnchen – man sieht sie zwar nicht immer, doch sie sind überall.

Körper-Tells

Zu den Dingen, anhand derer Menschen sich gegenseitig sexuell beurteilen, gehören auch die sekundären Geschlechtsmerkmale: Psychologen bedienen sich dieses Ausdrucks, um die primären Geschlechtsmerkmale von Männern und Frauen – wie Penis und Hoden des Mannes und Vagina, Uterus und Eierstöcke der Frau – von ihren nicht unmittelbar der Fortpflanzung dienenden Merkmalen zu unterscheiden. Bei den Männern gehören dazu Gesichts- und Brusthaar, eine tiefe Stimme und ein größerer, muskulöserer Körper, bei den Frauen die Brüste, ein breiterer Beckengürtel und stärkere Fettablagerungen an Schenkeln und Gesäß. Offensichtlich sollen der Absicht der Natur zufolge diese sekundären Geschlechtsmerkmale als sexuelle Orientierungszeichen dienen, die Männer und Frauen in die Lage versetzen, die Eignung des anderen als Paarungspartner einzuschätzen. Diese Absicht der Natur wird weitgehend erfüllt – mangels anderer Informationen finden Männer Frauen mit großem Busen und Wespentaille besonders attraktiv.[1] Und Frauen bevorzugen im Allgemeinen Männer mit behaarter Brust, breiten Schultern und knackigem Hinterteil.[2]

Wonach Männer und Frauen bei ihren Partnern suchen, unterliegt allerdings in hohem Maße dem Einfluss von Kultur, Mode und allgemeinen Lebensumständen. Die körperlichen Attribute, die Männer in unserer Gesellschaft bei Frauen attraktiv finden, unterscheiden sich oft erheblich von denen, die in anderen Teilen der Welt den männlichen Pulsschlag zum Rasen bringen. Auch in unserer Gesellschaft war der allgemeine Schönheitsbegriff historisch starken Wandlungen unterworfen: Vergleichen Sie nur einmal die hinreißenden üppigen Rubens-Damen mit den dürren Models und Calista Flockharts von heute.

Die Tatsache, dass manche Männer flachbrüstige Frauen bevorzugen oder Frauen mit stark unterschiedlichem Taillen- und Hüftumfang, zeigt nur, dass sie für sich persönlich bei der Partnerwahl andere Maßstäbe anlegen. David Buss von der University of Texas hat eine große interkulturelle Studie zu der Frage durchgeführt, wonach Männer und Frauen bei der Partnersuche Ausschau halten.[3] Er berichtet, dass Männer generell eine junge und wohlgestaltete Frau mit makelloser Haut bevorzugen. Frauen hingegen legen mehr Wert auf materiellen Besitz eines Mannes und seine Fähigkeit, Sicherheit zu bieten. Die divergierenden

Kriterien spiegeln die verschiedenen Motive von Männern und Frauen beim Paarungsspiel – der Mann braucht eine Partnerin, die viele gesunde Kinder gebären kann und stark genug ist, für sie zu sorgen, während die Frau offenbar einen Mann sucht, der für sie sorgen und sie und die Kinder beschützen kann. Aus entwicklungsgeschichtlicher Perspektive ist das alles durchaus einleuchtend. Und doch wird dabei nicht die enorme Bandbreite der Kriterien bei der Partnerwahl berücksichtigt – etwa die Tatsache, dass mancher einen Partner bevorzugt, der dem Evolutionsmuster gar nicht entspricht, oder dass jemand zwar einen Partner findet, der in das Muster passt, dabei aber möglicherweise von ganz anderen Auswahlkriterien ausgegangen war. Wie dem auch sei – eine Frau mag sich einen Mann wählen, der für sie sorgen kann. Doch hat sie erst einen erfolgreichen Banker geheiratet und hat mehrere Kinder mit ihm, beschließt sie vielleicht, sich anderswo etwas Aufregenderes zu suchen. Auf der Suche nach einem Sexualpartner außerhalb ihrer Ehe wird sie viel eher eine Affäre mit ihrem Tennistrainer anfangen als mit einem reichen Geschäftsmann. Schließlich will man, wenn man gekriegt hat, was man wollte, nicht noch mehr davon, sondern etwas Neues und anderes!

Frauen mit den begehrten körperlichen Attributen werden von Männern sehr viel eher wahrgenommen. Daraus folgt allerdings nicht unbedingt, dass Männer auch eher auf sie zugehen oder, wenn sie es denn tun, nicht mehr von ihnen weichen, ohne besonders dazu ermutigt zu werden. Tatsächlich verfolgen Männer viel eher eine Frau, die nicht schön ist, aber die richtigen Signale aussendet, als eine tolle Frau, die unerreichbar scheint. Im Wettstreit zwischen Werbesignalen und gutem Aussehen gewinnen die Werbesignale meist mühelos die Oberhand.[4]

Aus alledem folgt, dass eine Frau mit den richtigen körperlichen Attributen, ergänzt durch die richtigen Signale, in der Regel attraktiver für Männer ist als eine Frau, die zwar über die Attribute verfügt, aber nicht die entsprechenden Signale aussendet, oder umgekehrt. Der Oxforder Philosoph Robert Burton kam in seiner 1621 veröffentlichten *Anatomy of Melancholy* zu folgendem Schluss:

»Es ist wohl wahr, dass diese leuchtenden Augen, der weiße Hals, die Korallenlippen, der schwellende Busen und die rosenfarbenen Wangen etc. an sich schon starke Verlockungen darstellen; doch wenn hierzu noch ein anmutiger, kunstreicher, wohl gezielter Blick hinzukommt, angenehme Gesten und eine zierliche Haltung, so müssen sie zwangsläufig noch viel stärker wirken, als sie es ohnehin schon tun.«[5]

Das wird in modernen Zeiten nirgends deutlicher als im Fall Marilyn Monroes – einer Frau, die über die nötige Ausstattung verfügte und sie zu nutzen wusste. Wenn Sie den Film *Manche mögen's heiß* gesehen haben, werden Sie sich an die eindrucksvolle Szene erinnern, wie sie den Bahnsteig entlanggeht und Tony Curtis und Jack Lemmon ihrem schwingenden Hinterteil nachstarren, das sich, wie Jack Lemmon sich ausdrückt, »wie ein Wackelpudding auf Sprungfedern« bewegt. Marilyns Hüftschwung ist hier deshalb so wirkungsvoll, weil er die Aufmerksamkeit auf ihre weibliche Anatomie zieht.

Was uns zu der Feststellung führt, dass durch verführerisches Verhalten in erster Linie die sekundären Geschlechtsmerkmale betont werden sollen. Dies beantwortet auch die Frage, warum manche Verführungssignale zwar von Frauen, aber nicht von Männern ausgesandt werden und umgekehrt. Wenn eine Frau einen Schmollmund macht, den Rücken durchdrückt oder sich so vorbeugt, dass ihre Brüste zwischen den Armen zusammengepresst werden, betont sie damit die physischen Attribute ihres Geschlechts. Diese Handlungen sind Illuminationen: Sie lassen ein bestimmtes Detail im

Erscheinungsbild einer Frau hervortreten – gerade so wie die ausgemalten Initialen in alten Codices. Ein Mann, der sich in Gegenwart einer Frau zu voller Höhe aufrichtet und seine Brust dehnt oder seine Stimme tiefer ansetzt, tut im Prinzip dasselbe – er illuminiert die Unterschiede zwischen sich und der Frau, indem er sich ein maskulineres Erscheinungsbild gibt, was die Frau wiederum femininer wirken lässt.

Verhaltens-Tells

Da das unterschiedliche Aussehen ihnen noch nicht genügt, gibt es eine stillschweigende Übereinkunft zwischen Männern und Frauen, sich auch durch ihr Verhalten zu unterscheiden. Diese Verhaltensunterschiede – von Ray Birdwhistell so treffend als »tertiäre Geschlechtsmerkmale« bezeichnet – bieten Männern wie Frauen die Möglichkeit, ihr Geschlecht zu betonen und sich für die Angehörigen des anderen Geschlechts attraktiver zu machen.[6] Will ein Mann einer Frau attraktiv erscheinen, verfällt er leicht in prototypisches männliches Verhalten – er sitzt mit gespreizten Beinen, streckt seine Füße in den gemeinsamen Freiraum, breitet die Arme aus und erzeugt generell den Eindruck, sehr viel Platz zu brauchen, um seine gewaltige Gestalt unterzubringen. Er rückt auch öfter hin und her, ändert seine Haltung, benutzt die Hände, um seine Worte zu unterstreichen, und bewegt die Hände vom Körper weg.

Im Gegensatz dazu bleiben die Gesten der Frau eher körpernah. Um feminin zu erscheinen, bewegt sie sich gern langsam, ihre Gestik ist gebremst, die Beine bleiben geschlossen, und sie kultiviert den Eindruck, nicht mehr, sondern weniger Raum für ihren Körper zu brauchen. Beim Gesichtsausdruck allerdings ist die Situation eher umgekehrt: Die Frau ist lebhaft und angeregt, der Mann hingegen versucht besonders beherrscht zu wirken.

Trotz zunehmender Gleichberechtigung der Geschlechter versuchen Männer und Frauen weiterhin, sich für das andere Geschlecht attraktiv zu machen, indem sie sich geschlechtstypisch verhalten – Männer treten männlicher auf, und Frauen geben sich weiblicher. Männlicher versuchen die Männer zum Beispiel durch dominantes Auftreten zu wirken. Viele der Illuminationen im männlichen Verhalten – wie Aufrichten zu voller Körpergröße, Dehnen der Brust oder Sitzen mit gespreizten Beinen – sind eigentlich Dominanzsignale, während die der Frauen – Sitzen mit übergeschlagenen Fußgelenken, seitliches Neigen des Kopfes und Berühren des Gesichts – zugleich auch Unterwerfungssignale sind. Das soll aber nicht heißen, dass Männer bei der Partnerwerbung nur Dominanzsignale einsetzen oder dass sich Frauen auf Unterwerfungssignale beschränken würden. Bei zahlreichen Gelegenheiten werden die Rollen vertauscht, die Frau übernimmt die Rolle der Mutter und der Mann die des Kindes. Dieses Abweichen von den sozial vorgeschriebenen Rollen in Verbindung mit regredierenden Ausflügen in die Welt des Spiels sind ein wesentlicher Teil der Werbephase. Lachen, Neckereien, überhaupt jede Art von Unsinn geben dem Mann und der Frau Gelegenheit, mit ihren Rollen zu experimentieren und einander wie Kinder zu zeigen, dass sie harmlos und ungefährlich sind. Das Herumalbern ermöglicht ihnen auch, fürsorglich-liebevolle Verhaltensweisen der Eltern-Kind-Beziehung in ihren Umgang miteinander aufzunehmen.

Ansprechbarkeits-Tells

Bei den meisten Säugetieren ist es das Männchen, das sich sexuell anbietet: Es zeigt den Weibchen, dass es stark und gesund ist, über entsprechende Ressourcen verfügt und einen perfekten Partner abgeben wird. Bei den Menschen funktioniert das meist andersherum, denn der größte Teil der sexuellen Werbung kommt von weiblicher Seite – es sind die Frauen, die sich schick machen, ihr Haar stylen, sich schminken und Parfum benutzen. Doch das war nicht immer so. Im England des 19. Jahrhunderts zum Beispiel, im Zeitalter des Dandys, waren es die Männer der gehobenen Gesellschaft, die sich wie Pfauen auftakelten, während ihre Frauen wie schlichte Pfauenhennen aussahen. Man kann auch sagen, dass die Frauen heute zwar den größeren Teil der sexuellen Werbung auf sich nehmen, die Männer sich aber zunehmend beteiligen, indem sie mehr Geld für Kleidung ausgeben, auf modische Haarschnitte Wert legen und Aftershave und Herrenparfums benutzen. Kleidung, Schmuck, Make-up und Parfum sind alles Dinge, die man am Körper trägt. Doch es gibt andere Formen sexueller Werbung, die nicht unmittelbar an der Person sichtbar werden, wie Geld und Besitz. Auf diesem Gebiet der Werbung sind es in der Regel die Männer, die das meiste zu bieten haben, indem sie in Autos, Wohnungen und technische Geräte investieren, mit denen sie die Vertreterinnen des anderen Geschlechts beeindrucken können.

Dass wir sexuell ansprechbar sind, geben wir auf verschiedene Art zu erkennen. Dazu gehört unsere Kleidung und die Art, wie wir sie tragen, welche Körperteile wir zur Schau stellen; dazu gehören auch bestimmte Körperhaltungen, die wir einnehmen, unser Gesichtsausdruck, die Art, wie wir die Augen bewegen, und was wir sagen.

Wenn junge Leute einen Nachtclub oder eine Bar betreten, verschaffen sie sich normalerweise als Erstes einen Überblick über die Szene. Manchmal geschieht das in aller Unschuld – man will bloß sehen, ob Freunde da sind –, doch meistens geht es um eine rasche Prüfung des zur Verfügung stehenden Angebots. Dafür gibt es im Wesentlichen zwei Verfahren:

- SCANNEN. Menschen kartografieren ihre soziale Umgebung durch visuelles Scannen. Monika Moore hat eine umfangreiche Studie über Strategien der Partnerwerbung durchgeführt und dabei den Raumerfassungsblick diagnostiziert, bei dem Kopf und Augen gemeinsam wie ein Radargerät einen Bogen durch den Raum schlagen und dann in die Ausgangsstellung zurückkehren.[7] Zweck dieses Scannens ist, sich einen Anfangsüberblick zu verschaffen, ohne sich unbedingt auf eine bestimmte Person oder Gruppe zu konzentrieren. Das kommt später.
- PROMENIEREN. Statt die Augen schweifen zu lassen, kontrollieren manche Menschen die Räumlichkeit durch Umhergehen. Der Vorteil des Promenierens ist, dass der Einzelne dabei von anderen wahrgenommen wird und zugleich selbst einen prüfenden Blick aus der Nähe auf sie werfen kann. Insofern ähnelt das Promenieren sehr dem spanischen und südamerikanischen *Paseo*, wo junge Männer und Frauen zum Zwecke des Sehens und Gesehenwerdens auf und ab flanieren.

Mit Hunderten von jungen Leuten, die sich im Raum bewegen und einander prüfend betrachten, ähnelt das Spektakel in einem Nachtclub auffallend einem Balzplatz.[8] Balz- oder Brunftplätze sind die Single-Bars der Tierwelt – Orte, wo Männchen und Weibchen zusammentreffen, damit sich die Männchen vor den Weibchen zur Schau stellen und sich die Weibchen einen Partner wählen können. Balzverhalten gibt es bei zahlreichen Tierarten, zum Beispiel bei Fledermäusen, Antilopen, Fröschen, Kanadagänsen und beim großen Präriehuhn. All diese Arten weisen einen ausgeprägten sexuellen Dimorphismus auf, das heißt, die Männchen unterscheiden sich im Aussehen sehr stark von den Weibchen, und diejenigen Männchen, die sich mit auffallendem Balzverhalten hervortun, finden normalerweise auch die meisten Paarungspartner. Das Gleiche passiert häufig auf einem menschlichen Balzplatz wie dem Nachtclub, wo die auffallenderen und aktiveren männlichen Wesen meist die erfolgreicheren sind.

Wenn Sie einmal Menschen in einem Nachtclub beobachten, werden Sie oft ein merkwürdig auffälliges Benehmen feststellen. Das liegt zum Teil daran, dass sie mit anderen um Aufmerksamkeit konkurrieren. Doch es liegt auch an der schwachen Beleuchtung, bei der man schlecht sehen kann, was andere machen, und an den Nebengeräuschen, bei denen man schlecht hören kann, was andere sagen. Auf diese Situation reagieren viele Menschen, indem sie die Amplitude der von ihnen ausgesandten Signale erhöhen – sie heben die Stimme, zeigen mehr von ihrem Körper und tanzen wilder. Manche wiederholen einfach immer wieder dasselbe gegenüber ein und derselben Person. Interessanterweise gibt es ein ganz ähnliches Phänomen auch bei den Vögeln. Man hat entdeckt, dass in einer lauten Umgebung nistende Vögel das Lärmproblem dadurch lösen, dass sie die Amplitude ihrer Signale erhöhen und lauter singen.[9] Sie nehmen auch sehr viel mehr Wiederholungen und Redundanzen in ihre Lieder auf – genau wie die langweiligen Typen in den Nachtclubs, die dauernd dasselbe sagen!

Um in einem Nachtclub die Aufmerksamkeit auf sich zu ziehen, müssen Männer wie Frauen ihre Ungebundenheit und sexuelle Zugänglichkeit signalisieren. Das tun sie auf zweierlei Weise – entweder sie streuen die Information so, dass jeder Anwesende mitkriegt, dass sie zu haben sind, oder sie peilen eine bestimmte Zielperson an und nehmen sie ins Visier. Eine Frau kann zum Beispiel generell Kontaktbereitschaft ausstrahlen, indem sie eindeutige Kleidung trägt, Teile ihres Körpers zur Schau stellt oder provozierend tanzt. Dadurch will sie jedermann mitteilen, dass sie zwar zu haben ist, aber noch lange nicht für *jeden* – ein Unterschied, der nicht allen Männern ohne weiteres klar zu machen ist. Diese Art weiblichen Sendeverhaltens ist oft an den Menstruationszyklus gekoppelt. Man hat festgestellt, dass Frauen in der Mitte ihres Zyklus, an den fruchtbaren Tagen, öfter Single-Bars oder Nachtclubs ohne ihren derzeitigen Partner aufsuchen, sich freizügiger kleiden und sich stärker von Männern mit ausgeprägt maskulinen Zügen angezogen fühlen.[10] Sie sind nicht nur sexuell leichter zugänglich, sondern halten auch nach sexuell aktiveren Männern Ausschau.

Annäherungs-Tells

Bei einer Liebesaffäre denkt ein Mann gern, er sei derjenige, der den ersten Schritt tut und entscheidet, wie schnell die Beziehung sich entwickeln soll. Forschungen über menschliches Paarungsverhalten zeigen jedoch übereinstimmend, dass dies schlichtweg nicht der Fall ist und dass die Partnerwahl, wie Darwin gesagt hat, fast immer eine Sache der »weiblichen Entscheidung« ist. In Nachtclubs, Bars und auf Partys ist es immer die Frau, die den ersten Schritt tut. Das tut sie mittels eines Annäherungs-Tells – eines Signals, das nicht zu auffällig ist, doch eindeutig genug, um dem Mann zu zeigen, dass er näher kommen darf. Das ist ihre Art, ihm freie Bahn zu signalisieren.

Wenn ein Mann reagiert und quer durch den Raum geht, so tut er das auf Geheiß der Frau. Aus seinem Blickwinkel sieht alles meist ganz anders aus – da er die Anstrengung auf sich genommen hat, den Raum zu durchqueren, neigt er auch zu der Auffassung, er sei derjenige, der die Initiative ergriffen habe. Männer fordern aber sehr selten eine Frau auf, die nicht vorher ihr Interesse angedeutet hat, auch wenn es offensichtlich Fälle gibt, wo Männer tatsächlich auf eine Frau zugehen, die sie nicht einmal bemerkt, geschweige denn ihnen grünes Licht gegeben hat. Ergreift der Mann in dieser Weise die Initiative, sind seine Erfolgschancen normalerweise nicht sehr groß, einfach weil er der Frau die Möglichkeit aus der Hand nimmt, die Sache zu steuern. Normalerweise kann er das wieder gutmachen, indem er sich unterwürfig gibt oder so tut, als seien seine Absichten ganz und gar nichtsexueller Natur.

Frauen produzieren eine Vielfalt von Annäherungs-Tells – manchmal mehrere gleichzeitig, andere wiederum einzeln. Dazu gehören die folgenden:

- DER STROBOSKOP-BLICK. Eine Frau, die sich von einem Mann angezogen fühlt, starrt ihn manchmal quer durch den Raum so lange an, bis ihre Blicke sich kreuzen. Dann hat sie die Möglichkeit, entweder durch Häufigkeit oder Dauer des Augenkontaktes grünes Licht zu signalisieren.[11] Bedient sie sich des »intermittierenden« Blicks, hält sie seinen Blick ein oder zwei Sekunden lang fest und wendet dann Kopf und Augen leicht zur Seite, doch nicht so weit, dass es so aussieht, als würde sie sich aus der Interaktion ganz zurückziehen. Und während der Mann weiter zu ihr hinüberblickt, wendet sie ihm Kopf und Augen wieder zu und wiederholt das Ganze noch einmal. Monika Moore behauptet, es koste normalerweise drei kurze Blicke, bis der Mann kapiert.[12]
- DER KLAMMERBLICK. Statt durch mehrere kurze Blicke kann die Frau einem Mann auch zeigen, dass sie ansprechbar ist, indem sie seinen Blick ein kleines bisschen länger festhält, als sie es unter anderen Umständen tun würde. Wenn wir unseren Blick über einen vollen

Raum schweifen lassen und er sich zufällig mit dem eines Fremden kreuzt, werden wir ihn normalerweise nach ein oder zwei Sekunden abwenden. So lösen wir den Kontakt, bevor der Eindruck entsteht, wir hätten Interesse an einer Fortsetzung der nonverbalen Interaktion. Fixiert eine Frau einen Mann und sieht ihm länger als normal in die Augen, zeigt sie ihm damit, dass sie bereit ist, auch weiterzugehen.[13]

- HEBEN DER OBERLIDER. Trifft eine Frau auf den Blick eines attraktiven Mannes, kann sie gewöhnlich seine Aufmerksamkeit durch einen »geweiteten Blick« fesseln. Dabei werden die Oberlider für den Bruchteil einer Sekunde ganz leicht angehoben, sodass die Geste fast unsichtbar bleibt und nur von demjenigen bemerkt wird, an den sie gerichtet ist. Das kurze Heben der Oberlider wird manchmal die Augenbrauen mit anheben, doch das eigentliche Signal senden die Augen, nicht die Brauen. Durch dieses weite Öffnen der Augen gibt die Frau dem Mann zu erkennen, dass er es ist, den sie ansieht. Und der Lidschlag macht aus dem Signal eine Frage – der Mann hat das Gefühl, dass die Frau zu ihm sagt: »Und jetzt?«
- HAARE ZURÜCKWERFEN. Nach kurzem Blickkontakt mit einem Mann wirft die Frau manchmal ihre Haare zurück, um zu zeigen, dass sie ansprechbar ist. Dabei kann sie sich entweder mit den Fingern durchs Haar fahren oder mit einer kurzen Kopfbewegung das Haar hochschleudern, sodass es ein wenig anders fällt. Diese Geste demonstriert Jugendlichkeit, da nur junge Frauen so weiches, glattes Haar haben, das man mit Effekt zurückwerfen oder anders ordnen kann. Mit zunehmendem Alter wird das Haar weniger geschmeidig, und das schwungvolle Zurückwerfen des Haars passt nicht mehr recht. Es kommt aber durchaus vor, dass auch

Frauen mit fest gespraytem oder ganz kurz geschnittenem Haar diese kurze Kopfbewegung machen, wenn sie einem Mann begegnen, der ihnen gefällt.

- DER SCHMOLLMUND. Eine Frau kann Zugänglichkeit signalisieren, indem sie einen Mann ansieht und dabei einen Schmollmund macht. Dasselbe kann sie auch ausdrücken, indem sie sich die Lippen leckt. Diese Gesten ziehen die Aufmerksamkeit auf eine charakteristische Besonderheit der weiblichen Anatomie – nämlich auf die Tatsache, dass Frauen vollere Lippen haben als Männer. Wenn Jungen in die Pubertät kommen, wird ihr Körper von Testosteron überflutet. Das fördert das Wachstum der Kieferpartie. Mädchengesichter bleiben im selben Zeitraum ziemlich unverändert. Im Gegenteil, der steigende Östrogenspiegel verhindert sogar das Wachstum der Gesichtsknochen und führt stattdessen zu einer Verdickung der Lippen. Nach der Pubertät werden die volleren Lippen zu einem Charakteristikum des sexuellen Dimorphismus. Wenn also eine Frau ihre Lippen vorschiebt oder leckt, zieht sie automatisch die Aufmerksamkeit auf eines ihrer sekundären Geschlechtsmerkmale und auf die Tatsache, dass die Lippen bei sexueller Erregung stärker durchblutet werden. Dieselbe Wirkung erreicht man natürlich auch mit rotem Lippenstift. Richten sich diese Gesten direkt an einen Mann, haben sie normalerweise Aufforderungscharakter. Wichtig ist allerdings, dass die Geste unaufdringlich und kurz bleibt; denn auch wenn eine Frau einem Mann vielleicht zu verstehen geben möchte, dass sie ansprechbar ist, soll er doch nicht meinen, sie wäre leicht zu haben.
- DAS LÄCHELN. Will eine Frau einen Fremden auffordern, sich ihr anzunähern, ist das meistbenutzte Signal das Lächeln – normalerweise ein kurzes, auf den Mund beschränktes Lächeln.[14] In dieser Situation wird sie kaum

ein volles Lächeln aussenden, unter anderem deshalb, weil ein solches Lächeln für Freunde und Bekannte reserviert ist. Das entspricht dem Prinzip, dass Annäherungs-Tells, sollen sie eine Wirkung haben, immer abgeschwächt sein sollten. Dies gilt für Lächeln ebenso wie für Kopf-, Augen- und Lippenbewegungen. Es ist auch sehr unwahrscheinlich, dass ein breites Lächeln zwischen Fremden als Aufforderung aufgefasst wird; viel eher wird es als Zeichen des Wiedererkennens interpretiert. Dasselbe gilt für übertriebenes Anstarren, Schmollmund und Ordnen des Haars – in unabgeschwächter Form werden sie eher als Scherz denn als eine echte Aufforderung verstanden.

Flirt-Tells

Flirt-Tells kann man in drei große Kategorien einteilen – Aufforderungs- oder Ermutigungssignale, Abwehr- oder Ablehnungssignale und Hinhaltesignale.

Aufforderungs- oder Ermutigungssignale bestehen aus Annäherungs-Tells, die dem anderen die Erlaubnis geben, den nächsten Zug zu tun, und aus Werbe-Tells, die das sexuelle Interesse verstärken und die Beziehung ins nächste Stadium befördern sollen. Ablehnungssignale sind das genaue Gegenteil der Ermutiger – sie drücken einen absoluten Mangel an Interesse aus und haben zum Ziel, Annäherungsversuche zurückzuweisen. Hinhaltesignale hingegen schalten den Werbeprozess in die Warteschleife – sie sollen die Beziehung vorübergehend einfrieren, dabei aber das Interesse des anderen aufrechterhalten.

Beim Paarungsspiel bedienen sich die Frauen aller drei Arten von Tells, während sich Männer eher auf Aufforderungssignale konzentrieren. Die Männer bilden sich meist ein, sie seien es, die beim Werben am aktivsten sind und den ganzen Verlauf der Sache steuern, doch wie wir bereits sahen, haben in Wirklichkeit die Frauen das Sagen.[15] Im Frühstadium einer Begegnung produzieren die Frauen zahlreiche Ermutigungssignale, selbst wenn sie sich nicht wirklich von dem Mann angezogen fühlen und gar nicht beabsichtigen, die Sache ernsthaft zu betreiben.[16] Sie mischen auch Ermutigungs- mit Hinhaltesignalen, um sich alles möglichst offen zu halten und die Illusion zu fördern, der Mann trage die Verantwortung für den weiteren Verlauf der Dinge. In der Tat sind Männer notorisch schwach im Decodieren weiblicher Tells und bilden sich häufig ein, eine Frau sei an ihnen interessiert, auch wenn das gar nicht der Fall ist.[17] Denn ein Mann nimmt automatisch an, eine Frau sende ihre Zugänglichkeitssignale persönlich an ihn, obwohl sie sie doch in Wirklichkeit an jedermann aussendet. Männer neigen auch dazu, Ermutigungssignale in ihrer Fantasie aufzubauschen und zu meinen, Ablehnungssignale seien bloß Hinhaltesignale. Diese Tendenz der Männer, die weiblichen Signale misszuverstehen, ist nur Teil einer weitergehenden Unsensibilität: Männer sind nicht nur weniger aufmerksame Beobachter, sie haben auch generell keine solche Antenne für die Bedürfnisse anderer Menschen wie Frauen.

Haltungs-Tells

Die Körperhaltung, die ein Mann und eine Frau bei der ersten Begegnung einnehmen, verrät oft ihre verborgenen Gefühle füreinander. Verschränkt zum Beispiel die Frau ihre Arme und schlingt die Beine umeinander, ist es sehr unwahrscheinlich, dass sie im Begriff ist, sich kopfüber in eine Affäre zu stürzen. Sitzt andererseits der Mann breitbeinig vor ihr und lehnt sich der Frau mit dem ganzen Körper entgegen, zeigt das, dass er sie attraktiv findet und sie zu beeindrucken sucht. Eine offene Körperhaltung geht grundsätzlich mit einer positiven, bejahenden Einstellung einher, während eine geschlossene Körperhaltung Ausdruck einer vorsichtigen und eher negativen Einstellung ist.

Bei Haltungsänderungen aber geht es um etwas ganz anderes. Wenn eine Frau zum Beispiel in Gegenwart eines Mannes wiederholt die Beine so oder anders übereinander schlägt, tut sie mehr, als nur zwischen zwei geschlossenen Haltungen abzuwechseln – in Wahrheit will sie damit die Aufmerksamkeit auf ihre Beine ziehen. Ihr Motiv ist ihr meist gar nicht bewusst. Es gibt allerdings auch andere Fälle wie die berühmte Szene in dem Film *Basic Instinct*, wo Sharon Stone ihre Beine immer wieder anders übereinander schlägt, um darauf hinzuweisen, dass sie unter ihrem Kleid nichts anhat! In der Regel geht es aber sehr viel undramatischer zu, wenn Frauen in Gegenwart eines Mannes ihre Beine mal so, mal anders übereinander schlagen, und die längste Zeit ist dem Mann gar nicht klar, was eigentlich los ist. Dennoch ist die Art und Weise, wie eine Frau ihre Beine hält und bewegt, immer sehr aufschlussreich, und genauso informativ ist, welche Haltung der Mann dabei einnimmt.

Bein-Tells

Frauen versuchen, sich auch dadurch attraktiv für Männer zu machen, dass sie ihre Beinlänge im Vergleich zum übrigen Körper betonen – in dem Bestreben, in dieser Hinsicht wie eine Barbie-Puppe auszusehen. Der Grund dafür, dass Männer lange Beine so sexy finden, ist, dass Mädchen in der Pubertät einen Wachstumsschub haben, durch den ihre Beine länger wirken als der restliche Körper. Und gerade in diesem Stadium seines Lebens wird das Mädchen zur Frau und beginnt die Aufmerksamkeit der Männer auf sich zu ziehen. An diese jugendliche Lebensphase möchten Frauen anknüpfen, wenn sie sich bemühen, ihre Beine länger erscheinen zu lassen.[18] Dabei stehen ihnen drei Barbie-Puppen-Strategien zur Verfügung. Die erste: Man kann hohe Absätze tragen. Die zweite: Man kann einen Bade- oder Gymnastikanzug mit hoch angeschnittenem Bein tragen; dadurch wirken die Beine länger, denn es entsteht die Illusion, sie begännen schon an den Hüften.

Und drittens kann man die Beinlänge betonen, indem man auf Zehenspitzen geht. Das funktioniert am besten, wenn die Frau barfuß geht, und ist ein sicheres Zeichen dafür, dass sie jemanden attraktiv findet. Nehmen Sie einmal den Fall, dass ein gut aussehender Mann zu einer Wochenendeinladung eintrifft und mehrere Leute einschließlich Gastgeberin und Gastgeber im Badeanzug rund um den Swimmingpool sitzen. Die Gastgeberin bemerkt die Ankunft des Gastes, steht also auf und geht ihm zur Begrüßung entgegen. Doch bemerken Sie, dass sie nicht auf flachen Füßen geht – sie bewegt sich auf Zehenspitzen auf ihn zu! Und damit niemand ihr Verhalten merkwürdig findet, weicht sie demonstrativ den Pfützen am Schwimmbeckenrand aus. Als Beobachter erkennen wir, dass alle denken sollen, die Hausfrau wolle nur nicht auf den nassen Flecken ausrutschen. In Wirklichkeit aber möchte sie den Gast beeindrucken: Indem sie auf Zehenspitzen geht, versucht sie unauffällig, ihre Beine länger aussehen zu lassen.

Hohe Absätze lassen nicht nur die Beine einer Frau länger wirken, sie führen auch dazu, dass sie den Rücken durchdrückt. Dieser durchgedrückte Rücken ähnelt der Lordose genannten Haltung in der Tierwelt. Bei bestimmten Tierarten fungiert die Lordose als Auslöser für den Sexualtrieb: Weibliche Hamster und Meerschweinchen drücken zum Beispiel ihren Rücken durch, um einem Männchen zu zeigen, dass sie paarungsbereit sind. Streckt eine Frau ihr Gesäß raus und macht ein Hohlkreuz, hat das auf einen Mann dieselbe erregende Wirkung – darum sind auch Erotik-Journale voller Bilder von Frauen in dieser Haltung. Wenn eine Frau einen Mann attraktiv findet, verrät sie manchmal ihre Gefühle, indem sie den Rücken durchdrückt. Das kann im Stehen wie im Sitzen geschehen oder auch, wenn sie sich am Tisch sitzend vorbeugt und dabei mit den Händen abstützt. Der Vorgang mag kaum wahrnehmbar sein, zeigt aber doch, dass sie sich sexuell von ihm angezogen fühlt.

Raum-Tells

Wie ein Mann und eine Frau sich zueinander im Raum positionieren, sagt viel darüber aus, was jeder der beiden zu erreichen hofft und in welchem Stadium sich ihre Beziehung befindet. In der Regel gilt: Je näher Menschen einander körperlich kommen, desto näher stehen sie sich auch emotional und sexuell. Das gilt auch dafür, wie direkt oder indirekt sie ihre Körper aufeinander ausrichten. In der Frühphase ihrer Beziehung müssen beide die Intimsphäre des anderen mit Vorsicht und Respekt behandeln und aufpassen, dass sie dem anderen nicht zu nahe kommen, bevor dieser nicht sein Einverständnis signalisiert hat. Eine Bewegung, mit der man die Reaktion des anderen testen kann, ist der Quickstepp.

Das letzte Mal, als ich den Quickstepp beobachten konnte, lief die Sache folgendermaßen ab: Ein junger Mann und eine junge Frau unterhielten sich, beider Körper waren erwartungsvoll einander zugewandt. Sie standen in einigem Abstand zueinander, zwischen ihnen erstreckte sich ein großes Stück Niemandsland. Nach ein paar Minuten machte die junge Frau, während sie noch redete, einen großen Schritt vorwärts, beendete ihren Satz und machte dann einen ebenso großen Schritt rückwärts, sodass sie wieder auf ihrem Ausgangsplatz stand. Obwohl sich der Mann nicht bewusst war, was da eigentlich vor sich ging, reagierte er wie auf ein Stichwort – er begann zu reden und machte dabei einen Schritt mitten hinein in den Raum, den sie soeben verlassen hatte. Er wirkte jetzt sehr viel lebhafter. Ganz plötzlich war offensichtlich, dass er sie attraktiv fand. Hier war eindeutig Folgendes abgelaufen: Indem die junge Frau in das Niemandsland vorgedrungen war, hatte sie die Initiative ergriffen und ein sehr starkes Annäherungs-Tell gezeigt. Der Schritt zurück war dann eine unausgesprochene Einladung, ihr näher zu kommen, und ohne dass der junge Mann das durchschaute, war er nur zu gern darauf eingegangen: Sie hatte in dem Raum zwischen ihnen ein Vakuum geschaffen, und er hatte sich unbewusst hineinziehen lassen.

Mir als Beobachter dieses Austausches war klar, dass weder die Frau noch der Mann realisierten, was eigentlich geschah. Sie wusste nicht, dass sie den Quickstepp benutzte und dass ihre Bewegungen die erwünschte Wirkung auf ihn haben würden. Und er wusste nicht, dass ihr Verhalten seines gesteuert hatte, und zwar so, als wäre sie ein Puppenspieler und er eine Marionette. Auch ich war beeindruckt, auf welch simple Weise es ihr gelungen war, die Beziehung in die nächste Phase zu befördern – indem sie ihn dazu gebracht hatte, einen Schritt in ihre Richtung zu tun, hatte sie seine Stimmung völlig verändert und ihm zu der Erkenntnis verholfen, dass die Situation jetzt äußerst vielversprechend war.

Auch die Gehweise eines Menschen spielt eine große Rolle in der Partnerwerbung – insbesondere im Frühstadium, wo man sehr rasche Urteile übereinander fällt. Wenn Frauen ihren Gang verändern, um dadurch einen Vertreter des anderen Geschlechts zu beeindrucken, betonen sie damit oft ihre weiblichen Geschlechtsmerkmale. Sie erreichen das, indem sie zum Beispiel beim Gehen mit den Hüften wiegen. Eine andere Art ist, die Arme beim Gehen weiter zurückschwingen zu lassen und sie nach außen zu drehen, um zu betonen, dass die Supination – die Auswärtsdrehung der Arme – bei der Frau stärker ausgeprägt ist als beim Mann. Männer, die ihre Männlichkeit betonen wollen, tun gern das Gegenteil – sie lassen die Arme vor dem Körper hin und her pendeln und auch weiter nach oben schwingen und drehen dabei die Handgelenke einwärts, um die stärkere Pronation der Arme des Mannes zu betonen.

Um Jugendlichkeit zu demonstrieren, gehen Männer wie Frauen oft mit energisch federnden Schritten und erzeugen ganz allgemein den Eindruck überschüssiger Kraft. Diese energiegeladene Gehweise, besonders auffallend bei jungen Männern, ähnelt sehr den Bocksprüngen in der Tierwelt.[19] Wenn zum Beispiel junge Gazellen in ihrer Nähe einen Löwen entdecken, bewegen sie sich gewöhnlich vom Raubtier weg, indem sie nicht etwa laufen, so schnell sie können, sondern indem sie hohe Luftsprünge machen. Es gibt verschiedene Theorien, warum die Tiere springen, alle aber sind sich darin einig, dass das Springen ein äußerst ineffektives Fluchtmittel ist. Eine Theorie lautet, die Tiere machten diese Sprünge, um ihre körperliche Leistungsfähigkeit zu demonstrieren – wenn die Gazelle in die Luft springt, sagt sie damit zum Löwen: »Sieh her, wie stark ich bin und wie viel überschüssige Kraft ich habe! Du wirst mich niemals kriegen!«

Genauso signalisiert auch die Gehweise junger Leute Kraft und Energie: So zeigt man den Vertretern des anderen Geschlechts, dass man einen erstklassigen Partner abgeben würde.

Kopf-Tells

Im Frühstadium der Werbephase wird oft keine Mühe gescheut, sich selbst attraktiv zu machen und dem anderen die Befangenheit zu nehmen. Es gibt mehrere Kopfsignale, um diesem Ziel näher zu kommen:

- NICKEN. Frauen sind oft sehr aufmerksame Zuhörer, sie nicken dauernd mit dem Kopf und ermutigen die Männer zum Weiterreden – was sie später schwer bereuen!
- HAARE ZURÜCKWERFEN. Das Zurückwerfen der Haare dient manchmal als Annäherungs-Tell. Und in den späteren Stadien der Werbephase gibt es Frauen wie Männern die Möglichkeit, auf subtile Art ihre Jugendlichkeit zu demonstrieren und sich attraktiver zu machen.
- KOPF NEIGEN. Wie wir bereits sahen, wirkt ein Mensch mit zur Seite geneigtem Kopf hilflos und liebenswert. Der Ursprung des Kopfneigens lässt sich auf die Art und Weise zurückführen, wie Babys ihren Kopf an die Schulter ihrer Mutter oder ihres Vaters legen, und auf die Tatsache, dass das seitliche Neigen des Kopfes einen verletzlichen Körperteil entblößt, nämlich den Hals. Das Kopfneigen ist ein ideales Werbesignal, sendet es doch eine Beschwichtigung aus – so sagt man zum anderen: »Sieh mal, ich vertraue dir so sehr, dass ich bereit bin, dir einen wirklich empfindlichen Teil meines Körpers ungeschützt darzubieten.« Eine damit verwandte, oft von jungen Frauen verwendete Beschwichtigungsgeste

ist das Schulterheben. Dabei werden die Schultern ganz kurz angehoben, wobei man gleichzeitig die Augenbrauen hebt und lächelt.

- HALS ZEIGEN. Neben dem Kopfneigen gibt es auch noch andere den Hals einbeziehende Verwundbarkeitsdemonstrationen, die Aufforderungscharakter haben. Entweder wird das Kinn leicht angehoben, oder der Kopf wird so gedreht, dass der andere einen uneingeschränkten Blick auf den Hals hat. Beide Haltungen gehören zur Kategorie der Vorzeige-Tells – sie sollen einen verwundbaren oder besonders anziehenden Körperteil präsentieren. Eine ähnliche Wirkung wird durch das Berühren des Halses erzielt. Eine Frau, die sich von einem Mann angezogen fühlt, kann sich zum Beispiel leicht mit den Fingern über den Hals streichen und dabei seine Aufmerksamkeit auf ihre Verletzbarkeit und letzten Endes auf ihre Eignung als Partnerin lenken. Diese Geste gehört in die Kategorie der Fingerzeige – Fälle, in denen jemand die Hand oder einen Finger dazu benutzt, die Aufmerksamkeit auf einen bestimmten Körperteil zu lenken. Ein anderes Beispiel für ein Vorzeige-Tell ist das demonstrative Vorzeigen des Handgelenks, bei dem ein Arm so liegt, dass dem Gegenüber die Innenseite des Handgelenks präsentiert wird. Wie beim Hals-Zeigen geht es auch hier um einen besonders empfindlichen Körperteil. Wenn eine Frau die Aufmerksamkeit auf ihren Hals oder ihre Handgelenke zieht, ist ihr normalerweise gar nicht bewusst, was sie tut. Und auch der Mann ist, wenn er positiv darauf reagiert, vermutlich nicht in der Lage zu beschreiben, was sie getan hat oder was er eigentlich an ihr so attraktiv findet.

Welche entscheidende Rolle die Augen beim Paarungsspiel übernehmen, hat man schon lange erkannt. Robert Burton nannte schon im 17. Jahrhundert das Auge »einen heimlichen Redner, die erste Kupplerin, das Eingangstor zur Liebe«. Er bezeichnete die Augen als die »Schuhlöffel« und »Angelhaken der Liebe« und wies darauf hin, dass Liebende einfach dadurch, dass sie einander anblicken, in der Lage sind, »zu verstehen, was der andere denkt, bevor er noch ein einziges Wort gesprochen hat«.[20]

Psychologen haben festgestellt, dass Menschen bei der ersten Begegnung oft innerhalb weniger Sekunden zu einem Urteil übereinander gelangen, häufig bevor der andere überhaupt Gelegenheit hatte, den Mund aufzumachen. Diese Schnellurteile basieren daher oft auf visuellen Informationen.[21] Ja, mehr noch, Menschen halten oft selbst dann an ihrem raschen Urteil fest, wenn die Fakten dem widersprechen. In der Werbephase benutzen beide Seiten ihre Augen zum Einschätzen wie auch als beredtes Ausdrucksmittel – das heißt, um zu sehen, wie der andere sich verhält und reagiert, zugleich aber auch, um Informationen über die eigenen Bedürfnisse, Absichten und Gefühle zu übermitteln. Die Ausdruckskraft der Augen wird in einer ganzen Reihe von Signalen genutzt:

- DAS AUGENAUFREISSEN. Eine Art, sich unwiderstehlich zu machen, ist, seine Augen zu vergrößern. Das ist besonders auffallend bei Frauen. Ein ovales Gesicht, ein kleines Kinn, runde Wangen, ein wohlgeformtes Näschen und große Augen gehören zum so genannten Babyface – sie lösen bei uns angeborene Schutzinstinkte aus wie der Anblick eines Babys.[22] Indem eine Frau in Gegenwart ihres Liebhabers ihre Augen vergrößert, markiert sie Hilflosigkeit und aktiviert damit seinen Beschützerinstinkt. Doch auch er kann diesen Effekt durch Augenaufreißen erzielen.

- DAS KOPFNEIGEN. Wenn sie ihren Geliebten ansieht, kann eine Frau ihre Augen dadurch größer erscheinen lassen, dass sie ihren Kopf senkt. Das erzeugt einen Verkürzungseffekt: Das Kinn wirkt kleiner, der Oberkopf mit den Augen hingegen größer. Doch hier kommt noch ein anderes Prinzip zur Wirkung. Da Kinder kleiner sind, blicken sie die Erwachsenen manchmal aus dem oberen Bereich ihrer Augenhöhlen an. Wenn eine Frau ihren Kopf senkt, während sie zu ihrem Geliebten aufblickt, wirkt sie dadurch automatisch viel kleiner und daher schutzbedürftiger. Die Tatsache, dass das Senken des Kopfes als Unterwerfungsgeste verstanden wird, ist ein weiterer Grund dafür, dass Frauen beim Flirten mit einem Mann gern den Kopf senken.[23] Ruth Campbell und ihre Kollegen vom University College London haben auch tatsächlich festgestellt, dass Personen, die mit gesenktem Kopf von unten hochblickend fotografiert werden, auf andere femininer wirken.[24]
- ERWEITERTE PUPILLEN. Bei Erregungszuständen – angenehmen wie auch anderen – weiten sich häufig die Pupillen. Doch bewusst lässt sich die Größe der Pupillen nicht beeinflussen, und man kann auch nicht wissen, wie weit oder eng die eigenen Pupillen gerade sind. Von Menschen mit großen Pupillen fühlt man sich normalerweise stärker angezogen als von solchen mit engen Pupillen, auch wenn einem selten bewusst ist, welche Rolle die Pupillengröße bei dieser Bevorzugung spielt. Doch es gibt Leute, die sich mit erweiterten Pupillen auskennen und dieses Wissen nutzen, um die Stimmung anderer Menschen zu beurteilen. So wird zum Beispiel berichtet, dass im vorrevolutionären China Jadehändler die Pupil-

len ihrer Kunden beobachteten, um zu sehen, ob ihnen ein bestimmtes Stück Jade besonders gefiel und sie bereit waren, den verlangten Preis dafür zu zahlen.[25] Im 16. Jahrhundert benutzten italienische Damen zum Weiten ihrer Pupillen eine Belladonna-Tinktur. Belladonna (was auf Italienisch »schöne Frau« bedeutet) enthält das die Pupillen dilatierende Atropin, das den Menschen erregter und damit attraktiver aussehen lässt.

- DER SEITENBLICK. Er kommt zustande, indem man jemanden mit abgewandtem Kopf ansieht. Dieser Blick aus dem Augenwinkel übermittelt zwei gegensätzliche Botschaften – der gezielte Blick signalisiert Annäherung, der abgewandte Kopf hingegen Vermeidung. Diese Spannung zwischen Annäherung und Meiden ist es zum Teil, die dem Seitenblick seine Anziehungskraft verleiht – sie lässt denjenigen, der sich des Seitenblicks bedient, besonders interessant und attraktiv erscheinen, vor allem dann, wenn der Blick noch durch ein Lächeln zum abgewandten Lächeln ergänzt wird. Doch anziehend wird diese Geste auch durch den impliziten Hinweis, die oder der Betreffende wende sich zu einem zurück. Sieht eine Frau einen Mann mit abgewandtem Kopf an, kann bei ihm leicht das Gefühl entstehen, sie halte bei dem, was sie gerade tat, inne, um ihn anzusehen. Er könnte sich sogar einbilden, sein Anblick sei so faszinierend gewesen, dass der Kopf der Frau nicht mit den Augen mithalten konnte. Meist bedienen sich Frauen dieses Seitenblicks, doch auch Männer setzen ihn mit demselben koketten Effekt ein. Da auch die Seite des Gesichts dabei präsentiert wird, kann man den Seitenblick auch als ein Anbieten der Flanke betrachten – anders gesagt, das durch das Präsentieren einer Körperseite erzeugte Beschwichtigungssignal kann in leicht abgeschwächter Form auch durch das Darbieten einer Seite des Gesichts übermittelt werden.

- SCHWERE LIDER. Der Blick unter den Lidern hervor wird erreicht, indem man die Oberlider senkt, die Augenbrauen leicht anhebt und diesen Ausdruck einen Augenblick lang beibehält. Das lässt die Augen schmaler wirken, sodass man einen Schlafzimmerblick bekommt und der Abstand zwischen Auge und Augenbraue vergrößert wird – eine typische Erscheinung, wenn jemand unterwürfig wirken will. In gewissem Sinne bietet der Blick unter den schweren Lidern hervor einen doppelten Vorteil, denn die betreffende Person wirkt dadurch nicht nur unterwürfig, sondern bekommt auch einen so wissenden Blick, als hüte sie ein Geheimnis. Das ist jedoch nicht die einzige Erklärung. Paul Ekman sieht den Grund für die verführerische Wirkung schwerer Lider darin, dass wir es hier mit demselben Ausdruck zu tun haben, wie er auf dem Gesicht eines Menschen unmittelbar vor einem Orgasmus erscheint.[26] Ob das nun stimmt oder nicht, sicher ist, dass der Blick unter halb gesenkten Augenlidern hervor mehr von Frauen als von Männern eingesetzt wird – meist im Ernst, doch manchmal auch im Scherz. Sehr beliebt war er in der Stummfilmzeit und wurde damals zum Markenzeichen von Schauspielerinnen wie Greta Garbo, die ihn zuweilen auch mit dem Seitenblick kombinierte. Auch Marilyn Monroe bediente sich sehr gern dieses Blicks und kombinierte ihn häufig mit leicht geöffneten Lippen. Dabei fällt der Unterkiefer leicht herunter, und die Lippen sind geöffnet, als würden sie zum Kuss einladen. Mit leicht geöffneten Lippen und halb geschlossenen Lidern wirkt eine Frau zweifellos so, als befinde sie sich in sexueller Ekstase. Männer finden diese Kombination von Tells sehr verführerisch, deutet sie doch an, wie viel Lust sie bei dieser Frau erregen könnten, wenn man ihnen nur Gelegenheit dazu gäbe.

Durch das *Darbieten des Halses* gibt sich Marilyn Monroe den Anschein, verletzlich und sexy zu sein. Sie bedient sich hier auch noch anderer Aufforderungssignale: Die *gehobenen Schultern* lassen sie unterwürfig erscheinen, während die *gesenkten Lider* und die *geöffneten Lippen* starke sexuelle Erregung suggerieren.

Berührungs-Tells

Beim Werben um einen Partner kommt es zu den verschiedensten Arten von Berührungen. Man berührt sich selbst, man berührt den anderen, und gelegentlich berührt man auch irgendwelche Objekte oder spielt damit herum.

- SICH SELBST BERÜHREN. In einer sexuell aufgeladenen Atmosphäre berührt man sich selbst aus den verschiedensten Gründen. Wie wir bereits sahen, produzieren Menschen, wenn sie ängstlich oder unsicher sind, Selbstberuhigungsgesten, so genannte Adapter, indem sie tröstend ihr Gesicht berühren oder sich den Arm reiben. Man berührt sich auch, um die Aufmerksamkeit auf einen bestimmten Körperteil zu lenken. Stellen Sie sich einmal einen jungen Mann und eine junge Frau bei einem abendlichen Rendezvous im Restaurant vor. Während der junge Mann redet, sitzt die junge Frau vorgebeugt, die Handflächen stützen das Kinn, die Finger sind um die Wangen gelegt. Damit bildet sie einen Gesichtsrahmen – wie ein Rahmen umschließen ihre Hände das Bild, auf das er seine Aufmerksamkeit richten soll. Beim Reden fährt der junge Mann sich geistesabwesend mit den Fingern durchs Haar. Diese Geste ist ein Fingerzeig, denn auch wenn er es nicht weiß, ist ihr Zweck doch, seine Begleiterin auf seinen eindrucksvollen Haarschopf aufmerksam zu machen: Sie soll sich vorstellen, wie es wohl wäre, ihm selbst mit den Fingern durchs Haar zu fahren. Solche Fingerzeige leisten zweierlei – sie ziehen die Aufmerksamkeit des anderen auf einen bestimmten Körperteil und stellen die Frage in den Raum, wie es wohl wäre, selbst zu tun, was der andere gerade mit sich tut. All das geschieht außerhalb der bewussten Wahrnehmung – vermutlich wird weder derjenige, der den Fingerzeig gibt, noch der, an den er gerichtet ist, durchschauen, was tatsächlich vorgeht. Wenn Sie Hugh Grant auf der Leinwand beobachten, werden Sie öfter ein einfältiges Lächeln bemerken, wenn er sich mit der Hand durchs Haar fährt. Scheinbar soll dieses Lächeln Verlegenheit demonstrieren, deshalb fährt er sich auch mit der Hand durchs Haar. In Wirklichkeit aber ist das einfältige Grinsen nur ein Ablenkungsmittel – es soll nämlich vertuschen, dass er sein Haar deshalb berührt, weil er sich insgeheim wünscht, die Zuschauer möchten es bewundern.

- BERÜHREN ANDERER. Wie wir bereits sahen, ist es meist der Mann, der die Frau zuerst berührt, auch wenn in der Werbephase eigentlich die Frauen sagen, wo's langgeht. Er berührt sie, weil die Frau ihm ihre Bereitschaft signalisiert hat: Sie hat dem Mann grünes Licht gegeben. Berührungen im frühen Stadium der Werbephase unterscheiden sich erheblich von Berührungen in einem späteren Stadium, sowohl was die Frage betrifft, wer die Initiative ergreift, als auch, welche Form die Berührungen annehmen. In Liebesbeziehungen werden Frauen meist öfter berührt als Männer. Das liegt zum Teil daran, dass Frauen geringere Berührungsangst als Männer haben und daher empfänglicher für Berührungen sind.[27] Dieser Unterschied zeigt sich schon bald nach der Geburt. Er ist zum Teil auch der Grund dafür, dass Mädchen mehr Freude an Berührungen zeigen als Jungen, und führt dazu, dass sie mehr körperliche Berührung seitens ihrer Eltern erfahren. Doch Frauen sind nicht nur sensibler und aufgeschlossener für Berührungen, sondern für sie haben Berührungen auch mehr Bedeutung. Für sie ist eine Berührung ein wichtiges Zeichen für Liebe und Zuneigung, während sie für manche Männer oft nicht mehr ist als ein Mittel zum Zweck.

- BERÜHREN VON GEGENSTÄNDEN. Wer um jemanden wirbt, verrät seine Gefühle für den anderen oft durch die Art und Weise, wie er mit irgendeinem Gegenstand herumspielt. Im Restaurant kann man zum Beispiel daran, wie eine Frau ihr Weinglas liebkost oder die Finger an seinem Stiel entlanggleiten lässt, erkennen, welche Absichten sie auf den Mann hat, mit dem sie gerade zu Abend isst. Ebenso ist die Art, wie der Mann quer über den Tisch langt, sich die Autoschlüssel der Frau greift und mit ihnen zu spielen beginnt, ein deutlicher Beweis dafür, dass er einen Teil von ihr oder sie ganz besitzen möchte. Achtet man einmal darauf, was Menschen mit bestimmten Gegenständen tun, zeigt einem das häufig, was sie gern miteinander tun würden.

Rede-Tells

Männer und Frauen machen sich oft Gedanken darüber, was sie wohl zum anderen sagen werden, wenn sie sich zum ersten Mal gegenüberstehen – weiß man doch, dass dies erhebliche Auswirkungen auf den weiteren Verlauf der Beziehung haben kann. Männer geben sich oft viel Mühe mit Anmachlern.[28] Doch da die Frauen das meiste schon gehört haben und auch neue Sprüche sie nicht allzu sehr beeindrucken, verpuffen die männlichen Eröffnungszüge häufig. Männer strengen sich auch in anderer Hinsicht an – sie senken die Stimme, um männlicher zu klingen, und sprechen leiser, damit die Unterhaltung einen intimeren Anstrich erhält. Das Senken der Stimme ist vermutlich gar keine schlechte Idee, denn Frauen fühlen sich von Männern mit tiefer Stimme angezogen – zumindest trifft das für Telefongespräche zu, weil sie sich dann den Mann als groß und muskelbepackt vorstellen. In dieser Hinsicht ist die Stimmqualität allerdings ein täuschendes Signal, ist sie doch ein unzuverlässiger Indikator für Körpergröße und ziemlich leicht zu fälschen. Andererseits ist sie ein recht zuverlässiger Indikator für Dominanz und Libido, denn Männer mit tiefer Stimme haben einen hohen Testosteronspiegel. Frauen, die meinen, ein Mann mit einer tiefen Stimme müsse groß und muskulös sein, werden leicht enttäuscht, während diejenigen, die ihn für dominant und sexy halten, ihre Erwartungen in der Regel aufs Erfreulichste bestätigt finden.[29]

In der frühen Werbephase überschütten Männer Frauen gern mit Komplimenten. Joan Manes und Nessa Wolfson haben sich sehr detailliert mit Komplimenten befasst und festgestellt, dass drei Viertel davon das Wort »du« enthalten – was einen kaum überrascht – und ein Drittel das Wort »schön«.[30] Die Formelhaftigkeit der meisten Komplimente führt dazu, dass sie leicht zu formulieren und genauso leicht zu verstehen sind. Die meisten Leute sehen Komplimente skeptisch, doch das hält niemanden davon ab, trotzdem welche zu machen, und ganz bestimmt tut es ihrer Wirkung keinen Abbruch.

Sehr gut funktioniert auch die Selbstoffenbarung. Für Beziehungen zwischen Frauen ist oft ein sehr intensiver Austausch charakteristisch – Freundinnen wissen häufig alles Erdenkliche über die gegenseitige Vergangenheit, ganz zu schweigen von den intimen Details ihres Liebeslebens. Ein Mann weiß, wo sein bester Freund arbeitet, welches sein bevorzugter Fußballverein ist und mit wem er schläft, doch das Gefühlsleben seines Freundes ist ihm vermutlich ein Buch mit sieben Siegeln.[31] Viele Frauen leben in der Hoffnung, einen Mann zu finden, der ebenso gern von sich erzählt wie sie selbst – der mit ihnen auf dem Sofa kuscheln und über seine Gefühle reden will. Da er das weiß, wird ein Mann im frühen Stadium der Werbephase manchmal zu einem weiblichen Kommunikationsstil überwechseln – er wird mit der Frau über seine Sorgen und Probleme reden und sie nach ihren Gefühlen fragen. Doch von Dauer ist das meist nicht. Sobald sie sich sicher fühlen, fallen Männer in ihr altes Verhalten zurück – sie reden nur noch über sich selbst, und dabei geht es um Fakten, nicht um Gefühle.

Da die Sprache das Glanzstück unserer Ausstattung ist, könnte man mit Recht erwarten, dass eine klare Ausdrucksfähigkeit ziemlich weit oben auf der Liste der Dinge steht, nach denen Männer und Frauen bei einem Partner Ausschau halten. Neueste Forschungen zeigen jedoch, dass nur Männer gesteigerten Wert darauf legen, eine redegewandte Partnerin zu finden. Frauen – vermutlich weil sie wissen, das hieße zu viel erwarten – suchen keinen Freund mit besonderer Sprachbegabung. Für sie sind ganz andere Eigenschaften wichtig, zum Beispiel, ob ein Mann Sinn für Humor hat.

Lach-Tells

Lachen ist nicht direkt ein Aphrodisiakum, aber doch ein wesentliches Ingrediens für die Festigung einer Beziehung. Untersuchungen über das Lachen zeigen, dass, wenn Männer und Frauen zusammen sind, die Frauen am meisten lachen.[32] Fragt man Frauen, wonach sie bei einem Mann suchen, antworten sie gewöhnlich, sie suchten einen Typen, der gern mal richtig lacht – was sie aber tatsächlich wollen, ist ein Mann, der *sie* zum Lachen bringt. Robert Provine hat darauf hingewiesen, das Ziel der Männer sei, Frauen zum Lachen zu bringen, nicht etwa selbst zu lachen oder sich zu amüsieren. Vom Standpunkt der Frau aus spielt es keine große Rolle, ob ein Mann selbst gern lacht – wichtig ist, dass er den Lachtest besteht, indem er *sie* zum Lachen bringt.[33]

In einer von Karl Grammer und Irenäus Eibl-Eibesfeldt in Deutschland durchgeführten Studie wurden Unterhaltungen zwischen jungen Paaren aufgezeichnet, die sich zum ersten Mal begegneten. Die Forscher stellten fest: Je mehr eine Frau bei dem Treffen lachte, desto größer war bei ihr der Wunsch, den Mann wiederzusehen, unabhängig davon, wie oft er selbst gelacht hatte. Für die Männer jedoch war es genau umgekehrt. Sie wollten die Frau dann gern wiedersehen, wenn es ihnen gelungen war, sie zum Lachen zu bringen; wie scharf sie auf ein weiteres Treffen waren, hatte nichts damit zu tun, wie viel sie selbst gelacht hatten.[34]

Wenn ein Mann und eine Frau sich zum ersten Mal begegnen, hängt die Wahrscheinlichkeit, ob sie ihre Beziehung weiter ausbauen werden, nicht von der Gesamtmenge des von ihnen erzeugten Gelächters ab und auch nicht davon, wie viel der Mann lacht – sie hängt davon ab, wie viel die Frau lacht. Dafür gibt es mehrere Erklärungen. Eine ist, dass Lachen die potenzielle Gefährlichkeit einer Begegnung zwischen Mann und Frau reduziert – wenn der Mann witzig sein kann, meint die Frau, dann kann er eigentlich nicht sehr gefährlich sein. Es könnte auch sein, dass die durch das Lachen hervorgerufenen biochemischen Veränderungen wie eine Art Vorspiel wirken – mit anderen Worten, Frauen wollen einen Mann, der bereit ist, sie zu amüsieren, während Männer eine Frau wollen, die ein bisschen herausgefordert werden möchte und ganz offensichtlich daran Vergnügen hat. Und dann ist da noch Provines Erklärung zum Zusammenhang zwischen Lachen und Status. Er meint, »der Wunsch der Frau nach einem Mann, der sie zum Lachen bringt, ist möglicherweise das verkappte Verlangen nach einem dominanten männlichen Wesen. Männer, die den verbalen Dominanztest bestehen, werden durch weibliches Lachen anerkannt.«[35]

Wir betrachten Lachen normalerweise nicht unter diesem Aspekt; denn wir sehen einen Menschen, der andere zum Lachen zu bringen versucht, als jemanden, der Spaß und gute Stimmung verbreitet, nicht als jemanden, der damit seinen eigenen Status verbessern will. Ich erinnere mich an eine schon viele Jahre zurückliegende Situation, nicht lange nachdem meine Frau und ich uns kennen gelernt hatten, als wir einen Abend mit einem jungen Mann und seiner Freundin zusammen verbrachten. Im Laufe des Abends entwickelte der Mann sich zum Komiker, redete mit gekünstelter Stimme und zog dauernd Fratzen. Die Mädchen konnten sich kaum einkriegen vor Lachen, aber ich fand das überhaupt nicht komisch. Als wir später nach Hause fuhren, sagte meine zukünftige Frau, wie lustig es gewesen sei und wie witzig sie den anderen gefunden habe. Ich sagte, ich hätte ihn ganz und gar nicht lustig gefunden. Ich hatte damals nicht begriffen, dass der andere dadurch, dass er die Mädchen zum Lachen gebracht hatte, die Oberhand gewonnen hatte. Wortreich beklagte ich mich über seine infantile Vorstellung von Humor. Dabei merkte ich gar nicht, dass ich deshalb so grantig und aggressiv war, weil er durch sein Herumalbern das Interesse der Mädchen ganz auf sich gezogen und mich damit abgedrängt hatte.

Kompatibilitäts-Tells

Wenn sich Menschen zum ersten Mal begegnen, greifen sie zu einer Mischung aus Aufforderungs-, Hinhalte- und Ablehnungssignalen. Läuft alles gut zwischen ihnen, bestehen die meisten Signale aus Aufforderungen. Bestehen Zweifel an der Fortsetzung der Beziehung, nehmen die Hinhaltesignale zu, und wenn die Beziehung ins Leere läuft, beherrschen bald Ablehnungssignale die Szene. Monika Moore hat die von Frauen benutzten Abschrecker oder, wie sie es nennt, »Abweisungssignale« untersucht.[36] Dazu gehören sowohl Gesichtsausdrücke wie Gähnen, Stirnrunzeln und Grinsen als auch Kopfschütteln und bestimmte Handbewegungen, zum Beispiel das Verstecken der Hände in den Taschen oder das Verschränken der Arme. All diese Signale sollen den Mann abschrecken und ihm zeigen, dass die Frau kein Interesse daran hat, die Sache weiterzuverfolgen.

Paare in der Werbephase zeigen ihre Kompatibilität häufig durch ihre Bewegungen und ihre Körperhaltung. Bei Menschen, die sich gegenseitig mögen oder eine gewisse Übereinstimmung empfinden, besteht eine ausgeprägte Tendenz, ihre Bewegungen zu koordinieren und ihre Körperhaltung aufeinander abzustimmen. Studien zum »Interaktions-Synchronismus« haben gezeigt, dass Menschen mit derselben Wellenlänge weit häufiger ihre Handlungen synchronisieren.[37] Bei unserem Paar im Restaurant könnte der Mann zum Beispiel einen Schluck aus seinem Glas nehmen, und die Frau könnte darauf reagieren, indem sie sich die Mundwinkel mit der Serviette abtupft. Ein paar Augenblicke später könnte sie sich auf dem Tisch abstützen, und er könnte reagieren, indem er seinen Stuhl verschiebt. Die Synchronisierung besteht in dem zugrunde liegenden Rhythmus der Handlungen des Mannes und der Frau – wichtig ist nicht, dass einer den anderen imitiert, sondern nur, dass sie ihre jeweils individuellen Beiträge in eine Art gemeinsame Choreografie integrieren.

Es gibt jedoch auch Fälle, wo junge Paare dasselbe tun. Untersuchungen zum Phänomen der Haltungsangleichung zeigen: Je enger die emotionale Beziehung zwischen zwei Menschen ist, desto ähnlichere Haltungen nehmen sie ein. Und zwar gilt das in beiden Richtungen – zwei Menschen nehmen nicht nur eine ähnliche Haltung ein, wenn sie besondere Übereinstimmung verspüren, sondern sie empfinden auch mehr Übereinstimmung, nachdem sie dieselbe Haltung eingenommen haben.[38] Dabei wird nicht überlegt und bewusst die Entscheidung gefällt, einander nachzuahmen. Solche Prozesse laufen eher spontan und unbewusst ab, sodass den Betreffenden selbst dann, wenn sie dieselbe Haltung eingenommen haben, nicht deutlich ist, was sie getan haben.

Ein Grund, weshalb dieser Doppeleffekt in der Werbephase auftritt, liegt darin, dass bestimmte Haltungen mit bestimmten Gefühlen gekoppelt sind; nehmen also zwei Personen dieselbe Haltung ein, steigt die Wahrscheinlichkeit, dass sie auch dasselbe empfinden.[39] Diese Verbindung von Haltung und Stimmung ist etwas sehr Elementares. Erhält zum Beispiel ein Mensch unter Hypnose die Anweisung, etwas Bestimmtes zu empfinden, wird er sehr viel eher darauf reagieren, wenn er dabei eine Haltung einnimmt, die dieses Gefühl begünstigt. Veranlasst man ihn zu einer Haltung, die zu diesem Gefühl im Widerspruch steht, wird er es vielleicht nur teilweise oder überhaupt nicht verspüren. Eine solche Koppelung von Haltung und Gefühl gibt es auch im täglichen Leben. Wer die Haltung eines anderen nachahmt, kann sich sehr viel besser in ihn hineinversetzen als jemand in einer ganz anderen Körperhaltung. Frauen haben offenbar ein sehr viel stärkeres Bedürfnis nach dieser Art von Übereinstimmung in der Haltung als Männer. Geoffrey Beattie hat zum Beispiel entdeckt, dass männlich-weibliche und weiblich-weibliche Paare mehr als die Hälfte der Zeit dieselbe Haltung einnehmen, während bei rein männlichen Paaren beide nur etwa ein Viertel der Dauer des Zusammenseins eine identische Haltung einnehmen.[40] Männer, so scheint es, neigen weniger dazu, ihre Körperhaltung aufeinander abzustimmen. Frauen hingegen imitieren gern ihr Gegenüber, egal, ob Mann oder Frau.

Wenn das gegenseitige Anpassen der Körperhaltung einen Maßstab für die Kompatibilität eines Paares abgibt, so kann man andererseits auch sagen, dass konträre Haltungen als Anzeichen für die Inkompatibilität eines Paares zu werten sind. Eines der ersten Symptome für Probleme in einer Beziehung ist die Tendenz der Partner, sehr unterschiedliche Körperhaltungen einzunehmen, wenn sie zusammen sind. Die Haltung kann sogar gleich, aber dennoch diametral entgegengesetzt sein, sodass zum Beispiel zwei Menschen voneinander wegblicken, statt sich anzusehen. Auch die Art des Blicks ist verräterisch. Denken Sie nur an die berühmte Filmsequenz von Prinz Charles und Prinzessin Diana, wie sie ganz kurz vor der Ankündigung ihrer Trennung im Fond eines Wagens saßen. Beide hatten einen sehr bemühten, schwermütig-ernsten Gesichtsausdruck, doch mehr noch sagten ihre Haltung und ihr Blick aus: Beide saßen voneinander weggewandt, und jeder mied geflissentlich den Blick des anderen. Die Ablehnungssignale flogen in beide Richtungen.

Ganz im Gegensatz zu den Zeichen, dass eine Beziehung sich in Auflösung befindet, gibt es auch Tells, die zeigen, dass jemand bis über beide Ohren verliebt ist. Dazu gehören Zerstreutheit, Konzentrationsmangel, Seufzen, Stottern und die Unfähigkeit zu schlafen, zu essen oder zu trinken. Die Symptome für Liebe und für Grippe sind oft ganz ähnlich – es wird einem heiß und kalt, man fühlt sich schwach und antriebslos und verspürt den überwältigenden Wunsch, ins Bett zu gehen. Die Liebeskrankheit weist auch manche Symptome einer Zwangsneurose auf: zwanghaft wiederkehrende Gedanken, ständiges gedankliches Kreisen um bestimmte Probleme, Fixierung auf bestimmte Handlungen und das Wissen, dass man sich irrational verhält, aber nichts daran ändern kann.

Untreue-Tells

Es gibt vier Hauptarten der Untreue. Zur ersten gehört nicht mehr als eine besondere intime Vertrautheit zwischen zwei

Menschen, von denen mindestens einer verheiratet ist. Diese Akte geistiger Untreue werden oft per Brief, per Telefon oder E-Mail begangen. Auch wenn sie keine physische Komponente haben, können sie manchmal genauso gefährlich sein wie eine sexuelle Affäre, insbesondere dann, wenn starke Bindungen die Folge sind. Die zweite Art ist der One-Night-Stand, bei dem ein Paar eine kurze sexuelle Beziehung hat, das Verhältnis jedoch nicht ausbaut. Die dritte Art besteht aus einer längeren Affäre über einen Zeitraum von mehreren Wochen oder Monaten hinweg, und bei der vierten handelt es sich um eine langfristige Beziehung, zum Beispiel zwischen einem verheirateten Mann und seiner Geliebten.

Elementarer Bestandteil der Untreue sind Tricks und Ausreden. Die Beteiligten scheuen keine Mühe, um Spuren zu verwischen, glaubwürdige Alibis aufzubauen und ihr Tun zu vertuschen. Doch trotz allen Aufwands hinterlassen sie unvermeidlich eine Spur von Tells. Sie weichen zum Beispiel von Gewohnheiten ab, sind merkwürdig reizbar, machen sich Sorgen über ihr Gewicht oder ihr Aussehen, arbeiten mit Ausflüchten und anonymen Telefonanrufen und haben scheinbar jedes Interesse an Sex verloren. Natürlich können viele dieser Symptome auch aus ganz anderen Gründen auftreten; deshalb muss jemand, der seinen Partner verdächtigt, doppelt sicher sein, dass das, was er für Zeichen der Untreue hält, nicht nur Projektionen der eigenen Unsicherheit und Eifersucht sind.

Besitzanzeigende Tells

Die Menschen bedienen sich einer Vielzahl von Strategien, um ihren Partner festzuhalten – Zoologen sprechen in dieser Hinsicht von Taktiken der Partnerverteidigung. Diese Taktiken kann man zwei großen Kategorien zuordnen – es gibt solche, die sich auf den Partner richten, und solche, die an potenzielle Rivalen gerichtet sind. Zu den an den Partner gerichteten zählen freundliche Angebote wie demonstrative Zeichen der Zuneigung, Geschenke, Versprechen und Liebeserklärungen. Es gehören aber auch Drohungen, Sticheleien und Herabsetzungen dazu. Drohungen warnen den Partner davor, was passieren wird, wenn er untreu werden sollte, während Herabsetzungen das Selbstbewusstsein des Partners so weit schwächen sollen, dass er meint, keines anderen Menschen Zuneigung zu verdienen. Zu den Sticheleien gehört zum Beispiel das öffentliche Flirten mit anderen, sodass der eigene Partner eifersüchtig wird und sich mehr um einen kümmert.[41]

Männer greifen häufiger zu Drohungen und Herabsetzungen als Frauen, während Sticheleien bei Frauen verbreiteter sind. Gegen den eigenen Partner gerichtete Strategien sind meist eher privater Natur, gegen potenzielle Rivalen gerichtete sind sehr viel öffentlicher. Zu ihnen gehören Ressourcensignale – das heißt das demonstrative Vorzeigen von Besitz, das potenzielle Konkurrenten zu der Einsicht bringen soll, dass sie nicht mithalten können – sowie Drohungen, die sie vertreiben sollen. Am häufigsten werden Besitzansprüche signalisiert, und in gewisser Hinsicht sind diese Signale die interessantesten Taktiken der Partnerverteidigung, weil man sich ihrer gar nicht immer bewusst ist. Die meisten Besitzanspruchssignale sind körpernah und erwecken dadurch den Eindruck, zwei Menschen stünden sich aufgrund ihrer körperlichen Nähe auch emotional nahe. Legt zum Beispiel ein Mann auf einer Party seiner Frau den Arm um die Taille oder die Hand auf die Schulter, teilt er damit zweierlei mit: Privat beruhigt er seine Frau, und öffentlich macht er jedermann deutlich, dass sie ihm gehört. Und die Ehefrau, die einen kleinen Fussel vom Jackett ihres Mannes entfernt oder ihm die Krawatte zurechtrückt, demonstriert ebenfalls Rückenstärkung und Besitzanspruch zugleich.

Dass sie zusammengehören, zeigen Paare auch, indem sie beim Gehen ihre Arme umeinander legen, sich unterhaken oder Hände halten. Der Soziologe Erving Goffman nannte diese Gesten »Verbundenheitszeichen«.[42] Seiner Auffassung nach ist ihre Hauptfunktion, eine Bindung zwischen zwei Menschen anzuzeigen – dass sie also miteinander verbunden sind. Ein aussagekräftiges Detail in einer festen Beziehung ist also, ob die Partner beim Gehen körperlich Kontakt halten und, wenn ja, wie sie es tun. Auch wenn Händehalten uns als etwas recht Symmetrisches erscheint, muss einer der beiden seine Hand vorn haben, während die des anderen dahinter liegt. Bei einem Ehepaar ist es zum Beispiel gewöhnlich der Mann, der seine Hand vorn hat, während die Frau seine Hand von hinten fasst. Es ist nicht klar, ob das so ist, weil Männer größer sind oder weil sie gern die Führung übernehmen. Übernimmt die Frau die Führung durch den »vorderen Griff«, geschieht das meist, weil sie größer als ihr Ehemann ist und den Griff von hinten deshalb unbequem findet. Ist sie kleiner, liegt es daran, dass sie gern die Führungsrolle übernimmt – selbst wenn das mit einer gewissen Unbequemlichkeit für sie und ihren Mann verbunden ist. Ein gutes Beispiel dafür konnte man während der Amtseinführung von George W. Bush 2001 sehen. Nach dem Ende der Zeremonie brachen Bill und Hillary Clinton Hand in Hand auf – Bill wirkte ruhig und durchaus gefasst, Hillary war ganz die unterstützende Partnerin. Doch wer näher hinsah, konnte bemerken, dass Hillarys Hand vorn war und Bills Hand hinter ihrer lag – ein Arrangement, das nicht durch ihr Größenverhältnis zu erklären war. Es ließ erkennen, dass hier nicht Bill, sondern Hillary die Führung hatte.

Menschliches Werbeverhalten besteht wie das anderer Lebewesen aus mehreren Stadien, beginnend mit der ersten

Begegnung und fortschreitend zu regelmäßigen Kontakten und dem Entstehen einer persönlichen Beziehung.[43] Der Übergang von einem Stadium zum nächsten ist unauflöslich mit Tells verbunden, und zwar in Gestalt von Aufforderungen, zum nächsten Stadium der Intimität fortzuschreiten. Eine Frau kann sich zum Beispiel mit dem ganzen Körper dem Mann zuwenden, um ihm zu zeigen, dass sie seine Annäherung erwartet, oder ein Mann kann einer Frau das Haar aus dem Gesicht streichen, um zu zeigen, dass er sie küssen möchte. Wie der Betreffende auf diese Angebote reagiert, entscheidet darüber, ob die Werbung nun in die nächste Phase eintritt oder ob das Verhältnis auf der Stelle tritt oder ganz auseinander geht. Die Schwierigkeit in diesem ganzen Prozess besteht natürlich darin, die Tells des anderen richtig zu deuten. Es genügt nicht, dass die Beteiligten die gegenseitigen Tells wahrnehmen – sie müssen sie auch richtig decodieren. Beim Interpretieren von Werbe-Tells macht man häufig zwei Fehler. Der eine ist, zu vorsichtig zu sein und im Geiste das Tell herunterzuspielen, indem man annimmt, die Zuneigungssignale des anderen hätten keine Bedeutung. Der andere Fehler ist, das Tell hochzuspielen und freundliches Verhalten schon als ein Anzeichen romantischen oder sexuellen Interesses zu interpretieren. Wie wir gesehen haben, neigen Männer sehr viel stärker dazu, weibliche Tells überzuinterpretieren. Die Frau steht dann da und fragt sich verwundert, wie der Mann bloß auf die Idee kommen konnte, sie wäre scharf auf ihn – und zweifelt an ihrer Fähigkeit, die richtigen Signale auszusenden. Im Idealfall würden Männer wie Frauen die gegenseitigen Tells weder herunterspielen noch aufbauschen. Da aber Understatement und Anspielungen eine so wesentliche und unverzichtbare Rolle beim Werben um den Partner spielen, besteht darauf wenig Aussicht.

10 Lügen-Tells

Vieles, was wir anderen Menschen erzählen, ist gar nicht wahr – es sind Schwindeleien, Ausweichmanöver, Märchen, Unwahrheiten und schamlose Lügen. Man schätzt, dass wir ein Drittel der Menschen, denen wir am Tag begegnen, anlügen. Lügen ist besonders da verbreitet, wo Menschen einander zu beeindrucken suchen, und spielt daher auch eine große Rolle bei der Partnersuche und Partnerwerbung. Robert Feldman von der University of Massachusetts hat festgestellt, dass 60 Prozent der Teilnehmer an einer seiner Studien während eines zehnminütigen Treffens mindestens einmal logen, die meisten davon sogar zwei- oder dreimal.[1]

Die Lügenforschung zeigt, dass kein Unterschied in der Anzahl der von Männern und Frauen benutzten Lügen besteht, wohl aber darin, welcher Art von Lügen sie sich bedienen: Männer wollen sich durch Lügen eher wichtig machen, während Frauen mehr Lügen erzählen, damit der andere sich besser fühlt.[2] Generell neigen Frauen mehr als Männer zu positiven Aussagen – sowohl über Dinge, die sie mögen, wie über Dinge, die ihnen nicht gefallen. Wird eine Frau also mit der Möglichkeit konfrontiert, jemandem wehzutun – zum Beispiel wenn sie ein Geschenk erhält, das sie eigentlich gar nicht haben möchte –, wird sie eher zu einer Notlüge greifen, um die Gefühle des anderen zu schonen.

Für manche Menschen gilt eine Lüge als schwere Sünde, egal, wie groß oder klein sie ist und was für Auswirkungen sie hat; andere hingegen halten bestimmte Lügen für legitim, gegebenenfalls sogar für notwendig. Wenn eine Frau zum Beispiel ihren Mann fragt, ob ihre neue Frisur ihm gefalle, ist das normalerweise eine Aufforderung, ihr etwas Nettes zu sagen – seine ehrliche Meinung ist hier weniger gefragt. Der Ehemann, der den Fehler begeht, seiner Frau zu sagen, die neue Frisur gefalle ihm nicht besonders, fordert Ärger geradezu heraus. Dasselbe tut die Frau, die ihren Ehemann nicht rückhaltlos lobt, wenn er sie fragt, wie er denn auf dem Sportplatz war oder wie sie seine Rede auf dem Betriebsfest fand. Lügen sind das Schmieröl der zwischenmenschlichen Beziehungen; ohne Lügen käme unser soziales Leben bald zum Erliegen.

Die Neigung zum Lügen ist bei den Menschen äußerst unterschiedlich ausgeprägt. Am einen Ende der Skala haben wir die George Washingtons nach dem Vorbild des amerikanischen Präsidenten, der nicht lügen konnte; am anderen Ende stehen die Machiavellis, die sich den Florentiner Staatsmann zum Vorbild nehmen, der das Lügen als legitimes Mittel zum Erreichen bestimmter Ziele empfahl. Menschen, die andere gern manipulieren, greifen eher zur Lüge, ohne sich ein Gewissen daraus zu machen. Dasselbe gilt für besonders kommunikative und gesellige Personen. Menschen, die häufig lügen, sind oft sehr populär – vermutlich deshalb, weil sie sich mit ihren einschmeichelnden Reden bei anderen beliebt machen.[3] Hochstapler, Schwindler und Politiker müssen versierte Lügner sein; charakteristisch für sie ist die Fähigkeit, sich ohne alle Gewissensbisse den Anstrich eines ehrlichen Menschen zu geben. Auch Verkäufer brauchen diese Fähigkeit. Vor einigen Jahren hat Bella DePaulo von der University of Virginia ein Experiment mit Verkaufspersonal durchgeführt, das aufgefordert wurde, entweder zu lügen oder die Wahrheit zu sagen.[4] Als sie Aussagen und Handlungen miteinander verglich, konnte sie keinerlei Unterschied feststellen zwischen denen, die die Wahrheit gesagt, und denen, die gelogen hatten.

Blossstellungs-Tells

Obwohl Lügen einen großen Teil unseres Austausches mit anderen Menschen ausmachen, sind wir nicht besonders geschickt darin zu unterscheiden, ob jemand uns anschwindelt oder die Wahrheit sagt. Und das nicht etwa aus Mangel an Beweisen, denn 90 Prozent aller Lügen werden von Tells begleitet, die wie die Fingerabdrücke eines Verbrechers Spuren der Täuschung hinterlassen.[5]

Viele Leute brüsten sich mit ihrer Fähigkeit zu merken, wenn jemand ihnen eine Unwahrheit erzählt, besonders wenn sie diese Person gut kennen. Wie oft hat man schon gehört, wie eine Mutter versicherte, ihre Kinder könnten sie nie anlügen, weil sie sie zu gut kenne, oder wie ein junger Mann behauptete, seine Freundin könne ihm niemals Sand in die Augen streuen, weil er »direkt durch sie hindurchsehen« könne. Untersuchungen zum Aufdecken von Lügen geben Anlass zu der Vermutung, dass sowohl die Mutter wie der junge Mann irren, da die Menschen nur rund 56 Prozent der Lügen bemerken, mit denen sie konfrontiert werden, was nur geringfügig über dem liegt, was man als Zufallstreffer annehmen würde.[6] Man hat auch festgestellt, dass die Fähigkeit, die gegenseitigen Lügen zu entdecken, bei näherem Kennenlernen nicht besser wird – manchmal nimmt sie sogar ab![7]

Dafür gibt es verschiedene Gründe. Einmal steigt bei näherer Bekanntschaft das Vertrauen in die eigene Fähigkeit, die Lügen des anderen zu bemerken. Doch dabei nimmt die Aufmerksamkeit nicht in gleichem Maße zu – normalerweise wächst nur das Selbstvertrauen. Zudem gewinnen beim näheren Kennenlernen die Gefühle die Oberhand über die analytischen Fähigkeiten, was dem Entdecken gegenseitiger Lügen nicht unbedingt förderlich ist. Und da schließlich jeder merkt, nach welchen Täuschungsbeweisen der andere sucht, kann man sein Verhalten entsprechend anpassen und so die Chancen verringern, entdeckt zu werden.

Es gibt verschiedene Gründe, warum wir so unbegabt für das Entdecken von Lügen sind:

- WAS ICH NICHT WEISS... Selbst wenn es eindeutige Anzeichen dafür gibt, dass jemand lügt, werden sie oft nicht bemerkt, und zwar nicht etwa, weil die Menschen unsensibel für solche Hinweise wären, sondern weil sie sich selbst nicht eingestehen wollen, dass der andere lügt. Einer der Hauptgründe, weshalb man anderer Leute Lügen glaubt, ist, dass man sie glauben *will* – was dazu führt, dass man an der eigenen Täuschung aktiv mit beteiligt ist. Hochstapler durchschauen dieses Prinzip und erzählen ihren Opfern, was sie hören wollen.[8] Den Wunsch, die Wahrheit gar nicht wissen zu wollen, finden wir auch in der Politik. Der britische Premierminister Neville Chamberlain ist allen dafür im Gedächtnis geblieben, wie er sich vom deutschen Reichskanzler Adolf Hitler täuschen ließ. Als Chamberlain 1938, das unterzeichnete Münchener Abkommen schwenkend, aus Deutschland zurückkam, erklärte er, Hitler sei ein Mann, dem man vertrauen könne. Zu diesem Zeitpunkt gab es schon eindeutige Anzeichen dafür, dass Hitler in die Tschechoslowakei einfallen wollte, doch Chamberlain ignorierte diese bewusst – hätte er zugegeben, was vor sich ging, hätte er damit seine Friedensbemühungen aufs Spiel gesetzt.[9] Es gibt alle möglichen Motive dafür, dass man einfach nicht wissen möchte, dass der andere einen anlügt. Eine Frau gibt sich vielleicht der Selbsttäuschung hin, ihr Mann habe gar kein Verhältnis, weil sie hofft, er werde das Interesse an der anderen Frau verlieren und zu ihr zurückkehren. So können auch Eltern darüber hinwegsehen, dass ihr Sohn Drogen nimmt, weil sie sich nicht mit dem Problem auseinander setzen wollen.

- ERWARTUNGSHALTUNG. Wie hoch jemand den Anteil an Lügen bei anderen einschätzt, kann sich auf seine Fähigkeit auswirken, Lügner und ehrliche Menschen überhaupt zu erkennen. Sehr gutgläubige Menschen, die gar nicht mit der Möglichkeit rechnen, andere könnten sie täuschen, sind meist sehr unkritisch. Infolgedessen merken sie meist sehr genau, wer die Wahrheit sagt, erkennen aber die Lügner nicht. Extrem misstrauische Menschen haben das entgegengesetzte Problem – da sie gar zu kritisch sind, erkennen sie nolens volens die meisten Lügner, können aber die Aufrichtigen darunter nicht entdecken. Für diesen zweiten Typ sind Polizeibeamte ein gutes Beispiel, denn sie reagieren wie empfindliche Lügendetektoren: Sie sind nur deshalb so erfolgreich im Entdecken von Lügen, weil sie von vornherein jeden für einen Lügner halten![10]
- DAS GEFÜHL IM BAUCH. Es gibt zwei Arten, einen Lügner zu überführen – man kann entweder nach Anzeichen für Täuschung Ausschau halten oder auf die eigene Intuition vertrauen. Kürzlich hat man entdeckt, dass Leute, die sich auf ihr instinktives Gefühl verlassen, weniger treffsicher im Entdecken von Lügnern sind als solche, die versuchen, ihr Urteil auf Beweise zu gründen.[11] Wenn es darum geht, Täuschungsversuchen auf die Spur zu kommen, ist der Instinkt eher ein Hindernis als eine Hilfe.
- VERSCHIEDENE GRÜNDE. Man macht oft den Fehler zu meinen, bestimmte Zeichen seien Hinweise auf eine Täuschung und nichts anderes. Man nimmt zum

Beispiel an, jemand, der beim Reden seine Nase berührt, erzähle ganz bestimmt eine Lüge – diese Geste sei ein Zeichen für Lügen und sonst nichts. Dabei wird ganz übersehen, dass bestimmte Handlungen und Äußerungen zwar manchmal Hinweise auf einen Täuschungsversuch geben können, bei anderer Gelegenheit aber auf eine innere Verfassung hindeuten können, die mit Täuschung nichts zu tun hat. Leute, die sich ganz auf den Polygraph-Lügendetektor verlassen, machen häufig diesen Fehler. Der Polygraph misst die Atmung, den Herzschlag und die Feuchtigkeit der Handflächen – alles Indikatoren für erhöhte Erregung. Wenn sich jemand wegen etwas beunruhigt, nimmt seine Atemfrequenz zu, und die Handflächen beginnen stärker zu schwitzen. Wenn jemand lügt, wird er oft nervös oder ängstlich, und diese Nervosität oder Angst kann der Polygraph feststellen. Es gibt aber auch Fälle, wo sich jemand wegen etwas beunruhigt, ohne zu lügen – genau wie es umgekehrt den Fall gibt, dass jemand lügt, ohne dabei etwas zu empfinden.

- DIE FALSCHEN ZEICHEN. Lügen werden auch deshalb nicht entdeckt, weil die Menschen an der falschen Stelle nach Hinweisen suchen. Wohin sie blicken, hängt meist davon ab, was sie für verräterische Zeichen beim Lügen halten. Fragt man jemanden, woran er erkennen könne, ob jemand lügt, wird oft der unstete Blick oder unruhiges Herumfummeln mit den Händen genannt. Als weitere Anzeichen für Unaufrichtigkeit gelten Lächeln, rascher Lidschlag, lange Pausen und zu schnelles oder zu langsames Reden. Man hat herausgefunden, dass einige dieser Verhaltensweisen tatsächlich als Anhaltspunkte für Betrugsversuche gelten können, viele jedoch auch nicht. Als Robert Krauss und seine Kollegen von der Columbia University in New York die Zeichen, an denen viele Leute Lügner zu erkennen meinen, mit denen verglichen, die tatsächlich etwas mit Lügen zu tun haben, konnten sie nur eine sehr geringe Übereinstimmung feststellen.[12]

Augen-Tells

Die meisten Leute glauben, das Abwenden des Blicks sei ein Zeichen für Lügen. Sie meinen, weil Lügner schuldbewusst, verlegen und unruhig seien, hätten sie Probleme damit, ihrem Opfer gerade in die Augen zu sehen, und würden deshalb den Blick abwenden. Doch so ist es nicht. Erstens schwankt das diesbezügliche Verhalten sehr stark – während manche Lügner woandershin blicken, sehen andere ihr Gegenüber sogar besonders oft und lange an. Da der eigene Blick ziemlich leicht unter Kontrolle zu halten ist, können Lügner mithilfe ihrer Augen einen ehrlichen Eindruck erzeugen. Da sie wissen, dass andere Leute Wegblicken für ein Anzeichen für Lügen halten, tun viele Lügner genau das Gegenteil – sie blicken einen ganz bewusst an, um den Eindruck zu erwecken, sie sagten die Wahrheit. Wenn Sie also wissen wollen, ob jemand Sie anlügt, beschränken Sie Ihre Aufmerksamkeit nicht auf einen unsteten Blick, sondern achten Sie auch darauf, ob Ihr Gegenüber Sie vielleicht beharrlicher als üblich ansieht!

Ein weiteres angebliches Zeichen für Lügen ist das Blinzeln. Wenn wir erregt sind oder unsere Gedanken sich überschlagen, wird tatsächlich auch unser Lidschlag entsprechend schneller. Das normale Tempo ist 20 Schläge pro Minute, doch wenn wir uns unter Druck fühlen, kann es auf das Vier- oder Fünffache ansteigen. Wenn Leute lügen, geraten sie dabei häufig in Erregung, und wenn ein Lügner nach einer Antwort auf eine unangenehme Frage sucht, beschleunigt sich sein Denkprozess. In einer solchen Situation ist das Lügen oft mit Blinzeln gekoppelt. Doch dürfen wir nicht vergessen, dass es Fälle gibt, wo jemand nicht deshalb einen sehr schnellen Lidschlag hat, weil er lügt, sondern weil er sich unter Druck fühlt. Und andererseits gibt es auch Fälle, wo Lügner einen ganz normalen Lidschlag haben.[13]

Körper-Tells

Nervöse Unruhe und verlegenes Herumspielen mit den Händen gelten ebenfalls als Anzeichen für Täuschungsabsichten – man nimmt an, dass Menschen beim Lügen in Aufregung geraten und sich das in nervösen Handbewegungen äußert. Wie bereits erwähnt, gibt es eine Kategorie von Adapter genannten Gesten, die aus Handlungen wie dem Streichen über das eigene Haar, Kratzen des Kopfes oder Händereiben besteht. Beim Lügen haben manche Menschen Schuldgefühle oder befürchten, entdeckt zu werden, und diese Befürchtungen können dazu führen, dass sie solche Adapter produzieren. Das ist oft dann der Fall, wenn viel auf dem Spiel steht oder wenn der Betreffende kein besonders begabter Lügner ist. Meistens geschieht jedoch das genaue Gegenteil. Auch hier neigt der Lügner aus Angst, sich zu verraten, dazu, seine normale Gestik zu unterdrücken. Infolgedessen werden seine Bewegungen nicht etwa lebhafter, sondern eher starrer!

Hand- wie Augenbewegungen lassen sich normalerweise bewusst steuern, und deshalb sind die Hände auch keine zuverlässige Informationsquelle, wenn es ums Lügen geht. Es gibt jedoch noch andere Körperteile, die man ebenfalls bewusst kontrollieren kann, die sich jedoch, da man nicht auf sie achtet und nicht an sie denkt, häufig als sehr nützliche Quelle für Täuschungshinweise entpuppen. Die Lügenforschung zeigt, dass Menschen, wenn sie zum Lügen aufgefordert werden, mehr Täuschungszeichen im unteren als im oberen Teil des Körpers produzieren. Zeigt man Außenstehenden Videoaufzeichnungen solcher Szenen, fallen die Beurteilungen genauer aus, wenn sie Aufzeichnungen von der unteren Körperhälfte sehen.[14] An den Beinen und Füßen lässt sich eindeutig etwas erkennen, was zeigt, dass sie als Informationsquelle zum Thema Lügen unterschätzt werden. Lügner, so scheint es, konzentrieren ihre Vertuschungsbemühungen auf Hände, Arme und Gesicht, weil sie wissen, dass darauf besonders geachtet wird. Da die Füße so weit weg scheinen, schenken Lügner ihnen keine Aufmerksamkeit – doch oft sind es gerade unmerkliche Bein- und Fußbewegungen, die sie verraten.

Nasen-Tells

Eine Geste, die wirklich verrät, dass hier jemand lügt, ist das Mundzuhalten. Wenn das geschieht, ist das so, als wolle der Lügner vorsichtshalber die Quelle seiner Täuschungsabsichten verdecken – wohl in der Annahme, wenn andere seinen Mund nicht sehen könnten, dann wüssten sie auch nicht, woher die Lüge kommt. Das Mundzuhalten variiert zwischen der voll entwickelten Form, bei der die Hand den Mund ganz bedeckt, und Gesten, bei denen die Hand das Kinn stützt und nur ein Finger unauffällig den Mundwinkel berührt. Der Lügner, der eine Hand an den Mund oder in seine Nähe legt, verhält sich wie ein Täter, welcher der Versuchung nicht widerstehen kann, an den Ort des Verbrechens zurückzukehren. Genau wie der Verbrecher setzt auch er sich damit dem Risiko der Entdeckung aus – jeden Moment könnte jemandem auffallen, dass dieses Berühren des Mundes eine Lüge verbergen soll.

Es gibt jedoch einen Ersatz für das Berühren des Mundes, und das ist das Berühren der Nase. Indem er seine Nase berührt, empfindet der Lügner einen Augenblick lang den Trost des Mundzuhaltens, und das ohne jegliches Risiko, die Aufmerksamkeit auf seine wirkliche Absicht zu lenken. In dieser Rolle fungiert das Berühren der Nase als Ersatz für das Mundzuhalten – es ist also ein Vertuschungs- oder Tarn-Tell: Es sieht so aus, als kratze sich jemand an der Nase, doch seine wahre Absicht ist, den Mund zu verdecken.

Andere Fachkollegen vertreten dagegen die Theorie, das Berühren der Nase sei ein Täuschungszeichen, das mit dem Mund gar nichts zu tun habe. Zu den Vertretern dieser Auffassung gehört Alan Hirsch; er hat zusammen mit Charles Wolf Präsident Clintons Auftritt vor der Grand Jury im August 1998 genauestens analysiert, als dieser leugnete, jemals Sex mit Monica Lewinsky gehabt zu haben.[15] Wenn Clinton die Wahrheit sagte, entdeckten sie, berührte er seine Nase fast nie, doch als er wegen seiner Affäre mit Monica Lewinsky log, berührte er seine Nase durchschnittlich einmal alle vier Minuten. Hirsch hat dies das Pinocchio-Syndrom genannt – nach der berühmten italienischen Kinderbuchfigur, deren Nase bei jeder Lüge ein Stückchen länger wird. Hirsch äußerte die Vermutung, beim Lügen werde die Nase stärker durchblutet und die dadurch entstehende unangenehme Empfindung durch Berühren oder Reiben der Nase gemildert.

Gegen das Pinocchio-Syndrom sprechen mindestens zwei Argumente. Erstens kann das Naseberühren schlicht ein Angstsymptom sein, kein Zeichen für Unaufrichtigkeit. Zweitens haben Menschen beim Lügen oft Bedenken und Angst, ertappt zu werden, und diese Gefühle sind mit einer verminderten Durchblutung des Gesichts verbunden – also nicht mit einer Gefäßerweiterung, sondern mit einer Engstellung der Gefäße. Diese Ansicht äußert zumindest Mark

Das *Mundzuhalten* ist ein wichtiges Lügen-Tell. Als Bill Clinton während seines Amtsenthebungsverfahrens vor der Grand Jury aussagen musste, berührte er mehrfach seinen Mund. Weitere Lügen-Tells, die man hier ebenfalls sehen kann, sind übermäßiges Schwitzen, gebremste Handbewegungen und der Blick von unten herauf.

Frank von der Rutgers University.[16] Frank weist außerdem darauf hin, die experimentelle Lügenforschung habe bisher noch nicht nachweisen können, dass das Berühren der Nase ein verbreitetes Täuschungssymptom sei. Natürlich muss man auch die Möglichkeit erwägen, dass das Naseberühren unter Laborbedingungen gar nicht auftritt, wo das Risiko gering und der Preis, als Lügner vorgeführt zu werden, nicht besonders hoch ist. Möglich ist auch, dass es sich hier nicht um ein für jedermann geltendes Täuschungssymptom handelt – das Berühren der Nase könnte einfach das Markenzeichen-Tell einiger weniger Leute sein, zu denen auch Bill Clinton gehört.

Schließlich besteht auch noch die Möglichkeit, dass das Berühren der Nase überhaupt nichts mit Täuschung oder Unsicherheit zu tun hat, sondern ein unbewusstes Zeichen der Ablehnung ist. Ray Birdwhistell ist zu der Erkenntnis gekommen, wenn jemand sich in Gegenwart eines anderen die Nase reibe, dann zeige das seine Abneigung gegen diese Person.[17] Wie er es ausdrückt, ist »das Nasereiben unter Amerikanern genauso ein Zeichen der Ablehnung wie das Wort ›Nein!‹«. Bei dieser Interpretation könnte Bill Clintons Nasereiben vor der Grand Jury einfach Ausdruck seiner tiefen Abneigung gegen die ihn verhörenden Personen sein und wäre nicht als Hinweis darauf zu werten, dass er sie in diesem Moment anlog.

Im Rahmen dieser Debatte bleibt allerdings die Frage offen, was wir eigentlich damit meinen, wenn wir sagen, jemand lügt – wissen wir dann, dass er lügt, oder muss der Betreffende selbst sich dessen bewusst sein, dass er nicht die Wahrheit sagt? Diese Frage – darauf hat Mark Frank hingewiesen – ist von unmittelbarer Bedeutung für den Fall Bill Clinton und seine Aussage in der Lewinsky-Affäre. Manche Leute argumentieren, Clinton habe genau gewusst, dass er log, andere hingegen vertreten nachdrücklich die

Meinung, bei seiner Definition von Sex und der Art und Weise, wie er seine Aussage formulierte, habe Clinton gar nicht gelogen. Das führt zu der interessanten Überlegung, ob jemand, der sich selbst einreden muss, dass er nicht lügt, eigentlich etwas anderes tut als derjenige, der davon überzeugt ist, dass er die Wahrheit sagt?

Maskierungs-Tells

Wenn jemand bewusst lügt, hat er zweierlei zu verbergen – erstens die Wahrheit und zweitens alle durch diesen Täuschungsversuch ausgelösten Gefühle. Die Empfindungen eines Lügners sind in der Regel negativ – er hat Schuldgefühle oder Angst, ertappt zu werden; doch es kann ihm auch einen besonderen Kick verschaffen, anderen Sand in die Augen zu streuen. Paul Ekman hat das *duping delight* genannt, die »Freude am Irreführen«.[18] Wer eine kleine, harmlose Lüge erzählt, hat normalerweise gar keine Störgefühle dabei. Geht es aber um eine große Lüge und steht viel dabei auf dem Spiel, ist der Lügner oft sehr starken Emotionen ausgesetzt, die verheimlicht werden müssen, wenn die Sache nicht auffliegen soll. Ein negatives Gefühl kann man verbergen, indem man den Kopf wegdreht, das Gesicht mit den Händen bedeckt oder es mit einem neutralen oder positiven Ausdruck maskiert. Wegblicken oder Zudecken des Gesichts sind allerdings Strategien, die nicht immer funktionieren, weil sie leicht die Aufmerksamkeit auf das ziehen können, was der Lügner gerade verbergen will. Eine Maske hingegen erlaubt ihm, ein Äußeres zu präsentieren, das nicht zwangsläufig mit Lügen in Zusammenhang gebracht wird.

Die am meisten verbreiteten Masken sind dabei das Normalgesicht mit unbewegter Miene und das Lächeln. Das

Normalgesicht erfordert die geringste Anstrengung – um seine negativen Gefühle zu verstecken, muss der Lügner nur sein Gesicht in Ruhestellung bringen. Das Lächeln als Maske ist potenziell effektiver, weil es suggeriert, der Betreffende sei glücklich und zufrieden – mit anderen Worten, er empfinde etwas, was man nicht unbedingt mit Lügen assoziiert.

Lächel-Tells

Von allen Gesichtsausdrücken ist das Lächeln vermutlich am leichtesten zu erzeugen. Außerdem ist es entwaffnend, denn es führt dazu, dass der andere sich gut fühlt und weniger Misstrauen gegenüber dem Lügner empfindet. Doch was am meisten für das Lächeln spricht, ist die Tatsache, dass die meisten Menschen nicht zwischen einem echten und einem falschen Lächeln unterscheiden können, weil sie das Lächeln einfach unkritisch akzeptieren. Ein gemischtes, negative Gefühle ausdrückendes Lächeln können die Leute gewöhnlich erkennen. Es fällt ihnen zum Beispiel leicht, ein unglückliches Lächeln richtig zu deuten, bei dem die inneren Enden der Augenbrauen gehoben und die Mundwinkel entweder nach oben gezogen oder leicht gesenkt werden. Doch die meisten Leute sind notorisch unbegabt, wenn es darum geht, ein falsches, sich als echt ausgebendes Lächeln zu erkennen, und deshalb wird dies so oft dazu benutzt, die mit dem Lügen Hand in Hand gehenden negativen Empfindungen zu maskieren.[19]

Wenn man jemanden fragt, woran man einen Lügner erkennen kann, hört man oft: an seinem Lächeln. Man sagt, jemand, der lügt, lächle öfter, um seine wahren Gefühle zu verbergen. Die Lügenforschung ist allerdings zum gegenteiligen Ergebnis gekommen: Lügende Menschen lächeln weniger als solche, die die Wahrheit sagen. Offenbar passen Lügner hin und wieder ihr Verhalten in dem Sinne an, dass sie genau das Gegenteil von dem tun, was man von jemandem erwartet, der die Unwahrheit sagt. Das heißt nicht, dass Lügner überhaupt nicht mehr lächelten – es zeigt nur, dass sie seltener lächeln als jemand, der die Wahrheit sagt. Wenn aber jemand bei einem Täuschungsversuch lächelt, verrät er sich oft durch sein falsches Lächeln, und das kann man an einigen typischen Besonderheiten erkennen:

- DAUER. Ein falsches Lächeln wird viel länger aufrechterhalten als ein echtes, aufrichtig empfundenes Lächeln.
- AUFTAUCHEN UND VERSCHWINDEN. Ein falsches Lächeln wird rascher aufgebaut als ein echtes Lächeln. Es wird auch schneller wieder abgebaut.
- LOKALISIERUNG. Ein falsches Lächeln ist oft auf die untere Gesichtshälfte beschränkt, während an einem echten Lächeln auch die Muskeln rings um die Augen beteiligt sind, die sich dabei zusammen- und die Augenbrauen leicht nach unten ziehen. Falsches und echtes Lächeln wird von verschiedenen Gehirnpartien gesteuert – das falsche Lächeln wird willentlich erzeugt, das echte hingegen entsteht unwillkürlich.
- SYMMETRIE. Ein echtes Lächeln erscheint auf beiden Seiten des Gesichts, ein falsches manchmal stärker auf einer Gesichtshälfte (gewöhnlich auf der rechten). Das liegt daran, dass ein unbewusster Gesichtsausdruck über andere Nervenbahnen gesteuert wird als ein bewusster. Wenn Sie ein symmetrisches Lächeln sehen, kann es also entweder echt oder unecht sein, ein schiefes Lächeln aber ist mit großer Wahrscheinlichkeit falsch.

Auch wenn symmetrisches und schiefes Lächeln ganz verschieden aussehen, reagiert man auf ein schiefes Lächeln meist so, als sei es echt. Das liegt daran, dass wir uns über die Authentizität eines Lächelns kaum Gedanken machen – solange uns nur jemand anlächelt, ist es uns ziemlich egal, was für eine Art Lächeln uns angeboten wird.

Mikro-Tells

Wenn jemand versucht, seine Gefühle zu verbergen, empfängt sein Gesicht unterschiedliche Befehle – während unwillkürliche Prozesse das Gesicht anweisen, die echten Gefühle zu zeigen, befehlen willkürliche Prozesse dem Gesicht, eine Maske zu zeigen. Damit es mit dem Maskieren klappt, muss der Willensprozess die Oberhand gewinnen, sodass die wahren Gefühle des Betreffenden verborgen bleiben. Eine erfolgreiche Maskierung hängt von verschiednen Faktoren ab, zum Beispiel von der Fähigkeit, die eigenen Gefühle zu verbergen, und von der Stärke des zu unterdrückenden Gefühls. Ist ein Gefühl sehr stark, kann es manchmal die Unterdrückungsversuche durchbrechen, sodass die Maske dem echten Gefühl den Vortritt lässt. Es gibt jedoch auch Fälle, wo das wahre Gefühl sich einen ganz kurzen Augenblick lang Bahn bricht, wonach sich die Maske sofort wieder aufbaut. Dieses ganz kurze Sichtbarwerden der echten Gefühle nennt man *micromomentary expressions*, das heißt mikrokurze Veränderungen der Mimik oder Mikro-Tells.[20] Sie sind extrem schnell und kurzlebig – im Regelfall kürzer als eine Sekunde und manchmal nur eine Viertelsekunde lang; das entspricht dem Sichtbarwerden eines Einzelbildes in einer normalen Videoaufzeichnung! Man selbst weiß nicht, wann man ein Mikro-Tell erzeugt, und die meisten Menschen merken es nicht, wenn sie ein solches vor sich sehen. Doch Polizisten zum Beispiel können lernen, solche Tells zu entdecken, und sie können auch lernen, mit ihrer Hilfe das Verhalten eines Menschen zu deuten.

Wer lügt, produziert dabei manchmal Mikro-Tells, die seine wahren Gefühle verraten. Jemand kann zum Beispiel erzählen, wie es ihm gelang, sich aus einem brennenden Haus zu retten, und dabei den Eindruck erzeugen, er sei während des Geschehens immer Herr der Situation gewesen. Während er das erzählt, verzieht er keine Miene. Ganz plötzlich aber zeigt sich Angst auf seinem Gesicht, worauf er sofort wieder zu seinem normalen, gefassten Gesichtsausdruck zurückkehrt. Wenn Sie das sähen und nichts von Mikro-Tells wüssten, würden Sie vermutlich gar nicht wahrnehmen, was gerade vor sich ging, und mit ziemlicher Sicherheit den kurzen Ausdruck der Angst nicht bemerken. Für den geübten Beobachter aber wäre dieses Mikro-Tell eine wertvolle Informationsquelle über den Berichterstatter – es würde nämlich zeigen, dass er den Eindruck zu erwecken sucht, er habe die ganze Zeit alles im Griff gehabt, während er in Wirklichkeit doch ziemliche Angst hatte.

Da Mikro-Tells ganz unwillkürlich sind, fungieren sie als Verräter: Ohne dass wir es merken, verraten sie, was wir denken – allerdings nur denen, die verstehen, was sie bedeuten. Mark Frank und Paul Ekman haben gezeigt, dass diese flüchtigen Blicke auf die wahren Gefühle eines Menschen ein wertvolles Instrument beim Aufdecken von Täuschungsversuchen sein können.[21] Auch wenn sie nicht sehr häufig auftreten, können Mikro-Tells doch äußerst informativ sein. Nach dem Falkland-Krieg zum Beispiel wurde die britische Premierministerin Margaret Thatcher während eines Fernsehauftritts von jemandem aus dem Publikum gefragt, warum ein britisches U-Boot den Befehl empfangen habe, das argentinische Schlachtschiff »Belgrano« zu torpedieren. Mrs Thatcher antwortete, die »Belgrano« habe sich innerhalb des britischen Sperrgebiets befunden und sei daher ein legitimes Ziel gewesen. Das entsprach aber nicht den Tatsachen – als die »Belgrano« angegriffen wurde, befand sie sich außerhalb des Sperrgebiets und bewegte sich von den Falkland-Inseln weg. Als Mrs Thatcher diese unaufrichtige Antwort gab, schien sie ganz ruhig zu sein und zeigte an einer Stelle sogar ein falsches Lächeln. Doch einen kleinen Moment lang fiel ihre Maske, und ein extrem kurzer Ausdruck von Ärger erschien auf ihrem Gesicht, bei dem ihre Augen hervortraten und der Unterkiefer sich vorschob. Der Ärger, den Mrs Thatcher so lange zu verbergen verstand, brach sich Bahn. Doch kaum aufgetaucht, war er auch schon wieder verschwunden und die Maskierung wiederhergestellt.

Auch wie sich Menschen verhalten, wenn sie niemanden mehr davon zu überzeugen brauchen, dass sie die Wahrheit sagen, kann subtile Hinweise auf Täuschungsversuche liefern. Zum Beispiel haben die meisten Reisenden bei der Zollkontrolle nichts zu befürchten, weil sie kein Schmuggelgut mit sich führen. Der Schmuggler aber muss so tun, als sei alles ganz normal, und kommt normalerweise auch damit durch. Was den Schmuggler aber oft von anderen unterscheidet, wenn er den Zoll passiert, ist die Muskelspannung seines Körpers. Da man ja nicht sehen kann, wie er normalerweise geht, ist dieser Spannungszustand sehr schwer zu erkennen. Sehen kann man aber, was passiert, sobald der Schmuggler die Zollbeamten hinter sich hat. Genau an diesem Punkt, wenn er nichts mehr zu befürchten hat, entspannt der Schmuggler seinen Körper und produziert damit ein Entspannungs-Tell. Die dadurch bewirkte Veränderung ist selten besonders auffällig – normalerweise sieht man nur ein leichtes Senken der Schultern –, doch man kann sie erkennen. Die Tatsache, dass bei jemandem nach Passieren der Zollkontrolle sichtbar die Spannung nachlässt, erlaubt die Vermutung, dass er die Zollbeamten als Bedrohung ansieht und etwas zu verbergen hat. Ohne Frage gibt es auch

Leute, die beim Passieren des Zolls in Spannung geraten, obwohl sie nichts zu verbergen haben, und deshalb dasselbe Entspannungs-Tell erkennen lassen wie der Schmuggler mit seinem schlechten Gewissen. Was nur ein weiteres Beispiel dafür ist, dass Tells zwar hochgradig informativ sind, jedoch nicht immer zuverlässige Aussagen darüber erlauben, was im Kopf eines Menschen vor sich geht.

REDE-TELLS

Die meisten Menschen sind der Meinung, Lügner verrieten sich durch ihr Tun und weniger durch das, was sie sagen und wie sie es sagen. Tatsächlich ist es aber umgekehrt – die besten Hinweise auf Lügen findet man in dem, was jemand sagt, und weniger in seinem Verhalten. Aldert Vrij von der Universität Portsmouth meint, beim Versuch, einen Lügner zu ertappen, würden die meisten Menschen zu sehr auf dessen nonverbales Verhalten achten und nicht genug auf das, was er sagt.[22] Das, so sagt er, spiegele sich in der allgemeinen Tendenz, Täuschungsversuche dadurch zu entdecken, dass man das Verhalten des Betreffenden beobachtet und die Chancen, Lügner durch genaues Hinhören zu erwischen, unterschätzt.

Einige Besonderheiten beim Reden liefern Hinweise auf Lügen. Manche betreffen mehr den Inhalt der Aussage, andere die Ausdrucksweise.

- DRUMHERUMREDEN. Lügner reden oft um eine Sache herum. Sie geben langatmige Erklärungen mit zahlreichen Abschweifungen, aber wenn man ihnen eine direkte Frage stellt, antworten sie nur kurz.[23]
- SKIZZIEREN IN GROBEN ZÜGEN. Die Erklärungen von Lügnern werden mit grobem Pinselstrich ge-

zeichnet, mit sehr wenig Aufmerksamkeit fürs Detail. Selten werden Zeit, Ort oder die Gefühle der Beteiligten erwähnt. Ein Lügner wird Ihnen zum Beispiel erzählen, er sei in einer Pizzeria gewesen, aber wo er genau war und was für eine Pizza er bestellt hat, wird er Ihnen vermutlich nicht sagen. Liefern Lügner dennoch Einzelheiten, sind sie selten in der Lage, sie genauer auszuführen. Wenn Sie also einen Lügner bitten, etwas ausführlicher zu erzählen, wird er sich aller Wahrscheinlichkeit nach nur wiederholen. Richtet man dieselbe Bitte an jemanden, der die Wahrheit gesagt hat, erhält man gewöhnlich noch zahlreiche zusätzliche Informationen.

- NEBELKERZEN. Lügner geben oft Antworten, die den anderen verwirren sollen – sie klingen ganz vernünftig, sind es aber nicht. Zu den Beispielen für sinnlose Bemerkungen kann man auch Bill Clintons berühmte Antwort während des von Paula Jones angestrengten Prozesses wegen sexueller Belästigung zählen, als er über seine Beziehung zu Monica Lewinsky befragt wurde und sagte: »Das hängt davon ab, was die Bedeutung von ›ist‹ ist.« Ein anderes Beispiel ist die Rechtfertigung des früheren Bürgermeisters von New York, David Dinkins, als ihm Steuerhinterziehung vorgeworfen wurde: »Ich habe kein Verbrechen begangen. Ich habe mich nur nicht dem Gesetz entsprechend verhalten.«
- VERNEINUNGEN. Politische Lügen werden oft in die Form eines Dementis gekleidet – denken Sie nur an Bill Clintons berühmte Leugnung: »Ich hatte keine sexuellen Beziehungen zu dieser Frau, Miss Lewinsky.« Leugnet ein Politiker, dass er eine neue Maßnahme wie zum Beispiel Steuererhöhungen einführen wird, kann man das gewöhnlich als sicheres Zeichen dafür werten, dass die Maßnahme bald eingeführt wird. Wie Otto von Bismarck sagte: »Glaube nie etwas in der Politik, bevor es

nicht offiziell dementiert wurde.« Lügner neigen häufiger zu verneinenden Aussagen. Während des Watergate-Skandals sagte Präsident Nixon zum Beispiel: »Ich bin kein Gauner.« Er sagte nicht: »Ich bin ein ehrlicher Mensch.«

- WORTWAHL. Lügner reden seltener von sich selbst – sie benutzen weniger oft Ausdrücke wie »ich«, »mir/mich« und »mein« als Leute, die sich an die Wahrheit halten. Lügner tendieren auch zu Verallgemeinerungen durch häufigen Gebrauch von Wörtern wie »immer«, »nie«, »niemand« und »jeder«, womit sie sich im Geiste von der Lüge distanzieren.
- ENTKRÄFTEN VON EINWÄNDEN. Lügner benutzen öfter Einräumungen wie »Sie werden es kaum glauben, aber…«, »Ich weiß, es klingt seltsam, aber…« und »Ich kann Ihnen versichern…«. Bemerkungen wie diese sollen ein mögliches Misstrauen des anderen anerkennen, um es sogleich zu entkräften.
- FÖRMLICHKEIT. Wenn jemand in einer inoffiziellen Situation die Wahrheit sagt, wird er sehr wahrscheinlich umgangssprachlich verkürzte Formen wählen – er wird zum Beispiel *don't* statt *do not* sagen. Wer in derselben Situation die Unwahrheit sagt, wird viel eher *do not* statt *don't* sagen. Das liegt daran, dass man beim Lügen unter Spannung steht und dadurch förmlicher wird.
- ZEITFORM. Ohne es selbst zu bemerken, haben Lügner die Tendenz, die innere Distanz zwischen sich selbst und dem Ereignis zu vergrößern, das sie gerade beschreiben. Wie wir bereits sahen, ist ein Weg dazu die Wortwahl. Ein anderer ist, in der Vergangenheitsform statt in der Gegenwartsform zu erzählen.
- TEMPO. Lügen verlangt eine ziemliche geistige Anstrengung, denn der Lügner muss nicht nur eine glaubwürdige Geschichte erzählen, er muss auch Wahrheit und

Lüge sauber auseinander halten. Das stellt hohe Anforderungen an den Lügner und kann sich verlangsamend auf das Tempo auswirken. Deshalb halten Leute einen Moment inne, bevor sie eine Lüge erzählen, und deshalb werden Lügen gewöhnlich in langsamerem Tempo erzählt als die Wahrheit – es sei denn, die Lüge wurde sorgfältig eingeübt; in diesem Fall sollte es keinen Unterschied im Tempo geben.

- PAUSEN. Lügner machen auch mehr Pausen zwischen ihren Worten und Sätzen, und manche dieser Pausen werden mit Verlegenheitslauten wie »hm« und »äh« gefüllt. Die kognitive Leistung, die eine spontane Lüge erfordert, hat auch mehr Versprecher, Stotterer und Fehlstarts zur Folge, bei denen der Betreffende einen Satz beginnt und ihn dann zugunsten eines anderen Satzes abbricht.
- STIMMHÖHE. Die Höhe der Stimme ist oft ein sehr guter Indikator für den emotionalen Zustand eines Menschen, denn wenn man sich aufregt, gerät man automatisch in eine höhere Stimmlage. Die Stimmhöhe ist eng mit Gefühlen verbunden, und die auftretenden Veränderungen, wenn jemand psychisch unter Druck gerät, sind sehr schwer zu maskieren oder zu verbergen. Auch wenn der Anstieg der Stimmhöhe mit ziemlicher Zuverlässigkeit auftritt, ist er manchmal recht gering, und man muss normalerweise jemanden schon einmal in einer anderen Situation gehört haben, um mit Sicherheit sagen zu können, ob seine Stimme höher ist als sonst.

Man redet heutzutage sehr viel über bestimmte Gesten, die angeblich mit Lügen einhergehen – man wird Ihnen erklären, wenn sich jemand die Nase kratzt oder beim Antworten auf eine Frage nach links blickt, dann sei das ein sicherer Beweis dafür, dass er lügt. Das stimmt alles nicht – es gibt keine spezifischen Verhaltensweisen, die anzeigen, dass jemand lügt. Sie können vielleicht anzeigen, dass jemand sich in einem inneren Konflikt oder unter psychischer Spannung befindet oder versucht, sein Unbehagen irgendwie zu verbergen; doch daraus folgt noch nicht, dass er deshalb lügen muss. Wie Paul Ekman bemerkt hat: »Es gibt keine Geste, keinen Gesichtsausdruck, kein Muskelzucken, wodurch unmissverständlich zum Vorschein käme, dass jemand lügt.«[24]

Eine andere Autorität zum Thema Lügen, Bella DePaulo, bestätigt diese Auffassung, wenn sie darauf hinweist, dass bestimmte Indikatoren in Verhalten und Rede eine »problematische Verbindung« zum Lügen hätten: »Sie korrelieren mit Täuschung, jedoch nicht vollständig.«[25]

Auch wenn es keine garantierte Methode zum Entdecken von Lügen gibt, so können Sie doch einiges dazu tun, um Ihre Chancen, jemanden beim Lügen zu erwischen, zu erhöhen:

- Um eine Lüge aufzudecken, sollten Sie Ihre Kriterien weder zu hoch noch zu niedrig ansetzen. So vermeiden Sie die falsche Schlussfolgerung, es gebe gar keine Lügner oder alle Leute sagten dauernd die Unwahrheit.
- Wenn irgend möglich, sollten Verhalten und Gestik des verdächtigten Lügners mit seinem Verhalten verglichen werden, wenn er die Wahrheit sagt.
- Als guter Lügendetektor sollten Sie Ihr Augenmerk auch auf Verhaltensweisen richten, die nicht bewusst gesteuert werden oder auf die man selbst oft nicht achtet.
- Konzentrieren Sie Ihre Aufmerksamkeit nach Möglichkeit weniger darauf, was jemand tut, als darauf, was er sagt und wie er es sagt.
- Es ist wichtig herauszufinden, ob eine Lüge vermutlich spontan oder möglicherweise vorbereitet ist und ob viel oder wenig dabei auf dem Spiel steht. Steht wenig auf

dem Spiel oder wurde die Lüge vorher eingeübt, ist sie sehr viel schwieriger nachzuweisen.

- Um hinter eine Lüge zu kommen, sollte man immer auf eine ganze Reihe von Hinweisen in Verhalten und Sprache achten. Wenn Sie meinen, Sie könnten einen Lügner aufgrund eines einzigen Anhaltspunktes überführen, lügen Sie sich in die eigene Tasche.

Wenn Menschen dieselbe Sprache sprechen, ist es oft sehr schwer, nur aufgrund ihres Wortschatzes, ihrer Grammatik oder ihres Akzents zu sagen, woher sie kommen. Doch manchmal gibt es ein Schibboleth, ein Erkennungszeichen, das ihre Herkunft verrät. Das Wort Schibboleth stammt aus dem Buch Richter des Alten Testaments. Nachdem die Ephraimiter von der Armee der Gileaditer in der Schlacht geschlagen worden waren, versuchten sie, über den Jordan nach Ephraim zurückzugelangen. Die Gileaditer, die keinen entkommen lassen wollten, hielten an den Furten des Jordan jeden Mann fest, der hinüber wollte, und fragten ihn: »Bist du ein Ephraimiter?« Antwortete er dann mit »Nein«, wurde er aufgefordert, »Schibboleth« zu sagen, das hebräische Wort für Fluss. Die Gileaditer sprachen das Wort »Schibboleth« aus, die Ephraimiter aber sagten »Siboleth«. Jeder, der das Wort mit »Sch« am Anfang aussprach, wurde verschont; wer aber »Siboleth« sagte, wurde auf der Stelle erschlagen.

Aussprache-Tells

Es gibt auch noch andere Möglichkeiten, jemandes Nationalität festzustellen, gewöhnlich mit weniger blutigen Folgen. Europäer haben oft Schwierigkeiten, Kanadier und Amerikaner voneinander zu unterscheiden. Doch es gibt einige Besonderheiten in der Aussprache, durch die sich der Kanadier verrät. Kanadier sprechen Wörter wie *shout* und *about* meist wie *shoot* und *aboot* aus, während Amerikaner die Angewohnheit haben, *house* wie *hayouse* auszusprechen.[1] Amerikaner begrüßen Sie meist mit einem *»It's a great day!«*. Kanadier hingegen sagen eher: *»It's a great day, eh?«* Während die Amerikaner die optimistisch-direkte Form wählen, formulieren die Kanadier ihre Aussagen lieber in Frageform.

Auch wenn Australier und Neuseeländer selbst keine Probleme haben, einander zu erkennen, ist es für Außenseiter oft sehr schwierig, sie zu unterscheiden, weil ihre Aussprache sehr ähnlich ist. Doch es gibt sehr wohl Unterschiede zwischen dem australischen und neuseeländischen Englisch. Einige davon betreffen den Wortschatz – das neuseeländische Englisch hat zum Beispiel mehr Wörter von den eingeborenen Maori entlehnt als das australische Englisch von den Aborigines. Und es gibt auch Unterschiede in der Aussprache bestimmter Vokale. Die Australier sprechen Wörter wie *air* und *ear* verschieden aus, während bei den Neuseeländern beide wie *ear* klingen. Es gibt aber auch Fälle, wo die Neuseeländer Unterschiede machen, aber die Australier nicht – Australier sprechen zum Beispiel *moan* und *mown* gleich aus, während die Neuseeländer die beiden unterscheiden, indem sie *mown* wie *mow-an* aussprechen. Der entscheidende Unterschied aber zeigt sich in der Aussprache des »I«. Neuseeländer sprechen *bat* wie *bet*, *bet* wie *bit* und *bit* wie *but* aus. Die Engländer sprechen von *fish and chips*. Die Australier verlängern den Vokal und sprechen von *feesh and cheeps* mit langem »I«, während die Neuseeländer, die gern aus dem »I« ein »U« machen, *fush and chups* sagen.[2]

Schibboleths können auch in Gestalt bestimmter Verhaltensweisen auftreten. Um jemandes Nationalität zu erraten, genügt es manchmal, seine Tischsitten zu beobachten. Die Engländer zum Beispiel essen normalerweise mit der Gabel in der linken Hand und dem Messer in der rechten, sie schneiden das Fleisch mit dem Messer und führen es dann mit der Gabel in den Mund. Auch die Amerikaner halten die Gabel in der linken und das Messer in der rechten Hand – doch nur so lange, wie sie das Fleisch zerschneiden. Sobald sie mit dem Schneiden fertig sind, legen sie das Messer zur Seite, nehmen die Gabel dann in die rechte Hand und führen mit ihr das Essen zum Mund. In Kanada herrschen wiederum ganz andere Tischsitten. Die Kanadier greifen nur zum Messer, wenn es notwendig ist; sonst legen sie gern das Messer weg und nehmen die Gabel, um das Essen zu zerkleinern und zum Mund zu führen.

Woher jemand kommt, zeigen auch winzige Gesten, etwa die Art, wie er Ja oder Nein mit dem Kopf signalisiert. Die am weitesten verbreiteten Kopfsignale für Ja und Nein sind das Nicken beziehungsweise das Kopfschütteln – beim Nicken wird der Kopf auf und ab, beim Kopfschütteln mit kurzen Drehbewegungen von einer Seite zur anderen bewegt. Den Nick-und-Schüttel-Code findet man auf der ganzen Welt, doch es ist keineswegs der einzige. Die Griechen und Türken benutzen zum Beispiel den Nicken-und-Zurückwerfen-Code, bei dem der Kopf für Ja gesenkt und für Nein scharf nach oben geworfen wird. Dieses Kopfzurückwerfen geht oft Hand in Hand mit geschlossenen Augen, gehobenen Augenbrauen und einem Schnalzen oder Klicken mit der Zunge. Ein Relikt dieser Gesten kann man noch heute in Süditalien und Sizilien finden, wo es von den alten Griechen eingeführt wurde, als sie im zweiten

Jahrtausend vor Christus dort ihre Handelsniederlassungen gründeten.[3]

Wenn Sie heutzutage nach Rom fahren, werden Sie feststellen, dass die Römer den Nick-und-Schüttel-Code benutzen. Fahren Sie jedoch 200 Kilometer weiter in Richtung Süden nach Neapel, kommen Sie in eine Region, deren Bewohner das Nicken für Ja und entweder das Kopfschütteln oder das Zurückwerfen des Kopfes für Nein benutzen.[4] Das Kopfzurückwerfen besteht aus einem einzigen kurzen Hochwerfen des Kopfes, das man leicht mit einem kurzen Nicken verwechseln könnte, das ebenfalls mit einer Aufwärtsbewegung beginnt. Um eine solche Verwechslung zu vermeiden, beginnen die Süditaliener ihr Kopfnicken mit einer Abwärtsbewegung. In dieser Hinsicht ähneln sie den Griechen, die mit einer einzigen Abwärtsbewegung des Kopfes Ja signalisieren. Die Norditaliener brauchen sich, da ihr Nicken mit keinen anderen Signalen in Konflikt gerät, keine Sorgen zu machen, ob sie ihr Nicken mit einer Aufwärts- oder Abwärtsbewegung beginnen sollten. Und wenn wir einmal genau hinschauen, stellen wir fest, dass die Leute im Norden ihr Nicken mal so und mal anders ansetzen.[5] Wenn Sie also in Professor Higgins' Rolle schlüpfen und feststellen wollen, woher ein Italiener kommt, brauchen Sie einfach nur zu beobachten, wie er mit dem Kopf Ja signalisiert. Beginnt er mit einer Abwärtsbewegung, kommt er entweder aus dem Norden oder aus dem Süden. Beginnt er aber mit einer Aufwärtsbewegung, dann kommt er fast mit Sicherheit aus Norditalien.

Begrüssungs-Tells

Auch die Art und Weise, wie Menschen einander begrüßen, gibt uns Hinweise auf ihre Herkunft. Das Händeschütteln zum Beispiel kann sich von einer Kultur zur anderen unterscheiden, je nachdem, wer es tut, in welcher Situation, wie lange die Hände gedrückt werden, wie energisch sie auf und ab bewegt werden und so fort. In Afrika wird das Händeschütteln oft mit sehr leichtem Druck ausgeführt und kann mehrere Minuten lang andauern, während die Beteiligten Freundlichkeiten austauschen und sich nach den gegenseitigen Verwandten erkundigen. Westafrikanisches Händeschütteln wird oft noch angereichert, zum Beispiel durch ein Fingerschnipsen beim Loslassen der Hände.[6] Möglicherweise ist die ständige Verfeinerung der Praxis des Händeschüttelns unter amerikanischen Schwarzen noch eine Reminiszenz an die wichtige Rolle, die das Händeschütteln in westafrikanischen Gesellschaften spielt.

Auch wenn die Engländer dazu beigetragen haben, das Händeschütteln in andere Weltgegenden zu exportieren, wurde dieses oder der Handschlag im 17. Jahrhundert noch ausschließlich dazu benutzt, eine Vereinbarung oder einen Vertrag zu besiegeln.[7] Erst später wurde es zur Begrüßungsform und begann sich auch auf andere Länder auszudehnen. Theodore Zeldin zufolge, dem Verfasser von *The French*, wurde der Händedruck von England nach Frankreich exportiert, wo er als *le handshake* bekannt wurde.[8] Heute haben die Franzosen eine ausgeprägte Sympathie für das Händeschütteln. Britische Kollegen geben, wenn sie morgens an ihrem Arbeitsplatz ankommen, einander manchmal die Hand, die Franzosen aber schütteln einander sogar mehrmals am Tag die Hände. Auch die Russen geben derselben Person mehrmals täglich die Hand, ebenso die Italiener und Spanier. Die Briten und die Deutschen hingegen beschränken sich normalerweise auf einen Händedruck bei der ersten Begegnung und einen beim Verabschieden – wenn sie sich denn überhaupt die Hand geben.

Es gibt auch Unterschiede in der Art, wie der Händedruck ausgeführt wird. Die Franzosen zum Beispiel beschränken sich auf eine einzige energische Auf- und Abbewegung, während die Italiener das Händeschütteln gern in die Länge ziehen, indem sie die Hand des anderen festhalten. Auch die sozialen Regeln, wer wem die Hand reichen sollte, unterscheiden sich von einem Land zum anderen. Während man sich in Frankreich unabhängig vom Geschlecht die Hände schüttelt, findet in Großbritannien das Händeschütteln eher zwischen zwei Männern statt als zwischen einem Mann und einer Frau oder zwischen zwei Frauen. Das zahlenmäßige Übergewicht des rein männlichen Händedrucks könnte ein Relikt aus den Tagen sein, als Männer Vereinbarungen mit Handschlag besiegelten.

Bei Begrüßungen ohne Körperkontakt wird der verbale Gruß häufig von einem leichten Kopfneigen begleitet. Die Briten haben da ihre eigene Variante entwickelt, nämlich den *head-cock*, das seitliche Kopfneigen. Dabei wird das Kinn zu einer Seite geschoben und gleichzeitig der Kopf nach unten geneigt – das heißt, der Kopf wird gleichzeitig geneigt und leicht gedreht. Diese Grußform ist für Besucher des Landes oft ein Rätsel, dessen Bedeutung ihnen verborgen bleibt. Ihre Ursprünge liegen im Dunkeln. Möglicherweise entstand das Kopfneigen aus der Praxis des Dieners, mit dem man im Mittelalter jemandem seine Reverenz erwies. Möglich ist auch, dass das seitliche Neigen des Kopfes von der jetzt aus der Mode gekommenen Gewohnheit stammt, den Hut zu ziehen oder zu berühren. Auch das Zwinkern mit den Augen käme als Quelle infrage, denn dabei wird der Kopf oft unwillkürlich zur Seite gelegt. Die durch das Zuzwinkern angedeutete geheime Verständigung kann man ja ebenfalls beim *head-cock* finden. Und schließlich könnte der *head-cock* auch eine Mischform sein, eine Kreuzung aus Senken und Schräglegen des Kopfes, und das sind beides, wie wir weiter oben gesehen haben, Unterwerfungssignale.

Eine weitere von einer Kultur zur anderen variierende

Begrüßungsform ist der Kuss. Der Handkuss ist so gut wie verschwunden, doch vor dem Zweiten Weltkrieg war er in ganz Europa verbreitet, insbesondere in Polen und Ungarn, die einst zur österreichisch-ungarischen Monarchie gehörten. Wenn Sie heute einen Mann einer Frau die Hand küssen sehen, ist das aller Wahrscheinlichkeit nach scherzhaft gemeint. Meint er es ernst, besteht vermutlich eine Beziehung zu Osteuropa.

Wangenküsse variieren geografisch, was die Anzahl der Küsse betrifft. Skandinavier begnügen sich meist mit einem einzigen Kuss, während Franzosen es nicht ohne Doppelkuss tun. Holländer und Belgier praktizieren oft einen Multi-Kuss mit mindestens drei getrennten Küssen. In all diesen Ländern gehört Küssen zum Standardbegrüßungsritual. Insofern weiß jeder, wie viele Küsse er zu erwarten hat und welche Wange zuerst geküsst werden muss. In Ländern wie Großbritannien, Australien, Kanada und den Vereinigten Staaten, wo die Begrüßungspraxis sich in einer Art Übergangsstadium befindet, kommt es bei dem Versuch, sich mit Kuss zu begrüßen, oft noch zum Herumprobieren und zu Zusammenstößen. Für die Waliser und die Iren sind diese Probleme weniger akut, da die keltischen Volksgruppen sich historisch mit sozialem Küssen immer sehr schwer getan haben.[9]

Auch das Umarmen gewinnt derzeit an Verbreitung – zum Teil wohl deshalb, weil es seine politischen Konnotationen abgeschüttelt hat und als etwas akzeptiert wurde, womit man gegenseitige Zuneigung ausdrücken kann. Doch in der Einstellung zur Umarmung gibt es immer noch enorme kulturelle Unterschiede. Edmund Hillary erzählt, wie er und Tenzing Norgay den Gipfel des Mount Everest erreichten und sich im Hochgefühl, als erste Menschen den höchsten Berg der Welt bezwungen zu haben, gegenüberstanden. Auf angelsächsische Art reichte Hillary Tenzing die Hand, um ihn zu beglückwünschen. Tenzing ignorierte die Hand, warf die Arme um Hillary und umarmte ihn.[10] Das war die richtige Art, ihre Leistung zu feiern!

Gesichts-Tells

Die Nationalität kann sich sogar im Gesichtsausdruck zeigen. Die Forschungsarbeiten von Paul Ekman und seinen Kollegen zeigen, dass die Varianten des Gesichtsausdrucks, welche die grundlegenden Emotionen wie Glück, Traurigkeit, Angst, Überraschung, Ekel oder Ärger widerspiegeln, auf der ganzen Welt erkannt werden – was nahe legt, dass diese Koppelung von Gefühl und dazugehörigem Gesichtsausdruck dem Menschen angeboren ist.[11] Es gibt allerdings kulturelle Unterschiede in den Konventionen, wie bestimmte Gefühle zum Ausdruck gebracht werden, und außerdem gibt es Unterschiede, wie oft, wo und wem gegenüber man diese Gefühle zeigt und wie sie dann im Detail ausgedrückt werden. Ray Birdwhistell hat beobachtet, dass Lächeln in den Vereinigten Staaten sehr viel häufiger nördlich der »Mason-Dixon-Linie« vorkommt, also der Grenze zwischen Maryland und Pennsylvania, die die Nord- und Südstaaten der USA trennt, als südlich davon, woraus er schließt, Lächeln habe für die Menschen in den Nordstaaten eine andere Bedeutung als für die Bewohner der Südstaaten.[12] Natürlich folgt daraus nicht, dass Menschen, die mehr lächeln, auch glücklicher wären oder dass Lächeln etwas anderes für sie bedeutet als für Menschen, die weniger lächeln. Es legt aber nahe, dass bei den das Lächeln regelnden Konventionen oder dem Ausdruck für Freude regionale Unterschiede möglich sind.

Das wird von Henry Seafords Untersuchungen über Mimik in Virginia bestätigt. Seaford untersuchte historische Porträts und Fotografien in Jahrbüchern. Als er sein Material aus Virginia mit Material aus Pennsylvania verglich, stellte er für Virginia einen »Gesichtsdialekt« fest.[13] Dieser bestand aus mehreren Ausdrucksvarianten, unter anderem einem kreisförmigen Zusammenziehen des Mundes und dem geschürzten oder Schmollmund. In beiden Fällen werden die Muskeln oberhalb und unterhalb des Mundes angespannt, und diese Anspannung hält die Lippen fest geschlossen. Beim Schmollmund werden auch die Muskeln seitlich des Mundes angespannt, sodass die Lippen gleichzeitig zusammengepresst und ein wenig vorgeschoben werden. Seaford meint, da Virginia von Bewohnern der Britischen Inseln kolonialisiert wurde, stamme die Mimik der heutigen Einwohner Virginias möglicherweise von Ausdrucksformen her, die man einst in Großbritannien finden konnte.

Den Engländern wurde schon immer nachgesagt, sie seien kalt und emotionslos. Sie sind auch für ihre *stiff upper lip* bekannt, was heißt, dass sie immer Haltung bewahren und sich nie etwas anmerken lassen. Der Ausdruck soll sich generell auf den stoischen Charakter der Engländer beziehen, könnte aber genauso gut für ihre Mimik gelten. Wenn Engländer lächeln, lassen sie dabei in der Regel ihre Zähne nicht sehen und ziehen die Mundwinkel nach außen statt nach oben. Ist das Gesicht in Ruhestellung, spitzen die Engländer gern ihre Lippen. Das lässt sich bis ins 16. Jahrhundert zurückverfolgen, als ein kleiner Mund als begehrenswert galt. Sehr deutlich kann man das auf Holbeins Porträts von Heinrich VIII. und noch auffallender auf dessen Hochzeitsporträt mit Jane Seymour sehen, wo der König und seine zukünftige Königin mit gespitzten Lippen abgebildet sind.[14]

Die Mimik wird auch durch die Sprache beeinflusst. Das Französische wird zum Beispiel ganz anders ausgesprochen als andere Sprachen. Frankreich-Touristen fallen oft die ungewöhnlichen Mundbewegungen der Franzosen auf, besonders ihre Art, beim Sprechen die Lippen vorzuschieben. Laut Theodore Zeldin liegt das daran, dass das Französische mehr Laute hat als andere Sprachen, die das Runden der Lippen verlangen. »Neun von 16 französischen Vokalen«, sagt er, »erfordern ein starkes Runden der Lippen, verglichen mit nur zwei von 20 englischen Vokalen. (Die Deutschen haben fünf Vokale, bei denen die Lippen gerundet werden.) Außerdem werden die Lippen in Frankreich auch deshalb stärker gerundet, weil auf Konsonanten folgende Vokale oft schon vorbereitet werden müssen, bevor der Konsonant ausgesprochen wird.«[15]

Entsprechende Beobachtungen gibt es auch in Bezug auf die deutsche Sprache. Robert Zajonc und seine Kollegen verfolgten den Gedanken, dass verschiedene Sprachklänge die Blutzufuhr zum Gehirn auf unterschiedliche Weise beeinflussen, was sich wiederum auf die Stimmung eines Menschen auswirken kann. Um dies zu überprüfen, baten sie eine Gruppe deutscher Muttersprachler, jeweils eine Geschichte laut vorzulesen, in denen entweder sehr viele oder nur ganz wenige ü-Laute vorkamen.[16] Man stellte fest, dass diejenigen Teilnehmer, welche die Geschichte mit den vielen ü-Lauten gelesen hatten, eine wärmere Stirn hatten; sie bewerteten die Hauptfigur der Geschichte auch weniger positiv. Die Verfasser der Studie nahmen diese Ergebnisse als Beleg für ihre Theorie, ü-Klänge beeinflussten die Blutzufuhr zum Gehirn und damit die Stimmung des Menschen.

Zwar ist dieser spezielle Effekt bisher nicht experimentell überprüft worden, doch immerhin haben Psychologen entdeckt, dass die Mundstellung die Stimmung eines Menschen auf andere Art beeinflussen kann. Wenn man zum Beispiel jemanden bittet, einen Bleistift zwischen den Zähnen zu halten, während er sich eine Karikatur anschaut (sodass er unwillkürlich eine gedehnte Mundstellung wie beim

Lächeln hat), findet er die Zeichnungen meist lustiger als jemand, der den Bleistift zwischen den Lippen oder in der Hand hält. Diese Studie stützt die *facial feedback theory* – den Gedanken, die Stimmung eines Menschen lasse sich von einem bestimmten angenommenen Gesichtsausdruck beeinflussen.[17]

Unterhaltungs-Tells

Die Freude an Unterhaltungen ist von Land zu Land sehr verschieden. Die Franzosen sind den Engländern immer enorm redselig vorgekommen. »Ein Franzose«, befand Dr. Johnson, »muss immer reden, ganz gleich, ob er etwas von der Sache versteht oder nicht; ein Engländer begnügt sich mit Schweigen, wenn er nichts zu sagen hat.« Auch die Italiener haben den Ruf, sehr gesprächig zu sein, und desgleichen die Iren. Das andere Extrem vertreten die Finnen und die Nordschweden, die sich in Gesellschaft durchaus wortlos glücklich fühlen.

Die finnische Neigung zum Schweigen zeigt sich auch an der Art, wie die Finnen ihre Unterhaltungen organisieren. Obwohl die Finnen über ein breites Sortiment an hörbaren Signalen verfügen, mit denen sie akustische Rückmeldung geben können, wenn sie in der Zuhörerrolle sind, bevorzugen sie optische Signale wie zum Beispiel Nicken, um den Sprecher zu bestätigen und anzuzeigen, dass sie verstehen, was er sagt. Dieses Vermeiden von Untermalungsgeräuschen macht deutlich, dass der Einzige, der hier etwas zu sagen hat, derjenige ist, der sich gerade in der Sprecherrolle befindet. Es hat auch den Effekt, dass finnische Unterhaltungen immer ziemlich gestelzt und einseitig klingen – was Ausländer, die daran gewöhnt sind, hörbare Rückmeldung zu geben und zu empfangen, oft als recht unangenehm empfinden. Dies wird noch dadurch verstärkt, dass finnische Unterhaltungen nur sehr selten unterbrochen werden. Wenn sich also ein Ausländer mit einem Finnen unterhält, bekommt er oft den Eindruck, dass sich der Finne nicht wirklich am Gespräch beteiligen möchte, dass er nicht aufmerksam ist und überhaupt kein rechtes Interesse aufbringt.[18]

So etwas ließe sich wohl kaum über die Erfahrungen eines Ausländers in Italien sagen, wo Unterhaltungen eher leicht anarchische Züge tragen. In Italien wirken Unterhaltungen häufig wie ein Wettstreit, besonders unter Freunden. Dabei richtet der Redner oft seine Augen fest auf den Zuhörer, während dieser von ihm wegblickt. Es ist das genaue Gegenteil dessen, was wir in anderen Ländern haben, wo der Zuhörer den Redner intensiver ansieht als umgekehrt. Bei einer italienischen Unterhaltung ist es nicht ungewöhnlich, dass sich der Zuhörer scheinbar gelangweilt in der Gegend umsieht, während der Redner ständig um ihn herumtanzt, um in seiner Sichtlinie zu sein, und versucht, mit den Händen seine Aufmerksamkeit einzufangen.

Wer mit Reden an der Reihe ist, wird in Italien durch das Muschelhorn-Modell geregelt – so genannt nach der berühmten Szene in William Goldings Roman *Der Herr der Fliegen*, in dem eine Gruppe englischer Schüler auf einer Insel strandet.[19] Bei ihrem ersten Treffen auf der Insel beginnen alle Jungen gleichzeitig zu reden, und so stellen sie die Regel auf, fortan dürfe immer nur einer sprechen – nämlich der Junge, der die große Muschel hält, die sie am Strand gefunden haben. Italienische Unterhaltungen entsprechen nicht etwa deshalb dem Muschelhorn-Modell, weil die Italiener das gleichzeitige Reden unterbinden wollten – darauf besteht sehr wenig Aussicht –, sondern weil jeweils derjenige, der seine Hände in der Luft hat, als der Redner gilt.[20]

Wer in Italien das Wort behalten möchte, muss immer

darauf achten, die Hände erhoben zu halten, zu gestikulieren und die Aufmerksamkeit des Gegenübers zu fesseln. Der Zuhörende seinerseits liefert sehr wenig akustische Untermalungsgeräusche, teils weil der Sprechende nicht übermäßig viel Ermutigung benötigt, um weiterzureden, teils weil dem Zuhörenden weniger daran gelegen ist, in dieser Rolle zu verharren, und er deshalb weniger Interesse daran hat, dem Redner allzu viel Unterstützung zukommen zu lassen. In italienischen Unterhaltungen hält sich der Zuhörer oft mit seiner Zustimmung zurück, indem er wegschaut, während sein Gegenüber spricht. Das kann gelegentlich zu einem recht dramatischen Spektakel ausufern, wenn nämlich der Redner wie auf einer Verfolgungsjagd hinter dem Zuhörer herjagt und versucht, ihn mit wildem Gestikulieren zu umgarnen, während dieser die Bestätigung durch ungeteilte Aufmerksamkeit verweigert. Um zu zeigen, dass er weiterreden will, muss der Redner unbedingt seine Hände oben lassen und dafür sorgen, dass der Zuhörer seinerseits nicht die Hände hebt und damit Anspruch auf dessen Rolle anmeldet. Bei meinem ersten Italienbesuch war ich beeindruckt davon, wie oft die Menschen sich beim Reden gegenseitig berührten. Wenn zwei Personen miteinander redeten und ich sah, wie der Redner sein Gegenüber am Arm fasste, hielt ich das für eine liebevolle Geste. Ich hatte anfangs gar nicht bemerkt, dass es sich hier um Kontrollgriffe handelte. Diese sollten nicht etwa den Zuhörer beruhigen – sie sollten sicherstellen, dass der Redner das Wort behielt, indem er dafür sorgte, dass der Zuhörer seine Hände nicht heben konnte!

Will ein Italiener jemand anders das Wort übergeben, lässt er einfach die Arme sinken. Das bedeutet, dass er nicht weiterreden will. Das andere Beendigungssignal für den Redner ist ein Schulterzucken, mit dem er in etwa ausdrückt: »Ich weiß auch nicht …« – was auch andernorts manchmal benutzt wird, wenn der Sprecher das Wort abgeben möchte. Ein Zuhörer, der zu Wort kommen möchte, kann dazu entweder den Redner unterbrechen oder sich seinen Arm schnappen, ihn herunterziehen und nun selbst gestikulierend mit den Händen durch die Luft fahren. Will der Zuhörer zeigen, dass er nicht den Wunsch hat, die Rednerrolle zu übernehmen, kann er das durch untergeschlagene Arme oder hinter dem Rücken verschränkte Hände zum Ausdruck bringen. Das signalisiert Absichtslosigkeit – es zeigt, dass der Zuhörer nicht in der Lage ist, sich einzumischen. Wie könnte er auch, wo doch seine Hände nicht zu sehen sind?

Hand-Tells

Die Nationalität eines Menschen kann man oft schon aus der Entfernung feststellen, indem man einfach beobachtet, was er mit den Händen tut. Zum Teil liegt das daran, dass manche Nationen mehr gestikulieren als andere. Gäbe es eine Rangliste für Gesten, wären die Italiener die unangefochtenen Spitzenreiter. Die Identifikation der Italiener mit wildem Gestikulieren reicht weit zurück. 1581 notierte der anonyme Verfasser von *A Treatise of Daunces*: »Der Italiener benutzt und mischt so viele Gesten in seine Rede, dass ein Engländer, der ihn aus der Ferne sähe, auch wenn er seine Worte nicht hörte, meinen würde, er habe entweder den Verstand verloren oder spiele irgendeine Komödie auf einer Bühne.« Im Vergleich dazu, bemerkte der Verfasser, wirke ein von der Kanzel predigender Deutscher wie gelähmt.[21]

Wir neigen zu der Annahme, Nationen, die viel gestikulieren, seien schon immer sehr lebhaft, Nationen hingegen, die wie die Engländer sehr wenig gestikulieren, immer wortkarg und zurückhaltend gewesen. Das trifft nicht ganz zu. Generell stimmt man darin überein – und das tun sogar

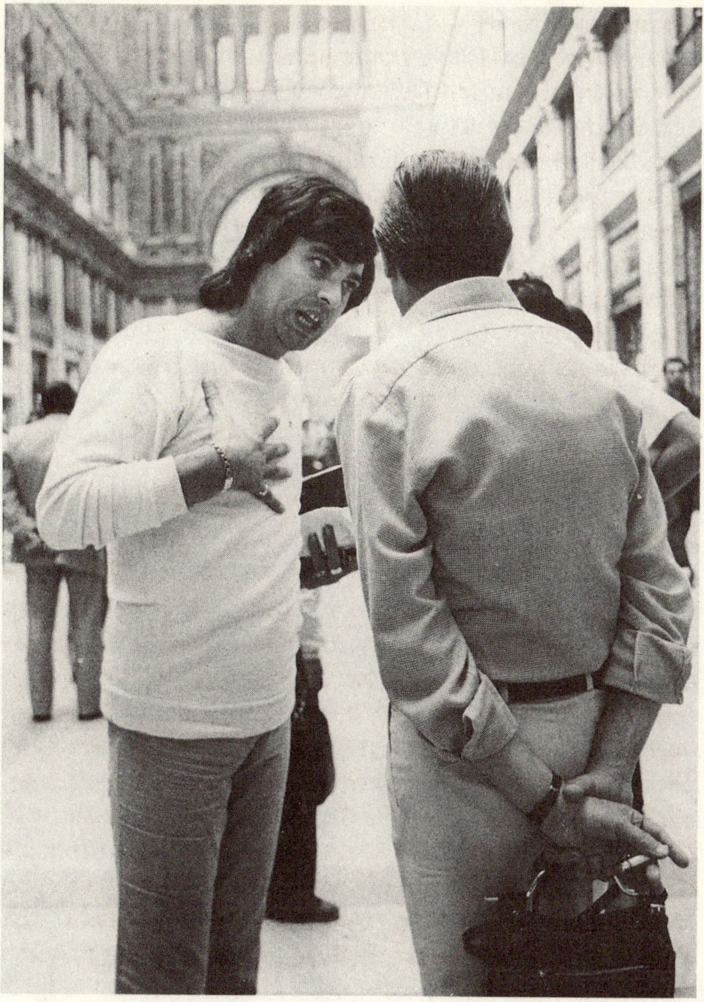

Unterhaltungs-Tells. Italiener benutzen im Gespräch ihre Hände, um die Aufmerksamkeit ihres Gegenübers zu fesseln und selbst das Wort zu behalten.

die Engländer selbst –, dass sie kein besonders lebhaftes Volk sind und ausschweifendes Gestikulieren nicht sonderlich mögen. Es gab jedoch eine Zeit, als die Gesten auch bei den Engländern eine sehr viel größere Rolle spielten. Für elisabethanische Schauspieler war eine gründliche Kenntnis aller Haltungen und Gesten unerlässlich, und in Shakespeares Stücken finden sich immer wieder Hinweise auf expressive Körperhaltungen und Handbewegungen. Hogarths Darstellungen von Szenen des englischen Alltagslebens zeigen, dass auch im 18. Jahrhundert das Gestikulieren durchaus verbreitet und nicht auf bestimmte Gesellschaftsschichten beschränkt war. Auch der »hohe Stil« der Rhetorik, wie er im 19. Jahrhundert im Parlament und auf den Kanzeln gepflegt wurde, stützte sich auf den ausschweifenden Gebrauch der Hände. Doch gerade in dieser Zeit kamen allmählich zurückhaltendere soziale Umgangsformen in Mode, und die Engländer begannen das Interesse an der Gebärdensprache zu verlieren.[22]

Historisch gesehen haben die Franzosen sich in die entgegengesetzte Richtung bewegt. Die Franzosen sind enthusiastische Gestikulierer, doch im 16. Jahrhundert war dies noch nicht der Fall. Bevor Katharina von Medici von Florenz nach Frankreich zog, um Henri II. zu heiraten, machte man am französischen Hof sehr wenig Gebrauch von Gesten und Gebärden, da der Anblick wild herumfuchtelnder Arme als ungesittet und vulgär galt. Bis zur Restauration hatten die Franzosen jedoch den Anschluss an die gestikulierenden Nationen gefunden, und dort sind sie seither auch verblieben.

Wenn Sie einen Italiener mit einem Franzosen vergleichen, werden Sie feststellen, dass sich ihre expressiven Gebärden in verschiedener Hinsicht unterscheiden. Erstens fuchtelt der Italiener viel mehr mit den Händen herum als ein Franzose. Mehr noch sagt allerdings die Haltung der Finger aus, während die Hände gestikulieren. Generell tendieren die Franzosen mehr zur offenen Handhaltung, während die Italiener eine Vorliebe für Präzisierungsgesten hegen, bei denen zum Beispiel Daumen und Zeigefinger zusammengepresst oder alle fünf Fingerspitzen zusammengeführt werden. Einen anderen Hinweis auf die Nationalität findet man im Rhythmus des Gestikulierens – französische Bewegungen sind meist gelassener und gleichmäßiger, während das italienische Gestikulieren mehr stakkatohaft und von wechselndem Tempo ist. Und dann gibt es noch die Geometrie des Gebärdenspiels – mit anderen Worten den Raum, in dem sich die gestikulierenden Hände bewegen. Hier stellen wir fest, dass die Franzosen dazu neigen, ihre Bewegungen auf Hände und Unterarme zu beschränken, während die Italiener auch die Oberarme mit einbeziehen. Infolgedessen wirken italienische Gesten expansiver und expressiver.

Eine weitere Gruppe, die sehr viel gestikuliert, dabei aber keine weit ausholenden Bewegungen macht, sind die osteuropäischen Juden. David Efron hat während des Zweiten Weltkrieges eine Untersuchung über Gesten in New York durchgeführt und dabei festgestellt, dass Angehörige der osteuropäischen jüdischen Gemeinden beim Gestikulieren ihre Ellbogen dicht am Körper und die Arme nahe an der Brust halten – die Hände sind zwar ununterbrochen in Bewegung, doch nie weit vom Körper entfernt.[23] Das ist die Gebärdensprache eines unterdrückten Volkes – man sucht Verbundenheit und Verständigung, hat aber Bedenken, seine Abwehr zu schwächen. Die Hände sind in Aktion, doch Arme und Ellbogen bleiben in Habt-Acht-Stellung und schützen den Körper vor Angriffen. Im Vergleich zu dem beschränkten, fast apologetischen Radius der jüdischen Gebärdensprache sind die Gesten der Italiener geradezu ausschweifend. Da bei ihnen die Ellbogen nicht an den Körper gedrückt werden, können sich die Hände frei und in weitem Abstand vom Körper bewegen, was sehr viel spektakulärer wirkt.

Es gibt auch nationale Unterschiede in der bestimmten Gesten zugeordneten Bedeutung. Beim gereckten Daumen, für die meisten Leute ein Zeichen der Zustimmung oder des Glückwunsches, sind die Konnotationen nicht überall nur positiv. In Griechenland und Teilen Australiens, wo es große griechische Bevölkerungsgruppen gibt, gilt der hochgereckte Daumen als Beleidigung. Er ist eine Kastrationsgeste, ganz ähnlich dem gereckten Mittelfinger, und wird oft mit dem Schimpfwort »Arschloch!« assoziiert. Das sollten Sie wissen, wenn Sie in Griechenland per Anhalter reisen wollen.[24] Zeigen Sie dort niemals sich nähernden Autos den hochgereckten Daumen, sonst haben Sie keine Chance, je mitgenommen zu werden!

Eine andere Geste, die leicht missdeutet werden kann, ist die berühmte griechische Beleidigung – die *Moutza*. Dabei spreizt man die Finger und reckt demjenigen, den man beleidigen will, die Handfläche entgegen. Die *Moutza* verdankt ihren Ursprung der alten byzantinischen Sitte, Verbrecher in Ketten durch die Straßen zu treiben, während die Bevölkerung Erde und Abfall aufhob und sie damit bewarf. Glücklicherweise ist diese entwürdigende Sitte schon lange verschwunden, doch die *Moutza* lebt als schwere Beleidigung fort, oft begleitet von Ausdrücken wie »Du kriegst gleich eine rein!« oder »Geh zum Teufel!«. Für Ausländer sieht die *Moutza* natürlich wie harmlos erhobene fünf Finger aus, so kann man sie leicht als Geste für die Zahl Fünf missverstehen. Das passierte angeblich vor einigen Jahren, als der englische Fußballclub Nottingham Forest gegen einen griechischen Verein in Athen antrat.[25] Der Sportkorrespondent einer britischen Zeitung berichtete, junge griechische Fans seien auf den Bus mit den englischen Fußballspielern zugelaufen und hätten mit den Händen angedeutet, wie das Spiel wohl ausgehen werde, nämlich 5:0! Der arme Journalist hatte nicht gemerkt, dass es sich hier nicht um eine Spielvorhersage, sondern um eine kräftige Beleidigung handelte.

Ein ähnliches Missverständnis könnte es auch in Bezug auf das berühmte V-Zeichen für Victory geben. Dieses wird, wie den meisten bekannt ist, durch Spreizen des Zeige- und Mittelfingers gebildet, wobei die übrige Hand geschlossen bleibt und die Innenseite der Hand dem Gegenüber zugewandt wird. In den meisten Ländern spielt die Handhaltung keine Rolle, man kann die Siegesgeste entweder mit nach vorn oder nach hinten weisender Hand machen. In Ländern wie Griechenland und dem Vereinigten Königreich jedoch ist die Ausrichtung der Handfläche entscheidend. In Griechenland gibt es nämlich eine Minivariante der *Moutza*, bei der nur Zeige- und Mittelfinger der zum Betrachter gewandten Handfläche ausgestreckt werden. Diese beleidigende Geste wird manchmal noch von dem Ausruf »Hau ab!« oder »Verpiss dich!« begleitet. Wie Churchills Victory-Zeichen wird die Mini-*Moutza* also mit nach vorn gewandter Handfläche gebildet. Deshalb machen die Griechen, um Verwechslungen zu vermeiden, ihr Victory-Zeichen mit dem Handrücken zum Betrachter. Diese Geste nun wieder ist identisch mit dem berühmten beleidigenden V-Zeichen der Briten. Wenn ein Brite jemanden beleidigen will, dann macht er ein V-Zeichen mit rückwärts gewandter Handfläche. Die Tatsache, dass Briten und Griechen dieselbe Geste gewählt haben, um ganz unterschiedliche Inhalte zu übermitteln, kann leicht zu internationalen Missverständnissen führen – wenn ein Grieche ein V-Zeichen mit dem Handrücken zum Betrachter macht, dann macht er seiner Meinung nach ein Siegeszeichen, doch der Brite meint, er wolle ihn beleidigen. Beim V-Zeichen mit der zum Betrachter gewandten Handfläche ist es genau umgekehrt. Hier meinen die Briten, sie machten das Siegeszeichen, aber ein Grieche würde das als Beleidigung auffassen.[26]

Manche Gesten sind auf ein einziges Land beschränkt, andere sogar auf eine bestimmte Region eines Landes. Es gibt auch mehrere länderübergreifende Gesten wie zum Beispiel Trinkgesten. Wenn jemand einem etwas zu trinken anbietet, indem er den Akt des Trinkens nachahmt, kann man oft sagen, woher er kommt – indem man sich einfach ansieht, wie er seine Finger dabei hält. Menschen aus Bier trinkenden Ländern wie Großbritannien, Deutschland, Holland und Belgien umfassen meist ein imaginäres Bierglas, indem sie die vier Finger gegenüber dem Daumen krümmen. Menschen aus Ländern, wo man Wodka trinkt, wie Russland, die Ukraine und Polen, haben dafür eine Geste, als hielten sie ein Wodkaglas. Dabei liegen Zeige- und Mittelfinger dem Daumen gegenüber, und die Hand wird rasch ein- oder zweimal gekippt, um das Herunterkippen des Getränkes zu simulieren. Menschen aus Wein trinkenden Ländern wie Frankreich, Italien und Spanien ahmen gewöhnlich eine Weinflasche nach, indem sie die Hand zur Faust ballen, den Daumen hochrecken und mit ihm in Richtung Mund weisen. Diese Geste wird manchmal auch so ausgeführt, dass man die Hand höher als den Mund hebt und den Daumen senkt, sodass der Flaschenhals nach unten weist. Das erinnert natürlich an die alte Praxis des Trinkens aus einer Lederflasche, bei der die Flasche höher als der Kopf gehalten und der Wein in den Mund gespritzt wurde. Es ist daher sehr wahrscheinlich, dass es sich bei der Weintrinker-Geste um ein Relikt handelt – eine Geste, die auf eine alte Praxis zurückgeht, die im Laufe der Zeit verschwunden ist.

Ein Vergleich der Nationalitäten zeigt, dass manche mehr gestikulieren als andere und man sie in dieser Hinsicht drei großen Gruppen zuordnen kann. Die erste Gruppe bilden die nordischen Völker – die Schweden, Finnen, Norweger und Dänen; sie benutzen nur wenige Gebärden und können im Vergleich zu anderen Ländern als gestische Analphabeten gelten. Zu dieser Kategorie gehören auch die Japaner, Koreaner und Chinesen, die alle sehr wenig Gebrauch von Gesten machen. Die zweite Gruppe umfasst die Briten, Deutschen, Holländer, Belgier und Russen mit ihrem gemäßigten Gebrauch von Gesten. Wer zu dieser Kategorie gehört, bedient sich der Hände nur, wenn er sich aufregt, wenn er über große Entfernung etwas mitteilen will oder wenn er das Bedürfnis verspürt, jemanden zu bedrohen oder zu beleidigen. Zur dritten Gruppe von Nationen gehören die Italiener, Franzosen, Griechen, Spanier und Portugiesen. Zu ihr kann man auch südamerikanische Nationen wie Argentinier und Brasilianer zählen, die stark von Italienern, Spaniern und Portugiesen beeinflusst wurden. Die Zuordnung zu einer dieser drei Gruppen funktioniert gut, sofern es sich um kulturell einheitliche Länder handelt oder um solche mit einer kulturell dominanten Gruppe. Weniger gut passt dieses Schema auf Länder wie die USA, da manche ethnischen Gruppen dort eine sehr viel stärker entwickelte Gestik haben als andere. Das zeigt, dass bei der Entwicklung von Verhaltensformen die kulturelle Zugehörigkeit eines Menschen oft eine viel größere Rolle spielt als seine Nationalität.

Einige Tells sind universell, andere nur lokal verbreitet. Universelle Tells entspringen den uns allen gemeinsamen biologischen Voraussetzungen – die weit aufgerissenen Augen als Ausdruck der Angst zum Beispiel sind ein allen Menschen angeborenes Charakteristikum, und deshalb findet man es auf jedem Kontinent. Manche Tells sind allerdings besonders stark verbreitet, und zwar nicht, weil sie angeboren wären, sondern weil sie von Menschen auf der ganzen Welt kopiert und übernommen wurden. Die Tatsache, dass in fast allen Ländern junge Leute Baseballmützen mit dem Schirm nach hinten tragen, hat mit Biologie nichts zu tun – hier geht es einfach um eine Mode. Und dann gibt es noch die auf bestimmte Personengruppen beschränkten örtlichen Tells. Auch diese verdanken ihre Existenz der kulturellen Fantasie und unterliegen deshalb auch viel eher Veränderungen als biologisch programmierte Tells. Manchmal ist es ziemlich schwierig, universelle von örtlichen Tells zu unterscheiden; so lange nicht das Gegenteil bewiesen ist, dürfen wir aber annehmen, dass die Bedeutung, die wir mit bestimmten Verhaltensweisen verbinden, so ziemlich mit der Bedeutung übereinstimmt, die Menschen in anderen Teilen der Welt diesen Handlungen oder Gesten zuordnen. Wie wir allerdings sahen, gibt es auch zahlreiche Fälle, wo ein und dieselbe Gebärde für Menschen in verschiedenen Weltgegenden völlig unterschiedliche Bedeutung hat. Wenn wir diese Tatsache ignorieren, kann das sehr leicht zu internationalen Missverständnissen führen. Manche dieser Missverständnisse mögen amüsant und unbedeutend sein, andere aber könnten weit reichende Konsequenzen haben.

12 Raucher-Tells

Wie jemand raucht, sagt viel darüber aus, wer er ist, was er empfindet und wie er von anderen gesehen werden möchte. Rauchen ist voller Tells über den Raucher, seine Einstellung zum Rauchen und sein Verhältnis zu anderen Menschen. Wenn wir diese Tells zu deuten lernen, können wir daran ablesen, was Raucher über sich selbst preisgeben – über ihre Herkunft, ihre Persönlichkeit, ihren Gemütszustand und wonach sie streben, selbst wenn sie sich dessen nicht bewusst sind. Wenn Sie selbst Raucher sind, wird ein tiefer gehendes Verständnis dieser Tells Sie erkennen lassen, was Sie dabei für Signale aussenden und was Ihre Art zu rauchen möglicherweise anderen über Sie mitteilt.

Wissenschaftliche Untersuchungen über das Raucherverhalten – man spricht dabei von einer »Topografie des Rauchens« – haben die technische Seite des Rauchens näher unter die Lupe genommen.[1] Man hat untersucht, wie lange man braucht, um eine Zigarette oder Zigarre zu rauchen, wie viele Züge man nimmt, wie lange jeder Zug dauert, sein Volumen, wie lange der Rauch im Mund gehalten wird, bevor er inhaliert wird, wie schnell er inhaliert wird, wie lange er in der Lunge gehalten wird und wie viel Zeit zwischen zwei Zügen liegt. Die Unterschiede zwischen diesen einzelnen Elementen sagen uns eine ganze Menge über den Vorgang des Rauchens und wie Raucher ihren Nikotinkonsum steuern. Außerdem liefert uns die Art und Weise, wie jemand seine Zigarette oder Zigarre anzündet, wie er sie hält, wie er sie in den Mund steckt, was er zwischen den einzelnen Zügen tut, zusätzliche Hinweise darauf, wie der Raucher gern von anderen gesehen werden will.

Wissenschaftliche Versuche, die Anziehungskraft des Rauchens zu erklären, werden gewöhnlich in rein chemische Begriffe gekleidet. Geraucht wird aber meistens in Gesellschaft, und daher wird das Rauchen stark davon beeinflusst, wie der Raucher auf seine soziale Umgebung wirken möchte.

Haltungs-Tells

Den größten Teil ihrer Brenndauer wird eine Zigarette oder Zigarre nicht wirklich geraucht – man lässt sie entweder zwischen den Lippen, legt sie in einen Aschenbecher oder hält sie in der Hand. Die drei Hauptarten, sie zu halten, sind die Zangenhaltung, die Darts-Haltung oder die Beinhaltung. Bei der Zangenhaltung wird die Zigarette oder Zigarre zwischen Zeigefinger und Daumen gehalten, bei der Darts-Haltung zwischen Daumen, Zeige- und Mittelfinger – eben genauso, wie man den kleinen Pfeil hält, wenn man ihn auf die Darts-Scheibe werfen will. Bei der Beinhaltung wird die Zigarette oder Zigarre zwischen Zeige- und Mittelfinger gehalten – also zwischen den beiden Fingern, die wir benutzen, wenn wir mit den Händen den Akt des Gehens nachahmen.

Prinzipiell gibt es zwei Möglichkeiten, etwas mit der Hand zu greifen: den Kraftgriff und den Präzisionsgriff.[2] Beim Kraftgriff werden Daumen und alle vier Finger um den Gegenstand gelegt, während beim Präzisionsgriff nur Daumen und Zeigefinger benutzt werden. Eine Besonderheit, durch die wir Menschen uns von Schimpansen und anderen Primaten unterscheiden, ist die Oppositionsfähigkeit unseres Daumens und die Tatsache, dass wir kräftiger zupacken können als unsere nichtmenschlichen Verwandten. Der Kraftgriff spielt beim Rauchen keine Rolle, der Präzisionsgriff aber taucht in Gestalt der Zangenhaltung und als Darts-Haltung auf. Das Interessante an der Beinhaltung ist, dass sie sich überhaupt nicht in das Schema Kraftgriff/ Präzisionsgriff einfügt. Man findet sie tatsächlich nur beim Rauchen – der einzigen Situation, in der jemand etwas zwischen Zeige- und Mittelfinger hält, eben eine Zigarette oder Zigarre. Das Angenehme an der Beinhaltung ist, dass damit die Zigarette dort untergebracht ist, wo sie nicht bei anderen Tätigkeiten stört. Sie erlaubt dem Rauchenden, notfalls noch etwas anderes in derselben Hand zu halten – was wiederum den Eindruck verstärkt, Rauchen sei eine sekundäre Tätigkeit.

Es gibt noch andere Arten, eine Zigarette oder Zigarre zu halten. Man kann sie zum Beispiel zwischen Daumen und Ringfinger halten, zwischen Mittelfinger und Ringfinger oder zwischen Ringfinger und kleinem Finger. Diese Varianten sieht man jedoch sehr selten, und deshalb dienen sie im Film manchmal als Charakteristika für Bösewichter oder Ausländer. Die damit übermittelte Botschaft ist klar: Jemandem, der nicht einmal ordentlich rauchen kann, ist auch sonst nicht zu trauen.

Gender-Tells

In verschiedener Hinsicht ist die Topografie des Rauchens von Männern und Frauen sehr ähnlich – sie nehmen durchschnittlich dieselbe Anzahl von Zügen, und auch die Dauer der Züge und der Intervalle dazwischen ist dieselbe. Doch es gibt auch einiges, wodurch sich die Geschlechter unterscheiden – am auffallendsten im Hinblick auf die Verzögerung zwischen Ziehen und Inhalieren; die Männer halten nämlich den Rauch viel länger im Mund, was wiederum

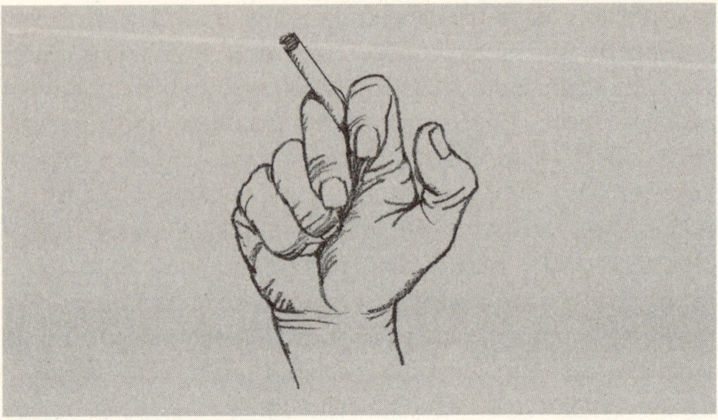

Haltung mit angewinkelten Beinen

einer der Gründe dafür ist, warum sie mehr Nikotin aufnehmen als Frauen.

Die spektakulärsten Geschlechtsunterschiede betreffen aber nicht die Topografie des Rauchens, sondern die Art, wie Männer und Frauen mit ihrer Zigarette umgehen – wie sie sie anzünden, zwischen den Fingern und im Mund halten. Männer wie Frauen benutzen die Zangenhaltung, aber normalerweise auf ganz verschiedene Art. Männer bevorzugen die offene Zangenhaltung, bei der sie mit Daumen und Zeigefinger einen Kreis bilden, während Frauen eher zur geschlossenen Zangenhaltung neigen, bei der sie den Zwischenraum zwischen den beiden Fingern abflachen. Die geschlossene Zangenhaltung ist weit verbreitet bei Marihuana-Rauchern, vor allem deshalb, weil sie damit den Joint ganz bis zu Ende rauchen können. Die Assoziation ist mittlerweile so eindeutig, dass schon die Geste allein in weiten Kreisen auf Marihuana (Cannabis) bezogen wird.

Es gibt mehrere Varianten der Beinhaltung. Eine ist die Haltung mit angewinkelten Beinen, bei der die Zigarette zwischen Zeige- und Mittelfinger gelegt wird, die dabei

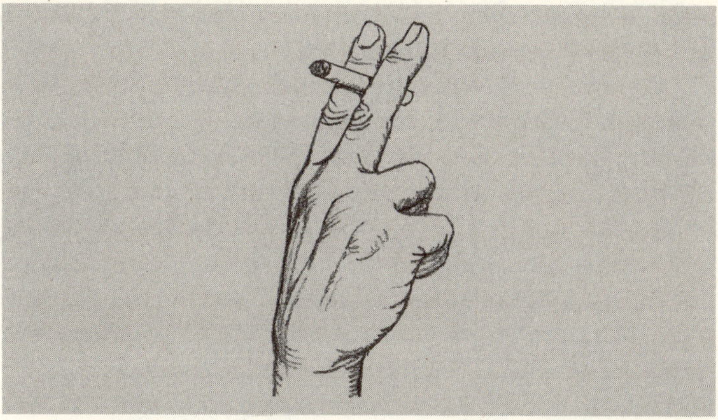

Haltung mit geraden Beinen

beide gekrümmt sind. Bei der Haltung mit geraden Beinen sind beide Finger gestreckt. Da sich die Zigarette mit gekrümmten Fingern besser halten lässt, ist die Haltung mit angewinkelten Beinen bequemer und daher bei Männern wie Frauen anzutreffen. Die Haltung mit geraden Beinen ist geringfügig unbequemer, dafür aber eleganter und wird deshalb von Frauen favorisiert.

Männer und Frauen halten ihre Zigarette auf verschiedener Höhe zwischen Zeige- und Mittelfinger. Jeder Finger besteht aus drei Knochen. Wenn Sie sich vorstellen, dass die Knochen am Ende die Füße sind, die mittleren Knochen die Waden, die Knochen nahe der Handfläche die Oberschenkel und der Punkt, wo die Finger zusammentreffen, der Schritt ist, dann werden Sie feststellen, dass die meisten Leute eine Unterschenkel-Haltung bevorzugen – das heißt, sie benutzen die Mittelknochen ihrer Finger zum Halten der Zigarette. Frauen mögen auch die Fußhaltung mit gerade ausgestreckten Fingern sehr gern, und dasselbe gilt für Männer, die einen kultivierten Eindruck machen wollen. Männer dagegen, die mit den Händen arbeiten, halten ihre Zigarette lieber zwischen den Schenkeln oder sogar im Schritt, wobei die Finger gekrümmt sind.

Die auffallendsten Geschlechtsunterschiede beim Rauchverhalten finden wir in der Platzierung der Hand und der Haltung des Handgelenks. Hier stellen wir fest, dass Männer die Hand mit der Zigarette eher nahe am Körper halten; das Handgelenk bleibt dabei gerade, die Finger werden nach innen zum Handteller hin gekrümmt. Diese konventionelle Haltung steht im Einklang mit einer ursprünglichen Überlebensregel, nach der ein Mann immer wachsam sein muss: Darum ist das Handgelenk gerade, die Hände bleiben unten, und die Finger sind in Erwartung eines Angriffs oder für den Verteidigungsfall gekrümmt. Es gibt auch Fälle, wo ein Mann seine Zigarette ganz entspannt mit angewinkeltem Handgelenk hält (das heißt, die Hand ist nach innen gebeugt); doch wenn sie nicht bewusst affektiert oder weibisch wirken wollen, halten Männer normalerweise ihre Zigarette nicht mit überstrecktem Handgelenk (das heißt mit nach hinten weggebogener Hand). Wie Richard Klein erläutert, erlaubt die zwischen Daumen und Zeigefinger gehaltene Zigarette »dem harten Typen, zu rauchen und dabei seine Knöchel vorzuweisen. Wo immer sich zwei Männer in einer Wettbewerbs- oder Rivalitätsbeziehung befinden, sei sie sexuell oder politisch, legen sie es darauf an, einander die Handrücken zu zeigen, normalerweise mit der zur Faust geballten Hand.«[3] Doch selbst wenn kein Rivale in Sicht ist, halten Männer ihre Zigarette gern mit demonstrativ zur Schau gestellten Knöcheln. Unter diesem Vorwand ihre Knöchel zeigen zu können scheint ihnen ein stärkeres Gefühl von Männlichkeit zu verleihen.

Frauen halten die Hand mit der Zigarette ganz anders. Hier werden die Finger meist ausgestreckt, sodass der Handteller sichtbar ist, und die Hand wird in der Regel hoch- und auf Abstand zum Körper gehalten, nicht nach unten

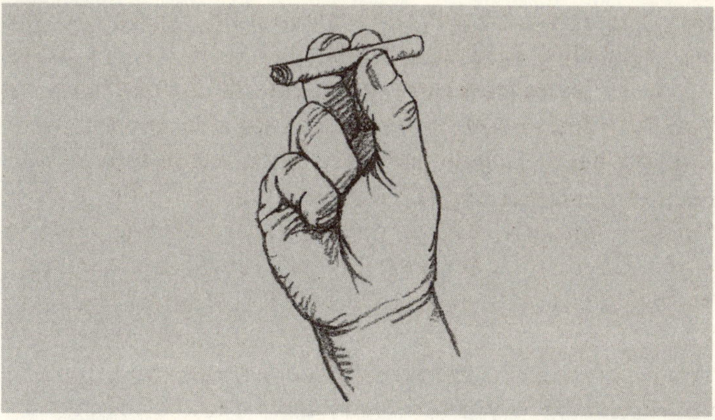

Die Darts-Haltung

und in Körpernähe; dadurch entsteht insgesamt ein Eindruck der Wehrlosigkeit. Während das Handgelenk bei den Männern normalerweise steif ist, kann das Handgelenk bei der Frau entweder gebeugt oder gestreckt sein. Hält eine Frau ihr Handgelenk betont gerade, dann oft im Sinne eines »demonstrativ exponierten Handgelenks«. Dabei wird die Hand hoch- und vom Körper weggehalten, der Handteller ist nach vorn gewendet, und die Innenseite des Handgelenks wird zur Schau gestellt, sodass jeder sie sehen kann. Frauen bedienen sich dieser Haltung unbewusst, um Aufmerksamkeit auf ihr Handgelenk zu ziehen, einen weichen, verletzbaren Körperteil. Indem eine Frau ihre Zigarette mit »exponiertem Handgelenk« hält, demonstriert sie Unterwürfigkeit, und das macht sie offenbar für Männer attraktiv. Es gibt auch Fälle, wo sich Männer auf affektierte Weise dieser effeminierten Geste bedienen – sowohl Oscar Wilde wie auch Noël Coward hielten ihre Zigaretten gern auf diese Weise.

Geschlechtsspezifische Besonderheiten sind auch sonst noch zu beobachten: Wenn eine Frau die Asche vom Ende ihrer Zigarette abklopft, tut sie das leicht und mit ausgestrecktem Zeigefinger, der Mann hingegen kräftiger mit gekrümmtem Zeigefinger. Ebenso beim Löschen der Zigarette: Eine Frau wird sie meist mit leichter Hand ausdrücken, während der Mann sie eher umknicken und unter seinem Daumen zerquetschen wird.[4]

Herkunfts-Tells

Wie jemand raucht, kann einem auch etwas über seinen Beruf erzählen. Ein Mann, der im Freien arbeitet, bedient sich zum Beispiel der Bunkergeste, wenn er sich eine Zigarette anzündet. Dabei krümmt er die Hände so, dass die Flamme vor Wind und Regen geschützt wird. Wer draußen arbeitet, hält seine Zigarette auch beim Rauchen anders – normalerweise in der Becherhaltung, bei der die Zigarette zwischen den Enden von Daumen, Zeige- und Mittelfinger gehalten wird, mit dem brennenden Ende zur Handfläche hin, nicht von ihr weg. Bunkergeste wie Becherhaltung haben sich einmal als Schutz gegen die Elemente entwickelt, doch daran gewöhnte Raucher gehen auch in geschlossenen Räumen nicht davon ab. Im praktischen Sinne bieten diese Gesten Schutz; symbolisch gesehen schützen sie den Akt des Rauchens vor neugierigen Augen. Deshalb sind sie auch so beliebt bei heimlich hinter dem Fahrradschuppen rauchenden Schülern – der Reiz des Verbotenen wird durch die verstohlene Art, wie man seine Zigarette hält, noch verstärkt.

Werbe-Tells

Bis vor wenigen Jahren konnte eine Frau, die in Gesellschaft eine Zigarette herausholte, erwarten, dass ein Mann ihr

Feuer reichen würde. Das Ritual des Zigarettenanzündens bietet Männern und Frauen noch immer Gelegenheit, Werbesignale auszutauschen: Der Mann kann durch die Haltung von Körper und Feuerzeug sein Interesse zu erkennen geben und sie aus nächster Nähe betrachten, während sie mit dem Anzünden ihrer Zigarette beschäftigt ist. Die Frau ihrerseits kann reagieren, indem sie flüchtig seine Hand berührt, scheinbar um sich leicht abzustützen, in Wirklichkeit aber, um Körperkontakt aufzunehmen. Ihr Interesse an dem Mann kann sie auch zeigen, indem sie sich betont langsam wieder zurückzieht und ihm beim Danken länger als normal in die Augen blickt. Das Schöne an diesem Ritual ist, dass man sehr rasch und mit der ganzen Zweideutigkeit, die das Werbungsspiel verlangt, suggestive Signale austauschen kann.

Grundsätzlich basieren die von Männern und Frauen ausgetauschten Werbesignale auf den sie unterscheidenden sekundären Geschlechtsmerkmalen. Will jemand einen Angehörigen des anderen Geschlechts anziehen, dann tut er das, indem er diese Unterschiede betont und übertreibt, während Menschen, die lieber keine Aufmerksamkeit erregen möchten, diese Merkmale herunterspielen und zu verbergen suchen. Genauso läuft es mit dem Werbeverhalten und dem Rauchen. Eine Frau, die ihre Weiblichkeit hervorheben will, tut das gewöhnlich durch ein betont feminines Raucherverhalten – sie hält die Zigarette mit ausgestreckten Fingern (mit geraden Beinen), präsentiert ihr Handgelenk, benutzt die Fingerspitzen und raucht langsam. Männer reagieren unbewusst auf diese Signale. Ihnen ist klar, dass etwas sexy ist an der Frau, die sie aussendet, doch warum sie ihnen so attraktiv erscheint, könnten sie nicht erklären.

Es gibt mehrere Gründe, warum Rauchen sexy wirkt. Erstens galten, da Rauchen nicht traditionell zur weiblichen Rolle gehörte, rauchende Frauen als sexuell emanzipiert.

Sehr auffallend war das in den Zwanzigerjahren, als emanzipierte junge Frauen – Flapper genannt – die Gesellschaft schockierten, indem sie plötzlich wie Männer rauchten, und das auch noch in aller Öffentlichkeit! Auch wenn diese Assoziation heute wohl passé ist, meinen viele Männer, eine Frau, die raucht, sei erotisch attraktiver als eine, die nicht raucht. Und dann ist da auch noch die Phallus-Symbolik von Zigaretten und Zigarren und die enge Verbindung von Rauchen und Sex, wobei Zigaretten unmittelbar vor dem sexuellen Vorspiel und danach in Gestalt der postkoitalen Zigarette eine zentrale Rolle spielen.

Der Akt des Rauchens bringt unterschwellig auch das Thema Verführung ins Spiel. »Man darf nicht vergessen«, hat Jean Cocteau einmal gesagt, »dass eine Schachtel Zigaretten, die Zeremonie des Herausziehens, das Aufflammen des Feuerzeugs und diese eigenartige uns einhüllende Wolke die Welt verführt und erobert haben.« Wann immer sich ein Raucher eine Zigarette anzündet, zeigt er damit, dass er der Verführung erlegen ist. Und durch suggestives Rauchen kann auch er verführerisch wirken. Wie er lässig und ohne Eile die Zigarette zum Mund führt und zwischen den Lippen hält, wie der Rauch genossen und wieder ausgestoßen wird – all diese Vorgänge erinnern an Liebesakte. Auch wenn es einem nicht klar ist, zieht man doch oft aus der Art, wie jemand eine Zigarette raucht, Schlüsse darauf, wie er wohl im Bett sein mag. Darum sind diese »Rauchzeichen« so wirkungsvolle Flirtsignale – ohne dass man es merkt, bestimmen sie auf suggestive Weise das Bild, das man sich vom anderen macht.

Bewältigungs-Tells

Zigaretten und Zigarren können als Requisit dienen, um in Gegenwart anderer eine total künstliche Schau abzuziehen.

Für jemanden, der sich in Gesellschaft anderer Menschen unwohl fühlt, kann Rauchen Ablenkung oder Verkleidung sein und ein Gefühl der Sicherheit bieten. Zigaretten dienen als Bewältigungsobjekte; sie vermitteln zwischen innerer und äußerer Welt und erfüllen dieselbe Rolle wie eine Kuscheldecke oder ein Teddybär.[5] Sie helfen auch, mit den Problemen des Lebens fertig zu werden. Anhand ihrer Bewältigungsstrategien kann man die Menschen in drei Gruppen einteilen – solche, die Hilfe bei ihren Freunden suchen, solche, die sich Rat bei Spezialisten holen, und solche, die ihre Probleme lieber selbst lösen. Von den dreien neigt die letzte Gruppe am ehesten zur Selbsthilfe – angesichts eines Problems greifen sie vermutlich zur Zigarette, um die Situation besser zu meistern.[6]

Ein großes Problem ist für Menschen mit geringem Selbstbewusstsein, was sie in Gegenwart anderer mit ihren Händen machen sollen. Rauchen löst das Problem, indem es ihnen etwas in die Hände gibt und sie beschäftigt. Wie wir gesehen haben, müssen gehemmte Menschen sich beruhigen und tun das häufig, indem sie ihr Gesicht berühren oder teilweise mit der Hand verdecken. Das Problem mit diesen Selbstberuhigungsmaßnahmen ist, dass gerade sie die Aufmerksamkeit auf denjenigen ziehen können, der sich so unbehaglich fühlt. Rauchen dagegen gibt einem unsicheren Menschen einen absolut legitimen Grund, sein Gesicht zu berühren und hinter der Hand zu verstecken. Es erlaubt auch, sich in Rauch zu hüllen und sich so vor anderen hinter einem Rauchvorhang zu verstecken. Interessanterweise kann ein solcher Rauchvorhang auch die gegenteilige Funktion haben. Breitet zum Beispiel eine Frau vor ihrem Gesicht einen Rauchschleier aus, umgibt sie sich mit einer geheimnisvollen Aura. Hier dient der Deckungsnebel nicht der Abwehr, sondern wird als sexuelles Lockmittel eingesetzt.

Rauchen bietet auch deshalb Schutz vor der Welt, weil es regressiv ist – es versetzt den Raucher in die orale Phase seiner psychosexuellen Entwicklung zurück, als Trost über den Mund vermittelt wurde. Als Freud sagte, es könne kein Zweifel daran bestehen, dass Rauchen eine Form oraler Befriedigung sei, sprach er nicht nur von seiner eigenen Neigung zum Tabak, sondern auch davon, dass orale Befriedigung gerade wegen ihrer Assoziation zum Stillen so beruhigend wirkt. Wenn ein Raucher seine Lippen um eine Zigarre oder Zigarette legt, dann raucht er nicht einfach nur; er greift damit zurück auf die Sicherheit, die er einst an der Mutterbrust empfand. Man hat nicht nur festgestellt, dass Raucher, denen man als Säuglingen die Brust verweigerte, sich später im Leben schwerer tun, das Rauchen aufzugeben, sondern hat auch erkannt, dass starke Raucher anders als Gelegenheitsraucher die Angewohnheit haben, sich öfter etwas in den Mund zu stecken – sie lutschen zum Beispiel öfter am Bleistiftende oder kauen an ihren Nägeln.[7]

Unterhaltungs-Tells

Rauchen spielt auch in Gesprächssituationen eine Rolle. Nehmen wir den Fall, dass zwei Männer miteinander reden und der eine dabei raucht, der andere nicht. Hört der nicht rauchende Mann einen Augenblick auf zu reden, nimmt der Raucher vermutlich an, der andere sei mit Reden fertig und er könne jetzt mit gutem Gewissen selbst das Wort ergreifen. Zögert aber der Raucher einen Moment, wird der Nichtraucher im Zweifel abwarten und ihm nicht ins Wort fallen. Dass das Rauchen einem hilft, am Wort festzuhalten, wurde bereits von William Thackeray im 19. Jahrhundert entdeckt. »Biedermänner mit Zigarren im Mund«, stellte er fest, »haben einen handfesten Vorteil im Gespräch. Sie können jederzeit ihre Rede unterbrechen – doch die stummen Pausen wirken nie unangenehm, da sie durch das Ausstoßen dampfender Rauchschwaden gefüllt werden.«[8]

Zigaretten helfen auch, Unterhaltungen anzuknüpfen und Beziehungen zu festigen. Bevor das Rauchen aus der Mode kam, dienten Zigaretten oft dazu, mit jemandem ins Gespräch zu kommen – der eine bot eine Zigarette und Feuer an, der andere nahm an, und schon entspann sich etwas wie eine freundschaftliche, vertraute Beziehung. Nirgends wird dieser Vorgang so deutlich wie im Krieg, wo Zigaretten die Währung der Kameradschaft sind und das Rauchen die Soldaten eng zusammenschweißt. Das Anbieten einer Zigarette – sowohl in dieser Situation als auch überall sonst – ist eine sehr archaische Geste, und zwar nicht nur, weil es um ein Geschenk geht, sondern weil dies ein prometheisches Geschenk ist: Es hat zu tun mit der nur uns Menschen gegebenen Fähigkeit, ein Feuer zu entzünden. Doch da ist noch ein anderer Grund, warum Zigaretten Menschen verbinden: Sie wirken sich auf die Stimmung aus. Wie Richard Klein bemerkt hat, schenkt man mit einer Zigarette zugleich auch immer ein wenig Gelassenheit:[9] Sie erlaubt dem anderen, einen Augenblick lang zu entspannen, Bilanz zu ziehen und seine Sorgen in Rauch zu hüllen.

Persönlichkeits-Tells

Zigaretten und Zigarren können auch in aggressiver Weise benutzt werden. Beobachten Sie einmal eine Gruppe Raucher, und Sie werden oft eine dominante Person sehen, die mit ihrer Zigarette wie mit einem Schwert herumfuchtelt. Achten Sie auf die Rapier-Haltung, bei der die Zigarette zwischen Daumen und Zeigefinger gehalten wird – mit dem brennenden Ende nach vorn und nach oben weisender Handfläche. Die Tatsache, dass diese Haltung das Rauchen erschwert, bietet einen wesentlichen Hinweis auf ihre latente Aggressivität; und dass sie wie ein Rapier gehalten wird, weist ebenfalls in diese Richtung. Wenn jemand etwas sagt, das dem Raucher nicht gefällt, kann dieser die Bemerkung jederzeit parieren, indem er die Zigarette hebt – gerade so, als würde er einen körperlichen Angriff abwehren. Darauf kann ein Stoß folgen, bei dem das brennende Ende der Zigarette auf den Kopf oder die Brust des anderen zielt und auf ihn einsticht. Bei gutem Zielvermögen und dem richtigen Timing kann man ein verbales Duell mit einer Zigarette oder Zigarre gewinnen. Raucht der andere selbst nicht, wird er ohnehin meist kampflos aufgeben.

Wie jemand raucht, hat auch mit anderen Aspekten seiner Persönlichkeit zu tun. Untersuchungen der Topografie des Rauchens zeigen zum Beispiel, dass Personen vom Typ A (ehrgeizige und ungeduldige Menschen) sich vom Typ B (kooperative und geduldige Menschen) nicht unbedingt in der Anzahl oder dem Volumen der Züge unterscheiden. Doch Personen vom Typ A inhalieren den Rauch um 70 Prozent länger als Typ B.[10] Das ermöglicht Personen vom Typ A, die auch unruhiger sind, sich zu beruhigen.

Auch wie jemand in Anwesenheit anderer den Rauch ausstößt, gibt wertvolle Hinweise auf seine Persönlichkeit.[11] Menschen, die den Rauch direkt nach vorn ausstoßen und andere damit einhüllen, sind oft dominant und aggressiv. Dann gibt es solche, die den Rauch nach oben ausatmen; sie sind normalerweise rücksichtsvoll und selbstsicher. Wer hingegen den Rauch nach unten bläst, ist in der Regel unterwürfig und bescheiden, ähnlich den Leuten, die den Rauch seitlich aus dem Mundwinkel ausstoßen und denen es meist an Selbstsicherheit mangelt. Und dann gibt es noch diejenigen, die den Rauch durch die Nase ausstoßen. Wie Menschen, die den Rauch direkt gegen ihre Mitmenschen blasen, sind sie meist dominant und aggressiv wie ein Bulle. Leute, die den Rauch nach vorn oder nach oben blasen, machen gern auf sich aufmerksam, indem sie die Luft mit ihrem Rauch schwängern; wer nach unten oder zur Seite ausatmet, ist viel rücksichtsvoller. Er will anderen nicht zu nahe treten, indem er sie in seine Rauchschwaden hüllt, also bläst er sie in eine andere Richtung.

Abgesehen von der Art und Weise, wie jemand raucht, kann auch die Tatsache, dass er raucht – und wie stark –, etwas darüber aussagen, was für ein Mensch er ist. Psychologen haben entdeckt, dass es geringfügige, doch signifikante Unterschiede in der Persönlichkeit von Rauchern und Nichtrauchern gibt – Raucher zum Beispiel sind eher extrovertiert, impulsiv und neurotisch.[12] Extrovertierte Menschen, so scheint es, haben deshalb einen Hang zur Zigarette, weil sie einen niedrigeren Erregungszustand als introvertierte Menschen haben und die vom Nikotin gelieferte Anregung brauchen. Man hat auch erwogen, der Grund dafür, dass viele extrovertierte Menschen Raucher sind, könnte darin liegen, dass es ihnen schwerer fällt, mit dem Rauchen aufzuhören; dem liegt der Gedanke zugrunde, dass der Unterschied zwischen der Anzahl extrovertierter und introvertierter Menschen, die mit dem Rauchen anfangen, nicht besonders groß ist, dass es aber, da die Introvertierten relativ leicht wieder damit aufhören können, immer mehr extrovertierte als introvertierte Raucher gibt.[13] Man muss dabei auch bedenken, dass der soziale Druck, sich den Rauchergewohnheiten seiner Freunde und Kollegen anzupassen, für extrovertierte Menschen erheblich größer ist, da sie mehr Zeit in Gesellschaft anderer Menschen verbringen und ihnen mehr als introvertierten Personen daran gelegen ist, anderen zu gefallen. Der Zusammenhang zwischen Impulsivität und Rauchen ist recht unmittelbar – wer ohne Hemmungen ist und nach neuen Erfahrungen sucht, wird sehr viel leichter zum Raucher werden. Vielleicht sind auch die Stimmungsschwankungen zwischen dem Rauchen und den Phasen dazwischen für stark impulsive Menschen auf seltsame Weise attraktiv. Und schließlich haben auch Neurotiker einen starken Hang zu Zigaretten, denn sie versprechen ihnen Entlastung von der erhöhten Angst und Unruhe, unter der sie leiden. Zigaretten bieten ihnen ein soziales Requisit, ein Mittel, beschäftigt zu erscheinen und sich – im übertragenen wie im direkten Sinne – hinter einer Rauchwolke zu verstecken.

Stimmungs-Tells

Tabak besitzt die einzigartige Eigenschaft, vollkommen gegensätzliche physiologische Zustände auslösen zu können – einerseits kann er anregend wirken und als Wachmacher dienen, andererseits kann man sich damit beruhigen. Diese biphasische Eigenschaft des Tabaks hängt aber ganz und gar von der Art und Weise ab, wie jemand raucht: Wenn man sich entspannen will, bemüht man sich, möglichst viel Nikotin aufzunehmen, und wenn man angeregt werden möchte, versucht man sehr viel weniger zu absorbieren.[14] Das liegt daran, dass kleine Dosen von Nikotin als Stimulans wirken – ganz ähnlich wie Acetylcholin, ein Neurotransmitter, der Befehle von den Nerven an die Muskeln übermittelt –, während größere Dosen Nikotin wie ein Sedativum wirken. Wenn man also Menschen beim Rauchen beobachtet, kann man sehen, in welche Art von Stimmung sie sich bringen wollen – ob sie Entspannung suchen, wenn sie in tiefen Zügen rauchen oder den Rauch längere Zeit in der Lunge lassen, oder ob sie die anregende, stimulierende Wirkung suchen, wenn sie kleinere Züge nehmen und weniger inhalieren.

Raucher behaupten, das Rauchen wirke auf sie entspannend. Es gibt immer mehr Belege dafür, dass Raucher gestresster und angespannter sind, wenn sie nicht rauchen, und dass das Rauchen sie einfach eine kleine Weile von dem Stress entlastet, unter dem sie zwischen den Zigaretten stehen.[15] Der eindeutige Zusammenhang zwischen neurotischen Störungen und Rauchen mag dadurch bedingt sein, dass von Angstzuständen geplagte Menschen mit größerer Wahrscheinlichkeit zu Rauchern werden, doch er könnte auch etwas mit der Tatsache zu tun haben, dass Rauchen tatsächlich wegen des mit dem Nikotinentzug verbundenen Unbehagens allgemeine Angstgefühle auslösen kann. Angesichts dieses Doppeleffekts überrascht es nicht, dass Raucher öfter neurotisch sind als Nichtraucher. Fast scheint es, als hätten Raucher eine Jekyll-und-Hyde-Persönlichkeit – zwischen zwei Zigaretten unter Spannung und reizbar, beim Rauchen entspannt oder energiegeladen. Nichtraucher sind sehr viel ausgeglichener. Ihre Stimmung kann schwanken, doch die Schwankungen sind weniger ausgeprägt und hängen nicht vom Vorhandensein oder Fehlen von Nikotin in ihrem Blutkreislauf ab.

Wie Raucher ihre Zigarette oder Zigarre im Mund halten, kann einem weitere Hinweise auf ihre Stimmung geben und darauf, welchen Eindruck sie erwecken möchten. Bei den Männern gibt es da mehrere aussagekräftige Varianten. Das eine ist der Clint Eastwood, bei dem die Zigarre oder Zigarette horizontal zwischen den Lippen oder Zähnen gehalten wird. So hielt Clint Eastwood seine Zigarre in seiner Rolle als *Ein Fremder ohne Namen* in den Italo-Western; diese Art, seine Zigarette im Mund zu halten, wirkt betont männlich. Dann gibt es die FDR-Haltung, so genannt nach Präsident Franklin D. Roosevelt, bei der die Zigarre, Zigarette oder wie bei ihm die Zigarettenspitze aufrecht und optimistisch steht, sehr ähnlich einer der auf Neuguinea üblichen

Penishüllen. Die Stimmung hinter der FDR-Haltung ist Zuversicht und Optimismus auch angesichts von Not und Unglück.

Und dann ist da noch der Bogart, so genannt nach Humphrey Bogart, bei dem die Zigarette von der Unterlippe herabhängt. Die Stimmung ist hier besorgt und grüblerisch, manchmal sogar drohend. Es gab eine Zeit – vor einigen Jahrzehnten –, da war bei Männern, die cool wirken wollten, der Bogart ein absolutes Muss. Mehrere berühmte Filmstars wie James Dean und John Wayne sowie Humphrey Bogart selbst machten es vor.

Als ein Rauchersignal für lässige Überlegenheit ist der Bogart praktisch verschwunden, außer in Frankreich, wo er typisch dafür geworden ist, wie Franzosen ihre Zigaretten rauchen; statt Coolness signalisiert er hier eher *égalité* und *fraternité*. Zu ihrer Zeit sind die meisten französischen Präsidenten – de Gaulle, Pompidou, Mitterrand, Chirac – mit einer von der Unterlippe baumelnden proletarischen Zigarette fotografiert worden, etwas, was einem britischen oder amerikanischen Politiker, der auf sich hält, nicht einmal im Traum einfallen würde.

Wie ein Mann die Zigarette im Mund hält, sagt also eine Menge über ihn aus. Bei Frauen dagegen sieht man diese Angewohnheit selten. Frauen behalten die Zigarette normalerweise zwischen den Zügen nicht zwischen den Lippen – außer wenn sie unbedingt wie eine Femme fatale oder wie Dot Cotton aus der britischen Fernsehserie *East Enders* wirken wollen. Der signifikante Unterschied zwischen diesen beiden Archetypen ist, dass Dot Cotton immer mit der Zigarette im Mund spricht, eine überzeugende Femme fatale hingegen niemals. Sie lässt die Zigarette für sich sprechen. Und das tun Zigaretten und Zigarren schließlich ständig: Sie verraten uns etwas über die Menschen, die sie rauchen.

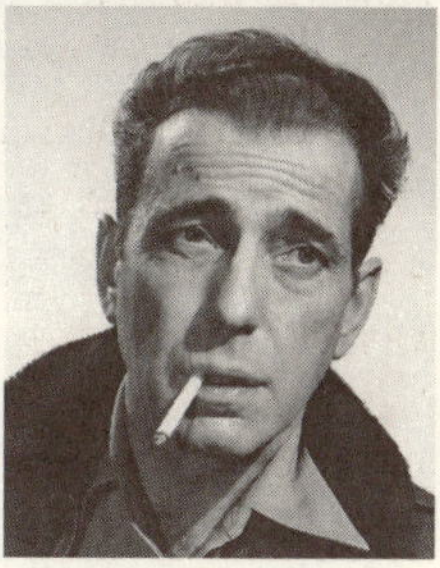

Rauchzeichen. Das Präsentieren des Handgelenks, wie von Jane Fonda demonstriert, ist ein weibliches Lock- und Flirtsignal. Auch die Art, wie die Zigarette im Mund gehalten wird, verrät etwas über die Stimmung des Rauchers – wie wir an dem optimistischen Franklin D. Roosevelt, dem drohend blickenden Clint Eastwood und dem grübelnden Humphrey Bogart sehen können.

13 Verräter-Tells

Sie gehen morgens zur Arbeit. Sie treten zur Haustür hinaus, steigen ins Auto, fahren durch den morgendlichen Verkehr, parken Ihr Auto und gehen in das Gebäude hinein. Der Pförtner begrüßt Sie beim Hereinkommen, und Sie grüßen zurück. Sie fahren nach oben in Ihr Büro und setzen sich. Ihre Sekretärin kommt herein, sagt guten Morgen und reicht Ihnen die Post. Sie sagen guten Morgen und danken ihr, und sie verlässt den Raum. Der Tag kann beginnen.

Offensichtlich sind Sie ein aufmerksamer Mensch, denn auf dem Weg zur Arbeit haben Sie Dinge entdeckt, die nur sehr wenige Menschen bemerkt hätten. Sie haben gemerkt, dass das Zifferblatt der Bahnhofsuhr ausgetauscht worden ist, dass die Flagge am Rathaus auf Halbmast hing und die Stellplätze auf dem Parkplatz neu markiert worden sind. Doch Sie haben auch einiges übersehen. Sie haben zum Beispiel nicht bemerkt, dass der Pförtner, der normalerweise jeden anstrahlt, heute Morgen nur ein schiefes Lächeln zustande brachte oder dass Ihre Sekretärin, die schon zwölf Jahre bei Ihnen ist, einen Mascara-Fleck unter dem rechten Auge hatte. Wie konnten Sie wissen, dass der Pförtner schon frühmorgens beim Zahnarzt war und dass Ihre Sekretärin geweint hatte, weil sich ihr Freund gestern Abend von ihr getrennt hat?

Es gibt mehrere Gründe, weshalb Ihnen diese verräterischen Zeichen nicht aufgefallen sind. Wie die meisten Menschen bemerken Sie äußerliche Veränderungen in Ihrer Umgebung sofort, Veränderungen an den Menschen um Sie herum aber mit erheblicher Verzögerung. Nicht dass diese Menschen unwichtig wären – sie bedeuten Ihnen sogar sehr viel. Nur halten Sie deren Anwesenheit mittlerweile für selbstverständlich. Sie haben die beruhigende Sicherheit, dass sie sich nicht verändern, dass sie immer da sind und Tag für Tag dasselbe tun.

Hier haben wir es mit etwas zu tun, was Psychologen *change blindness* (»Blindheit für Veränderungen«) nennen. Diese Blindheit kann verschiedene Formen annehmen, und eine davon ist die Unfähigkeit zu merken, wie sich Menschen verändert haben. In einem von Daniel Simons und Dan Levin in Harvard durchgeführten intelligenten Experiment trat der Versuchsleiter auf dem Campus an fremde Personen heran und erkundigte sich ganz unschuldig nach dem Weg.[1] Nun stellen Sie sich einmal vor, Sie wären eines der arglosen Objekte und hätten an dem Experiment teilgenommen. Sie gehen also über den Campus, da tritt ein Fremder an Sie heran und fragt Sie nach dem Weg. Während Sie mit ihm reden, drängen sich zwei Arbeiter, die eine große Holztür tragen, zwischen Sie und den Fremden. Natürlich irritiert Sie diese Unterbrechung, doch nachdem Sie die Arbeiter vorbeigelassen haben, fahren Sie mit Ihren Erklärungen fort. Am Schluss bedankt sich der Fremde und teilt Ihnen mit, Sie hätten soeben an einem Experiment teilgenommen. »Haben Sie irgendeine Veränderung bemerkt, nachdem die beiden Männer vorbeigegangen waren?«, fragt er. »Nein«, antworten Sie, »ich habe nichts bemerkt.« Dann erklärt er, er sei nicht derselbe Mann, der Sie anfangs wegen des Weges angesprochen hatte. Der erste war im Schutz der Tür verschwunden, und ein anderer war für ihn eingesprungen und hatte die Unterhaltung mit Ihnen fortgesetzt! In diesem Moment tritt der erste Mann hinzu und stellt sich zu Ihnen. Sie betrachten die beiden, wie sie da nebeneinander stehen, und sehen deutlich, wie verschieden sie sind. Sie unterscheiden sich nicht nur in Größe und Körperbau, sondern sind auch unterschiedlich gekleidet und haben verschiedene Stimmen.

Wäre Ihnen das unterlaufen, wären Sie nicht allein, denn mehr als die Hälfte der Personen, die an diesem Experiment teilnahmen, bemerkten den Unterschied zwischen den beiden Männern nicht. Nachdem die Arbeiter vorbeigegangen waren und der Austausch stattgefunden hatte, fuhren die Testpersonen mit ihrer Wegbeschreibung fort, als wäre nichts passiert. Dieses Experiment zeigt, dass wir zwar meinen, wir merkten, was um uns herum vorgeht, dass dies aber sehr häufig nicht der Fall ist. Nicht nur, dass wir gar nicht wahrnehmen, wie sich Menschen äußerlich verändern – wir sind auch unsensibel für die Worte, Gesten und Ausdrücke, die sie benutzen. Wir leiden nicht nur an Blindheit für Veränderungen, sondern sind auch blind für Tells.

Es gibt drei Gründe, warum wir Tells nicht bemerken. Der erste ist eine Beobachtungs- oder Wahrnehmungsschwäche – wir schenken dem, was andere sagen und tun, einfach nicht genug Aufmerksamkeit. Der zweite ist eine Erkenntnisschwäche – wir merken zwar, dass sich Menschen so oder anders verhalten, erkennen aber nicht den Aussagewert dessen, was sie tun. Der dritte Grund ist eine Deutungsschwäche, ein mangelhaftes Interpretationsvermögen – wir merken zwar, dass jemandes Verhalten einen gewissen Informationswert hat, können aber nicht erkennen, was es denn über ihn verrät; mit anderen Worten, wir können die Tells nicht deuten. Diese Schwächen kann man beheben, wenn man das entwickelt, was Charles Darwin »die Gewohnheit minuziösen Beobachtens« genannt hat – wenn wir andere genau beobachten, auf Details achten, Menschen in verschiedenen Situationen vergleichen und unsere Schlussfolgerungen darauf gründen, was wir selbst an ihnen wahrnehmen, und nicht darauf, was sie uns über sich erzählen.

Wenn wir nach Tells Ausschau halten, sollten wir uns dabei an bestimmte Prinzipien halten. Sie sind die Grundlage der »Tellologie«:

- AUSSCHAU HALTEN NACH MULTIPLEN TELLS. Man ist oft sehr in Versuchung, schon aus einem einzigen Tell Schlussfolgerungen über einen Menschen zu ziehen – besonders wenn man feststellen möchte, ob jemand lügt oder die Wahrheit sagt. Dieser Versuchung sollte man immer widerstehen, denn die Stärke der Tells ist immer direkt proportional zu ihrer Anzahl: Je mehr Tells jemand zu erkennen gibt, desto sicherer kann man beurteilen, was er denkt oder fühlt.
- KEINE VOREILIGEN SCHLÜSSE ZIEHEN. Es ist auch sehr verführerisch zu meinen, Tells bedeuteten bei jedem dasselbe. Das trifft leider nicht immer zu, denn ein Tell kann von Fall zu Fall ganz Verschiedenes aussagen. Wenn Sie zum Beispiel jemandem mit feuchten Händen begegnen, werden Sie daraus vermutlich den Schluss ziehen, er sei wegen irgendetwas nervös. Doch Sie könnten sich irren – dieser Mensch könnte auch an einer genetisch bedingten Hyperhidrose leiden, die mit Angst und Unruhe nichts zu tun hat. Daraus lernen wir, dass man seine Schlussfolgerungen immer unter Vorbehalt stellen soll, solange man sie nicht überprüfen konnte.
- MENSCHEN MIT SICH SELBST VERGLEICHEN. Um jemandes Tells richtig zu deuten, ist es manchmal notwendig, diesen Menschen in verschiedenen Situationen zu erleben, statt ihn oder sie mit vielen anderen Menschen in ein und derselben Situation zu vergleichen. Wenn Sie zum Beispiel gerade auf einer Party angekommen sind und Ihre Gastgeberin Sie überschwänglich begrüßt hat, möchten Sie natürlich wissen, ob nur Sie da-

mit ausgezeichnet wurden oder ob hier jeder so behandelt wird. Um das herauszufinden, müssten Sie beobachten, wie die Gastgeberin die anderen Gäste begrüßt, das heißt, Sie müssten sie mit sich selbst vergleichen. Auf diese Weise könnten Sie herausfinden, ob Ihre Gastgeberin besonders erfreut war, gerade Sie zu sehen, oder ob sie alle so begeistert willkommen hieß.

Unter anderem sind wir deshalb so blind für Tells, weil sie so klein und unbedeutend scheinen. Wir sind so damit beschäftigt, uns darauf zu konzentrieren, *was* jemand zu uns sagt, dass wir seine Wortwahl, die Intonation und die Art und Weise, wie er Hände und Füße hält und bewegt, glatt übersehen. Eine der wichtigsten Lehren, die wir aus der »Tellologie« ziehen können, ist die Erkenntnis, dass bei Tells die Größe keine Rolle spielt. Ja, oft sind es winzige, kaum wahrnehmbare Dinge, die uns Hinweise auf die Gedanken und die Persönlichkeit eines Menschen liefern. Besonders auffallend ist das in Situationen, wo Menschen unbeabsichtigt etwas tun und sich dessen gar nicht bewusst sind. Arthur Schopenhauer hat einmal gesagt, es seien die Kleinigkeiten, durch die ein Mensch in einem unbedachten Moment seinen Charakter am deutlichsten verrate.

Sherlock Holmes' legendäre Fähigkeit, die Motive der Menschen zu erkennen und rätselhafte Fälle zu lösen, gründete auf seinem Blick fürs Detail. »Sie kennen meine Methode«, sagte Holmes, »sie beruht auf dem Beobachten von Kleinigkeiten.« Sein Rat lautete: »Nie allgemeinen Eindrücken Glauben schenken, sondern sich auf die Details konzentrieren.«[2] Oft sind es die winzigsten Tells und die Details unbeabsichtigten Tuns, mit denen Menschen besonders viel von sich preisgeben – durch Versprecher, kleinste Handbewegungen und flüchtige, fast tachistoskopische Mikro-Tells, die über ihr Gesicht huschen, wenn sie ihre wahren Gefühle zu verbergen versuchen. Die »Tellologie« wird, so ist zu erwarten, eine zunehmend wichtige Rolle in der Kriminalistik spielen. In früheren Zeiten war das einzige einem Detektiv zur Verfügung stehende Instrumentarium seine geschärften Sinne. Es hat sich enorm viel verändert, seit Sherlock Holmes aus dem Fenster blickte, bemerkte, wie eine Frau zögerte, bevor sie die Straße überquerte, und Dr. Watson erklärte, »zögerliches Verhalten auf dem Trottoir« bedeute immer »eine *affaire du cœur*«.[3] Auch wenn heutige Detektive die Notwendigkeit eines geübten Auges durchaus anerkennen, wird ihre Aufgabe doch dadurch erleichtert, dass sie das Verhalten von Menschen aufnehmen, die Filme wiederholt ansehen und einer detaillierten Analyse unterziehen können. Ein gutes Beispiel dafür ist John Napiers Analyse des berühmten Spielfilms *Bigfoot*, mit der er nachweisen konnte, dass der Gehstil ganz und gar dem eines Menschen entsprach.[4]

Ob wir wollen oder nicht, wir haben alle ständig mit Tells zu tun – man entkommt ihnen nicht. Wann immer wir mit anderen Menschen interagieren, wird eine enorme Anzahl von Tells produziert, selbst dann, wenn wir dabei gar nicht sprechen. Einige dieser Tells können wir steuern – das sind die, mit denen wir ein bestimmtes Bild von uns selbst zu geben suchen. Doch es gibt auch Tells, die nicht unserer Kontrolle unterliegen, zum Beispiel Erröten und Pupillenerweiterung, sowie Tells, die wir, obwohl wir es könnten, nicht kontrollieren, zum Beispiel, wenn man an sich herumzupft, seine Haltung der seines Gegenübers anpasst oder einen bestimmten Gesichtsausdruck annimmt. Wie wir bereits festgestellt haben, reagiert man unterschiedlich auf unbeabsichtigte Tells, denn während wir uns vielleicht schmerzhaft der Tatsache bewusst sind, dass wir erröten, können wir unmöglich merken, dass unsere Pupillen dilatiert sind; wir wissen nur von unseren Wangen, dass sie Verrat üben, nicht aber von unseren Augen. Ebenso sind wir zwar in der

Lage, unsere Gliedmaßen gezielt in eine bestimmte Stellung zu bringen oder unsere Hände so zu bewegen, dass ein bestimmter Eindruck erweckt wird, doch versäumen wir oft, diese Details unseres Verhaltens bewusst zu kontrollieren, und lassen zu, dass sie Stimmungen und Gedanken zu erkennen geben, die wir vor anderen lieber verbergen würden.

Auch wenn wir oft blind für die Tells anderer Menschen sind, bedeutet das nicht, dass wir von ihnen nicht beeinflusst würden. In den letzten Jahren haben Psychologen entdeckt, dass bestimmte Gesichtszüge in seiner engeren Umgebung sich unbewusst auf die Stimmung eines Menschen auswirken können. Sheila Murphy und Robert Zajonc haben zum Beispiel festgestellt, dass je nachdem, ob man jemandem ein lächelndes oder ein mürrisches Gesicht zeigt, dessen Stimmung sehr unterschiedlich beeinflusst wird. In beiden Fällen wurden die Versuchspersonen diesen Gesichtern nur vier Millisekunden lang ausgesetzt – zu kurz, um sich bewusst zu werden, was sie da gesehen hatten.[5] Ulf Dimberg und seine Kollegen von der Universität Uppsala sind noch einen Schritt weitergegangen und haben gezeigt, dass auch unsere mimischen Reaktionen vom Gesichtsausdruck anderer Menschen beeinflusst werden, selbst dann, wenn wir uns gar nicht bewusst sind, was der andere mit seinem Gesicht tut. Dimberg und seine Kollegen befestigten Elektroden am Gesicht ihrer Testpersonen und setzten sie dann subliminalen Bildern lächelnder, ärgerlicher oder neutraler Gesichter aus.[6] Sie stellten fest, dass ihre Probanden viel eher finster blickten, wenn man ihnen ein finsteres Gesicht zeigte, und eher die Mundwinkel hoben, wenn man ihnen ein lächelndes Gesicht präsentierte, obwohl ihnen nicht einmal klar war, dass sie gerade ein Gesicht gesehen hatten.

Diese Untersuchungen legen die Annahme nahe, dass

die Tells anderer Menschen uns in einer Weise beeinflussen können, die uns überhaupt nicht zu Bewusstsein kommt. Es erscheint sogar denkbar, dass die Art, wie wir auf andere reagieren, möglicherweise mehr mit den winzigen, fast subliminalen Charakteristika ihres Auftretens zu tun hat als mit den gröberen, augenfälligeren Aspekten ihres Verhaltens. Das wurde mir eindrücklich klar, als ich im Oktober 2002 Bill Clinton bei seinem Auftritt auf dem Parteitag der Labour Party in Blackpool beobachtete. Damals hatte Tony Blair Schwierigkeiten damit, die Parteimitglieder davon zu überzeugen, dass Großbritannien die Vereinigten Staaten unterstützen müsse, sollten diese sich für einen Krieg gegen den Irak entscheiden; man meinte, Bill Clinton würde es schaffen, die Zweifler auf Linie zu bringen und ihre Zustimmung zu erringen. Dessen Rede war »Clinton vom Feinsten«: Er schmeichelte den Abgeordneten, beleuchtete das Problem von beiden Seiten und räumte ein, dass er fehlbar sei. Doch viel wichtiger noch, er mischte unter seine Bemerkungen Clinton-Tells – das Lächeln von unten herauf, die richtungweisende Handbewegung, das wiederholte Zögern zum genau richtigen Zeitpunkt, um alle daran zu erinnern, dass es in der Politik um schwierige Entscheidungen geht. Und als er sagte, der Krieg mache keine Unterschiede zwischen den Menschen – »ganz egal, wie zielgenau Ihre Bomben und Waffen sind, wenn Sie sie losschicken, werden unschuldige Menschen sterben« –, zeigte er dabei sein typisches Markenzeichen, er biss sich auf die Lippen und erinnerte damit die Versammlung daran, was für ein sensibler, mitfühlender Mensch er doch sei. Am Ende der Rede gab es donnernden Applaus. Als die Parteitagsbesucher nachher von Fernsehjournalisten interviewt wurden, waren sie voller Begeisterung – Abgeordnete verschiedenster politischer Couleur erklärten, Clinton stehe auf ihrer Seite. Natürlich blieben die Rednertricks unerwähnt, mit denen er gearbeitet hatte, auch wenn mehr als alles, was Clinton gesagt hatte, diese Tricks es waren, die alle elektrisiert hatten. Die Abgeordneten dachten, sie reagierten auf seine Argumente, doch das war nicht der Fall. Sie reagierten auf die von ihm produzierten Tells, jene kleinen Signale, die er aufgeboten hatte, um zu zeigen, dass er nachdenklich und sensibel war, ein Mann von politischer Überzeugung und mit starken Gefühlen. Die Tells waren es – das Medium, nicht der Inhalt –, mit denen er seinen Sieg errungen hatte.

Im ersten Kapitel haben wir gesehen, dass der Begriff Tell vom Pokern kommt, wo es dazu benutzt wird, jede Auffälligkeit in Verhalten oder Sprache zu beschreiben, die verrät, was für ein Blatt jemand hat oder welcher Strategie er sich bedient. Die folgenden Kapitel zeigten, dass der Begriff Tell nicht ausschließlich auf das Pokerspiel beschränkt ist und sich mit Gewinn auf ein breites Spektrum alltäglichen Verhaltens anwenden lässt. In mancher Hinsicht ist Pokern wie das Leben, in anderer Hinsicht wieder unterscheidet es sich. Die Ähnlichkeit liegt unter anderem darin, dass wir unsere Gedanken, Gefühle und Absichten vor anderen zu verbergen suchen, genauso wie Pokerspieler ihr Blatt und ihre Motive geheim halten müssen.

Die Ähnlichkeit liegt aber auch im Bemühen der Menschen, einander zu verstehen und ihre Beobachtungen als Schlüssel zum Denken des anderen zu nutzen. Wenn Sie Poker spielen, gibt es zwei Informationsquellen in Bezug auf das Blatt, das ein anderer Spieler gerade in der Hand hält – die eine sind die Karten, die andere ist sein Benehmen. Das Problem bei Letzterem ist allerdings, dass man nicht sicher sein kann, ob die Schlussfolgerungen, die man daraus über das Blatt des anderen zieht, auf etwas basieren, was ihm oder ihr nicht zu verbergen gelingt, oder auf dem, was er oder sie tut, um Sie bewusst zu täuschen. In vieler Hinsicht ist das Leben genauso – es ist nicht immer klar, ob die Schlüsse, zu denen wir über andere Leute kommen, auf Verhaltensweisen basieren, die sie nicht kontrollieren können, oder auf Handlungen, mit denen sie uns bewusst in die Irre zu führen suchen. Beim Pokern wird dieses Rätsel dadurch gelöst, dass man durch Vergleichen versucht, eine Beziehung zwischen dem Verhalten eines Spielers in den einzelnen Runden und dem Blatt, das er jeweils hatte, herzustellen. Auch wenn das Leben nicht so sauber in einzelne Runden eingeteilt ist, so ist es doch möglich, einen Zusammenhang zwischen dem Verhalten eines Menschen und der jeweiligen Situation zu erkennen und auf diese Weise seine Tells richtig zu deuten.

Wenn man zum ersten Mal mit jemandem Poker spielt, kann man unmöglich seine Tells kennen – man kann nur annehmen, dass die allgemeinen Tells auf ihn genauso zutreffen wie auf jedermann sonst. Nachdem man den anderen Spieler aber mehrere Runden lang beobachtet hat, sollte es möglich sein, seine typischen Tells – seine Markenzeichen – zu erkennen. So ist es auch außerhalb des Pokerspiels – es braucht mehrere Gelegenheiten, bis man die typischen Besonderheiten an jemandes Verhalten erkannt und durchschaut hat, wie sie mit bestimmten Gefühlen gekoppelt sind.

Bis einem das gelingt, kann man immerhin auf die eigenen Erfahrungen mit allgemein gültigen Tells zurückgreifen, um herauszubekommen, was der Betreffende denkt.

Wenn Sie einen Blick für Tells entwickeln, wird das Ihr Leben in verschiedenster Hinsicht bereichern. Denn indem wir unsere Aufmerksamkeit auf die winzigen Details und flüchtigen Erscheinungen im Verhalten anderer Menschen richten, setzen wir uns der enormen Komplexität unserer sozialen Welt aus, und das kann uns nur veranlassen und ermutigen, mehr Verständnis für andere Menschen zu entwickeln. Anderer Leute Tells zu beobachten macht uns auch aufmerksamer gegenüber uns selbst. Es sensibilisiert uns für unser eigenes Verhalten und führt uns zu der Erkenntnis, dass, während wir anderer Leute Tells benutzen, um daraus Schlussfolgerungen über deren Gefühle und Absichten zu ziehen, diese genau dasselbe mit uns tun. Und außerdem kann die Auseinandersetzung mit Tells auch befreiend wirken – zeigt sie uns doch, wie Menschen versuchen, andere zu manipulieren, und wie sie sich selbst verraten. Wenn wir das durchschauen, wappnet uns das gegen die Gefahr, selbst von anderen manipuliert zu werden. Und schließlich regt uns die Auseinandersetzung mit den Tells an, die Welt mit anderen Augen zu sehen: Wir erkennen, dass Menschen ständig Informationen über sich in Gestalt von Tells übermitteln. Das Entschlüsseln dieser Tells befähigt uns, ihre Gedanken zu lesen und sie sehr viel besser zu verstehen.

Danksagung

Mein Dank gilt meiner Frau Jill und meinen Töchtern Katie und Clementine für ihre Geduld und liebevolle Unterstützung, ohne die dieses Buch nicht hätte entstehen können. Dank gebührt auch meinem Agenten Caradoc King für Rat und Ermutigung, Martha Lishawa und Linda Shaughnessy von der Agentur A. P. Watt, Brenda Kimber, Marianne Velmans und Sheila Lee bei Doubleday sowie Beth Humphries für all die Hilfe und Entlastung, die sie mir haben zuteil werden lassen. Außerdem möchte ich mich bei meinem Bruder Tony und seiner Frau Julia für ihre Unterstützung über all die Jahre bedanken sowie bei den folgenden Freunden und Kollegen für ihre wertvollen Vorschläge und Hilfe: Suzie Addinell, Max Atkinson, Rad Babic, Geoffrey Beattie, Steven Beebe, Peter van Breda, Giovanni Carnibella, Alberta Contarello, Tina Cook, Paul Ekman, Norma Feshbach, Seymour Feshbach, Mark Frank, Adrian Furnham, Tim Gardam, Doris Ginsburg, Gerry Ginsburg, Fergus Gleeson, Peter Henderson, Tim Horner, Brett Kahr, Christine Kuehn, Mansur Lalljee, Roger Lamb, Peter Marsh, Marie O'Shaughnessy, Sophie Ratcliffe, Monica Rector, Rachel Reeves, Bryan Richards, Dunja Sagov, Sandra Scott, Barry Shrier, Caroline Simmonds, Frank Simmonds, Mary Sissons Joshi, Charles Smith, Michael John Spencer, Oliver Spiecker, Martine Stewart, Michael Stewart, Paddy Summerfield, Gaby Twivy und Paul Twivy. Und schließlich gilt mein ganz besonderer Dank Peter du Preez, Michael Argyle und Desmond Morris, bei denen ich so viel von dem gelernt habe, was ich heute weiß: Sie haben mein Interesse am menschlichen Verhalten erweckt.

1 Tells

[1] Caro, M. (1994): *The Body Language of Poker: Caro's Book of Tells*. Secaucus, NJ: Carol Publishing Group.

[2] Haggard, E. A./K. S. Isaacs (1966): »Micromomentary facial expressions as indicators of ego mechanisms in psychotherapy«. In: L. A. Gottschalk/A. H. Auerbach (Hrsg.), *Methods of Research in Psychotherapy*. New York: Appleton-Century-Crofts.

[3] Hess, E. (1975): *The Telltale Eye*. New York: Van Nostrand Reinhold.

[4] Ekman, P./W. Friesen (1969): »Nonverbal leakage and clues to deception«. In: *Psychiatry*, 32, S. 88–106.

[5] Freud, S. (1905): »Bruchstücke einer Hysterie-Analyse«. In: ders., *Ges. Werke*, Bd. 5. Frankfurt/Main: S. Fischer.

[6] Ro, K. M./R. M. Cantor/K. L. Lange/S. S. Ahn (2002): »Palmar hyperhidrosis: evidence of genetic transmission«. In: *Journal of Vascular Surgery*, 35 (2), S. 382–386.

[7] Dryden, J./A. H. Clough (Hrsg./1902): *Lives of Noble Grecians and Romans*, Bd. 3. Boston: Little, Brown.

[8] Bulwer, J. (1644): *Chirologia or the Natural Language of the Hand*. London.

[9] Mahl, G. F./B. Danet/N. Norton (1959): »Reflections of major personality characteristics in gestures and body movements. Research Report to A. P. A. Annual meeting«. Zit. in: B. Christiansen (1972), *Thus Speaks the Body*. New York: Arno Press.

[10] LaFrance, M. (1985): »Postural mirroring and intergroup

relations«. In: *Personality and Social Psychology Bulletin*, 11 (2), S. 207–217; Bernieri, f./R. Rosenthal (1991): »Interpersonal coordination: behavioural matching and interactional synchrony«. In: R. S. Feldman/B. Rime (Hrsg.), *Fundamentals of Nonverbal Behavior*. Cambridge: Cambridge University Press.

11 Provine, R. R. (1996): »Contagious yawning and laughter: Significance for sensory feature detection, motor pattern generation, imitation, and the evolution of social behavior«. In: C. M. Heyes/B. G. Galef (Hrsg.), *Social Learning in Animals: The Roots of Culture*. New York: Academic Press.

12 Krebs, J. R./R. D. Dawkins (1984): »Animal signals: mindreading and manipulation«. In: J. R. Krebs/N. B. Davies (Hrsg.), *Behavioral Ecology: An Evolutionary Approach*. Sunderland, MA: Sinauer.

13 Gottman, J. M./N. Silver (1999/²2002): *Die 7 Geheimnisse der glücklichen Ehe*. München: Econ Ullstein List Verlag.

2 Dominanz-Tells

1 Kalma, A. (1991): »Hierarchisation and dominance assessment at first glance«. In: *European Journal of Social Psychology*, 21, S. 165–181.

2 Cassidy, C. M. (1991): »The good body: when big is better«. In: *Medical Anthropology*, 13, S. 181–213; Ellis, L. (1994): »The high and the mighty among man and beast: how universal is the relationship between height (or body size) and social status?« In: L. Ellis (Hrsg.), *Social Stratification and Socioeconomic Inequality*, Bd. 2. Westport, CT: Praeger.

3 Gunnell, D./J. Rogers/P. Dieppe (2001): »Height and health: predicting longevity from bone length in archaeological

remains«. In: *Journal of Epidemiology and Community Health*, 55, S. 505 ff.

4 Ellis, B. J. (1992): »The evolution of sexual attraction: evaluative mechanisms in women«. In: J. H. Barkow/L. Cosmides/J. Tooby (Hrsg.), *The Adapted Mind: Evolutionary Psychology and the Generation of Culture*. New York: Oxford University Press; Pierce, C. (1996): »Body height and romantic attraction: a meta-analytic test of the male-taller norm«. In: *Social Behavior and Personality*, 24 (2), S. 143–150; Pawlowski, B./R. Dunbar/A. Lipowicz (2000): »Evolutionary fitness: tall men have more reproductive success«. In: *Nature*, 403 (6766), S. 156.

5 Tremblay, R. E./B. Schaal/B. Boulerice/L. Arseneault/R. G. Soussignan/D. Paquette/D. Laurent (1998): »Testosterone, physical aggression, dominance, and physical development in early adolescence«. In: *International journal of Behavioral Development*, 22 (4), S. 753–777.

6 Cassidy, C. M. (1991): »The good body: when big is better«. In: *Medical Anthropology*, 13, S. 181–213; Pinker, S. (1997): *How the Mind Works*. New York: W. W. Norton.

7 Hensley, W. E. (1993): »Height as a measure of success in academe«. In: *Psychology: A Journal of Human Behavior*, 30 (1), S. 40–46.

8 Weisfeld, G. E./J. M. Beresford (1982): »Erectness of posture as an indicator of dominance or success in humans«. In: *Motivation and Emotion*, 6 (2), S. 113–131; Weisfeld, G. E./H. E. Linkey (1985): »Dominance displays as indicators of a social success motive«. In: S. L. Ellyson/J. F. Dovidio (Hrsg.), *Power, Dominance, and Non-verbal Behavior*. New York: Springer Verlag.

9 Riskind, J. H. (1983): »Nonverbal expressions and the accessibility of life experience memories: a congruence hypothesis«. In: *Social Cognition*, 2 (1), S. 62–86; Riskind, J. H. (1984): »They stoop to conquer: guiding and self-regu-

latory functions of physical posture after success and failure«. In: *Journal of Personality and Social Psychology*, 47 (3), S. 479–493.

10 Lott, D. F./R. Sommer (1967): »Seating arrangement and status«. In: *Journal of Personality and Social Psychology*, 7 (1), S. 90–95; Sommer, R. (1969): *Personal Space*. New York: Prentice Hall.

11 Schnurnberger, L. (1991): *40,000 Years of Fashion: Let There Be Clothes*. New York: Workman Publishing.

12 Spicer, J. (1991): »The Renaissance elbow«. In: J. Bremmer/ H. Roodenburg (Hrsg.), *The Cultural History of Gesture*. Cambridge: Polity Press.

13 Erasmus von Rotterdam (1532): *De Civilitate Morum Puerilium*.

14 Mueller, U./A. Mazur (1997): »Facial dominance in Homo Sapiens as honest signalling of male quality«. In: *Behavioural Ecology*, 8, S. 569–579; Mazur, A./A. Booth (1998): »Testosterone and dominance in men«. In: *Behavioral and Brain Sciences*, 21, S. 353–398.

15 Keating, C. F. (1985): »Human dominance signals: the primate in us«. In: S. L. Ellyson/J. F. Dovidio (Hrsg.), *Power, Dominance, and Non-verbal Behavior*. New York: Springer Verlag.

16 Keating, C. F./A. Mazur/M. H. Segall (1981): »A cross-cultural exploration of physiognomic traits of dominance and happiness«. In: *Ethology and Sociobiology*, 2, S. 41 bis 48.

17 Tiedens, L. Z. (2001): »Anger and advancement versus sadness and subjugation: the effect of negative emotion expressions on social status conferral«. In: *Journal of Personality and Social Psychology*, 80 (1), S. 86–94.

18 Dabbs, J. M. (1992): »Testosterone, smiling and facial appearance«. In: *Journal of Nonverbal Behavior*, 21, S. 45–55. Siehe auch: Mazur, A./A. Booth (1998), »Testosterone and

dominance in men«. In: *Behavioral and Brain Sciences*, 21, S. 353–398.

19 Schniter, E. (2000): »The evolution of yawning: why do we yawn and why is it contagious?« Magisterarbeit an der University of Oregon, Department of Anthropology.

20 Schino, G./F. Aureli (1989): »Do men yawn more than women?« In: *Ethology and Sociobiology*, 10, S. 375–378.

21 Ridgeway, C. L./J. Berger/L. Smith (1985): »Nonverbal cues and status: an expectation states approach«. In: *American Journal of Sociology*, 90 (5), S. 955–978; Schwartz, B./A. Tesser/E. Powell (1982): »Dominance cues in nonverbal behavior«. In: *Social Psychology Quarterly*, 45 (2), S. 114–120.

22 Gregory, S./S. Webster (1996): »A nonverbal signal in the voices of interview partners effectively predicts communication accommodation and social status«. In: *Journal of Personality and Social Psychology*, 70 (6), S. 1231–1240. Siehe auch: Bilous, F. R./R. M. Krauss (1988), »Dominance and accommodation in the conversational behaviors of same and mixed-gender dyads«. In: *Language and Communication*, 8 (3/4), S. 183–195.

23 Ohala, J. J. (1994): »The frequency code underlies the sound-symbolic use of voice pitch«. In: L. Hinton/J. Nichols/J. J. Ohala (Hrsg.), *Sound Symbolism*. Cambridge: Cambridge University Press.

24 Krebs, J. R./R. D. Dawkins (1984): »Animal signals: mind-reading and manipulation«. In: J. R. Krebs/N. B. Davies (Hrsg.), *Behavioral Ecology: An Evolutionary Approach*. Sunderland, MA: Sinauer; Collins, S. (2001): »Men's voices and women's choices«. In: *Animal Behavior*, 60, S. 773–780.

25 Elliot, A. J. (1981): *Child Language*. Cambridge: Cambridge University Press.

26 Pemberton, C./P. McCormack/A. Russell (1998): »Have women's voices lowered across time? A cross-sectional

study of Australian women's voices«. In: *Journal of Voice*, 12 (2), S. 208–213.

27 Henley, N. (2001): »Body politics«. In: A. Branaman (Hrsg.), *Self and Society*. Malden, MA: Blackwell.

28 Chance, M. R. A. (1967): »Attention structure as the basis of primate rank orders«. In: *Man*, 2 (4), S. 503–518. [Wieder abgedruckt in: M. R. A. Chance/R. R. Larsen (Hrsg./1976): *The Social Structure of Attention*. London: Wiley.]

29 Strongman, K. T./B. G. Champness (1968): »Dominance hierarchies and conflict in eye contact«. In: *Acta Psychologica*, 28, S. 376–386; Argyle, M./M. Cook (1976): *Gaze and Mutual Gaze*. Cambridge: Cambridge University Press; Rosa, E./A. Mazur (1979): »Incipient status in small groups«. In: *Social Forces*, 58, S. 18–37; Webbink, P. (1986): *The Power of the Eyes*. New York: Springer Verlag.

30 Ellyson, S. L./J. F. Dovidio/B. J. Fehr (1981): »Visual behavior and dominance in women and men«. In: C. Mayo/N. M. Henley (Hrsg.), *Gender and Nonverbal Behavior*. New York: Springer Verlag; Dovidio, J. F./S. L. Ellyson (1982): »Decoding visual dominance: attributions of power based on relative percentages of looking while speaking and looking while listening«. In: *Social Psychology Quarterly*, 45 (2), S. 106–113.

31 Mehrabian, A. (1969): »Significance of posture and position in the communication of attitude and status relationships«. In: *Psychological Bulletin*, 71 (5), S. 359–372.

3 Unterwürfigkeits-Tells

1 Darwin, C. (1872): *Der Ausdruck der Gemüthsbewegungen bei dem Menschen und den Thieren*. Stuttgart.

2 Efron, D. (1942): *Gesture and Environment*. New York: Kings Crown Press.

[3] Brault, G. J. (1963): »Kinesics and the classroom: some typical French gestures«. In: *The French Review*, 36, S. 374 bis 382.

[4] Gilbert, P. (2000): »Varieties of submissive behavior as forms of social defense: their evolution and role in depression«. In: L. Sloman/P. Gilbert (Hrsg.), *Subordination and Defeat: An Evolutionary Approach to Mood Disorders and Their Therapy*. Mahwah, NJ: Erlbaum.

[5] Collett, P./A. Contarello (1987): »Gesti di assenso e di dissenso«. In: P. Ricci Bitti (Hrsg.), *Comunicazione e Gestualità*. Mailand: Franco Angeli; Collett, P. (1993): *Foreign Bodies: A Guide to European Mannerisms*. London: Simon & Schuster. [Dt.: *Der Europäer als solcher... ist unterschiedlich*. Hamburg: Kabel 1994.]

[6] Goffman, E. (1976): »Gender advertisements«. In: *Studies in the Anthropology of Visual Communication*, 3, S. 69 bis 154. [Nachdruck unter: Goffman, E. (1979): *Gender Advertisements*. New York: Harper & Row. [Dt.: *Geschlecht und Werbung*. Frankfurt/Main: Suhrkamp 1981.]; Morris, D. (1977): *Manwatching: A Field Guide to Human Behaviour*. London: Jonathan Cape. [Dt.: *Manwatching. Reisen zur Erforschung der Spezies Mensch*. München: Heyne 2001.]; Regan, J. M. (1982): »Gender displays in portrait photographs«. In: *Sex Roles*, 8, S. 33–43; Halberstadt, A. G./M. B. Saitta (1987): »Gender, nonverbal behavior, and perceived dominance: a test of a theory«. In: *Journal of Personality and Social Psychology*, 53, S. 257–272; Wilson, A./B. Lloyd (1990): »Gender vs. power; self-posed behavior revisited«. In: *Sex Roles*, 23, S. 91–98.

[7] Costa, M./M. Menzani/P. E. Ricci Bitti (2001): »Head canting in paintings: an historical study«. In: *Journal of Nonverbal Behavior*, 25 (1), S. 63–73.

[8] Chance, M. R. A. (1962): »An interpretation of some agonistic postures: the role of ›cut-off‹ acts and postures«. In:

Symposium of the Zoological Society of London, 8, S. 71–89.

9 Zebrowitz, L. A. (1997): *Reading Faces: Window to the Soul?* Boulder, CO: Westview Press.

10 Hall, J. A./L. Smith LeBeau/J. Gordon Reinoso/F. Thayer (2001): »Status, gender, and nonverbal behavior in candid and posed photographs: a study of conversations between university employees«. In: *Sex Roles*, 44, S. 677–691; Hall, J. A./J. D. Carter/M. C. Jimenez/N. A. Frost/L. Smith LeBeau (2002): »Smiling and relative status in news photographs«. In: *Journal of Social Psychology*, 142, S. 500–510.

11 Van Hooff, J. A. R. A. M. (1972): »A comparative approach to the phylogeny of laughter and smiling«. In: R. A. Hinde (Hrsg.), *Nonverbal Communication*. Cambridge: Cambridge University Press.

12 Hecht, M./M. LaFrance (1988): »License or obligation to smile: the effect of power and gender on amount and type of smiling«. In: *Personality and Social Psychology Bulletin*, 24, S. 1326–1336; LaFrance, M./M. A. Hecht (1999): »Option or obligation to smile: the effects of power and gender on facial expression«. In: P. Philippot/R. S. Feldman/E. J. Coats (Hrsg.), *The Social Context of Nonverbal Behavior*. Cambridge: Cambridge University Press.

13 Duchenne de Boulogne, G. B. (1862): *Mécanisme de la physionomie humaine*. Paris: Jules Renard.

14 Cashdan, E. (1998): »Smiles, speech and body posture: how women and men display sociometric status and power«. In: *Journal of Nonverbal Behavior*, 22 (4), S. 209 bis 228; LaFrance, M./M. Hecht (2000): »Gender and smiling: a meta-analysis of sex differences in smiling«. In: A. H. Fisher (Hrsg.), *Gender and Emotion*. Cambridge: Cambridge University Press 1990; Hall, J. A./D. R. Carney/N. M. Murphy (2002): »Gender differences in smiling«. In: M. H. Abel (Hrsg.), *An Empirical Reflection on the Smile*. New York: Edwin Mellen Press.

15 Dabbs, J. M. (1992): »Testosterone, smiling and facial appearance«. In: *Journal of Nonverbal Behavior*, 21, S. 45–55.

16 Darwin, C. (1872): *Der Ausdruck der Gemüthsbewegungen bei dem Menschen und den Thieren*. Stuttgart.

17 Ricks, C. (1974): *Keats and Embarrassment*. Oxford: Clarendon Press.

18 Leary, M. R./T. W. Britt/W. D. Cutlip/J. J. Templeton (1992): »Social blushing«. In: *Journal of Personality and Social Psychology*, 112 (3), S. 446–460.

19 Halberstadt, A./L. R. Green (1993): »Social attention and placation theories of blushing«. In: *Motivation and Emotion*, 17 (1), S. 53–64; De Jong, P. J. (1999): »Communicative and remedial effects of social blushing«. In: *Journal of Nonverbal Behavior*, 23 (3), S. 197–217.

20 Smith, W. J./J. Chase/A. K. Lieblich (1974): »Tongue showing: a facial display«. In: *Semiotica*, 11, S. 201–246.

21 Dolgin, K. M./J. Sabini (1982): »Experimental manipulation of a human nonverbal display: the tongue show affects an observer's willingness to interact«. In: *Animal Behaviour*, 30, S. 935f.; Jones, N./J. Kearins/J. Watson (1987): »The human tongue show and observers' willingness to interact: replication and extensions«. In: *Psychological Reports*, 60, 759–764.

22 Kendon, A. (1975): »Some functions of the face in a kissing round«. In: *Semiotica*, 15, S. 299–334.

23 Festinger, L./M. Carlsmith (1959): »Cognitive consequences of forced compliance«. In: *Journal of Abnormal and Social Psychology*, 58, S. 203–210.

24 Jones, E. E. (1964): *Ingratiation*. New York: Appleton-Century-Crofts; Gordon, R. A. (1996): »Impact of ingratiation on judgements and evaluations: a meta-analytic investigation«. In: *Journal of Personality and Social Psychology*, 71 (1), S. 54–70; Stengel, R. (2000): *You're Too Kind: A Brief History of Flattery*. New York: Simon & Schuster.

25 Judge, T. A./R. D. Bretz (1994): »Political influence behavior and career success«. In: *Journal of Management*, 20 (1), S. 43–65.
26 Colman, A./K. R. Olver (1978): »Reactions to flattery as a function of self-esteem: self-enhancement and cognitive consistency theories«. In: *British Journal of Social and Clinical Psychology*, 17 (1), S. 25–29.

4 Gesprächs-Tells

1 Walker, M. (1982): »Smooth transitions in conversational turn-taking: implications for theory«. In: *Journal of Psychology*, 110, S. 31–37.
2 Sacks, H./E. Schegloff/G. Jefferson (1974): »A simplest systematics for the organization of turn-taking in conversation«. In: *Language*, 50, S. 696–735; Beattie, G. (1983): *Talk: An Analysis of Speech and Non-verbal Behaviour in Conversation*. Milton Keynes: Open University Press.
3 Yngve, V. J. (1970): »On getting a word in edgewise«. In: *Papers from the 6th Regional Meeting of the Chicago Linguistic Society*. Chicago: Chicago Linguistic Society.
4 Meltzer, L./W. N. Morris/D. Hayes (1971): »Interruption outcomes and vocal amplitude: explorations in social psychophysics«. In: *Journal of Personality and Social Psychology*, 18, S. 392–402.
5 Anderson, K. J./C. Leaper (1998): »Meta-analyses of gender effects on conversational interruptions: who, what, when, where and how«. In: *Sex Roles*, 39 (3/4), S. 225–252.
6 Tannen, D. (1981): »New York Jewish conversational style«. In: *International Journal of the Sociology of Language*, 30, S. 133–149.
7 Kendon, A. (1967): »Some functions of gaze-direction in social interaction«. In: *Acta Psychologica*, 26, S. 2–63;

Argyle, M./M. Cook (1976): *Gaze and Mutual Gaze*. Cambridge: Cambridge University Press; Beattie, G. (1978): »Sequential temporal patterns of speech and gaze in dialogue«. In: *Semiotica*, 23 (1/2), S. 29–52.

8 Harrigan, J. A./J. J. Steffen (1983): »Gaze as a turn-exchange signal in group conversations«. In: *British Journal of Social Psychology*, 22 (2), S. 167 f.; Kalma, A. (1992): »Gazing in triads: a powerful signal in floor apportionment«. In: *British Journal of Social Psychology*, 31, S. 21–39.

9 Duncan, S. (1972): »Some signals and rules for taking speaking turns in conversations«. In: *Journal of Personality and Social Psychology*, 23 (2), S. 283–292.

10 Caspers, J. (2000): »Looking for melodic turn-holding configurations in Dutch«. In: *Linguistics in the Netherlands 2000*. Amsterdam: John Benjamins; Wichmann, A./J. Caspers (2001): »Melodic cues to turn-taking in English: evidence from perception«. In: J. van Kuppeveldt/R. Smith (Hrsg.), *Proceedings of the 2nd SIGdial Workshop on Discourse and Dialogue*. Aalborg, Dänemark.

11 Walker, M./C. Trimboli (1983): »The expressive function of the eye flash«. In: *Journal of Nonverbal Behavior*, 8 (1), S. 3–13.

12 Scheflen, A. E./A. Scheflen (1972): *Body Language and Social Order*. Englewood Cliffs, NJ: Prentice-Hall; Scheflen, A. (1973): *How Behavior Means*. New York: Gordon & Breach.

13 Sebba, M./S. Tate (1986): »You know what I mean? Agreement marking in British Black English«. In: *Journal of Pragmatics*, 10, S. 163–172.

14 Commins, S. (1935): *The Complete Works and Letters of Charles Lamb*. New York: Modern Library.

15 Feldman, S. (1959): *Mannerisms of Speech and Gestures in Everyday Life*. New York: International Universities Press; Weintraub, W. (1989): *Verbal Behavior in Everyday Life*. New York: Springer Verlag.

16 Weinstein, E. A. (1966): »Toward a theory of interpersonal tactics«. In: C. Backman/P. Second (Hrsg.), *Problems in Social Psychology: Selected Readings*. New York: McGraw-Hill.

17 Lakoff, G. (1973): »Hedges: a study in meaning criteria and the logic of fuzzy concepts«. In: *Journal of Philosophical Logic*, 2, S. 458–508; Schiffrin, D. (1988): *Discourse Markers*. Cambridge: Cambridge University Press; Holmes, J. (1990): »Hedges and boosters in women's and men's speech«. In: *Language and Communication*, 10 (3), S. 185–205.

18 Malmstrom, J. (1960): »Kind of and its congeners«. In: *English Journal*, 44, S. 288 ff.

19 Holmes, J. (1986): »Functions of you know in women's and men's speech«. In: *Language in Society*, 15, S. 1–22.

20 Lockard, J. S./D. J. Allen/B. J. Schiele/M. J. Wiemer (1978): »Human postural signals: stance, weight-shifts and social distance as intention movements to depart«. In: *Animal Behaviour*, 26, S. 219–224.

21 Wildeblood, J./P. Brinson (1965): *The Polite World*. London: Oxford University Press; Rockwood, J. (1992): *The Craftsmen of Dionysus: An Approach to Acting*. New York: Applause Books.

5 Politische Tells

1 Gregg, G. L. (1998): »Liberals, conservatives and the presidency«. In: *The Intercollegiate Review*, Frühjahr, S. 26–31.

2 Blum, M. D. (1988): *The Silent Speech of Politicians*. San Diego: Brenner Information Group.

3 Henton, C. G./R. A. W. Bladon (1985): »Breathiness in normal female speech: inefficiency versus desirability«. In: *Language and Communication*, 5, S. 221–227; Hardcastle,

W./J. Laver (Hrsg./1995): *The Handbook of Phonetic Sciences*. Oxford: Blackwell.

4 Gregory, S. W./T. J. Gallagher (2002): »Spectral analysis of candidates' nonverbal vocal communication: predicting U.S. presidential election outcomes«. In: *Social Psychology Quarterly*, 65 (3), S. 298–308.

5 Masters, R. D. (1988): »Nice guys don't finish last: aggressive and appeasement gestures in media images of politicians«. In: M. R. A. Chance/D. R. Omark (Hrsg.), *Social Fabrics of the Mind*. Hove: Lawrence Erlbaum.

6 Chance, M. R. A. (1962): »An interpretation of some agonistic postures: the role of ›cut-off‹ acts and postures«. In: *Symposium of the Zoological Society of London*, 8, S. 71–89.

7 Atkinson, M. (1986): *Our Masters' Voices: The Language and Body Language of Politics*. London: Methuen.

8 Harris, S. (1991): »Evasive action: how politicians respond to questions in political interviews«. In: P. Scannell (Hrsg.), *Broadcast Talk*. London: Sage.

9 Bull, P./K. Mayer (1993): »How not to answer questions in political interviews«. In: *Political Psychology*, 14 (4), S. 651–666; Bull, P. (1998): »Political interviews: television interviews in Great Britain«. In: O. Feldman/C. De Landtsheer (Hrsg.), *Politically Speaking*. Westport, CT: Praeger.

10 Bull, P./K. Mayer (1988): »Interruptions in political interviews: a study of Margaret Thatcher and Neil Kinnock«. In: *Journal of Language and Social Psychology*, 7 (1), S. 35 bis 45.

11 Beattie, G. (1982): »Turn-taking and interruption in political interviews: Margaret Thatcher and Jim Callaghan compared and contrasted«. In: *Semiotica*, 39 (1/2), S. 93 bis 114.

12 Schegloff, E. A. (1989): »From interview to confrontation:

observations on the Bush/Rather encounter«. In: *Research on Language and Social Interaction*, 22, S. 215–240.

6 Begrüssungs-Tells

1 Kendon, A./A. Ferber (1973): »A description of some human greetings«. In: R. P. Michael/J. H. Crook (Hrsg.), *Comparative Ethology and Behavior of Primates*. New York: Academic Press.

2 Wildeblood, J./P. Brinson (1965): *The Polite World*. London: Oxford University Press; Rockwood, J. (1992): *The Craftsmen of Dionysus: An Approach to Acting*. New York: Applause Books.

3 Bulwer, J. (1644): *Chirologia or the Natural Language of the Hand*. London.

4 Doran, G. D. (1998): »Shake on it«. In: *Entrepreneur Magazine*, Juli 1998.

5 Givens, D. (1977): »Greeting a stranger: some commonly used nonverbal signals of aversiveness«. In: *Semiotica*, 19 (1/2), S. 13–28; Hall, P. M./D. A. S. Hall (1983): »The handshake as interaction«. In: *Semiotica*, 45 (3/4), S. 249–264.

6 Collett, P. (1983): »Mossi salutations«. In: *Semiotica*, 45 (3/4), S. 191–248.

7 Chaplin, W. F./J. B. Phillips/J. D. Brown/N. R. Clanton (2001): »Handshaking, gender, personality, and first impressions«. In: *Journal of Personality and Social Psychology*, 79 (1), S. 110–117.

8 Stephanopoulos, G. (1999): *All Too Human: A Political Education*. New York: Little, Brown.

9 Goffman, E. (1971): *Relations in Public*. Harmondsworth: Penguin. [Dt.: *Das Individuum im öffentlichen Austausch*. Frankfurt/Main: Suhrkamp 1999.]; Greenbaum, P. E./H. M. Rosenfeld (1980): »Varieties of touch in greetings: se-

quential structure and sex-related differences«. In: *Journal of Nonverbal Behavior*, 5 (1), S. 13–25.

10 Collett, P. (1994): *Der Europäer als solcher … ist unterschiedlich*. Hamburg: Kabel.

11 Erasmus von Rotterdam (1540): *Opera Omnia*, 9 Bde. Basel.

12 Bakken, D. (1977): »Saying goodbye: an observational study of parting rituals«. In: *Man-Environment Systems*, 7, S. 95 bis 100; Summerfield, A./J. A. Lake (1977): »Nonverbal and verbal behaviours associated with parting«. In: *British Journal of Psychology*, 68, S. 133–136; Albert, S./S. Kessler (1978): »Ending social encounters«. In: *Journal of Experimental Social Psychology*, 14, S. 541–553.

13 Knapp, M. L./R. P. Hart/G. W. Friedrich/G. M. Shulman (1973): »The rhetoric of goodbye: verbal and nonverbal correlates of human leave-taking«. In: *Speech Monographs*, 40, S. 182–198.

7 Königliche Tells

1 Nicolson, H. (1968): *Diaries and Letters, 1945–1962*, hrsg. v. N. Nicolson. London: Collins.

2 Lacey, R. (1977): *Majestät. Elisabeth II. und das Haus Windsor*. München: Droemer Knaur.

3 Provine, R. R. (2000): *Laughter: A Scientific Investigation*. London: Faber & Faber.

4 Castiglione, B. (1528): *Il Libro del Cortegiano [Das Buch vom Hofmann]*. Venedig.

5 Naunton, R. (1641): *Fragmenta Regalia*. [Wieder abgedruckt in: H. Walpole (Hrsg.), *Paul Hentzner's Travels in England*. London 1797.]

6 Hoggart, S. (1986): »Caribbean Queen«. In: T. Grove (Hrsg.), *The Queen Observed*. London: Pavilion Books.

7 Tooley, S. A. (1896): *The Personal Life of Queen Victoria*. London: S. H. Bousefield.

8 Windsor, E. (1987): *Wallis and Edward: Letters 1931–1937: The Intimate Correspondence of the Duke and Duchess of Windsor*, hrsg. v. M. Bloch. Bath: Chivers.

9 Henley, N. (2001): »Body politics«. In: A. Branaman (Hrsg.), *Self and Society*. Maiden, MA: Blackwell.

10 Windsor, E. (1951): *A King's Story: The Memoirs of H. R. H. the Duke of Windsor*. London: Cassell.

11 Bloch, M. (1973): *The Royal Touch: Sacred Monarchy and Scrofula in England and France*. London: Routledge & Kegan Paul.

12 Holden, A. (1979): *Charles: Prince of Wales: A Biography*. London: Little, Brown. [Dt.: *Charles. Die Biographie*. Berlin, Frankfurt/Main: Ullstein 1990.]

13 Mehrabian, A. (1969): »Methods and designs: some referents and measures of nonverbal communication«. In: *Behavioral Research Methods and Instrumentation*, 1, S. 203–207; Beebe, S. S./S. J. Beebe/M. V. Redmond (2002): *Interpersonal Communication: Relating to Others*. Boston: Allyn & Bacon.

14 Montagu, A. (1987): *Körperkontakt. Die Bedeutung der Haut für die Entwicklung des Menschen*. Stuttgart: Klett-Cotta.

15 Darwin, C. (1872): *Der Ausdruck der Gemüthsbewegungen bei dem Menschen und den Thieren*. Stuttgart.

8 Angst-Tells

1 Marks, I. M./R. M. Nesse (1994): »Fear and fitness: an evolutionary analysis of anxiety disorders«. In: *Ethology and Sociobiology*, 15, S. 247–267.

2 Christiansen, B. (1972): *Thus Speaks the Body*. New York:

Arno Press; Fried, R./J. Grimaldi (1993): *The Psychology and Physiology of Breathing: Behavioral Medicine, Clinical Psychology and Psychiatry*. New York: Plenum.

3 James, W. (1980): *The Principles of Psychology*, 2 Bde. New York: Henry Holt.

4 Perera, J. (1988): »The hazards of heavy breathing«. In: *New Scientist*, 3.12.1988, S. 46 ff.

5 Reich, W. (1989): *Charakteranalyse*. Köln: Kiepenheuer & Witsch; Lowen, A. (1958): *Physical Dynamics of Character Structure*. New York: Grune & Stratton.

6 Lowen, A. (1958): *Physical Dynamics of Character Structure*. New York: Grune & Stratton.

7 Middlemist, R. D./E. S. Knowles/C. F. Matter (1976): »Personal space invasion in the lavatory: suggestive evidence for arousal«. In: *Journal of Personality and Social Psychology*, 33, S. 541–546.

8 Hinde, R. (1982): *Ethology: Its Nature and Relations to Other Sciences*. Oxford: Oxford University Press.

9 Ekman, P./W. A. Friesen (1969): »The repertoire of nonverbal behavior: categories, origins, usage, and coding«. In: *Semiotica*, 1, S. 49–98.

10 Waxer, P. (1977): »Nonverbal cues for anxiety: an examination of emotional leakage«. In: *Journal of Abnormal Psychology*, 86, S. 306–314; Daly, J. A./E. Hogg/D. Sacks/M. Smith/L. Zimring (1983): »Sex and relationship affect social self-grooming«. In: *Journal of Nonverbal Behavior*, 7, S. 183–189; Shreve, E. G./J. A. Harrigan/J. R. Kues/D. K. Kagas (1988): »Nonverbal expressions of anxiety in physician-patient interactions«. In: *Psychiatry*, 51 (4), S. 378–384; Kenner, A. N. (1993): »A cross-cultural study of body-focused hand movement«. In: *Journal of Nonverbal Behavior*, 17 (4), S. 263–279; Morris, D. (1994): *Bodytalk: The Meaning of Human Gestures*. New York: Crown Publishers.

11 Harrigan, J. A./D. M. O'Connell (1996): »How do you look when feeling anxious?« In: *Personality and Individual Differences*, 21 (2), S. 205–212. Siehe auch: Leventhal, H./E. Sharp (1965), »Facial expressions as indicators of distress«. In: S. Tomkins/C. Izard (Hrsg.), *Affect, Cognition and Personality*. New York: Springer Verlag.

12 Milgram, S. (1974): *Obedience to Authority*. New York: Harper & Row. [Dt.: *Das Milgram-Experiment*. Reinbek b. Hamburg: Rowohlt.]

13 Farabee, D. J./M. L. Holcom/S. L. Ramsey/S. G. Cole (1993): »Social anxiety and speaker gaze in a persuasive atmosphere«. In: *Journal of Research in Personality*, 27 (4), S. 365–376.

14 Stern, J. A. (1992): »The eye blink: affective and cognitive influences«. In: D. G. Forgays/T. Sosnowski/K. Wrzesniewski (Hrsg.), *Anxiety: Recent Developments in Cognitive, Psychophysiological and Health Research*. Washington: Hemisphere.

15 Bell, C. (1847): *The Anatomy and Philosophy of Expression, as Connected with the Fine Arts*. London: John Murray.

16 Jackson, D. D. (1985): »From the lungs to larynx to lip, it's jitter, shimmer and blip«. In: *Smithsonian*, 6 (Juli), S. 78.

17 Ellgring, H./K. R. Scherer (1996): »Vocal indicators of mood change in depression«. In: *Journal of Nonverbal Behavior*, 20 (2), S. 83–110.

18 Siegman, A. W. (1987): »The telltale voice: nonverbal messages of verbal communication«. In: A. W. Siegman/S. Feldstein (Hrsg.), *Nonverbal Behavior and Communication*. Hillsdale, NJ: Erlbaum; Siegman, A. W./S. Boyle (1993): »Voices of fear and anxiety and depression: the effects of speech rate and loudness on fear and anxiety and depression«. In: *Journal of Abnormal Psychology*, 102 (3), S. 430–437.

19 Murray, D. C. (1971): »Talk, silence and anxiety«. In: *Psy-*

chological Bulletin, 75, S. 244–260; Rochester, S. R. (1973): »The significance of pauses in spontaneous speech«. In: *Journal of Psycholinguistic Research*, 2, S. 51–81.

9 Sexuelle Tells

1 Eibl-Eibesfeldt, I. (1971): *Liebe und Hass. Zur Naturgeschichte elementarer Verhaltensweisen*. München: Piper; Morris, D. (1971): *Intimate Behaviour*. London: Jonathan Cape. [Dt.: *Liebe geht durch die Haut. Die Naturgeschichte des Intimverhaltens*. München: Droemer Knaur]; Singh, D./R. K. Young (1995): »Body weight, waist-to-hip ratio, breasts, and hips: role in judgments of female attractiveness and desirability for relationships«. In: *Ethology and Sociobiology*, 16, S. 483–507; Furnham, A./M. Dias/ A. McClelland (1998): »The role of body weight, waist-to-hip ratio, and breast size in judgments of female attractiveness«. In: *Sex Roles*, 3/4, S. 311–326.

2 Lloyd-Elliott, M. (1995): *Secrets of Sexual Body Language*. London: Hamlyn.

3 Buss, D. (1994): *The Evolution of Desire*. New York: Basic Books.

4 Perper, T. (1985): *Sex Signals: The Biology of Love*. Philadelphia: ISI Press; Perper, T. (1989): »Theories and observations on sexual selection and female choice in human beings«. In: *Medical Anthropology*, 11 (4), S. 409–454.

5 Burton, R. (1621): *The Anatomy of Melancholy*. Oxford: Henry Cripps.

6 Birdwhistell, R. (1970): *Kinesics and Context*. New York: Ballantine.

7 Moore, M. M. (1985): »Nonverbal courtship patterns in women: context and consequences«. In: *Ethology and Sociobiology*, 6, S. 237–247.

8 Wiley, R. H. (1991): »Lekking in birds and mammals; behavioral and evolutionary issues«. In: *Advances in the Study of Behavior*, 20, S. 201–291.

9 Krebs, J. R./R. D. Dawkins (1984): »Animal signals: mindreading and manipulation«. In: J. R. Krebs/N. B. Davies (Hrsg.), *Behavioral Ecology: An Evolutionary Approach*. Sunderland, MA: Sinauer.

10 Grammer, K./A. Jutte/B. Fischmann (1997): »Der Kampf der Geschlechter und der Krieg der Signale«. In: B. Kanitscheider (Hrsg.), *Liebe, Lust und Leidenschaft. Sexualität im Spiegel der Wissenschaft*. Stuttgart: Hirzel; Penton-Voak, I. S./D. I. Perrett/D. L. Castles/T. Kobayashi/D. M. Burt/L. K. Murray/R. Minamisawa (1999): »Menstrual cycle alters face preferences«. In: *Nature*, 399, S. 741f.

11 Walsh, D. G./J. Hewitt (1985): »Giving men the come-on: effect of eye contact and smiling in a bar environment«. In: *Perceptual and Motor Skills*, 61, S. 873f.

12 Moore, M. M. (1985): »Nonverbal courtship patterns in women: context and consequences«. In: *Ethology and Sociobiology*, 6, S. 237–247.

13 Kleinke, C. L. (1986): »Gaze and eye contact: a research review«. In: *Psychological Bulletin*, 100 (1), S. 78–100; Iizuka, Y. (1992): »Eye contact in dating couples and unacquainted couples«. In: *Perceptual and Motor Skills*, 75, S. 457–461.

14 Walsh, D. G./J. Hewitt (1985): »Giving men the come-on: effect of eye contact and smiling in a bar environment«. In: *Perceptual and Motor Skills*, 61, S. 873f.

15 Givens, D. B. (1978): »The nonverbal basis of attraction: flirtation, courtship, and seduction«. In: *Psychiatry*, 41, S. 346–359; Givens, D. B. (1983): *Love Signals: How to Attract a Mate*. New York: Crown.

16 Grammer, K./K. Krück/A. Juette/B. Fink (2000): »Non-verbal behavior as courtship signals: the role of control and

choice in selecting partners«. In: *Evolution and Human Behaviour*, 21, S. 371–390.

17 Abbey, A. (1987): »Misperceptions of friendly behavior as sexual interest: a survey of naturally occurring incidents«. In: *Psychology of Women Quarterly*, 11 (2), S. 173 bis 194; Shotland, R. L./J. M. Craig (1988): »Can men and women differentiate between platonic and sexually interested behavior?« In: *Social Psychology Quarterly*, 51 (1), S. 66–73.

18 Morris, D. (2001): *Manwatching. Reisen zur Erforschung der Spezies Mensch*. München: Heyne.

19 Caro, T. M. (1986): »The function of stotting: a review of the hypotheses«. In: *Animal Behaviour*, 34, S. 649–662; Zahavi, A./A. Zahavi (1997): *The Handicap Principle: A Missing Piece of Darwin's Puzzle*. Oxford: Oxford University Press.

20 Burton, R. (1621): *The Anatomy of Melancholy*. Oxford: Henry Cripps.

21 Ambady, N./M. Hallahan/B. Conner (1999): »Accuracy of judgments of sexual orientation from thin slices of behavior«. In: *Journal of Personality and Social Psychology*, 77, S. 538–547; Ambady, N./D. LaPlante/E. Johnson (2001): »Thin slice judgments as a measure of interpersonal sensitivity«. In: J. Hall/F. Bernieri (Hrsg.), *Interpersonal Sensitivity: Measurement and Applications*. Hillsdale, NJ: Lawrence Erlbaum.

22 Berry, D. S./L. A. McArthur (1985): »Some components and consequences of a babyface«. In: *Journal of Personality and Social Psychology*, 48, S. 312–323; McArthur, L. Z./D. S. Berry (1987): »Cross-cultural consensus in perceptions of babyfaced adults«. In: *Journal of Cross Cultural Psychology*, 18, S. 165–192.

23 Eibl-Eibesfeldt, I. (1971): *Liebe und Hass. Zur Naturgeschichte elementarer Verhaltensweisen*. München: Piper.

24 Campbell, R./S. Wallace/P. J. Benson (1996): »Real men don't look down: direction of gaze affects sex decisions on faces«. In: *Visual Cognition*, 3 (4), S. 393–412.

25 Hess, E. (1975): *The Telltale Eye*. New York: Van Nostrand Reinhold; Aboyoun, D. C./J. M. Dabbs (1998): »The Hess pupil dilation findings: sex or novelty?« In: *Social Behaviour and Personality*, 26 (4), S. 415–419.

26 Paul Ekman, persönliche Mitteilung.

27 Montagu, A. (1987): *Körperkontakt. Die Bedeutung der Haut für die Entwicklung des Menschen*. Stuttgart: Klett-Cotta; Lockard, J. S./R. M. Adams (1980): »Courtship behaviors in public: different age/sex roles«. In: *Ethology and Sociobiology*, 1, S. 245–253; McCormick, N. B./A. J. Jones (1989): »Gender differences in nonverbal flirtation«. In: *Journal of Sex Education and Therapy*, 15 (4), S. 271–282.

28 Perper, T. (1985): *Sex Signals: The Biology of Love*. Philadelphia: ISI Press; Murray, T. E. (1985): »The language of singles bars«. In: *American Speech*, 60 (1), S. 17–30.

29 Krebs, J. R./R. D. Dawkins (1984): »Animal signals: mind-reading and manipulation«. In: J. R. Krebs/N. B. Davies (Hrsg.), *Behavioral Ecology: An Evolutionary Approach*. Sunderland, MA: Sinauer; Dabbs, J. M./A. Mallinger (1999): »Higher testosterone levels predict lower voice pitch among men«. In: *Personality and Individual Differences*, 27, S. 801–804; Collins, S. (2001): »Men's voices and women's choices«. In: *Animal Behaviour*, 60, S. 773 bis 780.

30 Manes, J./N. Wolfson (1980): »The compliment formula«. In: f. Coulmas (Hrsg.), *Conversational Routine*. Den Haag: Mouton. Siehe auch: Herbert, R. K. (1990), »Sex-based differences in compliment behaviour«. In: *Language in Society*, 19, S. 201–224; Holmes, J. (1995): *Women, Men and Politeness*. London: Longman.

31 Dindia, K./M. Allen (1992): »Sex differences in self-dis-

closure: a meta-analysis«. In: *Psychological Bulletin*, 112, S. 106–124.

[32] Grammer, K. (1990): »Strangers meet: laughter and nonverbal signs of interest in opposite-sex encounters«. In: *Journal of Nonverbal Behavior*, 14 (4), S. 209–236.

[33] Provine, R. R. (2000): *Laughter: A Scientific Investigation*. London: Faber & Faber.

[34] Grammer, K./I. Eibl-Eibesfeldt (1990): »The ritualization of laughter«. In: W. A. Koch (Hrsg.), *Natürlichkeit der Sprache und der Kultur*. Bochum: Brockmeyer.

[35] Provine, R. R. (2000): *Laughter: A Scientific Investigation*. London: Faber & Faber.

[36] Moore, M. M. (1998): »Nonverbal courtship patterns in women: rejection signalling – an empirical investigation«. In: *Semiotica*, 118 (3/4), S. 201–214.

[37] Grammer, K./K. B. Krück/M. S. Magnusson (1998): »The courtship dance: patterns of nonverbal synchronization in opposite-sex encounters«. In: *Journal of Nonverbal Behavior*, 22 (1), S. 3–27.

[38] Bernieri, F. J./R. Rosenthal (1991): »Interpersonal coordination: behavior matching and interactional synchrony«. In: R. S. Feldman/B. Rime (Hrsg.), *Fundamentals of Nonverbal Behavior*. Cambridge: Cambridge University Press.

[39] LaFrance, M. (1979): »Nonverbal synchrony and rapport: analysis by the crosslag panel technique«. In: *Social Psychology Quarterly*, 42, S. 66–70; Bavelas, J. B./A. Black/C. R. Lemery/J. Mullett (1987): »Motor mimicry as primitive empathy«. In: N. Eisenberg/J. Strayer (Hrsg.), *Empathy and its Development*. Cambridge: Cambridge University Press; Bernieri, F. (1988): »Coordinated movement and rapport in teacher-student interactions«. In: *Journal of Nonverbal Behavior*, 12, S. 120–138; Dijksterhuis, A. (2000): »Automatic social influence: the perception – behavior link as an explanatory mechanism for behavior matching«. In:

J. Forgas/K. D. Williams (Hrsg.), *Social Influence: Direct and Indirect Processes*. Philadelphia: Psychology Press.

40 Beattie, G. (1988): *The Candarel Guide to Beach Watching*. Hove: Rambletree.

41 Buss, D. M./T. K. Shackelford (1997): »From vigilance to violence: mate retention tactics in married couples«. In: *Journal of Personality and Social Psychology*, 72, S. 346 bis 361; Buss, D. (2000): *The Dangerous Passion: Why Jealousy Is as Necessary as Love and Sex*. London: Bloomsbury.

42 Goffman, E. (1971): *Relations in Public*. Harmondsworth: Penguin. [Dt.: *Das Individuum im öffentlichen Austausch*. Frankfurt/Main: Suhrkamp 1999.]

43 Givens, D. B. (1983): *Love Signals: How to Attract a Mate*. New York: Crown; Perper, T. (1985): *Sex Signals: The Biology of Love*. Philadelphia: ISI Press.

10 Lügen-Tells

1 Feldman, R. S./J. A. Forrest/B. R. Happ (2002): »Self-presentation and verbal deception: do self-presenters lie more?« In: *Basic and Applied Social Psychology*, 24 (2), S. 163–170.

2 DePaulo, B. M./J. A. Epstein/M. M. Wyer (1993): »Sex differences in lying: how women and men deal with the dilemma of deceit«. In: M. Lewis/C. Sarrni (Hrsg.), *Lying and Deception in Everyday Life*. New York: Guilford Press; DePaulo, B. M./D. Kashy/S. E. Kirkendol/M. M. Wyer/J. A. Epstein (1996): »Lying in everyday life«. In: *Journal of Personality and Social Psychology*, 70 (5), S. 979–995; Feldman, R. S./J. A. Forrest/B. R. Happ (2002): »Self-presentation and verbal deception: do self-presenters lie more?« In: *Basic and Applied Social Psychology*, 24 (2), S. 163–170.

3 Feldman, R. S./J. C. Tomasian/E. J. Coats (1999): »Nonver-

bal deception abilities and adolescents' social competence: adolescents with higher social skills are better liars«. In: *Journal of Nonverbal Behavior*, 23 (3), S. 237–249; Kashy, D./B. M. DePaulo (1996): »Who lies?« In: *Journal of Personality and Social Psychology*, 70 (5), S. 1037–1051.

4 DePaulo, P. J./B. M. DePaulo (1989): »Can attempted deception by salespersons and customers be detected through nonverbal behavioral cues?« In: *Journal of Applied Social Psychology*, 19, S. 1552–1577.

5 Ekman, P. (2001): *Telling Lies*. New York: W. W. Norton.

6 Ebd.

7 McCormack, S. A./M. R. Parks (1990): »What women know that men don't: sex differences in determining the truth behind deceptive messages«. In: *Journal of Social and Personal Relationships*, 7, S. 107–118; Millar, M. G./K. Millar (1995): »Detection of deception in familiar and unfamiliar persons: the effects of information restriction«. In: *Journal of Nonverbal Behavior*, 19 (2), S. 69–84.

8 Burton, S. (2000): *Impostors: Six Kinds of Liar*. London: Viking.

9 Ekman, P. (2001): *Telling Lies*. New York: W. W. Norton.

10 Vrij, A. (2001): *Detecting Lies and Deceit*. Chichester: John Wiley.

11 Seager, P. (2001): »Improving the ability of individuals to detect lies«. Unveröffentlichte Dissertation, University of Hertfordshire.

12 Krauss, R. M. (1981): »Impression formation, impression management, and nonverbal behaviors«. In: E. T. Higgins/C. P. Herman/M. Zanna (Hrsg.), *Social Cognition: The Ontario Symposium*, Bd. 1. Hillsdale, NJ: Erlbaum. Siehe auch: Vrij, A./G. R. Semin (1996), »Lie experts' beliefs about nonverbal indicators of deception«. In: *Journal of Nonverbal Behavior*, 20, S. 65–80; Anderson, D. E./B. M. DePaulo/M. E. Ansfield/J. J. Tickle/E. Green (1999): »Beliefs about

cues to deception: mindless stereotypes or untapped wisdom«. In: *Journal of Nonverbal Behavior*, 23, S. 67–89; Vrij, A. (2001): *Detecting Lies and Deceit*. Chichester: John Wiley.

13 Vrij, A. (2001): *Detecting Lies and Deceit*. Chichester: John Wiley.

14 Ekman, P./W. V. Friesen (1969): »Nonverbal leakage and clues to deception«. In: *Psychiatry*, 32, S. 88–106.

15 Hirsch, A. R./C. J. Wolf (1999): »A case example utilizing practical methods for detecting mendacity«. In: *AMA Annual Meeting*, Washington, DC [Abstract], NR505: 208; Hirsch, A. R./C. J. Wolf (2001): »Practical methods for detecting mendacity: a case study«. In: *Journal of the American Academy of Psychiatric Law*, 29 (4), S. 438–444.

16 Davis, K. (1999): »Clinton and the truth: on the nose?« In: *USA Today*, 19.5.1999, S. 4; Dribben, M. (2002): »In your face«. In: *The Philadelphia Inquirer*, 19.10.2002.

17 Birdwhistell, R. (1955): »Do gestures speak louder than words?« In: *Collier's*, 4.3.1955, S. 56 f.

18 Ekman, P. (2001): *Telling Lies*. New York: W. W. Norton.

19 Ekman, P./W. V. Friesen/M. O'Sullivan (1988): »Smiles when lying«. In: *Journal of Personality and Social Psychology*, 54, S. 414–420; Ekman, P. (2001): *Telling Lies*. New York: W. W. Norton; Frank, M./P. Ekman/W. Friesen (1993): »Behavioral markers and recognizability of the smile of enjoyment«. In: *Journal of Personality and Social Psychology*, 64 (1), S. 83–93.

20 Haggard, E. A./K. S. Isaacs (1966): »Micromomentary facial expressions as indicators of ego mechanisms in psychotherapy«. In: L. A. Gottschalk/A. H. Auerbach (Hrsg.), *Methods of Research in Psychotherapy*. New York: Appleton-Century-Crofts; Ekman, P./M. O'Sullivan (1991): »Who can catch a liar?« In: *American Psychologist*, 46, S. 913 bis 920.

21 Frank, M. G./P. Ekman (1997): »The ability to detect deceit generalizes across different types of high-stake lies«. In: *Journal of Personality and Social Psychology*, 72, S. 1429 bis 1439.

22 Vrij, A. (2001): *Detecting Lies and Deceit.* Chichester: John Wiley.

23 Anoli, L./R. Ciceri (1997): »The voice of deception: vocal strategies of naïve and able liars«. In: *Journal of Nonverbal Behavior*, 21 (4), S. 259–284.

24 Ekman, P. (2001): *Telling Lies*. New York: W. W. Norton.

25 DePaulo, B. M. (1994): »Deception«. In: T. Manstead/M. Hewstone (Hrsg.), *Blackwell Encyclopaedia of Social Psychology*. Oxford: Blackwell, S. 164–168.

11 Tells anderer Völker

1 Chambers, J. (1973): »Canadian rising«. In: *Canadian Journal of Linguistics*, 18, S. 113–135; Penner, P./R. McConnell (1980): *Learning English*. Toronto: Gage Publishing.

2 Bell, A. (1997): »The phonetics of fish and chips in New Zealand: marking national and ethnic identities«. In: *English World-Wide*, 18 (2), S. 243–270; Scott, A. W./D. Starks (2000): »›No-one sounds like us?‹ A comparison of New Zealand and other southern hemisphere Englishes«. In: A. Bell/K. Kuiper (Hrsg.), *New Zealand English*. Wellington: Victoria University Press.

3 Collett, P./A. Contarello (1987): »Gesti di assenso e di dissenso«. In: P. Ricci Bitti (Hrsg.), *Comunicazione e Gestualità*. Mailand: Franco Angeli; Collett, P. (1994): *Der Europäer als solcher ... ist unterschiedlich*. Hamburg: Kabel.

4 Morris, D./P. Collett/P. Marsh/M. O'Shaughnessy (1979): *Gestures: Their Origins and Distribution*. London: Jonathan Cape.

5 Collett, P. (1994): *Der Europäer als solcher … ist unterschiedlich*. Hamburg: Kabel.

6 Collett, P. (1983): »Mossi salutations«. In: *Semiotica*, 45 (3/4), S. 191–248.

7 Bulwer, J. (1644): *Chirologia or the Natural Language of the Hand*. London.

8 Zeldin, T. (1988): *The French*. London: Collins Harvill.

9 Collett, P. (1994): *Der Europäer als solcher … ist unterschiedlich*. Hamburg: Kabel.

10 Hillary, E. (1999): *View from the Summit*. London: Doubleday.

11 Ekman, P. (1982): *Emotion in the Human Face*. Cambridge: Cambridge University Press.

12 Birdwhistell, R. (1970): *Kinesics and Context*. New York: Ballantine.

13 Seaford, H. W. (1981): »Maximizing replicability in describing facial behavior«. In: A. Kendon (Hrsg.), *Nonverbal Communication, Interaction, and Gesture*. Den Haag: Mouton.

14 Collett, P. (1994): *Der Europäer als solcher … ist unterschiedlich*. Hamburg: Kabel.

15 Zeldin, T. (1988): *The French*. London: Collins Harvill.

16 Zajonc, R. B./S. T. Murphy/M. Inglehart (1989): »Feeling and facial efference: implications of the vascular theory of emotions«. In: *Psychological Review*, 96, S. 395–416.

17 Strack, F./L. Martin/S. Stepper (1988): »Inhibiting and facial conditions of the human smile: a nonobtrusive test of the facial feedback hypothesis«. In: *Journal of Personality and Social Psychology*, 54, S. 768–777. Siehe auch: Cappella, J. N. (1993), »The facial feedback hypothesis in human interaction: review and speculation«. In: *Journal of Language and Social Psychology*, 12, S. 13–29; McIntosh, D. N. (1996): »Facial feedback hypothesis: evidence, implications, and directions«. In: *Motivation and Emotion*, 20, S. 121–147.

18 Lehtonen, J./K. Sajavaara (1985): »The silent Finn«. In:

D. Tannen/M. Saville-Troike (Hrsg.), *Perspectives on Silence*. Norwood, NJ: Ablex.

19 Golding, W. (1954): *Lord of the Flies*. London: Faber & Faber. [Dt.: *Herr der Fliegen*. Berlin 1956.]

20 Collett, P. (1994): *Der Europäer als solcher ... ist unterschiedlich*. Hamburg: Kabel.

21 Anonymus (1581): *A Treatise of Daunces*. London.

22 Efron, D. (1942): *Gesture and Environment*. New York: Kings Crown Press.

23 Ebd.

24 Morris, D./P. Collett/P. Marsh/M. O'Shaughnessy (1979): *Gestures: Their Origins and Distribution*. London: Jonathan Cape.

25 Collett, P. (1982): »Meetings and misunderstandings«. In: S. Bochner (Hrsg.), *Cultures in Contact*. Oxford: Pergamon.

26 Collett, P. (1994): *Der Europäer als solcher ... ist unterschiedlich*. Hamburg: Kabel.

12 Raucher-Tells

1 Hatsukami, D./S. F. Morgan/R. W. Pickens/J. R. Hughes (1987): »Smoking topography in a nonlaboratory environment«. In: *International Journal of the Addictions*, 22 (8), S. 719–725; Miller, P. M./L. W. Fredrickson/R. L. Hartford (1979): »Social interaction and smoking topography in heavy and light smokers«. In: *Addictive Behavior*, 4, S. 147 bis 153.

2 Napier, J. R. (1962): »The evolution of the hand«. In: *Scientific American*, 207 (6), S. 56–62.

3 Klein, R. (1995): *Cigarettes Are Sublime*. London: Picador. Siehe auch: Starr, M. E. (1984), »The Marlboro man: cigarette smoking and masculinity in America«. In: *Journal of Popular Culture*, 17 (4), S. 45–57.

4 Danesi, M. (1999): *Of Cigarettes, High Heels, and Other Interesting Things*. London: Macmillan.
5 Hyllienmark, G. (1986): »Smoking as a transitional object«. In: *British Journal of Medical Psychology*, 59, S. 263–267.
6 Revell, A. D./D. M. Warburton/K. Wesnes (1985): »Smoking as a coping strategy«. In: *Addictive Behaviors*, 10, S. 209 bis 224.
7 McArthur, C./E. Waldron/J. Dickinson (1958): »The psychology of smoking«. In: *Journal of Abnormal and Social Psychology*, 56, S. 267–275; Howe, M./A. Summerfield (1979): »Orality and smoking«. In: *British Journal of Medical Psychology*, 52, S. 85–90.
8 Thackeray, W. M. (1856): *Sketches and Travels in London*. London: Bradbury & Evans.
9 Klein, R. (1995): *Cigarettes Are Sublime*. London: Picador.
10 Lombardo, T./L. Carreno (1987): »Relationship of Type A behavior pattern in smokers to carbon monoxide exposure and smoking topography«. In: *Health Psychology*, 6 (5), S. 445–452.
11 Pease, A. (1997): *Body Language*. London: Sheldon Press.
12 Gilbert, D. G. (1995): *Smoking: Individual Differences, Psychopathology, and Emotion*. London: Taylor & Francis; Canals, J./J. Blade/E. Domenech (1997): »Smoking and personality predictors among young Swedish people«. In: *Personality and Individual Differences*, 23 (5), S. 905 bis 908; Acton, G. S. (2003): »Measurement of impulsivity in a hierarchical model of personality traits: implications for substance use«. In: *Substance Use and Abuse*. [Im Druck.]
13 Helgason, A. R./M. Fredrikson/T. Dyba/G. Steinbeck (1995): »Introverts give up smoking more often than extraverts«. In: *Personality and Individual Differences*, 18, S. 559 f.
14 Golding, J. F./G. F. Mangan (1982): »Arousing and de-arousing effects of cigarette smoking under conditions of

stress and mild sensory isolation«. In: *Psychophysiology*, 19, S. 449–456; Mangan, G.f./J.f. Golding (1984): *The Psychopharmacology of Smoking*. Cambridge: Cambridge University Press.

15 Parrott, A. C. (1998): »Nesbitt's Paradox resolved? Stress and arousal modulation during cigarette smoking«. In: *Addiction*, 93, S. 27–39; Parrott, A. C. (1999): »Does cigarette smoking cause stress?« In: *American Psychologist*, 54 (10), S. 817–820.

13 Verräter-Tells

1 Simons, D./D. Levin (1998): »Failure to detect changes to people during a real-world interaction«. In: *Psychonomic Bulletin & Review*, 5, S. 644–649.

2 Truzzi, M. (1973): »Sherlock Holmes: applied social psychologist«. In: M. Truzzi (Hrsg.), *The Humanities as Sociology*. Columbus, OH: Charles E. Merrill.

3 Doyle, A. C. (1891): »A case of identity«. In: W. S. Baring-Gould (Hrsg./1967), *The Annotated Sherlock Holmes*. New York: Clarkson N. Potter.

4 Napier, J. R. (1973): *Bigfoot: The Yeti and Sasquatch in Myth and Reality*. London: E. P. Dutton.

5 Murphy, S. T./R. B. Zajonc (1993): »Affect, cognition, and awareness: affective priming with optimal and suboptimal stimulus exposures«. In: *Journal of Personality and Social Psychology*, 64, S. 723–739.

6 Dimberg, U./M. Thunberg/K. Elmehed (2000): »Unconscious facial reactions to emotional facial expressions«. In: *Psychological Science*, 11, S. 86–89.

Seite 49
Hans Holbein d. J.: Porträt Heinrichs VIII.
© Belvoir Castle / Bridgeman Art Library
Seite 81
Prinz Charles, Jerry Hall, Mick Jagger (v.l.n.r.)
© PA / Martin Keene
Seite 149
Cherie und Tony Blair
© Matthew Polak / Corbis
Seite 151
Margaret Thatcher
© John Sturrock / Network
Seite 177
John F. Kennedy (links) und Richard Nixon (rechts)
© Privatarchiv Peter Collett
Seite 217
Prinz Charles und sein ältester Sohn William
© PA / David Cheskin
Seite 238/39
Fußballspiel zwischen Liverpool und Manchester United
© PA / Phil Noble
Seite 277
Marilyn Monroe
© The Kobal Collection
Seite 303
Der amerikanische Präsident Bill Clinton vor der Grand Jury
© Reuters / Popperfoto
Seite 331
Zwei Italiener im Gespräch
© Privatarchiv Peter Collett
Seite 357
oben: Jane Fonda (© Pictorial Press)
unten links: Franklin D. Roosevelt (© AP)
unten Mitte: Clint Eastwood (© Getty Images)
unten rechts: Humphrey Bogart (© John Springer Collection / Corbis)

Positive Psychologie: Das Leben ist zu kurz, um unglücklich zu sein!

Martin E. P. Seligman
DER GLÜCKS-FAKTOR
Warum Optimisten
länger leben
Aus dem Engl. v.
Siegfried Brockert
Sachbuch
480 Seiten
ISBN 978-3-404-60548-4

Das uralte Bedürfnis, glücklich zu leben, bewegt jeden Menschen. Ist Glück Veranlagung, Zufall? Nein! Jeder Mensch trägt den Keim zum Glück in sich. Diesen Schatz muss er nur ans Licht heben. Dieses Buch, wunderbar leicht geschrieben, ist ein überaus praktischer und anschaulicher Ratgeber. Der Autor begleitet den Leser mit zahlreichen Tests zur Selbstprüfung, um die eigenen Stärken zu erkennen und zu entwickeln. Und er ergänzt seine Erläuterungen mit vielen Beispielen aus seiner therapeutischen Praxis. So können Eltern mit Hilfe dieser Techniken bereits ihren Kindern im Babyalter ein positives Lebensgefühl vermitteln.

Bastei Lübbe Taschenbuch

WWW.LESEJURY.DE
WERDEN SIE LESEJURYMITGLIED!
Lesen Sie unter www.lesejury.de die exklusiven Leseproben ausgewählter Taschenbücher
Bewerten Sie die Bücher anhand der Leseproben
Gewinnen Sie tolle Überraschungen